HISTOIRE DES DEUX VILLES

DE

Saint-Amand

ET DU

Château de Montrond

PAR

M. C.-N. VICTOR MALLARD

PRÉSIDENT HONORAIRE
DU TRIBUNAL DE PREMIÈRE INSTANCE DE SAINT-AMAND
ANCIEN MEMBRE DU CONSEIL MUNICIPAL
ET DE LA COMMISSION ADMINISTRATIVE DE L'HOSPICE DE CETTE VILLE
CHEVALIER DE LA LÉGION D'HONNEUR

Publiée par les soins de son Fils

M. C.-L. GUSTAVE MALLARD

ANCIEN MAGISTRAT

Avec une Préface

DE M. L'ABBÉ S. CLÉMENT

Membre des Sociétés Académique et des Antiquaires du Centre

SAINT-AMAND (CHER)
IMPRIMERIE DESTENAY, BUSSIÈRE FRÈRES
70, rue Lafayette, 70

1895

HISTOIRE

DES

Deux Villes de Saint-Amand

ET DU

CHATEAU DE MONTROND

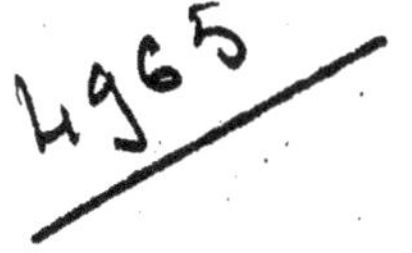

HISTOIRE DES DEUX VILLES

DE

Saint-Amand

ET DU

Château de Montrond

PAR

M. C.-N. VICTOR MALLARD

PRÉSIDENT HONORAIRE
DU TRIBUNAL DE PREMIÈRE INSTANCE DE SAINT-AMAND
ANCIEN MEMBRE DU CONSEIL MUNICIPAL
ET DE LA COMMISSION ADMINISTRATIVE DE L'HOSPICE DE CETTE VILLE
CHEVALIER DE LA LÉGION D'HONNEUR

Publiée par les soins de son Fils

M. C.-L. GUSTAVE MALLARD

ANCIEN MAGISTRAT

Avec une Préface

DE M. L'ABBÉ S. CLÉMENT

Membre des Sociétés Académique et des Antiquaires du Centre

SAINT-AMAND (Cher)
IMPRIMERIE DESTENAY, BUSSIÈRE FRÈRES
70, rue Lafayette, 70

1895

« D'autres viendront après moi qui compléteront mes recher-
« ches historiques sur Saint-Amand; j'applaudis d'avance à
« leurs succès, et je finis avec le consolant espoir que je n'y
« aurai pas été tout à fait étranger. »

CHEVALIER.

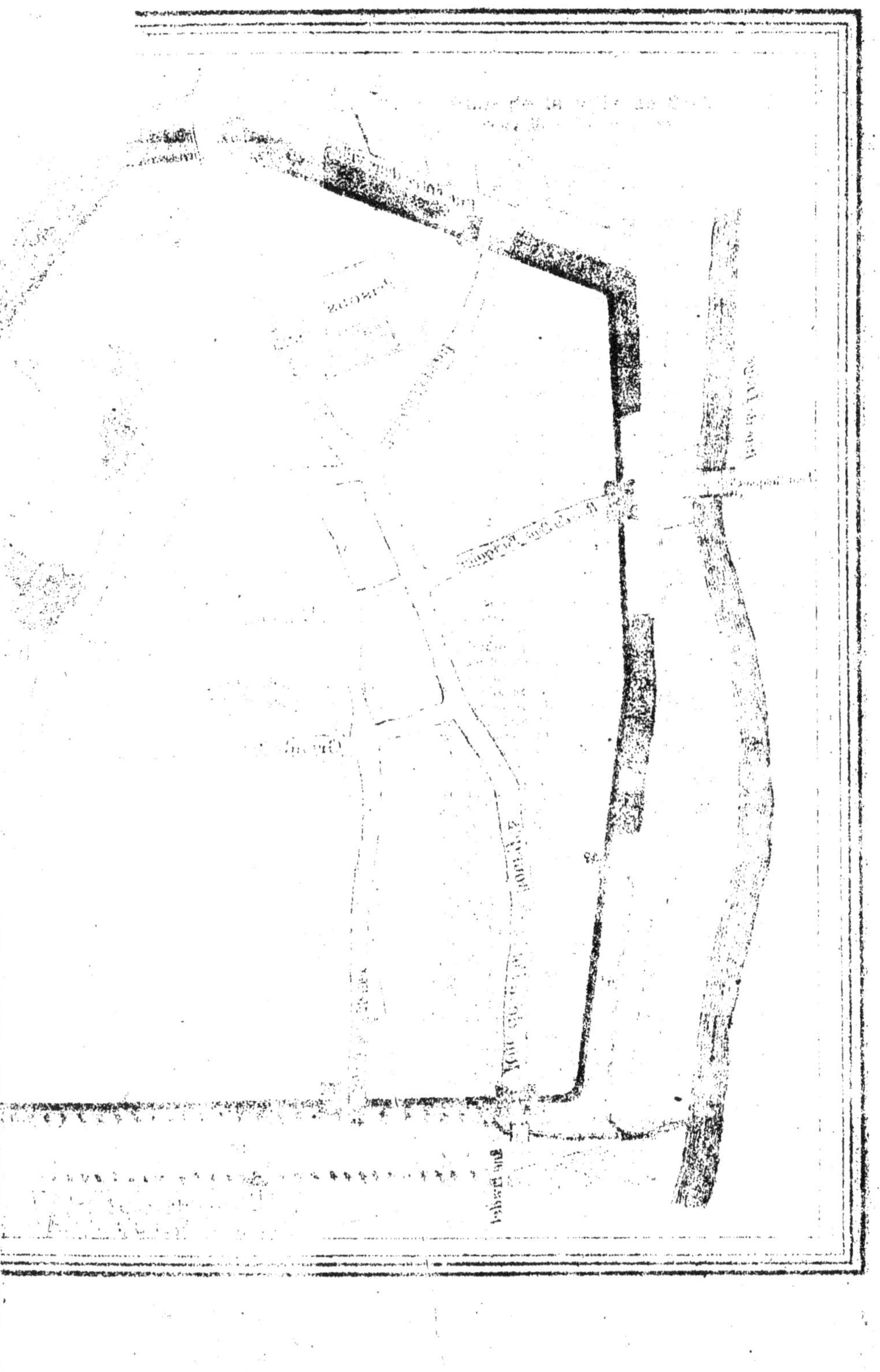

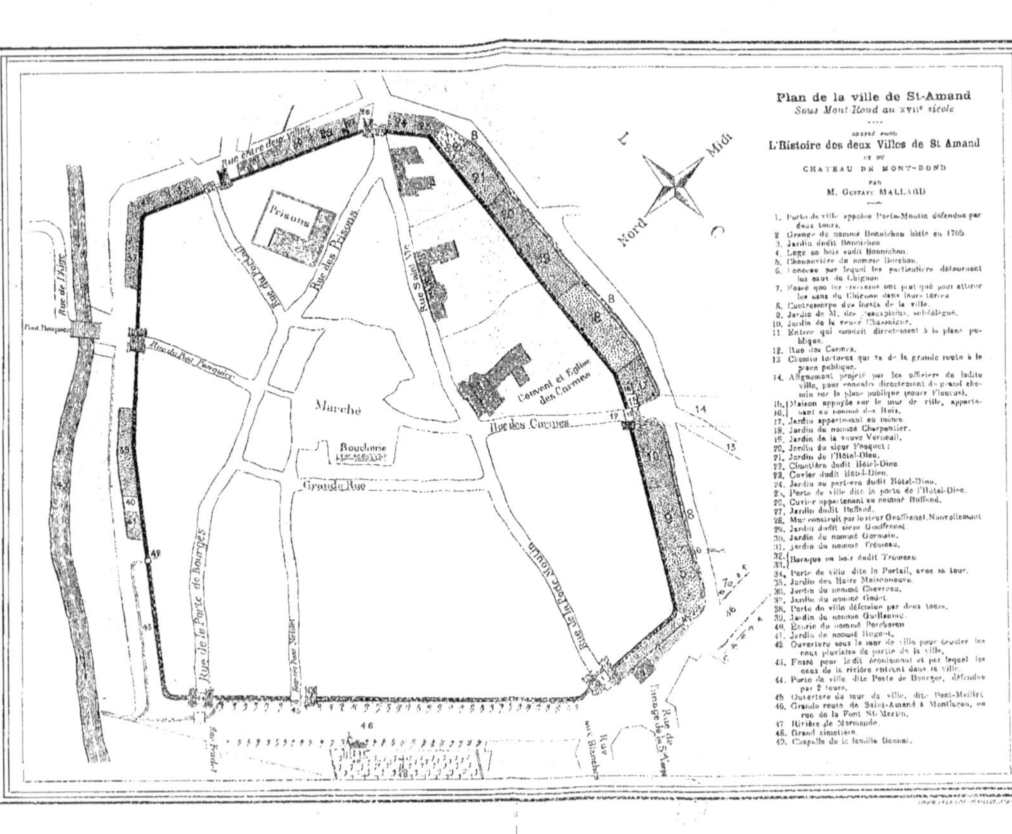
Plan de la ville de St-Amand
Sous Mont-Rond au XVIIe siècle
dressé pour
L'Histoire des deux Villes de St Amand
et du
CHATEAU DE MONT-ROND
par
M. Gustave MALLARD
1. Porte de ville appelée Porte-Moutin défendue par deux tours.
2. Grange du nommé Bonnichon bâtie en 1765.
3. Jardin dudit Bonnichon.
4. Loge en bois audit Bonnichon.
5. Chenevière du nommé Borchon.
6. Tonneau par lequel les particuliers détournent les eaux du Chignon.
7. Fossé que les riverains ont pratiqué pour attirer les eaux du Chignon dans leurs terres.
8. Contrescarpe des fossés de la ville.
9. Jardin de M. des Beauxplains, subdélégué.
10. Jardin de la veuve Chassaigne.
11. Entrée qui conduit directement à la place publique.
12. Rue des Carmes.
13. Chemin tortueux qui va de la grande route à la place publique.
14. Alignement projeté par les officiers de ladite ville, pour conduire directement du grand chemin sur la place publique (cours Fleurus).
15. 16. Maison appuyée sur le mur de ville, appartenant au nommé des Bois.
17. Jardin appartenant au même.
18. Jardin du nommé Charpentier.
19. Jardin de la veuve Verneuil.
20. Jardin du sieur Fouquet ;
21. Jardin de l'Hôtel-Dieu.
22. Cimetière dudit Hôtel-Dieu.
23. Cuvier dudit Hôtel-Dieu.
24. Jardin ou parterre dudit Hôtel-Dieu.
25. Porte de ville dite la porte de l'Hôtel-Dieu.
26. Cuvier appartenant au nommé Buffand.
27. Jardin dudit Buffand.
28. Mur construit par le sieur Geoffrenet nouvellement
29. Jardin dudit sieur Geoffrenet.
30. Jardin du nommé Germain.
31. Jardin du nommé Tréneau.
32. 33. Baraque en bois dudit Tréneau.
34. Porte de ville dite le Portail, avec sa tour.
35. Jardin des Hoirs Maisonneuve.
36. Jardin du nommé Chevreau.
37. Jardin du nommé Godet.
38. Porte de ville défendue par deux tours.
39. Jardin du nommé Guillaume.
40. Écurie du nommé Porcheron
41. Jardin du nommé Bugaut.
42. Ouverture sous le mur de ville pour écouler les eaux pluviales de partie de la ville.
43. Fossé pour ledit écoulement et par lequel les eaux de la rivière entrent dans la ville.
44. Porte de ville dite Porte de Bourges, défendue par 2 tours.
45. Ouverture du mur de ville, dite Pont-Meillet
46. Grande route de Saint-Amand à Montluçon, ou rue de la Font St-Martin.
47. Rivière de Marmande.
48. Grand cimetière.
49. Chapelle de la famille Bonnet.
Nord
Midi
Rue entre deux villes
Prisons
Rue des Prisons
Rue Saint Vic
Rue de l'Ange
Pont Pasquier
Rue du Pont Pasquier
Marché
Boucherie
Couvent et Église des Carmes
Rue des Carmes
Grande Rue
Rue de la Porte de Bourges
Rue aux Blanches

A LA MÉMOIRE VÉNÉRÉE DE MON PÈRE

A LA VILLE DE SAINT-AMAND-MONTROND

Je suis sûr d'être l'interprète fidèle, cher Père, du profond attachement que tu as toujours eu pour cette Cité, dont le nom et de gracieuses descriptions reviennent si souvent dans tes écrits, en lui dédiant ce livre qui est ton œuvre, et auquel tu as, jusque dans les derniers jours qu'il a plu à Dieu de te laisser parmi nous, consacré de si consciencieuses recherches et de si patients efforts.

Puisse-t-il unir à jamais ton nom à celui de ce pays que tu as tant aimé, en transmettant aux générations futures les récits et le souvenir d'un passé qui ne fut pas sans gloire !

J'adresse ici mes sincères remerciements à toutes les personnes qui ont bien voulu me faire parvenir leurs souscriptions, et qui par leur concours empressé m'ont facilité la publication de l'Histoire de Saint-Amand.

Je remercie en outre et tout particulièrement :

M. L. de Valon, dont les connaissances spéciales et les conseils éclairés m'ont été d'un grand secours dans la recherche et la détermination des travaux de défense de toute nature environnant autrefois la place forte de Montrond ;

Le frère Pierre, l'érudit professeur du Pensionnat Marie-Thérèse, qui s'est mis avec tant de complaisance à ma disposition pour le relevé des mesures et la confection du plan d'ensemble ;

Et enfin M. l'abbé Planson, l'éminent artiste dont l'habile crayon m'a permis de faire revivre avec toute l'exactitude possible les splendeurs à jamais détruites de cette citadelle autrefois si puissante, alors qu'elle étendait au-dessus de notre Ville l'ombre protectrice de ses murailles crénelées et de ses tours altières.

Saint-Amand, décembre 1894.

Gustave MALLARD.

PRÉFACE

A Monsieur Gustave MALLARD.

CHER MONSIEUR,

Vous allez donc offrir au public le précieux manuscrit que je viens de lire avec un si vif intérêt ? C'est un trésor que vous avait laissé votre vénéré père, et que vous ne deviez pas garder pour vous seul. Loin d'en perdre quelque chose, en le mettant entre les mains de vos compatriotes, il n'en devient que plus précieux pour vous et pour les vôtres. Les héritiers d'un grand seigneur qui, par des soins laborieux, sut rendre à la culture des terrains improductifs, n'ont pas seulement la jouissance d'un domaine de plus de valeur, mais aussi la joie de penser, que par une main chère à leur mémoire, s'est notablement agrandie la richesse nationale. Dans l'ordre intellectuel, ce double plaisir sera le vôtre.

Poète, à ses heures, le grave Président aimait à se reposer des fatigues du prétoire, en alignant les rimes de fort jolis couplets et de scènes dramatiques ; ces aimables délassements peuvent rester dans le salon, comme objets d'art, pour l'agrément de la famille et de ses visiteurs intimes. Il n'en devait pas être ainsi, vous l'avez sagement compris, de l'œuvre importante qui semble appartenir aux bons vieux temps de cette magistrature française amie des sciences et des lettres, qu'elle cultivait avec tant de succès jusque dans les plus humbles provinces. L'homme d'honneur, le magistrat intègre, le savant modeste et consciencieux, le chrétien fier de son baptême, revit tout entier dans cette histoire de son pays natal, fruit d'un travail de vingt-trois ans. Ceux de ses contemporains, qui lui survivent, n'auront pas de peine à le reconnaître, en retrouvant, dans son œuvre, la noblesse des sentiments, la sagesse et la fermeté des convictions, qu'ils ont autrefois entendues de sa bouche. Ce sont des enseignements de haute moralité, semés dans des récits historiques, auxquels ils donnent encore plus de valeur et plus de charme.

Si modeste que soit le rôle d'une petite ville, on ne saurait pourtant écrire sa monographie, sans de fréquentes excursions dans le domaine plus vaste des événements généraux, dans le tableau des idées et des mœurs au milieu desquelles se sont accomplies les transformations successives de la vie d'une grande nation. C'est alors que l'érudition doit venir au secours de l'écrivain, pour agrandir son cadre, et donner une perspective plus profonde aux horizons de sa pensée. Ces richesses se trouvent abondamment dans le récit du Président et pour leur donner plus d'autorité, il les fait suivre dans des notes, d'extraits nombreux puisés aux meilleures sources.

On croit suivre les pas d'un bénédictin, quand il nous fait assister, sur les rives de la Marmande, en l'an 620, à la fondation d'un monastère par les disciples de St-Colomban. C'est l'aurore d'une ère nouvelle, d'une ère de paix, de civilisation, de prospérité après les désastres de l'invasion des barbares. Voilà, nous dit-il, le berceau de la ville naissante, dont les habitants, chaque année plus nombreux, sont venus se ranger autour de la maison hospitalière et civilisatrice, dans les régions de la cité qui conserve encore aujourd'hui le nom de *Vieux château*.

Dans les chapitres suivants, on marche avec lui, sans crainte de s'égarer, dans le dédale des juridictions féodales, avec leurs fiefs, leurs arrière-fiefs, leurs vassaux et leurs suzerains. Le récit s'enrichit alors de tous les noms historiques des grands seigneurs de la contrée, et souvent aussi des contrées étrangères. Le spectacle est séduisant du défilé de ces chevaliers de haute stature, que l'imagination se représente bardés de fer, et marchant fièrement sous les plis de leur bannière ornée d'emblèmes héraldiques étincelants d'or et d'azur.

Avec le grand Condé la scène change d'aspect, et n'en devient que plus attrayante. Le Héros de Rocroy demandait, à l'auteur, un tableau digne de sa personne et de son château de Montrond, forteresse imposante et vaste palais d'une royale magnificence.

Le Président n'y a pas manqué, se disant sans doute, avec le poète : *paulo majora canamus !* On suit avec lui, dans toutes les phases de son existence, l'histoire du splendide monument, depuis son origine, dans les temps féodaux, jusqu'à sa destruction, après les aventures de la Fronde. Il n'en reste hélas ! que quelques ruines, mais au milieu de ces solennels débris, l'auteur s'est bien gardé d'oublier la plante orientale apportée de Palestine par les Croisés, et qui fleurit encore aujourd'hui sur la colline, gracieux symbole de la gloire des héros chrétiens, toujours vivante après tant de siècles, parce qu'elle reçut au tombeau du Christ une consécration divine !

Si ces détails et beaucoup d'autres, car je n'effleure ici que les sommets, ont de l'attrait pour tous les lecteurs, que sera-ce donc pour ceux qu'ils touchent de plus près, à mesure que les faits se rapprochent de nous.

Je me figure la satisfaction des habitants de Saint-Amand, quand ils liront ce livre où tous les noms de leurs ancêtres sont fidèlement rapportés et qui transmettra aux générations futures le souvenir ineffaçable des hommes qui ont illustré leur cité et des monuments qui ont été les muets témoins de leurs joies et de leurs peines. Il m'est intéressant de savoir que cet hospice d'architecture monacale fut la maison de la prière avant de devenir la maison de la Charité. Je comprends mieux le sens patriotique de ces deux appellations Saint-Amand-le-Chastel et Saint-Amand sous Montrond, aujourd'hui si sagement réunies, en voyant, au-dessus de la ville nouvelle, les ruines de la forteresse qui la dominait, et de l'autre côté, sur la rive de la Marmande, la Motte artificielle, premier château de l'ancienne ville élevée près des cellules des moines fondateurs de la vieille église, mise par eux sous le patronage du grand évêque de Bordeaux.

Et vous, cher Monsieur, qui avez pu réussir à donner à cette œuvre un attrait de plus, en l'ornant d'armoiries, de dessins et de plans des plus intéressants, vous aurez la joie de voir la mémoire de votre père, grandir pour l'honneur de votre famille, dans l'estime et la reconnaissance de vos concitoyens.

S. CLÉMENT,

Membre de la Société des Antiquaires
du Centre et de
la Société Académique.

PREMIÈRE PARTIE

Histoire de la ville de Saint-Amand-le-Chastel, dite le Vieux-Château.

Nil permanet sub sole.
L'Ecclésiaste.

AVANT-PROPOS

Grâce aux savantes recherches, publiées en dix-huit-cent-quarante-cinq par M. Chevalier de Saint-Amand, l'origine de cette ville nous est connue ; il m'a néanmoins semblé qu'il serait intéressant de compléter le récit trop succinct de notre historien ; et, dans ce but, je n'ai pas seulement mis à profit les précieux matériaux qu'il nous a laissés.

Un de ses amis, M. Bonnet des Maisons, mon excellent parent, homme instruit, avocat distingué du barreau de Saint-Amand, poursuivit, à une époque contemporaine (1838), les mêmes recherches, avec non moins de patience et sans contredit avec autant de succès. Il est donc probable qu'il aurait accompli son projet de livrer à la publicité ses études sur sa ville natale, si la mort ne fût pas venue le surprendre au milieu de ses travaux.

Je possédais aussi un manuscrit de M. Bonnet de Sarzay,

mon bisaïeul maternel, mort en 1780 ; et avec les notes recueillies par son petit-fils, Bonnet des Maisons, je suis parvenu, à la suite de persévérants efforts et d'incessantes investigations, pendant les courtes heures de loisir que me laissaient de laborieuses fonctions, à coordonner un ensemble de faits se rattachant à la charmante cité qui fut, dès 1400, le berceau de mes parents et au sein de laquelle ils ont constamment occupé d'honorables fonctions.

J'ai dû copier, et souvent mot à mot, l'historien qui nous a révélé l'existence des deux villes de Saint-Amand. Chevalier, le savant bibliothécaire de Bourges, était issu, à Saint-Amand, d'une famille très recommandable de la bourgeoisie ; il avait l'érudition d'un bénédictin, et il aurait pu produire plus utilement encore, s'il n'eût été le plus indolent des hommes studieux. Il est mort à Bourges en 1865 dans un âge très avancé, ne laissant, sans doute, aucun autre manuscrit sur la cité dont il a ébauché l'histoire (1).

J'ai souvent consulté ses Tablettes berruyères que, pendant plusieurs années, il a publiées dans l'Annuaire du Cher : son nom sera indiqué au bas des pages de notre récit : *unicuique quod suum*, avec celui des auteurs auxquels de fréquents emprunts auront été faits. Parmi eux figurent au premier rang Thaumas de la Thaumassière et l'érudit magistrat qui fut procureur général à la Cour de Cassation, M. de Raynal, nos deux historiens du Berry (2).

A l'histoire de Saint-Amand devait se rattacher celle du

(1) CHEVALIER a écrit divers opuscules dans l'*Annuaire du Berry* publié de 1836 à 1840. Il fut un des savants qui a le plus et le mieux fouillé dans les titres de notre histoire provinciale.

(2) M. DE RAYNAL a été nommé, en juillet 1871, Président de chambre à la Cour de cassation, en remplacement de l'infortuné Boujean, fusillé comme otage par les scélérats qui ont proclamé, à Paris, la Commune, le 18 mars 1871. M. DE RAYNAL fut appelé en 1877 aux fonctions de Procureur Général de cette haute Cour, puis révoqué en février 1879, sous la présidence de M. Jules Grévy.

château de Montrond et des châtellenies d'Orval, Bruières, Epineuil, Meillant et Charenton. J'avais aussi à indiquer quelques-uns des sous-fiefs qui en dépendaient et à relever la chronologie des seigneurs des grands manoirs féodaux de nos contrées.

Mon travail se divise donc en deux parties principales, avec les subdivisions que je viens d'indiquer :

1° L'histoire de Saint-Amand-le-Chastel ou Vieux-Château,

2° L'histoire de Saint-Amand sous Montrond.

J'espère qu'on ne le trouvera pas dépourvu d'intérêt.

Saint-Amand, 15 mai 1886.

INTRODUCTION

Ecrire l'histoire d'une ville qui a perdu son autonomie et d'une autre cité qui ne compte pas encore cinq siècles d'existence, n'est-ce pas s'exposer, en narrant des faits de simple localité, à ne rencontrer qu'un nombre très restreint de lecteurs ?

Notre récit serait donc dépourvu d'un véritable intérêt, si ces deux villes n'avaient pas eu leur déplorable part des agitations politiques et sociales du Moyen âge, des guerres civiles des quinzième, seizième, dix-septième et dix-huitième siècles et des révolutions du dix-neuvième qui semble vouloir s'éteindre dans de nouvelles et sanglantes convulsions.

Tout n'a pas été dit des souffrances de nos ancêtres, des calamités qui se sont cruellement appesanties sur eux et sur leurs familles ; et les invasions des Anglais, les guerres de religion et la fatale échauffourée de la Fronde ont laissé dans notre province des traces de désolation et de ruines que j'ai cru utile de recueillir. Et d'ailleurs, l'histoire du château féodal de Montrond ne se rattache-t-elle pas à l'histoire générale de la France ? Cette forteresse a occupé un instant le monde politique pendant la guerre de la Fronde, époque honteuse où les Princes et les Seigneurs soulevaient le peuple pour satisfaire leur ambition et leur cupidité ; et sans la vigilante habileté de Mazarin, sans un monarque aussi énergique que Louis XIV, qui peut assurer que les Princes de la maison de Condé ne seraient pas, de leur château de Montrond, allés s'asseoir sur le trône de France ?

Nous avons dû rechercher à quelle époque remonte l'origine de cette forteresse ; Chevalier, dans son opuscule, a accepté, avec une confiance trop absolue, l'opinion de l'abbé Hérault (1), basée sur cette tradition que « Montrond avait été « bâti en 1350 par Philippe de Valois qui aurait mis trente ans « à le construire et le perfectionner, en y dépensant quarante mille livres ».

Mais Philippe de Valois n'a régné que vingt-deux ans, de 1328 à 1350, et aucun document historique n'est venu démontrer qu'avant d'être monté sur le trône, le fils de Charles de Valois, frère du roi Philippe le Bel, ait possédé un château féodal dans nos contrées.

Chevalier, veut, avec l'abbé Hérault (2), que le château n'ait été commencé qu'à la dernière année du règne de Philippe VI et qu'il ait été terminé la première année du règne de Charles VI. Ce ne serait donc plus Philippe de Valois, mais le roi Jean qui aurait dépensé quarante mille livres à sa construction. Ainsi, dans un temps où les malheurs nationaux et la détresse publique avaient anéanti les forces du royaume, alors qu'en 1356, le Roi, à la désastreuse bataille de Poitiers, était fait prisonnier et conduit en Angleterre où il resta détenu pendant quatre ans, alors que les paysans se soulevaient contre la Noblesse et que le Roi des Anglais amenait son armée sous les murs de Paris, on se serait occupé, pour le roi de France, à élever les tours féodales de Montrond (3).

Tout cela est invraisemblable : il ne l'est pas moins que le roi Charles VI aurait mis, sous son règne, de 1364 à 1380, la dernière main à la confection de ce château. Au surplus, la

(1) JEAN THOMAS HÉRAULT, né à Saint-Amand en 1724, curé de Saint-Bonnet le Désert : il a laissé un manuscrit sur le château de Montrond qui fourmille d'erreurs et dont de nombreuses copies sont répandues dans le pays.

(2) Montrond, dit l'ABBÉ HÉRAULT, avait commencé d'être dans sa perfection depuis 1380. Il résulte de ces paroles, ajoute CHEVALIER, que le château de Montrond fut commencé la dernière année — 1350 — du règne de Philippe VI, et terminé la première année — 1380 — du règne de Charles VI.

(3) Le désastre de Poitiers excita dans les classes roturières un sentiment de douleur nationale mêlé d'indignation et de mépris pour la Noblesse qui avait lâché pied devant une armée très inférieure en nombre. (AUG. THIERRY, du *Tiers-Etat.*) « Avec tout ce, les chevaliers et écuyers qui retournés étaient « de la bataille, en étaient haïs et blâmés par les Communes ». (FROISSARD, liv. 1er, chap. LII.)

châtellenie de Saint-Amand-le-Chastel et le fief de Montrond appartenaient, à cette date, comme nous le verrons, à la Maison de Culant.

Chevalier paraît avoir oublié ce fait qu'il a cependant relevé dans son opuscule (1), et la contradiction est tellement manifeste qu'on doit repousser cette opinion que Montrond ait été jadis une propriété royale.

Une autre tradition attribue la création de cette forteresse au roi Philippe Auguste qui, après avoir châtié, en 1180, Ebbe VI, seigneur de Charenton sur Marmande, aurait confisqué entre ses mains le fief de Montrond. Mais comment donc se serait-il retrouvé en la possession des barons de Culant, héritiers des descendants d'Ebbe VI, quand les Anglais s'en emparèrent en 1382 (2)?

Le colonel Branger prétend que le château de Montrond existait en 1374: cela est indubitable ; on doit même présumer ajoute-t-il, qu'il était antérieur à la fondation de l'abbaye de Noirlac, 1150, et son origine devrait être placée entre la mort de Charles le Chauve, et l'élévation au trône de Hugues-Capet, de 877 à 987.

C'est en effet pendant l'envahissement des Normands en 898, dit Henri Martin dans son histoire de France, que, pour se mettre à l'abri de leurs excursions, les propriétaires des maisons de campagne les convertissaient en forteresse : sur chaque colline, on construisait une tour crénelée ; ajoutons qu'en 862, Charles le Chauve recommandait aux seigneurs du Royaume de fortifier *leurs fertés* et d'en élever de nouvelles.

Nous étions donc porté à penser, avec M. de Raynal, que probablement, les tours de la forteresse de Montrond avaient été élevées par les Ebbe de Charenton ; les premiers barons de cette terre féodale n'auraient pas pu laisser sans défense une position aussi importante pour leurs vastes possessions des bords du Cher, et un auteur moderne, M. le comte de Cosnac, dans un ouvrage intitulé : *le Berry au temps de Louis XIV*,

(1) « Louis de Culant, en vertu d'un arrêt du Parlement du 28 juillet 1340, « faisait hommage à Eudes de Culant, son cousin, du château de Montrond et « de ses dépendances. » CHEVALIER : *Recherches sur Saint-Amand*, p. 63.

(2) Les historiens de Philippe Auguste ne parlent pas de Montrond.

aurait transformé nos conjectures en certitude, en attribuant à Lenain de Tillemont, auteur de la *Vie de Saint Louis*, la mention suivante :

« Le château de Montrond en Bourbonnais, sur le Cher, fut « fortifié en ce temps-ci par Renaud de Montfaucon. Il donna « acte au Roy que cette place ne ferait aucun tort ni à lui, ni à « son royaume, et que si cela arrivait, le Roy pouvait saisir « tout ce qu'il tenait de lui, jusqu'à ce que le tort ait été « réparé à sa volonté. L'acte est du mois de février 1225, à « Melun ».

Cette forteresse ne passa aux de Seuly qu'après 1380, et cependant Chevalier qualifie Henri III et Henry IV de Seuly, *Seigneurs de Montrond* dès l'année 1285, date de la mort de Henry III. C'est une erreur : Henry IV acheta cette place, soit de l'amiral Louis de Culant, soit de ses héritiers, car l'Amiral laissa des dettes considérables dont il imposa, par testament, le paiement à ses neveux ; il avait même dû autoriser sa femme à vendre sa terre de la Palisse.

Henry IV eut une nombreuse lignée et ses descendants crurent pouvoir s'attribuer la qualification de *Seigneurs de Saint-Amand sous Montrond*. Une de ses filles, Jeanne de Seuly, contracta mariage avec Jean, vicomte de Rochechouart, qui fut tué à la bataille de Poitiers, et dont les descendants prenaient encore, en 1517, le titre de Seigneurs de Saint-Amand, quand, dès 1400, il appartenait exclusivement à Marie-Henriette de Seuly.

Je ne saurais fournir aucune explication à ce sujet ; je signalerai seulement une erreur évidente de Chevalier qui prétend que le premier seigneur de Montrond fut le connétable d'Albret.

Montrond, devenu un fief détaché de la baronnie de Charenton, avait été compris comme relevant du fief de Saint-Désiré, ainsi qu'on le voit dans les aveux et dénombrements des seigneurs de Culant au duc de Bourbonnais. L'amiral Louis n'avait donc pu vendre son château de Montrond aux de Seuly, que sous la réserve et à la charge de *mouvance* (1).

(1) *Mouvance* signifie la supériorité d'un fief dominant à l'égard d'un autre

C'est pourquoi nous voyons Charles d'Albret, dans un aveu et dénombrement de 1410, à cause de Marie de Seuly, sa femme, déclarer qu'il tient à fief du Seigneur de Culant et de Jaloignes, le château de Montrond et les appartenances de la *Ville basse* de Saint-Amand.

Le roc sur lequel fut assis ce château forme, dans la vallée du Cher, un mamelon isolé qui, aux temps antédiluviens, aura été détaché par les eaux, des coteaux du Grand et du Petit Tertre dont il n'avait été que le prolongement (1). Cette position dominait un pays d'une grande fertilité exposé à de fréquentes dévastations ; Montrond fut bientôt la plus redoutable des forteresses de la contrée, et la population, de même que les petits châtelains se placèrent sous sa protection, afin d'échapper aux déprédations et aux rançons incessantes des seigneurs féodaux ; le territoire de la France leur appartenait, ils l'avaient transformé en un repaire de la force brutale.

Par suite d'une circonstance regrettable, les matériaux les plus précieux nous ont fait défaut, surtout pour rédiger la seconde et la plus délicate partie de notre travail. On est sans cesse exposé à des mécomptes, lorsque l'on écrit une histoire locale contemporaine, en heurtant à chaque pas des passions non éteintes : il est donc nécessaire de s'armer de documents pour exprimer avec impartialité, sur les choses de ce temps-ci et sur les événements de la fin du dix-huitième siècle, des opinions qui ne touchent pas seulement à la politique des gouvernements si divers qui ont régi notre infortuné pays depuis la chute de la Monarchie. C'est pourquoi, appelé à parler des jours néfastes de nos Révolutions et des secousses parfois terribles qu'elles ont occasionnées dans notre cité, je me suis efforcé d'en rendre compte avec la plus grande réserve.

Je dépose cette histoire au sein de ma famille, et si jamais elle devait être publiée, je désire que cette publication soit retardée pendant un certain nombre d'années, c'est-à-dire jus-

qui en relève ; le mot *fief* vient de *fœdes*, alliance entre le seigneur et le vassal.

(1) Voy. *Description physique du département du Cher*, par FABRE, p. 92.

qu'à ce que la France voie sa tranquillité et sa grandeur assurées par un gouvernement fort et sincèrement libéral (1).

V. MALLARD.

Novembre 1882.

(1) Un réfugié polonais fut, en 1834, nommé archiviste à Saint-Amand ; il annonça, dans ce temps, la publication d'un ouvrage qui devait être intitulé : *Recherches historiques sur la ville de Saint-Amand et le château de Montrond.* La commune souscrivit à cette œuvre qui devait paraître par livraisons ornées de belles lithographies et former un volume in-8° de 400 pages au prix de quatre francs.

Cet ouvrage, disait l'Edilité municipale, doit d'autant plus intéresser que ces recherches historiques ont été puisées par M. DOMBROWSKI, savant polonais, dans les archives de la ville, contenant tous les anciens titres et pièces justificatives...Mais Dombrowski disparut emportant son prétendu manuscrit ; que sont devenus, après son départ, les anciens titres ? On ne les a pas retrouvés !

CHAPITRE PREMIER

ORIGINE DE LA VILLE DE SAINT-AMAND-LE-CHASTEL D'APRÈS CHEVALIER

Le Moine Jonas, contemporain de Saint-Eustase, qui mourut en 625, rapporte, dans la vie de ce Bienheureux (1), que le Vénérable Théodulfe, surnommé Bobolène, fonda plusieurs monastères en Berry, *in suburbano Bituricensis urbis* : le premier dans un lieu isolé sur la Marmande, *primum in insulâ super fluvium Milmandram*, où il réunit une foule de religieux, *ubi religiosorum adunavit catervam* ; le second à Jouy, *Gaudiacum* ; le troisième destiné à des vierges, sur la rivière de Marmande déjà nommée, dans un lieu appelé Charenton, *loco nuncupato Carantono supra fluvium jam dictum Milmandram.*

« Tous ces monastères furent soumis à la règle de Saint-Colomban qui, par la suite des temps, fit place à celle de Saint-Benoît ; on n'introduisit d'abord celle-ci que dans les abbayes colombanistes qui avaient besoin d'être réformées ; mais enfin elle prévalut (2).

(1) *Vita Sancti Eustasii inter Acta S. S. ordinis* SANCTI BENEDICTI, tom.II, p. 122.

(2) HELYOT ; *Histoire des Ordres monastiques*, IVe part., chap. VIII.

« A la première lecture que je fis du passage de Jonas ci-dessus indiqué, je fus involontairement frappé de l'idée que le monastère situé dans un lieu isolé, sur le bord de la Marmande, et dans lequel Bobolène était parvenu à rassembler une foule de religieux, devait être regardé comme le berceau de la ville de Saint-Amand. Il me serait impossible de justifier la persuasion où j'étais à cet égard : la vérité est que j'étais dès lors persuadé d'un fait qui, en bonne logique, exigerait une démonstration quelconque. Un abrégé de l'histoire de l'Abbaye-royale de Notre-Dame de Charenton, conservé avec les titres de ce parthénon, ébranla, quelques instants, ma conviction puérile, si l'on veut, mais qu'une autorité positive pouvait seule me faire abjurer. Cet abrégé manuscrit est annoncé par son titre comme extrait des *Antiquités Bénédictines du diocèse de Bourges*, ouvrage que je crois pareillement manuscrit, et sur lequel je ne saurais donner de renseignements que ceux qui m'ont été fournis par la lecture de cet abrégé (1).

« Cet abrégé, ou plutôt cet extrait, appartient à la seconde partie des antiquités bénédictines ; l'ouvrage est donc divisé en deux parties au moins. L'histoire de l'abbaye de Charenton commence à la première page de la seconde partie, et les preuves qui la suivent sont indiquées dans l'abrégé, comme commençant à la page 248 de l'original ; tout cela doit former au moins deux volumes in-4° ; l'auteur m'est inconnu. Je n'ai pu le découvrir ni dans le *Dictionnaire des Anonymes* ni parmi les *Ecrivains de l'Ordre de Saint-Benoît*. Je conjecture toutefois qu'il appartenait à cet ordre. Le dernier article de l'histoire de Charenton porte la date de 1674. L'intérêt qui s'attache de nos jours aux moindres travaux historiques *inédits* me fera pardon-

(1) LA THAUMASSIÈRE indique aussi qu l'abbaye des filles de Notre-Dame de Charenton fut fondée par Bobolène ; Saint Colomban vivait en 620, date du supplice de la Reine Brunehaut.

V. M.

ner les quelques lignes que je n'ai pu refuser à l'auteur des Antiquités Bénédictines du diocèse de Bourges.

« L'anonyme a entendu autrement que je les ai rendues les paroles de Jonas : *in insula supra fluvium Milmandram*, il traduit : « dans une île sur la rivière de Marmandre (sic) ». Je ne trouve matériellement rien à contester dans cette version ; mais le traducteur est parti de cette « île sur la Marmandre » pour placer le premier monastère fondé par Théodulfe dans l'ancien Berry à Isle-en-Bourbonnais, ou Isle-sur-Marmande, petite ville du diocèse de Bourges et de l'élection de Saint-Amand. Tous les enfants de Saint-Benoit n'étaient pas des Mabillon. J'ai bien peur que, si les Annales Bénédictines de ce diocèse n'ont pas été imprimées, il ne faille l'attribuer au refus de permission des chefs d'un ordre qui avait juste et glorieuse réputation à soutenir. L'auteur n'a pas d'idées bien arrêtées sur la distinction à faire entre la règle de Saint-Colomban et celle de Saint-Benoît. Dans son article sur l'abbaye de Charenton, il semble s'être proposé avant tout de flatter l'amour-propre de l'abbesse. S'il place à Isle-sur-Marmande la nombreuse abbaye fondée par Bobolène, c'est que Isle-en Marmande était une petite cure à la nomination de l'abbesse. Enfin, comme pour ne point laisser de doute sur ses intentions obséquieuses, il érige, de sa grâce, Charenton en ancien chef d'ordre.

« Je n'ai, non plus que l'anonyme, que le texte de Jonas pour point de départ, mais je puis étayer ce texte d'un commentaire plus solide que les imaginations de l'anonyme et les miennes. La carte du diocèse de Bourges qui accompagne le second tome du *Gallia Christiana nova* offre tout près de Castrum Sancti Amandi,(Saint-Amand-le-Chastel) la crosse abbatiale qui désigne les abbayes alors existantes ou supprimées ; cette crosse y est placée précisément sur l'Eglise paroissiale qui n'a jamais changé de place depuis plus de douze siècles, bien qu'il ait fallu la reconstruire plus d'une fois, et, enfin, à côté de ce signe symbolique, est inscrite la légende : *Monasterium Boboleni*. La même crosse est reproduite à Jouy, (canton de Sancoins) ; mais on la chercherait vainement à Isle-sur-Marmande (canton d'Ainay-le-Château). Et cependant les savants auteurs de *Gallia Christiana* ne pouvaient pas ne pas connaître les Antiquités Bénédictines du diocèse de Bourges : on voit le cas qu'ils ont fait en 1720, année où parut le second volume de ce grand ouvrage, de l'histoire et de la topographie imaginées par leur confrère anonyme en 1674.

« On peut, je crois, dès à présent regarder comme constante l'origine de Saint-Amand vers 620, c'est-à-dire quelques années avant la mort de Saint Eustase, que le martyrologe indique au 29 mars 625.

« Les nombreux cénobites, rassemblés à la voix de Bobolène, se répandirent dans la vaste solitude dont ils avaient fait choix pour se dérober au tumulte et aux illusions du monde. Ils durent commencer par la défricher, afin de pourvoir au premier besoin de l'existence physique de tout ce qui respire ; ils couvrirent les bords de la rivière qui la baignait d'innombrables cellules ou laures en latin *mandræ*, mot qui entra dans la composition du nom de cette rivière *Milmandra*, à *mille mandris*, Marmande (1) ou, comme l'écrit l'anonyme cité plus haut, Marmandre ; mais instruits par le Divin Maître que l'homme ne vit pas seulement de pain, (2) ils construisirent une église où ils recevaient en commun la parole de Dieu que leur distribuaient ses Ministres, tous les moines n'étant pas prêtres. L'Eglise fut consacrée sous le vocable de Saint-Amand, en

(1) Feu M. Bonnet des Maisons, avocat, issu d'une famille ancienne de Saint-Amand, allié à la Maison de Montmorin, m'a dit avoir vu des actes où la Marmande est nommée la Morinière, sans doute de la couleur de ses eaux, *morinus rivus*.

(Cette désignation existe en effet dans des titres de 1440. V. M.)

(2) « Evangile selon S. Mathieu VI, 4 ».

l'honneur d'un saint évêque de Bordeaux mort en 431. Ce nom s'étendit bientôt à tout le territoire voisin du monastère, depuis ce qui forma dans la suite la paroisse de Saint-Pierre-des-Etieux, jusqu'à la rivière du Cher, et depuis la commune actuelle de Drevant jusqu'à celle de Bruère.

« L'abbaye de Saint-Amand propagea bientôt autour d'elle son esprit religieux et les bienfaits de la culture du sol, qui ont amené ceux de la civilisation. « C'est de saint Colomban, « dit le père Helyot (1), qu'est venue l'origine des prieurés, « qui, ayant été fondés par des abbayes, en dépendaient ». On ne saurait guère douter que c'est à l'abbaye de Saint-Amand dont Jonas atteste la splendeur primitive (*religiosorum catervam*) qu'il convient de reporter l'honneur de la fondation des prieurés de Saint-Pierre de Colombier, (réuni à celui de Souvigny), de Saint-Pierre-les-Etieux (réuni à l'abbaye de Charenton), de Drevant, (réuni à l'abbaye d'Ahun), de la Celle-Bruère (sécularisé de deux mille livres de rente), de Sainte-Catherine de Meillant (pareillement sécularisé) d'Epineuil, etc. Les révolutions que le temps amène à sa suite ont emporté tous ces petits monastères, dont l'utilité, à leur naissance, ne peut être contestée ; l'abbaye, elle-même (de Saint-Amand), réduite à la condition de simple prieuré à la collation du prieur du Montet-aux-Moines, a disparu comme les établissments qu'elle avait dominés.

(CHEV. *Rech. Hist.*) »

(1) « Hist. des Ordres monastiques, t. V, p. 68 ».

CHAPITRE II

L'ABBAYE DE SAINT-AMAND

La Gaule avait changé de maître : les Romains qui l'avaient possédée pendant près de cinq siècles, durent se retirer devant d'autres et plus terribles conquérants : les Wisigoths ; et le Berry était occupé en 475 par ces hordes du Nord, quand ils furent chassés à leur tour du pays en 507 par Chlodowig. Les Franks (1), après la victoire, envahirent, pour se les disputer, nos plus riches provinces : ils y régnèrent plutôt en barbares qu'en rois. Il est donc écrit que la Germanie doit saccager sans cesse et ruiner le beau sol de la France !...

Nos historiens (2) rapportent qu'en l'an 532, Théodorik, l'un des fils de Chlodowig et les guerriers franks prirent les armes, et passant de nouveau la Loire, s'avancèrent sur le territoire des Bituriges et des Arvernes. Tout fut dévasté chez eux ; les églises et les monastères étaient rasés jusqu'aux fonde-

(1) Relativement aux Gaulois transformés en Romains, les Franks n'étaient que des Barbares... et l'ancienne langue romaine corrompue successivement prévalut dans les Gaules sur la langue des conquérants nouveaux. Il est certain qu'il existait au VIIIe siècle dans les Gaules une langue immédiatement issue du latin et tout à fait distincte des langues germaniques. VILLEMAIN, *Littérature du Moyen âge.*

(2) AUG. THIERRY, *Caractère et politique des Franks.*

ments.... rien ne leur fut laissé, si ce n'est la terre seule que les Barbares ne pouvaient pas emporter.

Une grande bataille eut lieu aux environs de Château-meillant (1), *Castrum Mediolanum*, en l'année 583, entre les troupes de Gontran, Roi de Bourgogne, qui possédait le Berry et l'Aquitaine et celles de Chilpérik ; il resta, de chaque côté, plus de sept mille hommes sur le terrain ; Didier, général de Chilpérik, ravagea tout le Berry : les arbres à fruit, les vignes furent arrachées ; aucune maison de campagne ne resta debout.

C'est dans ces terribles conditions d'existence pour un peuple que, vers l'an 620 ; notre monastère fut élevé sur les bords de la Marmande et sur l'emplacement que devait occuper plus tard le château de Saint-Amand. Cette pieuse retraite n'avait donc dû être protégée que par de pauvres cellules disposées souterrainement ou construites sur la motte (2) de terre qui dominait cette rivière.

Les cénobites de ces temps reculés passaient leur sainte vie dans l'abstinence et la prière ; tantôt ils se creusaient un asile dans le roc, non loin de la petite chapelle qu'ils parvenaient à édifier avec les épargnes de l'aumône, ainsi que l'attestent la grotte et la chapelle primitive de Font-Gombault, Indre, tantôt c'était aux entrailles de la terre qu'ils demandaient un refuge, comme semblent en témoigner les cellules souterraines qui aboutissent à l'église de la Celette (3). Nul doute encore

(1) Grégoire de Tours, évêque qui mourut en 595.

(2) *La motte*, nom très répandu qui vient de l'espèce de monticule ou d'éminence souvent artificiel ou de main d'homme qui, dans les anciens châteaux, servait de base ou d'assiette au donjon, à la grosse tour. (De la Tramblais, *Signification des noms de lieux. Compte-rendu des travaux de la Société du Berry*, XIIIe année, p. 336).

(3) Ces cellules furent découvertes en 1854, lors de la confection de la route qui relie le chef-lieu de la commune de la Celette au bourg d'Ainay-le-Vieil. La destination qu'on leur attribue est très conjecturale ; je serais plutôt porté à penser que ces cachettes remontent à une haute antiquité et

que la chapelle de Saint-Sylvain n'ait primitivement appartenu à des religieux qui s'abritaient dans les carrières de la Celle-Bruère contre les intempéries des saisons (1).

Mais la fondation de Théodulfe ne dut pas tarder à prendre de l'importance : les moines, dans ces temps d'ignorance et de barbarie, n'étaient pas seulement les propres pionniers du sol qu'ils défrichaient, ils s'étaient, de plus, institués les propagateurs de la foi, du travail, de la civilisation, et répandaient parmi les populations, avec la charité et les préceptes du Christianisme, les premiers bienfaits et les lumières de l'éducation.

La nouvelle abbaye eut bientôt son église : alors vinrent se grouper autour du couvent et du sanctuaire les habitants des contrées environnantes, bercés de l'espoir trop souvent déçu que leur misérable existence y trouverait un abri protecteur contre les déprédations qui les assaillaient de toutes parts, attirés par la célébration du culte et par les immunités que les moines avaient intérêt à leur concéder.

Nos religieux des bords de la Marmande n'ignoraient pas que cinquante-trois ans avant Jésus-Christ, la ville de Bordeaux avait été bâtie par une colonie de Berruyers (2), qui avaient

auraient été l'œuvre des Gaulois. Leur description rentre dans celle donnée par Baraillon, p. 29 de son ouvrage intitulé : *Recherches sur les peuples Cambiovicenses*. (*Paris. Dentu*. 1806). Voyez à ce sujet : *Glossaire du Centre de la France*, par M. le comte Jaubert, verbo *Mardelle*. Voy. aussi Tacite : *De moribus Germanorum* § 16 et *Recherches archéologiques dans les environs de Saint-Benoît-du-Sault* par Elie de Beaufort, docteur en médecine, (compte-rendu des travaux de la Société du Berry).

Deux grottes semblables ont été signalées par M. Pineau des Forêts, l'une aux Pluies, commune de Charost, et l'autre près de Saint-Ambroix, dans l'ancienne seigneurie de Mareuil. *Histoire des seigneurs de Charost et de Mareuil*, par M. Cartier Saint-René. Paris, 1879.

(1) Voir à ce sujet dans l'ouvrage si remarquable de M. le comte de Montalembert, intitulé : *Les Moines d'Occident*, le chapitre du tome II : *Les Moines sous les premiers Mérovingiens*.

(2) Cette tribu de Berruyers était partie de nos contrées pour l'émigration

emporté avec eux l'amour de la patrie et doté leur pays d'adoption des noms qui leur avaient été chers (1). Pleins de ces souvenirs, ils placèrent leur église sous la protection d'un Evêque de Bordeaux, Saint-Amand (2) nom que devaient porter les deux villes dont nous écrivons l'histoire.

vers le pays d'Aquitaine ; on les appela Bituriges Aquitains. De savants auteurs font remonter cette émigration au temps de Jules César, après le siège et la prise de Bourges (*Avaricum*). César rapporte dans ses *Commentaires* que vingt villes furent livrées aux flammes en un seul jour par les Gaulois eux-mêmes sur l'ordre de Vercingétorix, dans le but d'affamer le pays, en y portant la désolation (*De bello Gallico, Liv.* VII.)

Mais bien longtemps avant, au temps où Tarquin régnait à Rome, six cents ans avant Jésus-Christ, Amigat, chef des Berruyers, habitants du Berry, avait déterminé ses neveux Sigovèze et Bellovèse à porter leurs armes dans le Midi et l'Orient. Conduits par ces deux chefs, les Gaulois s'établirent en Italie et en Germanie, puis ils envahirent la Grèce, la Pannonie, la Thrace, et l'Asie. Les Gaulois Boïens s'étaient fixés en Bohème et se répandirent plus tard, sous le nom de Franks, dans une grande partie de l'Allemagne, de sorte qu'au dire de certains historiens, les Franks, lorsqu'ils rentrèrent dans les Gaules, ne firent que conquérir leur berceau. (De Ségur. *Histoire des Gaules*).

La bande qui avait pour chef le Biturige Bellovèse se mit en marche pour l'Italie ; elle se composait de Bituriges, Edues, Arvernes et Amburres (Amédée Thierry). La tribu des Bituriges avait pour demeure l'espèce de presqu'île formée par la Loire, l'Allier et la Vienne. Le nom de Bohème, dit Tacite, *Mœurs des Germains*, subsiste encore comme un vieux souvenir du séjour des Boïens chez les Germains.

(1) Un petit ruisseau, qui traverse la commune de la Celle-Bruère, porte, de temps immémorial, le nom de *Gironde ;* et ce même nom désigne un des faubourgs de la ville de Montluçon. On m'a même assuré que Bordeaux aurait donné le nom de Berry à l'une de ses rues.

Strabon dit que l'antique *Burdigala* fut fondée par des Celtes Bituriges. (Elisée Reclus, *Géographie de la France*, p. 167).

(2) On s'est demandé si ce ne serait pas plutôt sous le vocable de Saint-Amand, Evêque de Maëstrich, que l'église de Saint-Amand-le-Chastel aurait été consacrée. Il est certain que ce saint Evêque est venu sur les confins de l'ancienne province du Bourbonnais, à l'endroit où se trouve aujourd'hui la ville de Saint-Amand. On a même dit que cette ville devait son origine à un monastère bâti par l'Évêque de Maëstrich à son retour de Gascogne (*Les Petits Bollandistes*, t. II, p. 345) et où il laissa quelques disciples qui l'avaient

Plusieurs siècles s'écoulèrent ainsi pendant lesquels le monastère de Théodulfe agrandit ses possessions, et bientôt, grâces à de pieuses donations incessamment répétées et très habilement suscitées (1), elles s'étendirent, comme nous l'a dit Chevalier, sur ce vaste et fertile territoire dont les confins englobaient les deux vallées réunies du Cher et de la Marmande. Les richesses de cette abbaye étaient donc devenues considérables, quand notre malheureux pays se vit si fréquemment ravagé par de nouvelles hordes barbares.

Les Normands, peuples Danois, dont la première incursion date de 837, ruinèrent, vers 868, dans le Berry, les établissements religieux ; et les Hongres, en 909, envahirent à leur tour nos contrées et détruisirent la plupart des monastères et des églises de notre province (2) ; le couvent des bords de la Marmande ne dut pas être épargné : les moines furent tués ou

accompagné. Quel serait ce monastère ? Je l'ignore : mais cette pérégrination n'aurait eu lieu que vers l'an 665 ou 666 ; or Chevalier nous apprend que la consécration de notre Eglise, sous le vocable de Saint-Amand, Evêque de Bordeaux, daterait de 620. L'Evêque de Maëstrich ne vint au monde qu'en 594, il n'avait donc que vingt-six ans à cette époque de 620, tandis que l'Evêque de Bordeaux vivait en 431.

(1) « Le Clergé recevait tant, qu'il faut que, dans les trois races, on lui « ait donné plusieurs fois tous les biens du Royaume. Mais si les Rois, la « Noblesse et le Peuple trouvèrent le moyen de lui donner tous leurs biens, « ils ne trouvèrent pas moins celui de le lui ôter. La piété fit fonder les « églises dans la première race, mais l'esprit militaire les fit donner aux gens « de guerre qui les partagèrent à leurs enfants... Le Clergé a toujours acquis, « il a toujours rendu et il acquiert encore. (Montesquieu, *Esprit des Lois*, « *livre* XXXI, *chap.* v) ».

(2) « Alors les Normands, avec les Wandales, les Unes et les Daces, s'en « viendrent en Bretaigne (906-907) ayant déjà mis à feu et à sang toutes les « contrées de l'Anjou et de Mayne, et ne pardonnèrent à quoi que ce soit, « pauvres et riches, religieux ou séculiers, ecclésiastiques et laïques, prestres « et non prestres, n'épargnant aucun sexe ni âge, bruslant et saccageant tem- « ples, esglises, monastères, couvents, collèges et autres lieux dédiés à Dieu, « à l'Eglise et aux pauvres. » (*Chron. du P. Péan*, *Esquisses pittoresques de l'Indre.*)

ils se dispersèrent, après avoir, jusqu'à l'heure de la dévastation, tenté, mais en vain, de dissiper les épaisses ténèbres répandues sur le sol de la patrie.

Mentionnons, toutefois, pour rendre à César ce qui appartient peut-être à César, que sous les Rois de la première race, les biens du Royaume avaient été absorbés en grande partie, par le Clergé, qui avait transporté toutes ses richesses dans les églises (1) ; et que Charles-Martel qui détruisit, en 732, quatre cent mille Sarrazins dans la Touraine (2), et qui avait entrepris de dépouiller les moines, aurait bien pu donner le monastère de Théodulfe et ses fertiles possessions à l'un de ses *compagnons* qui le secondaient dans ses vues d'extermination (3).

(1) *Histoire de France* par HENRI MARTIN.

(2) Les armées de Charles Martel et de ses fils ont horriblement dévasté nos contrées. Après avoir ravagé l'Aquitaine entière, les Franks repartirent pour leur pays, louant Dieu qui les avait guidés dans cette heureuse expédition. *Deo auxiliante, Christo Duce cum gaudio reversi sunt.* (FREDEGARII *Chron.*) Langage habituel chez la race Tudesque, depuis Chlodowig jusqu'au roi Guillaume, louant la divine Providence pendant la guerre de 1870-1871, dans toutes ses dépêches à la reine Augusta !

(3) Le séjour des Sarrazins dans notre pays est attesté par beaucoup de localités qui en ont conservé le nom, telles que Ville-moret, Ville-more, les Morins, les Moricots, etc.

(Les *Compagnons* de Charles Martel, dont on a fait le titre nobiliaire de *comte* et celui de *vicomte*, *vice-comes*.)

« Les bénéfices créés par Charles Martel devinrent des fiefs sous Charles « le Chauve, lorsque ce prince rendit les fiefs héréditaires, et la Noblesse ne « recommença, à la fin de la Seconde race de nos Rois, qu'avec cette nou- « velle seigneurie » (MONTESQUIEU, *Esp. des Lois*, liv. XXXI, chap. XXVIII.) Aussi peut-on dire que les constructions des châteaux féodaux et des places fortes du Moyen Age datent en grande partie de cette époque. Les seigneurs avaient intérêt à protéger les nouvelles propriétés terriennes qui ne leur avaient été concédées, sur les Rois de la Seconde race, que comme de simples bénéfices à vie et qui se transformèrent à leur profit, sous le nom de *fiefs*, en possessions héréditaires.

CHAPITRE III

LE CHATEAU DE SAINT-AMAND

La Baronnie de Bourbon, *Burgum Bonum*, se composait, en 1248, de dix-neuf châtellenies qui avaient des châteaux habitables, parmi lesquels figurait Ainay-le-Château où ses Barons résidaient de préférence. Il ressortissait au grand baillage de Saint-Pierre-le-Moûtier institué par Saint Louis.

Charenton (1) dépendait de la châtellenie d'Ainay-le-Château, dont le ressort s'étendait sur soixante-dix paroisses (2) et plus de quatre mille feux (3). La Baronnie de Charenton em-

(1) Il existe au Cabinet des estampes de la bibliothèque nationale une vue donnée par C. Chatillon, sur laquelle parait très bien le château de Charenton placé sur une *motte*. Cette estampe porte cette mention : « *Vue de* « *Charenton, bourg et chasteau du pays de Berry.* »

(2) La division ecclésiastique du territoire de la France en paroisses commença sous le règne de Saint Louis, à remplacer, dans l'ordre politique et judiciaire, l'ancienne division féodale du pays. La *paroisse*, après avoir absorbé le *fief*, devint ce qu'elle est de nos jours, c'est-à-dire la *municipalité*. (*Les Olim, préface et notes* par le Comte Beugnot).

(3) La belle province du Bourbonnais comptait vingt-sept villes qui payaient un impôt de guerre de 2168 livres, 15 sols pour contribuer à la solde de 50 000 hommes armés par l'État. Saint-Amand y figurait pour 201 livres 10 sols, Bruyères-sur-Cher pour 15 livres, Germigny pour 30 livres, et Charenton pour 80 livres. Lorsque la France, après 1789, fut divisée en départements, trente-quatre communes ou parties de communes, qui dépendaient de la Châtellenie d'Ainay-le-Château, furent détachées de la province

brassait un vaste territoire divisé en plusieurs châtellenies annexées ou incorporées sous la dénomination collective de *Sirie* ou de *Baronnie*, telles, par exemple, que Saint-Amand-le-Chastel, Meillant, Bruère, Orval et Epineuil, qui rentrent dans le cadre de notre travail.

Il n'existe plus aujourd'hui du donjon féodal de Charenton que la magnifique motte de terre sur laquelle il avait été édifié, et que certaines personnes prennent, à tort, pour un tumulus. L'église de la paroisse, d'architecture romane, date du XIe siècle. Un de ses seigneurs, Rainaud de Montfaucon, ainsi que les comtes de Sancerre qui furent seigneurs de Charenton, battait monnaie en 1176 (1) ; une de ces monnaies porte au revers la légende : « Sancti Amandi » (2).

A une époque qui remonte probablement à la conquête des Franks, la baronnie de Charenton était passée dans les mains

du Bourbonnais pour être incorporées dans la circonscription départementale du Cher. Ce département a pris 21,800 hectares à l'ancien Bourbonnais. (DE COIFFIER, *Histoire du Bourbonnais*).

L'église de Germigny est fort curieuse, surtout à cause de son porche reproduit dans le *Nivernais* et dans le *Bourbonnais* ; il est de style bysantin et appartient à cette époque où le cintre commençait à se transformer en ogive.

En 1115, le Roi Louis-le-Gros assiégea le château de Germigny qui était occupé par Aimon II, sire de Bourbon, surnommé *Vaire-vache*, à cause de ses cheveux et de sa barbe qui étaient de plusieurs couleurs (LA THAUMASSIÈRE). « Le Roi était venu en Bourbonnais à la prière d'Alard de Guillebaud, qui « avait imploré sa justice en faveur du fils d'Archambaud, seigneur de « Bourbon, sur lequel son oncle paternel, Aimon, Vaire-vache, cadet « d'Archambaud, avait usurpé la Seigneurie de Bourbon. » (MÉZERAY).

(1) Le Duché de Bourbonnoys était, en partie, de la « *subjection* » de l'hôtel de la Monnaie de Bourges. Nous citerons comme relevant de cette Monnaie Moulins, Montluçon, Saint-Amand, Ainay-le-Vieil, la Guerche, etc. (HENRI JONGLEUX, *Archives de Bourges*, 1877).

(2) Une monnaie trouvée à Vierzon, portant en légende, ✝ E. DOMINUS CARENTONII s'attribue nécessairement à Ebbe V ou Ebbe VI de Charenton ; elle est rapportée *T. XI*, *Mémoires de la Société des Antiquaires du Centre*.

de la puissante Maison de Déols. Suivant la tradition, les Princes de Déols descendaient du Sénateur Gallo-Romain Leocadius, fondateur de la première église de Bourges, sur l'emplacement de laquelle a été élevée la cathédrale de Saint-Etienne. Cependant leurs noms de *Raoûl*, *Rodulf*, sont tudesques, ainsi que ceux de *Hildegarde* et de *Edelburges*, leurs femmes. Mais que ces hauts seigneurs soient d'origine allemande ou gallo-romaine, toujours est-il qu'ils possédaient, au xe siècle, le fief considérable de Charenton, ainsi que tous les arrière-fiefs qui en dépendaient (1).

La Châtellenie de Saint-Amand était alors sous-inféodée à une famille noble qui, pendant plusieurs siècles, exerça sa haute puissance dans nos contrées, c'est dire assez quel aura été le sort des habitants qui avaient dû se grouper autour du manoir élevé sur la motte du monastère en ruines des religieux de Bobolène.

Le régime féodal, imposé par les Franks aux populations gallo-romaines, s'était puissamment établi dans le centre de la France. Les mœurs germaniques l'ayant emporté sur les mœurs romaines, les Serfs franks succédèrent aux esclaves romains, et nos aïeux devinrent dès lors taillables à volonté et mortaillables jusqu'au jour de cette grande révolution municipale du xiie siècle qui amena leur émancipation corporelle et intellectuelle.

En ces temps, les seigneurs prenaient le nom de la ville ou du lieu où sur une éminence perchaient leurs manoirs féodaux Un seigneur, portant le nom de Guillaume, était en 1096 en possession du chastel de Saint-Amand (2), c'est à ce titre qu'il

(1) La Thaumassière, en reconnaissant que le sixième fils de Raoul II de Déols a reçu en apanage la terre de la Châtre, présume que celle de Charenton serait advenue à ce seigneur du chef de sa femme, mais aucun document ne vient à l'appui de cette opinion et le nom de la femme de ce sixième fils est resté inconnu.

(2) Etait-il allié à Guillaume, comte de Nevers, qui accordait en 1097, aux

fut, cette même année, convoqué par Archambaud, V^e^ du nom, sire de Bourbon, en une cour de justice composée de plusieurs seigneurs parmi lesquels figure, avec Guillaume de Saint-Amand, Godfroid de Dun. Il s'agissait de terminer les différends que le sire de Bourbon avait avec les Religieux de Souvigny (1) ; le Pape Urbain II assistait à cette réunion.

Il est probable que cette famille aura fait souche et continué de tenir des Princes de Déols l'arrière-fief de Saint-Amand-le-Chastel. On trouve, en effet, en 1184, un autre seigneur du même nom de Guillaume et son fils Hervé qui donnent, tous les deux, à l'abbaye de Noirlac la moitié de leur manoir de Verrière (2). Mais tout ici n'est que conjectural, et nous ne savons ni comment a commencé ni comment a pris fin cette série de seigneurs qui auront dû cesser d'occuper le chastel de Saint-Amand lorsque Ebbe VI fonda, comme nous le dirons, la ville de ce nom.

Nous ne savons même pas par qui et à quelle époque aura été élevé le château de Saint-Amand qu'ont dû habiter sinon construire, les Guillaume de Saint-Amand, *Guillelmi de Sancto Amando* et dont l'antiquité est consacrée par la dénomination qui subsiste encore de nos jours : celle de Saint-Amand-Vieux-Château.

Moines de Saint-Etienne la dime des saumons dans la Loire (ROUBET, *Droits féodaux de la Loire*, p. 10) ; et à Guillaume Ier de Montluçon, qui vivait en 1098 et 1120? Parmi les droits féodaux dont jouissait ce seigneur, l'un s'exerçait sur les maris qui battaient leurs femmes. (DE COIFFIER, *Hist. du Bourbonnais*).

(1) Le texte de cet accord est rapporté dans l'*Ancien Bourbonnais*, par ACHILLE ALLIER, p. 257, Note I. On y lit in fine « Hujus placiti testes « fuerunt præfati duo Episcopi Umubaldus de Borbonio, Matthæus de Pa- « riancio, Guitfridus de Duno, Guillelmus de Sancto Amando. »

(2) Titres de Noirlac — Archives de Bourges.

CHAPITRE IV

LES SEIGNEURS FÉODAUX DE DÉOLS

Raoul le Chauve ou le Grand, fils de Raoul le Large, qui abandonna son château aux Religieux de Déols, pour construire celui qui donna son nom à la ville de Châteauroux, laissa six enfants mâles (1).

Le sixième de ses fils, surnommé Ebbe de la Chastre, Ebbe Ier de Charenton, devint chef des Maisons de la Chastre et de Charenton ; peut-être avait-il été apanagé de ces terres, en vertu de ce que nos *Coutumes* ont appelé le droit de *frèrage* ou *parage* (2). (Armoiries, I Planche II).

Ebbe Ier fonda, en 1005, l'abbaye de Saint-Ambroix : il est nommé dans la charte de fondation de cette abbaye par Geoffroy, vicomte de Bourges et Edelburges de Déols, sœur dEbbe. Son nom figure encore dans un acte de 1012, relatif au rétablissement de l'église et du chapitre de Saint-Ursin de Bourges.

(1) *Notice sur l'Abbaye de Déols, Chron. du Père Péan, Esquisses pitoresques de l'Indre* par GRILLON DES CHAPELLES, t. III, p. 403.

(2) En l'an 1000, date assignée comme devant être la fin du monde, éclata, sous Robert, roi de France, une horrible famine. Les hommes dévorèrent la chair des hommes ; ils attaquaient le voyageur, non pour son or, mais pour son sang. Ses membres étaient déchirés, grillés au feu et dévorés. (ACH. ALLIER, *L'Ancien* Bourbonnais.) — N'avons-nous pas vu, en 1868, dans l'Algérie, de nombreux actes de cannibalisme suscités par la famine ?

Il fut tué devant Châteauneuf-sur-Cher, qui était assiégé en 1037 par Raoul le Prudent, son frère.

Six seigneurs de la baronnie de Charenton portèrent le nom d'Ebbe : Ebbe II participa par ses libéralités à la fondation de l'Abbaye-des-Pierres dans la paroisse de Sidiailles, dont les vestiges subsistent encore. Ebbe III vivait en 1078 ; Ebbe IV était le contemporain de Guillaume Ier de Saint-Amand en 1109 et 1112. Ebbe V, son fils, donna, en 1135, le lieu où fut édifié l'abbaye de Noirlac, et fonda, en 1159, avec Agnès sa femme, l'abbaye de Buxières, près Panserolles, dans la paroisse de Saint-Désiré, Allier ; les désordres, survenus dans ce couvent, déterminèrent l'Abbesse supérieure à le transférer à Bourges en l'année 1625.

Ebbe V eut trois enfants : 1° Agnès de Charenton qui aurait épousé Raoul de Déols, dernier du nom, lequel reçut en dot le château et la châtellenie de Meillant, 2° Luce de Charenton et 3° Ebbe VI.

Ebbe V vivait-il du temps de cet autre Guillaume de Saint-Amand dont il est fait mention en 1184 ? Je l'ignore. Nous en sommes donc réduits à admettre que la ville de Saint-Amand aurait été fondée par Ebbe VI, qui était déjà seigneur de Charenton et qui, à la suite de Guillaume, aura repris la seigneurie qui lui avait été inféodée.

Celle de Meillant aurait été recueillie par Denise de Déols, l'épouse d'André de Chauvigny et par sa descendance ; mais ce fief avait fait retour en 1250 aux Ebbe de Charenton (1).

(1) Nous avons à expliquer comment les Princes de Déols ont possédé, pendant un certain temps, la terre de Meillant. Agnès de Charenton, fille d'Ebbe V, aurait épousé Raoul de Déols, d'où serait issue Denise, mariée à André de Chauvigny, qui mourut en 1202. Denise recueillit alors, dans la succession de sa mère, le fief de Meillant, qu'elle transmit à Guillaume Ier de Chauvigny, son fils, lequel trépassa vers 1250, laissant pour lui succéder un fils qui fut Guillaume II de Chauvigny. C'est vers cette époque de 1250 que Rainaud III étant mort sans enfants, la Baronnie de Charenton...

Luce de Charenton fut mariée à Gilon, sire de Seuly, et Ebbe VI épousa Guiberge, fille d'Archambaud VI, sire de Bourbon qui, par sa femme, Agnès de Savoie et de Maurienne, était le beau-frère du Roi Louis-le-Gros (1).

tagée entre collatéraux, au nombre desquels se trouve Guillaume II de Chauvigny, qui aura rapporté à cette succession le fief de Meillant en possession duquel il aura été maintenu par attribution. Guillaume II avait apanagé son frère Raoul des terres de Saint-Chartier et de Meillant, mais le fief de Meillant aura fait retour à Marie de Charenton, lorsqu'elle épousa Guillaume Ier de Sancerre.

Guillaume Ier de Chauvigny, pendant qu'il fut seigneur de Meillant, donna, en 1211, une charte d'affranchissement à ses habitants. Usant de sa pleine puissance, il trace la limite d'une ville franche, y établit la liberté individuelle, et, sauf le flagrant délit en quelques cas, la nécessité d'un jugement préalable, il stipule le prix de cette concession, jure l'observance et la fait jurer par ses chevaliers.

Cette pièce était, en 1830, dans les archives de Saint-Amand. M. Robertet, maire de cette ville, en avait fait l'analyse. Mais qu'est-elle devenue ?

(1) Archambaud, Ier du nom, seigneur de Seuly-sur-Loire, avait épousé Mahaut de Beaugency, de laquelle il eut deux fils, Gilon et Henry.

Henry fut élu, en 1184, Archevêque de Bourges ; il était le premier archevêque issu de cette famille et fut le premier de nos Prélats qui, dans la cérémonie de son installation, avait été porté par les quatre Barons du Berry dans la chaise patriarchale, depuis l'Abbaye royale de Saint-Sulpice, jusqu'à la Porte-jaune. Cet usage, dit Chevalier, ne cessa qu'en 1662. Voy. *Revue du Centre*. No du 15 mars 1879, un très remarquable travail de l'abbé Rebrioux, Aumônier militaire, intitulé : *Le Joyeux Avènement des Archevêques de Bourges au Moyen âge.*

Simon de Seuly, fils de Gilon et de Luce de Charenton, fut, à son tour, Archevêque de Bourges en 1218 ; tous les deux devinrent Cardinaux. Eudes de Seuly, troisième fils de Gilon, était seigneur de Blet, prévôté sur laquelle il fit un legs de *vingt sols d'or*, à l'Abbaye de Font-Morigny. Il fut, dit La Thaumassière, le chef de la Maison de Beaujeu.

Deux neveux de Simon, Jean et Guy de Seuly furent aussi Archevêques de Bourges ; ils étaient les fils d'Archambaud II, Sire de Seuly et avaient pour frère, Henry Ier du nom, dont le fils Henry II fut seigneur d'Orval et d'Epineuil.

Jean de Seuly tint à Montluçon, en 1266, un concile provincial ; il confirma l'affranchissement accordé aux habitants de Culant par Renoul, leur seigneur, (La Thaumassière, *Hist. du Berry*, et De Coiffier, *Hist. du Bourbonnais*). Alix ou Adélaïde de France, devenue veuve de Louis le Gros épousa Mathieu de Montmorency, Connétable de France.

Ebbe VI était allé à la Terre Sainte (1); mais, avant de partir pour son voyage d'outre-mer, il donna, par titre de 1170, à l'abbaye de Notre-Dame de Charenton, la moitié du droit de Maréchaussée qui lui était dû par ses hommes (2). Précédemment, en 1147, il s'était porté une des cautions de son beau père Archambaud envers les Religieux de Souvigny qui lui avaient prêté de la monnaie pour guerroyer contre les infidèles.

Ebbe devint cependant sur ses vieux jours le persécuteur des Eglises, et ce fut contre lui que le jeune roi Philippe-Auguste fit, à l'âge de quinze ans, ses premières armes (1180). Mais le Roi si vigoureusement abbatit son orgueil en peu de temps « que cil vint à ses pieds à mercy et li requit pardon de ses « meffaits. Le Roi qui fut miséricord les li pardonna pour « telles conditions qu'il jura sur sa vie à rendre aux Eglises « et aux Religieux quoi qu'il leur avait tollu à l'égard et à la

Le chef de la Maison de Bourbon l'Archambaud est Adhémar, qualifié comte dans une charte de 913, par laquelle Charles-le-Simple lui fait don de certaines terres du Berry et de l'Auvergne. (De Coiffier, *Hist. du Bourbonnais*).

(1) La première croisade, commandée par Godfroy de Bouillon, fut prêchée en novembre 1095, dans un concile tenu à Clermont, sous le pontificat d'Urbain II, Evêque de Rome, qui le premier porta exclusivement le nom de Pape.

« L'Europe était pleine de gens qui aimaient la guerre, qui avaient beau- « coup de crimes à expier, et qu'on leur proposait d'expier, en suivant leur « passion dominante ; tout le monde prit donc la croix et les armes. » Montesquieu, *Grandeur et décadence des Romains.*

(2) Les principaux bienfaiteurs de l'Abbaye de Charenton furent les seigneurs de cette Baronnie. L'Abbaye dépendait de la congrégation de Chezal-Benoît et Marie de Rochechouart en était l'abbesse en 1497.

On vient de découvrir — 1882 — les ruines de l'ancienne église abbatiale de Notre-Dame de Charenton détruite après la Révolution et que Ebbe VI venait de faire terminer en 1095. Il devait, après son retour de la Terre-Sainte, faire consacrer cet édifice par l'Archevêque de Bourges. (Voy. à ce sujet dans la *Revue du centre*, p. 395 T. IV, un très intéressant article de M. l'abbé Clément, Curé Doyen de Charenton, intitulé : *Découvertes archéologiques de Charenton du Cher.*

« volonté du Roy et dès lors en avant se garderait de faire de « telles violences » (1).

Ebbe VI, peu de temps après, trouva l'occasion de donner des preuves éclatantes de sa valeur personnelle. Le 30 juin 1183

(1) *Hist. du Berry* par DE RAYNAL — T. II, p. 58. « *Hebo de Carantonio...* « *procidit ad pedes regis.... sub attestatione jurisjurandi promittens....* « RIGORD (médecin du Roi) *De gest. Ph. Aug.*

Le roi Philippe-Auguste revint en Berry après la conquête de l'Anjou et du Poitou ; il y resta même assez longtemps. Il fit réparer les fortifications de Dun-le-Roi, y fit construire une tour et s'empara, en 1188, de Culant, de la Roche-Guillebaud et du Châtelet. En ces temps, une partie du Berry et de l'Auvergne appartenait, avec la Guyenne et le Poitou, au Roi d'Angleterre, Richard-Cœur de Lyon. L'origine de la levée des troupes date du Roi Louis-le-Gros, et Philippe-Auguste fut le premier de nos Rois qui tint sur pied des troupes soldées. Il avait compris que c'en était à jamais fait de la monarchie et de l'unité de la France, s'il ne parvenait pas à abaisser l'arrogance et les prétentions cruellement arbitraires de tous ces petits potentats de race germanique qui s'étaient emparés du territoire de la Nation pour la transformer en autant de tribus indépendantes, « *espèce d'Etat dans l'Etat,* « *qui avait sa juridiction et ses usages particuliers.* (AUG. THIERRY. Let. s. *l'Hist. de France*). Il combattit donc la puissance de ces seigneurs par les armes et fut invité avec une puissance énergique par le Roi Philippe-le-Bel qui ne se passa pas de leur faire la guerre. De son côté, (BEUGNOT, *Les Olim.* Préf. T. III.) le Roi Louis-le-Gros voulut affranchir les Serfs, afin de prendre l'autorité dont les vassaux s'étaient emparés.

C'est à Philippe-Auguste qu'on doit la création des bailliages royaux. Les Baillis avaient mission de soutenir les Communes contre le seigneur et d'intervenir au nom du Roi dans les questions qui les intéressaient. Déjà Louis-le-Gros avait créé des Justices royales et faisait surveiller celles que rendaient les juges nommés par les seigneurs féodaux. A cet effet, il nomma, comme l'avait fait Louis-le-Débonnaire, des commissaires *Missi dominici*, qui parcouraient les provinces pour rendre justice *es-cas royaux*, recevoir les plaintes des habitants et renvoyer leurs procès devant les juges royaux.

Nous verrons, dans la seconde partie de cette histoire, qu'en 1793, le Comité de salut public de la Convention avait aussi ses *Missi dominici*, revêtus d'une puissance supérieure à celle de la Convention ; mais ces farouches et sanglants commissaires parcouraient les Départements, et se rendaient aux armées de la République, non pas pour faire rendre justice à qui de droit, mais pour faire arrêter et guillotiner les soldats et les citoyens suspects de la bourgeoisie et du peuple.

il défaitettaille en pièces près de la ville de Dun sur Auron (1), dix mille pillards, *cothereaux* et autres brigands qui s'étaient formés en bandes redoutables, à l'occasion des troubles qui existaient entre les Rois de France et d'Angleterre (2).

Ebbe ne fut pas heureux dans sa postérité : son fils, Ebbe VII, se noya tout jeune à Noirlac où il fut inhumé, et il ne resta plus de représentants de cette grande famille que les deux sœurs d'Ebbe VII : Mahaut (3), qui devint alors dame de Cha-

(1) Philippe Ier avait acquis de Eudes Arpin, Vicomte de Bourges, les villes de Bourges et de Dun. Charles-le-Bel établit dans cette dernière ville un Prévôt royal et la cité prit le nom de Dun-le-Roy. — LA THAUMAS. et RAGUEAU.

(2) « Il n'est pas d'horreurs qu'ils ne commissent ; ils pillèrent et brus- « lèrent les Eglises, les monastères. Ils dépouillèrent les habitants de tout ce « qu'ils avaient de plus précieux, enlevant les ornements sacrés, se livrant « aux profanations les plus exécrables, foulant aux pieds les saintes « Hosties..... Leurs femmes se faisaient des voiles des linceuls de Notre- « Seigneur. Mais ayant reçu des secours du Roy, les gens du peuple se réuni- « rent, s'assemblèrent et purgèrent la contrée de ces brigands. Depuis le « plus petit jusqu'au plus grand, tout fut exterminé. Ils retirèrent de grosses « rançons de ceux qui pouvaient se racheter, mais il y en eut un grand « nombre qui périt dans les tourments. »

Deux bandes de ces brigands furent exterminées en Auvergne en 1183 et 1185.

La chronique du Vigeois s'exprime ainsi : « Anno 1186, Sibrandus, vice « comes Limoviencis, milites et populus pugnaverunt contra sex millia Bar- « bansorum, ecclesiam Dei vastantium totamque patriam depopulantium ; « eosque per totam terram Combralhiam persequentes fere omnes peremerunt. « (*Gallia Christiana.* »

Ils infestaient aussi le Languedoc et la Gascogne. Ces troupes de bandits se louaient à ceux qui avaient besoin pour se venger de leurs ennemis. Les uns s'appelaient *Barbançons*, les autres *Cathares*, *Aragonais*, *Navarrais* et Basques, à cause qu'ils venaient de ces pays. (*Diction.* de MORÉRY.)

Chambon, dans la Creuse, était la capitale des peuples de la Combraille, *Cambiovicenses.*

Voy. sur la guerre des Routiers, *Hist. du Berry* par de RAYNAL, T. II, p. 72 et suiv.

(3) Mahaut testa en décembre 1243, et son testament, qui présente beaucoup d'intérêt, à raison des noms de lieux, de paroisses et d'abbayes qui y

renton, et Marie, qui épousa Guillaume premier du nom, Comte de Sancerre et à laquelle, dans la succession de son père, échut la seigneurie de Meillant.

Mahaut ou Mathilde de Déols-Charenton se maria avec Rainaud II, sire de Mont-Faucon (1), (Armes, 2, pl. I) qui fut un des bienfaiteurs de l'abbaye de Font-Morigny (2).

Devenu seigneur de Saint-Amand-le-Chastel, il transigea, en 1226, avec Archambaud de Bourbon, son sousin (3), relativement aux gens de main-morte de leurs Baronnies respectives. Son fils, Rainaud III, avait épousé en 1224, Isabeau de Courtenay, seconde fille du prince Robert, Bouteiller de France, et de Mahaut, dame de Mehun (4).

Mais il mourut sans enfant et la Baronnie de Charenton fut, ainsi que la Châtellenie de Saint-Amand, partagée, au mois de mai 1250, entre des collatéraux : Henri, IIe du nom, sire de Seuly, (Armes, 3, pl. II) Guillaume II, sire de Chauvigny

sont mentionnés est rapporté *in extenso* dans l'*Histoire monumentale du Département du Cher* par M. DE KERSERS, dans la partie qui traite du canton de Charenton.

(1) L'ancienne seigneurie de Montfaucon fut acquise d'Armand de Bourbon, Prince de Conti, par Louis-Marie d'Aumont de Villequiers qui, en 1666, obtint des lettres du Roi pour changer son nom en celui de Villequier. (LA THAUMAS).

(2) Rainaud Ier, seigneur de Mont-Faucon et de Sancergues, époux d'Agnès de Seuly, fut un des seigneurs qui, avec Archambaud Chevreau, seigneur de Fontenay, pillèrent et incendièrent l'abbaye de Saint-Satur (abbatia Sancti Satyri) de l'ordre de Saint-Augustin, située dans l'archiprêtré de Sancerre, au bord de la Loire. Mais tous les deux, ainsi qu'ils le déclarèrent dans deux chartes de 1144, rapportées dans l'*Histoire du Berry* de M. DE RAYNAL, I. 2. Pièces justificatives, reconnurent l'énormité de leurs forfaits, et firent pénitence. (GÉMALHING. Monographie de cette abbaye).

(3) Cet accord fut signé au château d'Ainay, l'une des résidences d'Archambaud, il est rapporté dans LA THAUMAS. (Cout. Loc.).

(4) Robert avait un frère, Pierre de Courtenay, qui fut Empereur de Constantinople en 1216. Guillaume Ier de Sancerre, devenu veuf de Marie de Charenton, épousa sa sœur, Eustache de Courtenay.

(Armes, 4, pl. II) et de Château-Roux, Guillerme de Mont-Faucon et Jean de Montigny, Damoiseau (1).

Henri II, sire de Seuly ou comme on a dit par la suite, de Sully, eut, pour sa part, à cause de Luce de Charenton qui avait épousé Gilon, sire de Seuly, les terres de Bruère (2), d'Orval et d'Epineuil. Elles restèrent dans la *mouvance* de Charenton et se trouvaient encore, en 1403, dans cette noble maison, date du mariage de Marie Henriette de Seuly avec le Connétable d'Albret (3).

A la suite de toutes ces divisions de Seigneuries, Henri II de Seuly se trouva, à cause de sa châtellenie d'Orval, Bruère et Epineuil, seigneur suzerain des seigneurs de Meillant. Aussi verrons-nous Louis de Sancerre (Armes, 5, pl. II) (4) rendre

(1) Les seigneurs ne prenaient le nom de *Chevalier*, *miles*, que lorsqu'ils étaient en âge de porter les armes. Avant ils étaient appelés *Damoiseau*, *Domiceili*.

(2) Le pays de Bruère était désigné sous le nom de *Territorium Brioriæ* (*Fonds de Noirlac*). Nous avons, dans trois chapitres particuliers, recueilli tous les renseignements historiques qui se rattachent aux châtellenies d'Orval, Bruère et Epineuil.

(3) Voy. la seconde partie de cet ouvrage. — « C'est, dit CHEVALIER, autant que je puis le conjecturer, par suite du bouleversement survenu à « cette époque dans la composition de la Baronnie de Charenton, qu'il faut « attribuer l'adjonction à la châtellenie d'Orval de partie du territoire de « Saint-Amand située sur la rive du Cher. » Cela est de toute évidence et cette adjonction eut lieu à la mort de Guillerme de Mont-Faucon.

(4) Louis de Sancerre, ce vaillant homme de guerre, prince de la Maison de Champagne qui a été revêtu de la dignité de Maréchal de France et que l'on a vu porter glorieusement l'épée de Connétable, marque avec éclat dans les annales de nos contrées. Il vivait sous le Roi Charles VI, et il est mort, en 1402, peu de temps après que Charles d'Albret, allié à la Maison royale, eût épousé la Dame de Saint-Amand sous Montrond. Louis de Sancerre a été enterré dans l'Eglise de Saint-Denis ; il était seigneur de Charenton, Meillant, Sagonne.

La Seigneurie de Sagonne est devenue sous le Roi Louis XIV la propriété de l'architecte Mansard ; c'est à lui que l'on doit le magnifique château de Château-Renaud, appartenant à la famille de Maistre, situé non loin de La Guerche, Cher. C'est sur un de ses plans qu'a été bâti, pour la famille

foi et hommage, pour sa terre de Meillant, aux descendants des Seuly. Quant à la terre d'Orval, ce n'est que sous le règne de François Ier qu'elle devint un fief dominant qui ne releva plus que du Roi.

Après ces préambules historiques, il est temps de rechercher ce qu'étaient et la ville de Saint-Amand-le-Chastel fondée par Ebbe VI et la seigneurie de ce nom recueillie par Guillerme de Mont-Faucon, sœur de Rainaud II.

Josset, un hôtel sis à Saint-Amand, rue de l'Ecu, devenu la propriété de M. Albert Lemoine.

CHAPITRE V

LA VILLE FRANCHE DE SAINT-AMAND-LE-CHASTEL ET SON ENCEINTE

Les spoliations de toutes sortes, exercées par les seigneurs féodaux sur les populations des villes et des campagnes, devaient amener une réaction favorable à l'émancipation d'un peuple qu'ils s'étaient brutalement efforcés d'abâtardir. Les habitants des grandes cités avaient encore pu conserver une apparence de vie civile due au mouvement forcé du trafic quotidien et des transactions commerciales ; mais il en était bien différemment de l'homme des champs attaché à la glèbe, du manouvrier des petites villes courbant sous le fardeau d'insolentes corvées ; c'étaient autant de bêtes de somme attelées au char de leurs maîtres... Ils traînaient misérablement la plus triste et la plus dégradée des existences, donnant le jour à des êtres destinés à vivre comme eux, et à dérouler les anneaux d'une chaîne lourde et sans fin, supplice de chaque jour qui aboutissait au suicide moral de l'humanité.

Tels avaient été les désastreux effets du pouvoir féodal sur les populations gallo-romaines asservies par les Franks. Mais au douzième siècle une révolution municipale éclata qui ne tarda pas à se propager dans une grande partie de la France. Diverses contrées proclamèrent leur émancipation : sur plusieurs points du territoire, les peuples s'insurgèrent et établirent eux-mêmes leurs Communes (1). Sur d'autres, les seigneurs féodaux jugèrent prudent de céder à ce mouvement social, en donnant spontanément la liberté à leurs vassaux. Ils avaient compris qu'il était de leur devoir, ou mieux encore, de leur intérêt, de souscrire à un affranchissement qu'ils pourraient réglementer. En effet, par cette concession, ils retenaient autour du manoir féodal les populations dont ils mettaient à profit les bras, l'industrie et les services journaliers ; ils sauvegardaient surtout une grande partie des privilèges exorbitants qu'ils s'étaient arbitrairement attribués lors de la conquête.

D'autres habitants, moins heureux dans leurs réclamations, plus étroitement assujettis, prirent la résolution d'acheter une émancipation qu'on persistait à leur contester et de payer, à prix d'argent, l'air libre qu'ils avaient hâte de respirer après tant de calamités (2).

La plupart des chartes d'affranchissement donnent aux serfs la faculté d'acquérir une nouvelle position dans la société féodale ; et par suite de cette modification, on vit bientôt surgir et se constituer une classe de citoyens qui devait, un jour, sous la dénomination de Bourgeoisie, devenir la force vive de la Nation (3). Telle fut l'origine du Tiers-Etat.

(1) Inutile de faire ressortir ici qu'il n'existe aucune analogie entre la *Commune* du XIIe siècle, et celle de 1793 que les habitants de Paris ont de nouveau proclamée le 18 mars 1871 de sinistre mémoire.

(2) Charenton fut affranchie en 1226 par Ebbe VI et Rainaud de Mont-Faucon ; Villefranche par Archambaud de Bourbon ; Meillant, comme nous l'avons vu, par Guillaume Ier de Chauvigny en 1211. Moins favorisés, les habitants de Châteauneuf payèrent leur affranchissement en 1258,500 livres à Renoul III de Culant, et ceux de Boussac, 1000 écus d'or, en 1427, à Jean de Brosses, Maréchal de France. Les Bourgeois de Linières durent leur acte de franchise, en 1278, à Guillaume IV et à Jeanne de Villebéon, dame de Méréville, son épouse (Voy. LA THAUMAS. *Coût. Loc.*). (Affranchir signifiait *déclarer Franc*, donner à un Gaulois subjugué le privilège d'un Franc. Ceux qui rachetèrent leur liberté s'appelèrent *Francs Bourgeois*).

(3) « La Bourgeoisie, nation nouvelle, dont les mœurs étaient l'égalité « civile et l'indépendance dans le travail, s'éleva contre la Noblesse et le ser-

Ebbe VI (1), Baron de Charenton et de Meillant, et ce titre, supérieur dans les douzième et treizième siècles, au titre de Prince, était ce qu'il y avait de plus relevé dans l'ordre héraldique après celui de Monarque, voulut, de son plein gré, fonder une ville libre à Saint-Amand-le-Chastel.

Pour y parvenir, il copia une partie de sa charte d'affranchissement sur celle qu'en 1136, Archambaud de Bourbon, son beau-père, avait accordé aux habitants de Villefranche, cité qu'il avait édifiée à trois lieues de Montluçon (2).

Ces *privilèges*, *garanties*, *libertés* et *coutumes* furent ratifiées et confirmées par ses successeurs, et c'est pourquoi nous renvoyons à une autre partie de notre travail l'analyse de la charte du fondateur de la ville dont nous retraçons l'histoire.

On n'aperçoit plus aujourd'hui que quelques pans des murailles du Chastel de Saint-Amand, qui avait été édifié, comme nous le répétons, sur le petit mamelon que les Religieux de l'an 620 avaient choisi pour l'érection de leur monastère.

Il comprenait une large enceinte fortifiée de tours qui étaient reliées par des courtines ou murailles crénelées au pied des-

« vage. Ses instincts novateurs, son activité, les capitaux qu'elle accumulait « étaient une force qui réagit de mille manières contre la puissance des pos- « sesseurs du sol. » (*Aug.* Thierry, *Le Tiers Etat.* Chap. I).

(1) Sous les deux premières races de nos Rois, qui marquent la durée de la période franke, le mot tudesque *Bar*, *Baron*, était simplement synonyme de *Vir*, homme ; sous la troisième race, où commence la dynastie française on a fait, du mot *Baron*, un titre honorifique. (Aug. Thierry, *Let. s. l'Hist. de France*).

Au treizième siècle, le Berry ne comptait que sept Barons.

Sous la première race les grands officiers de la Couronne étaient les Ducs, les Comtes, et leurs suppléants qu'on appelait *Vicaires*, *Vigniers* ou *Vicomtes*. (Anquetil, *Hist. de France*). Il existait une Vicairerie ou Vignerie à Charenton ; *Vicaria Carintominsis*.

(2) De Coiffier, *Hist. du Bourbonnais*, T. I, p. 114. L'acte d'établissement de la Commune de Villefranche a été publié *in extenso* par La Thaumassière, *Coutumes locales*.

quelles étaient les fossés du château qui en défendaient l'approche.

On pénétrait dans la ville et le chastel de Saint-Amand, *Castrum Sancti Amandi*, par la *Porte Verte* (1), en franchissant le fossé et le pont-levis, au moyen duquel on allait du faubourg d'*Entre les deux villes de Saint-Amand* à l'église paroissiale (2).

L'autre entrée de la place était facilitée à l'Est par un autre pont-levis, sous lequel coulait la rivière du Chignon (3), qui déversait ses eaux dans les fossés d'enceinte et dans le grand étang de la Cornière flanqué d'une tour avec machicoulis à son extrémité. Elles y arrivaient du côté de la Grenouillère en suivant, d'une part, les terrains occupés aujourd'hui par les jardins de l'Orphelinat, ou pour mieux dire les jardins du Prieuré et autres, et l'emplacement sur lequel ont été élevées plus tard les maisons des rues de la Grenouillère, de Saint-Jean et de la Cornière ; et de l'autre part, un canal qui aboutissait au pont-levis Est de la rue Porte-Verte, près du bâtiment édifié en 1880 par le sieur Pillet ; ce canal baignait les murs du chastel (4).

Il y avait, dans le périmètre de cette place féodale ainsi protégée, le grand et le petit Chastel, l'Eglise paroissiale et son

(1) Dans un titre de 1588, on indique pour joute, *la rue tendante de la Porte verte* à *la Ravoie*. Cette porte a donné son nom à la rue qui conduit à l'Eglise et au pont de Charenton.

(2) Bail à cens et rentes de 1624.

(3) Le Chignon prend sa source au château de Bonnais, commune de Coust, dans une fontaine dont les eaux se jetaient dans l'ancien étang de ce nom qu'il parcourait pour se diriger vers le bief du moulin de Touzelle.

(4) Avec le terrier de 1510, un procès-verbal de 1519 et les énonciations d'un acte de vente du 26 juillet 1547, consentie par de Lauzun à Gilbert de Bigny, il est parfaitement acquis que l'enceinte de la Seigneurie du Vieux-Château était garnie de fossés tout à l'entour, et que par les dehors de ces fossés, il y avait une allée d'environ une toise de largeur qui aboutissait à la Justice d'Orval. La pêche de ces fossés était affermée tous les ans.

presbytère, le Prieuré du monastère de 620, à la collation du Montet-aux-Moines, Prieuré dont les bâtiments sont en ce moment convertis en orphelinat, le Palais de Justice et ses prisons, la Maison-Dieu, la place du marché, la chapelle Sainte-Anne, la chapelle et la commanderie de Saint-Antoine, et les rues étroites et tortueuses où se groupaient les modestes habitations de nos aïeux. C'est dans une de ces rues, la rue du Cygne qu'a été créé l'établissement de l'école des filles et de la salle d'asile, dirigé, jusqu'en l'année 1880, sous le nom de *la Providence*, par des sœurs de la Charité de Bourges (1).

Le nom de la petite rivière qui baignait les murailles du château se rattache aux trois phases les plus remarquables de notre contrée. Lorsque les Gallo-romains jetèrent les fondations de la ville de Drevant, ils empruntèrent au Chignon les eaux qui devaient fournir à leurs besoins journaliers. Le seigneur de Saint-Amand-le-Chastel sut les utiliser à son tour, et plus tard, elles alimentèrent pendant plusieurs siècles les fossés du château de Montrond.

A cette époque de notre récit, le cours de la Marmande s'effectuait comme de nos jours, par ce qu'on désigne sous le nom de *fausse rivière* et par le bief du *Moulin Bourguignon* (2).

(1) Voy. terrier de 1510. — On ne saurait examiner avec trop de soin l'antique muraille qui sert de contrefort à la maison n° 4 de la rue de la Porte Verte ; c'est un débris du mur d'enceinte de la ville de Saint-Amand-le-Chastel ; c'est là qu'avait été édifié ce que les vieux titres appellent le *Petit Chastel de Saint-Amand*. Dans un titre de 1588, on parle d'un jardin sis au *Grand Chastel* de *Saint-Amand*.

(2) « C'est, dit un vieil acte, vis-à-vis le vieux château que commencent les « prés, et marais baignés par le Chignon. La maison de la Ravoie, la Mar- « mande, le vieux Château, son pont sont sur la rive droite du Chignon. »

Le déversoir actuel de la Marmande et son cours prennent, dans les anciens titres, la dénomination de *vieille rivière*. C'est là, en effet, que la Marmande suivait son cours, avant qu'on eût fait, de main d'homme, le bief des Grands Moulins dont l'existence remonte à un temps très reculé et qui ne dépendait pas de la Seigneurie du Vieux Château.

Dans sa charte de franchise, Ebbe VI s'était réservé tous droits de place perçus sur les acheteurs et vendeurs, ainsi que les comptoirs des changeurs et les étaux des bouchers ; aussi un marché était-il établi à Saint-Amand-le-Chastel en 1260 (1). Il se tenait sur le forum (2), où l'on convoquait les Bourgeois, c'est-à-dire sur l'emplacement de la cour de la Cure et des maisons adjacentes (3).

Les populations, en ces temps de guerres intestines, cherchaient à mettre leurs personnes et leurs biens sous la protection d'un château : « il en est ainsi des monastères, partout « auprès de la force, l'intelligence, en face du château l'ab- « baye (4).

Mais l'enceinte de Saint-Amand était trop étroite pour recevoir de nombreux habitants ; bientôt furent élevés, en dehors de la place fortifiée, des constructions suburbaines, et Saint-Amand sous le Chastel se bâtit sur les terres d'une autre Seigneurie où s'ouvrirent les rues Hôtel-Dieu, Saint-Jean (5), d'Entre les deux villes, des Grands Moulins, etc., de même qu'on vit, à une époque postérieure construire les faubourgs de la nouvelle ville de Saint-Amand, en dehors de ses murailles, sous le fort de Montrond.

Les commencements et les premiers fondements de la ville de

(1) Voy. *Archives du Cher*, *Fonds de Noirlac.*

(2) De *forum* nous avons fait *foire.*

(3) L'auditoire de la *Justice* sert maintenant d'atelier, (maison Dupuis et Carcat), et l'Hôtel-Dieu a été changé en magasin à tan.

C'est en 1734 et 1735 que furent vendues un certain nombre de maisons en ruines, situées dans l'enclos de la ville du *Vieux Château*, qui servaient autrefois d'auditoire et de prisons. Là était aussi placé le four banal, le tout joignant au midi la maison presbytériale, les murs de la ville entre deux, et du septentrion, la rue tendant de celle d'entre les deux villes à l'Eglise paroissiale.

(4) Ach. Allier, *L'Ancien Bourbonnais*, Moulins, 1834.

(5) Une partie des rues Saint-Jean, de la Grenouillère et Cornière était occupée par les fossés de la place.

PLANCHE II

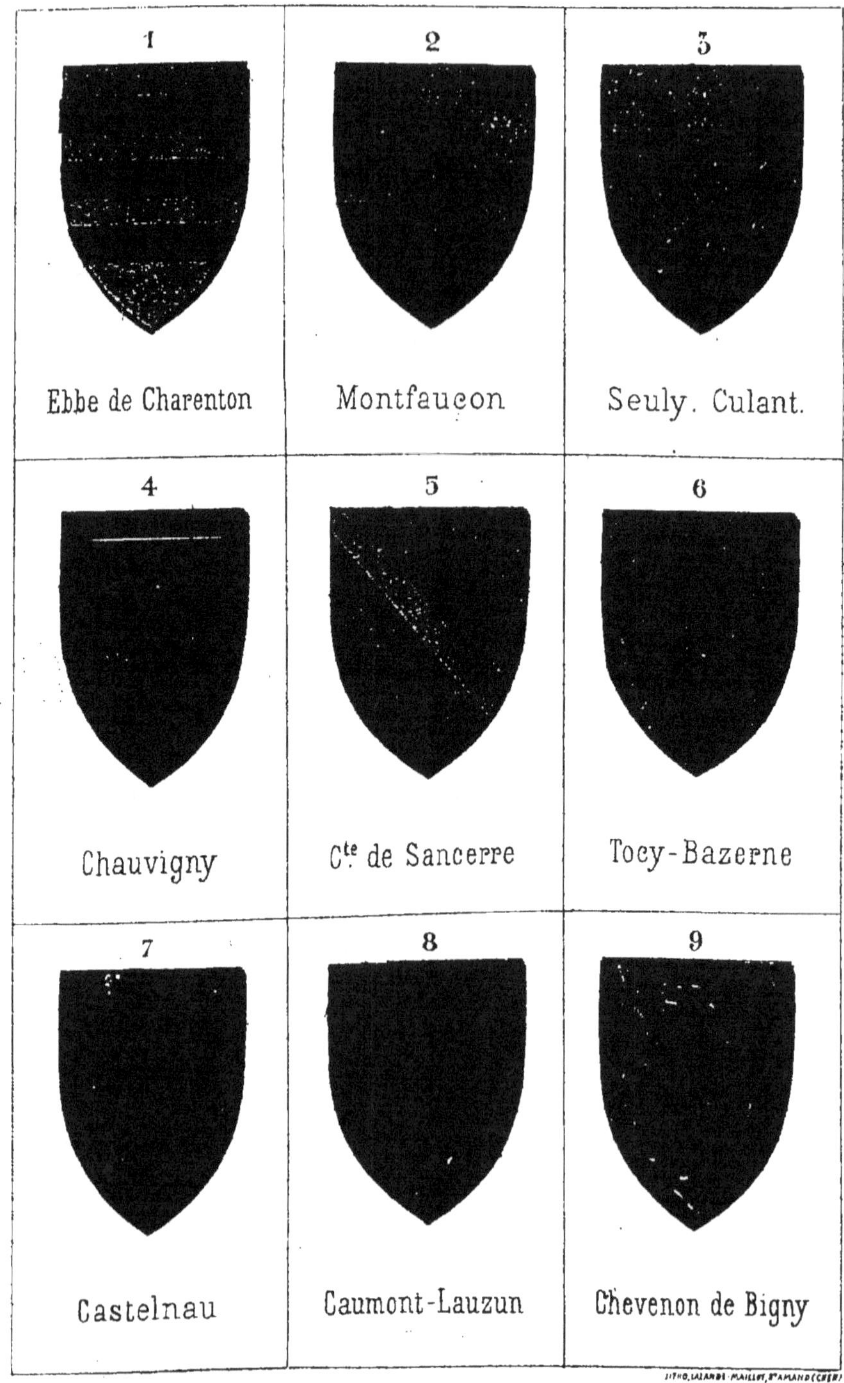

SEIGNEURS DE St AMAND LE CHASTEL

Saint-Amand-le-Chastel, qui prit ensuite le nom de Saint-Amand *Vieux-Château,* datent, à n'en pas douter, du temps où Ebbe VI et sa femme furent visités, dans leur château de Meillant par saint Bernard, c'est-à-dire au milieu du douzième siècle, le célèbre abbé de Clairvaux étant mort en 1153 ; et déjà en 1220 nous voyons que la ville et la paroisse de Saint-Amand comptaient au nombre de ses habitants plusieurs familles bourgeoises, parmi lesquelles il nous suffira de citer la famille *Pasquier,* qui a donné son nom au pont de la Marmande, communiquant à la rue de l'*Aige* (1) dite des Trois Sabots.

(1) Aige, *aigue*, *aqua*.

CHAPITRE VI

LES SEIGNEURS DE LA MAISON DE CULANT ET LA CHARTE D'AFFRANCHISSEMENT D'EBBE VI

Guillerme de Mont-Faucon, mariée à Anseric de Tocy-Bazerne, avait obtenu lors du partage de 1250 la Baronnie de Charenton, la Seigneurie de Saint-Amand-le-Chastel et le château de Montrond.

A sa mort, son second fils, Rainaud de Tocy (Armes, 6, Pl. II), recueillit dans sa succession Saint-Amand-le-Chastel, tandis que la baronnie de Charenton et le château de Montrond, ainsi que la partie du territoire de Saint-Amand, située sur la rive droite du Cher, échurent à sa sœur puînée, Agnès de Tocy, femme en premières noces de Guillaume de Culant (Armes 3, Pl. II) (1), Baron de Saint-Désiré, et qui, devenue veuve, épousa Guillaume de Courtenay, seigneur de Mehun et de Selles-sur-Cher (2).

Guillaume de Culant était fils de Renoul Ier, Baron de Culant, Seigneur d'Issoudun, de Vatan et de Château-Neuf pour partie,

(1) C'est ce qui explique comment le château de Montrond et la ville basse qui commençait à se former et qui prit, vers 1400, le nom de Saint-Amand sous Montrond, se trouvèrent dès lors dans la *mouvance* de Saint-Désiré.

(2) En 1264 Guillaume de Courtenay céda, par échange, la seigneurie de Charenton au Comte Louis de Sancerre.

lequel avait concouru avec Béatrix, sa femme, à la fondation, en 1181 et 1187, des abbayes de Noirlac et de Buxières.

Quant à Rainaud de Tocy, seigneur de Saint-Amand-le-Chastel, il avait pris alliance dans la même maison que sa sœur Agnès, en épousant Mahaut de Culant, et c'est ainsi que Saint-Amand resta en la possession des Sires de Culant.

Hélie, Baron de Culant, de Château-Neuf et de Saint-Désiré, autre fils de Renoul, lui laissa deux enfants : Renoul et Humbert de Prahas (Armes, 3, pl. II), (1). Le premier devint Baron de Culant, de Château-Neuf et de Saint-Désiré ; le chastel de Saint-Amand échut en partage à Humbert.

Ce fut dans son vieux manoir des bords de la Marmande qu'un serment de trêve fut prêté le 8 octobre 1262, le vendredi après la Saint-Nicolas d'hiver, par Humbaud d'Ornon, d'Orval, chevalier, Odonné Augereau, écuyer, Jean de Saint-Georges, Damoiseau et Guillaume dit Mauvesin, écuyer (2), en présence de l'Archidiacre de Château-Roux et de plusieurs autres personnages (3).

(1) Il ne s'agit pas ici de Prahas, près de Culant. On lit dans une notice sur le château du Magnet, publiée par M. de La Tramblais, (*Esquisses pitt. de l'Indre,*) 2me édit. 1872, p.266, que le fief de Prahas n'était autre que celui de Presles, (Châtellenie de Presles et du Magnet) dont Humbert était le seigneur, en même temps que du château de Saint-Amand.

S'il en est ainsi, Humbert n'aurait-il pas été plutôt le gendre de Renoul Ier de Culant ? Humbert de Prahas ou de Presles, qui vivait vers la fin du règne de Saint-Louis, fut l'un des exécuteurs testamentaires de Robert III, seigneur de Bomiers, mort en 1253. (De La Tramblais.)

(2) La Thaumas. *Cout. du Berry.*

(3) *La trêve de Dieu* consistait principalement à déposer les armes depuis l'Avent jusqu'à l'Epiphanie, et depuis le dimanche de la Quinquagésime jusqu'à la Pentecôte ; et dans chaque semaine du reste de l'année, depuis le mercredi soir jusqu'au lundi matin. Certains lieux, en outre, et certaines personnes devaient toujours, dans les guerres, rester à l'abri de leurs maux. « L'autorité ecclésiastique et royale, dit le *Président* Hénaut, n'en pouvaient pas faire davantage alors pour empêcher les sujets de se détruire. » Les Prélats prenaient connaissance des infractions à la *Trêve de Dieu*, et pour-

Humbert de Prahas fit savoir dans le mois de novembre de l'année 1266 aux habitants de Saint-Amand-le-Chastel que, jaloux de marcher sur les respectables traces de ses ancêtres et prédécesseurs, il ratifiait, approuvait et confirmait la franchise de cette ville accordée par son fondateur Ebbe de Charenton et par Rainaud de Mont-Faucon (1) : La charte qui consacrait leurs droits mérite d'être analysée dans ses parties les plus essentielles.

Quiconque, y est-il dit, voudra venir s'établir dans la ville libre de Saint-Amand, avec son argent, y vienne librement et s'en retourne quand bon lui semblera.

Tout seigneur devait, depuis le fondateur, s'il voulait posséder la Seigneurie de Saint-Amand, s'engager envers les habitants à respecter leurs franchises, sinon il n'aurait aucun droit sur la ville.

La Commune se gouvernait par elle-même ; elle avait ses

faire exécuter leurs jugements, ils avaient droit d'assembler les Communes et d'armer les habitants des villes et de la campagne, et de les mener avec eux contre les infracteurs et désobéissants. (La Thaumas. *Cout. loc.)*. Le 21 octobre 1330, Jevan, baron de Culant, fut condamné à l'amende pour avoir fait la guerre depuis l'ordonnance prohibitive de Philippe-le-Bel à Messire Amelin de Lezay, chevalier (La Thaumas.) ; en effet, en 1296, le Roi Philippe-le-Bel avait rendu une ordonnance par laquelle il défendait les guerres privées, tant que dureraient celles qu'il avait entreprises.

Archambaud de Bourbon fut excommunié pour n'avoir pas voulu prêter le serment de la trêve, et des poursuites furent dirigées par l'Archevêque de Bourges, en 1263, contre Guillaume de Courtenay, seigneur de Charenton, qui, au moment où la trêve avait été déclarée, avait pénétré en armes sur les terres de Guillaume de la Porte, seigneur de Bannegon, auquel il fit éprouver par ses hostilités de cruelles dévastations. Notons, à cette occasion, que le fief de Bannegon appartenait déjà, en l'an 1000, à la famille De la Porte d'Issertieux.

(1) Nous rapportons, aux pièces justificatives de notre Histoire, le texte de cette charte avec la traduction de Chevalier. L'original en avait été conservé dans les archives de Saint-Amand, mais que sera-t-il devenu ?... A cette époque, la langue latine était en quelque sorte la langue officielle, Saint-Bernard faisait ses sermons en latin, et en roman-wallon, et le peuple criait : *Diex el volt.*

conseillers prud'hommes et son gouverneur (pretor) ou premier magistrat. Les Bourgeois étaient exempts dans tout le territoire des droits de péage perçus par le seigneur ; ils ne lui devaient rien pour aucun objet dont ils trafiquaient, si ce n'est pour le sol.

Mais il n'avait pas fallu seulement assurer aux habitants qu'ils seraient libres dans leur personne ; le but que s'était proposé le fondateur avait été d'attirer dans sa seigneurie et d'y fixer à demeure les populations. Aussi avait-il donné à tous le droit de prendre leur bois à bâtir dans toutes ses forêts, si ce n'est dans celle du *vieux boc*, vieille futaie sans doute ; et cette concession était d'une importance majeure, alors que les maisons des villes, au Moyen âge, étaient presqu'entièrement construites en bois.

Les bourgeois avaient le droit de *justice* (1) sans recourir à l'autorité du seigneur ; et jaloux à juste titre de leurs privilèges, ils ne voulurent même pas qu'un chevalier ou homme de sa suite pût s'établir à Saint-Amand ou en devenir le gouverneur sans le consentement du seigneur de la Commune.

Enfin le seigneur ne pouvait prétendre dans leur ville ni repas, ni gîte, et l'on sait que le droit de gîte était la plus

(1) Et cependant, d'après les coutumes féodales, chaque seigneur avait droit de justice dans son fief. Pour rendre moins arbitraires les décisions de ces tribunaux particuliers, le Roi Louis IX établit qu'on pourrait appeler de tout jugement à la cour du Roi et déclarer qu'on ne se soumettrait qu'à sa Justice. C'est ainsi que le Parlement se trouva au-dessus de toutes les Juridictions.

C'était donc exceptionnellement et par un privilège qu'il importe de constater, que plusieurs seigneurs s'étaient dépouillés de leurs droits de Justice en faveur de certaines communes : Saint-Amand jouit de ce rare avantage.

La ville de Bourges était aussi gouvernée par quatre prud'hommes élus par les Bourgeois, qui leur donnaient pouvoir de gouverner la ville, les affaires communes, et de juger toutes causes civiles et criminelles. (*Voy.* CHAUMEAU et *Chartes de Louis-le-Jeune* de 1175 et de *Louis VIII* de 1224) Cet état de choses dura jusqu'en 1474, date de l'institution des Maire et Echevins de Bourges par le roi Louis XI.

lourde des charges qui pouvaient être imposées aux villes féodales par le Roi ou par les seigneurs, car une seule visite royale obérait parfois les habitants pour plusieurs années.

Disons encore que le seigneur de Saint-Amand-le-Chastel ne pouvait les enrôler dans sa milice que de leur libre consentement, et n'avait, du reste,pas plus d'autorité sur leur personne qu'un voyageur qui passe son chemin. Nobles engage-
« ments qui durent être respectés tant que le Royaume se
« gouverna comme un grand fief plutôt que comme une monar-
« chie, mais que l'autorité de nos Rois, sous la troisième race,
« rendit souvent impuissants et stériles (1). »

Renoul III, fils de Renoul II, suivit l'exemple de ses aïeux, en affranchissant, de concert avec Pierre de Saint-Palais, la ville de Vatan en 1269, puis, en 1270, les habitants de Culant : il accorda aussi par charte du mois de novembre 1275, des *Coutumes* et *marchés* aux bourgeois de Vesdun (2). « Je
« donne, y est-il dit, perdurablement aux habitants de Vesdun,
« lou marché ou mardi en la ville franche de Vesdun à la cou-
« tume de Saint-Amand ».

Renoul IV, fils de Renoul III, déclara, en 1301, tenir la châtellenie de Saint-Amand du duc de Bourbonnais, son seigneur suzerain, confirma les chartes de ses prédécesseurs, Ebbe VI et Humbert de Prahas, et fit le vendredi après Pâques de l'an du Seigneur 1292, par amiable composition, un nouveau pacte avec les Bourgeois de Saint-Amand.

Il aurait voulu être autorisé à lever une taille de trois ans en trois ans à sa volonté ; mais les bourgeois s'y opposèrent ; néanmoins, et pour la confirmation de leurs franchises, ils

(1) Mézeray, *Hist. de France.*

« Les Communes périrent toutes l'une après l'autre par des ordonnances royales entre le XIVe et le XVIIe siècle (A Thierry) *sur l'aff. des Communes.*

(2) La Thaumassière, (*Cout. loc.* p. 104) rapporte in extenso les Coutumes et octroys aux Bourgeois de Vesdun.

finirent par consentir à payer, dès à présent et à l'avenir, au lieu de ladite taille triennale une somme de vingt livres tournois, exigible à la fête de Toussaint (1).

Un des principaux droits que les seigneurs imposaient aux bourgeois était celui de la taille aux quatre cas suivant : quand le seigneur était fait chevalier, qnand il mariait sa fille, quand il faisait le voyage d'outre-mer, et quand il était fait prisonnier.

Les habitants avaient été affranchis de ces trois derniers cas (2), ainsi que du service militaire ; c'était cependant le premier des devoirs féodaux que chaque vassal devait à son suzerain. La *semonce* du seigneur pesait sur toute la communauté d'habitants qui ne possédait pas une charte de commune qui l'en dispensât (3).

Mais il fut réglé, d'un commun accord qu'à la promotion du seigneur à l'ordre de la chevalerie, la ville lui compterait en outre, mais en une seule fois, la somme de trente livres tournois, en ce non compris les huit deniers tournois et la mine d'avoine que doivent chaque année, au dit seigneur de Saint-Amand, pour le terme de Saint-Michel (4), suivant l'usage de la Baronnie de

(1) C'est ce qu'on appela la Bourgeoisie de 20 livres. Plus tard, lorsque la charte d'Ebbe VI commença à devenir lettre morte, on imposa aux habitants de Saint-Amand-le-Chastel une deuxième bourgeoisie de trois sols, dite des *Epingles de Madame* et enfin une troisième de pareille somme, payable tous les trois ans l'une et l'autre ; la dernière sous la dénomination de Bourgeoisie des *sergents franks*. (*Terrier* de 1519).

(2) La taille au quatre cas est ainsi exprimée dans la charte de Villefranche, « Burgundes non debunt dare Domini Borboni questam, sive talliam, nisi « pro itinere Jerusalem, aut cum filius fuerit de novo miles, aut cum mari- « tabit filiam suam, aut si forte, quod abiit, de guerra fuerit captus, propter « quod oporteret redimere corpus suum. Pro casis ipsis potest Dominus « querere Burgundes et ipsi debent dare Domino competenter. »

(3) Les *Olim*. Préf. par le comte Beugnot.

« Chil qui sont semons, dit Beaumanoir, pour aydier leurs seigneurs contre « leurs ènemis ou pour aydier leurs mésons à deffendre, ne doivent pas con- « tremander ni querre nul délai ».

(4) Telle est l'origine de la foire de Saint-Michel qui se tient à Charenton

Charenton, les habitants des deux sexes ayant feu et lieu, sauf aux bourgeois le droit à un repas, tel qu'il s'est exercé de toute antiquité, et jusqu'à ce jour par eux et avec eux (1).

Le Code de Justinien avait été retrouvé en 1137 ; il tendait à devenir la raison écrite, et Renoul IV, dans sa charte, s'empresse d'en consacrer les principes.

« Il faut encore savoir, disait-il, que les-dits bourgeois pour-
« ront disposer, ainsi qu'ils l'entendront, de tous leurs biens
« meubles et immeubles par donation, vente ou autrement et
« tout autre mode d'aliénation ou transmission d'héritages;
« qu'ils pourront se marier en toute liberté, eux, leurs fils et
« filles, et fixer leur demeure partout où bon leur semblera, sauf
« le droit du seigneur à son revenu annuel de vingt livres, et
« à la taille de trente livres (2) ».

le 29 septembre de chaque année, les habitants des deux sexes de cette baronnie si considérable avant le partage de 1250, s'y rendaient pour payer au seigneur la mine d'avoine et les huit deniers tournois: les marchands forains y affluèrent, et on s'y livra à des transactions commerciales et agricoles, à des trafics de tous genres sous la protection du donjon féodal.

(1) Lorsque la charte d'Ebbe VI fut trouvée dans les archives de la municipalité de Saint-Amand, M. Robertet, Maire de cette ville, fit à ce sujet, un rapport consigné au procès-verbal de la séance municipale du 2 novembre 1835 et dans lequel il s'exprime ainsi :

« La charte d'affranchissement de la ville de Saint-Amand-le-Chastel est
« d'un intérêt sans égal ; c'est à la fois un spécimen très curieux du latin
« qu'on employait alors ; c'est une nomenclature exacte des professions, de
« l'industrie et du commerce de cette époque ; c'est une liste complète d'un
« impôt direct ou indirect, une loi de recrutement, un code de police, un
« code pénal, un code de procédure, et sous certains rapports un code civil
« et politique de la cité ».

Les franchises d'Issoudun, confirmées en 1190 par Eudes IV, sont encore plus larges et plus libérales ; c'est à tort que LA THAUMASSIÈRE prétend que cette ville aurait acheté, en 1422, ses libertés au Roi Charles VII, moyennant deux mille livres. (Voir *Dissertation* de M. A. PÉRÉMÉ, t. VII, p. 213 des *Compte-rendus* de la *Société du Berry*).

(2) Lorsque le régime féodal était plein de jeunesse et de force, la Cour féodale se composait du seigneur et de ses vassaux, c'est-à-dire de ceux qui tenaient de lui et immédiatement des fiefs. Toute *justice*, nous l'avons dit,

Telle avait été la position qui avait été faite à nos aïeux, bourgeois libres d'une ville où le seigneur donnait à tout homme taillable de droit de se faire admettre au rang de la bourgeoisie (1). Le nouveau venu dans la cité avait un an pour se déterminer à rester serf ou à acquérir la bourgeoisie. Si l'année se passait sans qu'il eût fait son choix, il demeurait serf du seigneur à perpétuité (2).

Quoique Renoul de Culant ne fût seigneur que de Saint-Amand-le-Chastel, il n'en est pas moins certain que les libertés et franchises, mentionnées en cette charte, s'étendaient à tout le territoire de Saint-Amand, tel que l'avaient possédé Edde VI de Charenton qui en avait prononcé l'affranchissement et après lui, Mahaud, sa fille et Rainaud de Monfaucon, son petit-fils, jusqu'au partage de 1250.

Rien n'est plus attrayant que de lire les textes de ces anciennes chartes et de voir les efforts aussi intéressés que généreux de nos seigneurs féodaux pour attirer, par l'appât du gain, du trafic et des plaisirs, les populations autour de leurs manoirs. Nos foires, nos marchés, nos assemblées, nos fêtes pa-

était une dépendance du *fief*. « Tout cil qui tiennent un fief ont en lor fief « toute Justice haute et basse et lor connèssance de lor sougés, » dit BEAUMANOIR, comte de Beauvoisis.

Plus tard, des légistes pris dans l'ordre clérical remplacèrent les vassaux et pénétrèrent, vers la fin du XIIe siècle, dans les cours de justice royales et seigneuriales. Les magistrats laïques ne tardèrent pas à remplacer les clercs et ils remirent en honneur les Codes de Théodose et de Justinien. (Les *Olim* Préf. t. III, par le comte BEUGNOT).

(1) Bourgeois : Municipes burgorum seu villarum clausarum (DUCANGE).

(2) « La classe supérieure des hommes de race germanique, en se fixant à « la campagne, remplaça les esclaves par les serfs ; (Xe siècle) l'esclave appartenait à la terre plutôt qu'à l'homme : il ne fut plus possédé à titre de « meubles, vendu, échangé, transporté d'un lieu dans un autre, comme toutes « les choses mobilières ; son service arbitraire se changea en redevances et en « travaux réglés ; il eut une demeure fixe et par suite un droit de jouissance « sur le sol dont il dépendait. (*Le Tiers-Etat*, AUG. THIERRY).

tronales, tout, jusqu'aux courses de chevaux, datent de cette époque (1).

Les bourgeois de Saint-Amand avaient consenti à s'imposer, pour eux et leur postérité, des charges qui doivent nous paraître légères, mises en regard des lourdes tributs qui pèsent, sous tant de dénominations diverses, sur les populations actuelles. Aussi devinrent-ils, à la suite des temps, les opulents possesseurs de ces belles vallées, dont les prairies sont arrosées par le Chignon, la Marmande et le Cher. Leurs seigneurs avaient-ils besoin d'argent pour guerroyer et tenir leur rang parmi la noblesse du pays, ils souscrivaient avec eux d'autres engagements ; mais aucune charge nouvelle n'était acceptée qui ne dût consolider le pacte de franchise et donner une plus grande extension aux libertés qui leur avaient été primitivement octroyées.

On commençait d'ailleurs, au XIVe siècle, à compter avec les peuples : le roi Philippe-le-Bel, à la suite de ses démêlés avec le pape Boniface VIII, avait assemblé les trois états du royaume, clergé, noblesse et bourgeoisie des villes à Notre-Dame de Paris, le 18 août 1303 (2): c'était la première pierre d'un nouvel édifice social qui devait être si souvent ébranlé par d'incessantes révolutions ou, pour parler plus exactement,

(1) Voici comment s'exprime Archambaud de Bourbon, dans sa charte donnée aux habitants de Villefranche, au sujet des courses de chevaux : « *Dominus Archambaldus* (*de Bourbon*) *et Agnes, uxor ejus, constituerunt* « *cursum equorum apud Villam-Francam et mercatum mandinacum quæ sunt* « *in Octobris pentecostes, et dederunt illi qui cursum lucraretur unam mar-* « *cham argenti, et illi qui eas equaret ad pontem de Baves, quinque solidos;* « *et hoc accedit super nundinis supra dictis, et nundinæ plus valebunt, domino* « *erit, et si minus, debebit perficere* ».

(2) Les élections des députés du Tiers-Etat, bornées, durant le XIVe siècle et une grande partie du XVe, à ce qu'on nommait les *bonnes villes*, furent, vers la fin du XVe siècle, étendues aux villes non murées et aux simples villages (A. THIERRY, *Tiers-Etat*).

Etaient convoqués les Archevêques, Evêques, Abbés, prieurs conventuels,

c'était le retour aux assemblées de Mars et de Mai au profit des trois ordres (1).

Il est probable que Humbert de Prahas ne laissa pas de postérité, la terre de Saint-Amand-le-Chastel ayant fait retour à la branche des Renoul de Culant qui possédaient, comme nous l'avons dit, les fiefs de Saint-Désiré, Montrond et Châteauneuf.

Renoul IV était, en 1320, seigneur de Saint-Amand-le-Chastel, et avait transigé en 1300 avec le Commandeur du Temple-les-Châteauneuf au sujet de limites territoriales. Il eut six enfants et, par l'effet du partage de sa succession, Saint-Amand échut à Gaucelin, son second fils, qui vivait en 1353, sous le règne du roi Jean à cette terrible époque d'affreuses calamités (2),

Doyens, Prévôts, Chapitres, Couvents, Collèges des Eglises, barons et nobles, ensemble les Universités et les Communautés des villes du Royaume. (*Des États généraux*, Paris, 1788, t. VI, p. 55 et 62).

(1) Ce n'était point une faveur politique, mais la simple reconnaissance du vieux privilège communal. (HENRI MARTIN, Hist. de France).

Sous les rois de la Première race, la nation, dans les Assemblées du Champ de Mars, avait le pouvoir de faire les lois et la guerre ; mais les Gallo-Romains ne se sont véritablement fait une monarchie que le jour où, en 987, Hugues Capet, Comte de Paris, monta sur le trône. Il descendait du fils de Robert-le-Fort, Eudes, Comte de Paris, que le peuple avait proclamé Roi en 888, et qui s'illustra par la guerre qu'il fit aux Normands et par sa défense du siège de Paris contre ces hardis envahisseurs.

(2) La peste noire de 1348. « *Dans le courant des années 1348-1349, une* « *peste horrible, partie des extrémités de l'Orient, répandit partout la désola-* « *tion et la mort. Il n'y eut jamais de peste plus funeste et plus meurtrière* « *que celle-là. Elle fut universelle dans tout notre hémisphère, il n'y eut ni* « *ville ni bourgade ni maison qui n'en fussent frappés* (MÉZERAY). *Ce fléau* « *exterminateur s'étendit de l'homme aux animaux. Les cadavres des moutons,* « *des chevaux et des bœufs étaient répandus dans tous les champs, les oiseaux de* « *proie n'osaient en faire leur nourriture, et leur putréfaction ajoutait encore* « *à la malignité de l'épidémie ; on négligea les travaux de l'agriculture,* « *les Cours de Justice se fermèrent, et les hommes, occupés de leur propre sa-* « *lut, évitaient, en fuyant au loin, les infortunés frappés de la maladie qu'ils* « *abandonnaient sans secours, sourds à la voix de l'honneur, du devoir et de* « *l'humanité.* » JOHN LINGARD, *Hist. d'Angleterre.* — La peste reparut, plus ou moins intense dans nos contrées en 1474, 1475, 1482, 1581, 1628 et 1638.

sa sœur, Agnès de Culant; fut l'épouse de Guy de La Rochefoucault, IIIe du nom.

C'est de 1356 à 1362, au temps de la possession de Saint-Amand par Gaucelin, que cette ville et le château de Montrond furent pris et occupés (1) par un de ces partis anglais qui infestaient alors le royaume. Quelques années après, en 1372, le connétable Du Guesclin pourchassait hors du Berry ces mêmes Anglais et leur enlevait, avec autant de courage que de témérité, la forteresse de Sainte-Sévère dans la Marche (2). Mais la France eut bientôt à subir les terribles conséquences des funestes batailles de Crécy et de Poitiers à la suite desquelles Edouard, prince de Galles, ravagea l'Auvergne, le Poitou, le Limousin, le Berry et le Bourbonnais.

Gaucelin ne laissa qu'un fils Guichard de Culant, de Saint-Amand, de Dervent (sic), de la Creste et de Changy, capitaine de Chalucet en Guienne (3) marié à Isabelle de Brosse, fille de Louis de Brosse, seigneur de Sainte-Sévère (4).

De cette union naquirent deux enfants : Jean, seigneur de La

(1) Doronville, *Vie du duc de Bourbon*, cite, entr'autres places, Blet Vereaux, Saint-Amand l'Allier, Montrond, (De Coiffier, *Hist. du Bourbon*). T. I, p. 222. — Chevalier p. 66).

(2) Froissard, Liv. I, IIe partie. Louis-le-Gros avait aussi assiégé et pris Sainte-Sévère sur Humbaud, qui était devenu, par ses exactions, la terreur du pays. Comme nous l'avons fait remarquer, la féodalité qui fut d'abord une espèce de fédération des grands, devait aboutir à une lutte incessante entre les seigneurs qui se coalisaient pour guerroyer contre châtelains plus puissants qu'eux.

(3) Guichard donna son aveu au Duc de Bourbon le 23 octobre 1376 et lui fit hommage, l'année suivante, de son châtel et châtellenie de Saint-Amand, de son hôtel de Drevant et de la châtellenie de Changy, (La Thaumas.) Guichard achetait, en 1394, une pièce de terre à Changy, (*Arch. de Mareuil*).

(4) Isabelle était la petite-fille du Maréchal de Boussac, dont le fils, Jean de Brosse, conseiller et chambellan du Roi Charles VII, avait épousé Nicolle de Bretagne. Une de leurs filles, Claude de Brosse, fut la seconde femme de Philippe II, duc de Savoie, dont descend toute la Maison de Savoie. (La Thaumas.).

Creste et Louis, Grand Amiral de France, qui épousa Jeanne de Châtillon de La Palisse. Le fief de Montrond qu'il avait recueilli dans la succession de Guichard et la terre de Châteauneuf lui appartenaient, et comme seigneur de Montrond, il faisait, en 1380, hommage à Eudes, son cousin, dit La Thaumassière, du château de Montrond et dépendances.

L'Amiral Louis mourut en 1444, ne laissant aucune postérité, après s'être signalé au siège d'Orléans et à la bataille de Rouvray. Les grands services qu'il rendit au Roi Charles VII lui firent mériter la charge de Bailly de Melun.

Son frère Jean de Culant eut de son mariage avec Marguerite de Seuly trois enfants : Anne, Charles et Philippe (1).

Charles, baron de Châteauneuf, seigneur de Jaloignes, Saint-Désiré, La Creste, et Cluis-Dessus, fut grand-maître de France et Chambellan du Roi, gouverneur de Mantes, de Chartres et de Paris. Il se maria en 1433, à Belleasse de Seuly, fille de Godefroy de Seuly, seigneur d'Ainay-le-Vieil, de Beaujeu et de la Chapelotte : elle était dame de Cluis-Dessus de Bouasses et de Magnac.

Au moment où Charles de Culant devenait, par cette alliance, seigneur de Cluis-Dessus, un autre seigneur, non moins puissant que lui, possédait le château de Cluis-Dessous (2) : c'était Guy de Chauvigny, IIIe du nom, baron de Châteauroux, vicomte de Brosse et de Dun-le-Palleteau. Des exactions et des attentats ayant été commis au nom, et souvent par les ordres des deux Barons, on prit les armes ; les

(1) Anne de Culant épousa François de Beaujeu, seigneur de Linières ; ce fut lui qui établit, en 1473, le chapitre de Linières dont l'église avait été fondée en 1171. Jeanne de Berry, la fille du Roi Louis XI, eut pour gouvernante pendant son enfance la Dame de Beaujeu, qui la reçut souvent dans son château de Linières, après qu'elles eut été répudiée par son mari le roi Louis XII.

(2) *Cluis et ses souvenirs*, par l'abbé Clément. 1855.— Les ruines du château féodal de Cluis-Dessous sont encore très intéressantes.

deux châteaux luttèrent l'un contre l'autre, le baron de Culant fut vaincu et n'obtint la paix de son terrible adversaire qu'à la condition de démolir la forteresse de Cluis-Dessus (1).

Charles de Culant fut envoyé en 1446 à Nevers où de violents désordres avaient éclaté à la mort de l'Evêque, Jean Vivien. Il était accompagné de son frère, le Maréchal de Jaloignes et des baillis de Sens et de Berry (2). Les deux compétiteurs à l'Évêché étaient Jean d'Étampes, grand-chantre de l'église de Bourges et Jean Tronson, archidiacre de Cambray. Charles cita devant le roi quelques bourgeois de Nevers et les nobles les plus attachés à Tronson ; mais pour éviter quelque peine aux juges et aux bourreaux royaux, on eut soin de s'en défaire sans bruit dans les chemins ; les uns furent pendus, les autres cousus dans des sacs et noyés. Telle était la justice expéditive de cette époque : L'arbre des barons féodaux n'avait pas encore dépouillé sa vieille écorce.

Charles de Culant mourut en 1460 ; son petit-fils Bertrand de Culant, baron de Châteauneuf, neveu de Louis de Culant, grand chambellan du roi Louis XI, bailly et gouverneur du Berry, fut assassiné ; il laissa un fils François qui mourut sans enfant, et en sa personne finit la branche de Culant des seigneurs de Châteauneuf.

Les seigneurs féodaux n'étaient pas seulement en guerre les uns contre les autres : ils avaient aussi de fréquentes discussions avec les habitants de leurs châtellenies au sujet des corvées auxquelles ils voulaient les contraindre. En l'année 1416, GUILLAUME BONNET, JEAN GAUCHER, DUVERGIER et BORD de

(1) Cette transaction fut confirmée par un arrêt du 14 juin 1434.

(2) « Les Baillis royaux étaient devenus les chefs civils et militaires des « provinces où le Roi possédait *Justice*, *souveraineté* ou *garde*. Ils y distri« buaient la Justice, appelaient aux armes les chevaliers, percevaient les rede« vances, surveillaient les communes et exécutaient eux mêmes les armes à « la main les mandements du Roi ». (BEUGNOT, *Les Olim*, Préf. T. III).

Saint-Amand, invoquant les concessions qui avaient été faites aux Bourgeois de la ville de Saint-Amand-le-Chastel par la charte de franchise des Ebbe de Charenton, refusèrent de contribuer aux réparations et fortifications du Chastel, encore bien qu'ils fussent contribuables au guet. Une transaction intervint à la suite de laquelle, renonçant à leur opposition, ils consentirent à acquitter les cinq sols tournois qui leur avaient été apointés, mais pour « cette fois et sans coutume » (1).

Le plus célèbre des seigneurs de Saint-Amand-le-Chastel fut, sans contredit, Philippe de Culant, seigneur de Jaloignes, de Châlus, de la Creusette, Sénéchal du Limosin (2), fait Maréchal de France en 1441, au siège de Pontoise et qui mourut, en 1454, après s'être illustré dans les guerres que la France eut à soutenir contre les Anglais. Il avait contracté mariage avec Anne de Beaujeu, sœur de François, seigneur de Linières, qui lui-même avait épousé Anne, la sœur du Maréchal.

Philippe de Culant, dans un acte d'acquisition du 8 janvier 1447, se qualifie Maréchal de France et seigneur du château et châtellenie de Saint-Amand l'Aillier. Ce nom de l'Aillier ou l'Allier, pays où l'on cultive l'ail, appartient à la Seigneurie de Saint-Amand-le-Chastel, et cette appellation se rencontre dans de nombreux actes (3). Philippe était aussi seigneur de

(1) Les Bourgeois assujétis au guet avaient, en considération de ce service, droit de retraite dans les châteaux, tant pour leurs personnes et domestiques que pour leurs biens, en temps de guerre (La Thaumas. *Cout. Loc.*).

(2) Une des tours du château de la Creusette ou Croisette subsiste encore. Cet ancien fief fait partie de la terre de Mareuil, appartenant à la famille de Mortemart, il entra dans la Maison de Culant par transaction du chef de la femme de l'Amiral Louis de Culant, dont le premier mari était Gaucher de Passac, sieur de la Creusette. — Le titre de Sénéchal correspondait, dans le Midi, à celui de Bailly.

(3) Nous citerons : actes des 9 mars 1547 ; 20, 26 juillet et 19 août 1547; 20 mars et 30 novembre 1548 ; 4 et 6 août 1550, — Lettres patentes de juin 1550. — Le 6 avril 1551, Madame Antoinette de Châteauneuf, veuve du sieur de

Changy, Meslon et l'Etelon. Sa veuve épousa en secondes noces Louis, seigneur de Beauvais, de Champigny et de la Roche-sur-Yon, chambellan du roi de Sicile et grand sénéchal d'Anjou et de Provence. Elle reprit une troisième alliance avec Messire Jean de Baudricourt, chambellan du roi, bailly de Chaumont, Maréchal de France et gouverneur de Bourgogne, qui sut maintenir les droits de la Dame Anne de Beaujeu sur les habitants de Saint-Amand. Il se manifestait, en effet, très souvent de la part des serfs, des actes de protestation ; c'était à qui s'affranchirait d'un joug qui devenait de plus en plus intolérable, bien qu'il dût être supporté longtemps encore.

Déjà le roi Louis X avait forcé les serfs qu'il possédait dans ses terres à racheter, malgré eux, leur liberté : certains seigneurs l'avaient imité et d'autres résistèrent, Les serfs de Saint-Amand obtinrent de n'être pas taillables à toujours, ou du moins, Messire de Baudricourt consentit, le 18 juillet 1470, « que les nommés *Gaudin* et *Clopin* de cette ville ne seraient serfs et taillables qu'une fois l'an, à volonté raisonnable » (1).

La dame Anne de Beaujeu survécut à son troisième mari (2). Elle était veuve quand, le 23 février 1480, le Lieutenant-général du Bourbonnais rendit, en sa faveur, une sentence tou-

Rochefort, seigneur de Mareuil, fait connaître, par procès-verbal d'Etienne Barraut, sergent, que comme créancière des héritiers de Castelnau, elle a une hypothèque sur la terre et seigneurie de Saint-Amand l'Allier.

(1) L'Eglise paroissiale de Saint-Amand comptait avant 1789, au nombre de ses procureurs fabriciens, un sieur Clopin, qui descendait probablement du serf de 1410. En 1620, un sieur Nicolas Clopin était greffier à l'élection de Saint-Amand.

(2) Le Maréchal de Baudricourt se joignit en 1461 à Charles de Bourgogne, comte de Charolais, durant la guerre *du Bien public* ; il s'attacha ensuite au Roi Louis XI, puis, il accompagna le Roi Charles VIII à la conquête du Royaume de Naples.

Un sieur Robert de Baudricourt était gouverneur de Vaucouleurs en Champagne, lorsque en 1429 une jeune fille, âgée de dix-huit à vingt ans, lui fut présentée. C'était Jeanne d'Arc qui offrait d'aller faire sacrer à Reims le Roi Charles VII. Il la fit conduire à la Cour. (Moréri).

chant le guet ou plutôt le droit de guet et garde et des réparations du Chastel de Saint-Amand. Mais la dame de Baudricourt ne fut pas plus heureuse que ses prédécesseurs : les réparations des murs et fortifications de son manoir féodal ne furent pas imposées aux habitants par la sentence, et ce fut une des causes de la chute du Chastel qui, privé de corvée à cet endroit, ne pouvait plus être soutenu qu'à prix d'argent.

Marie de Culant, après la mort de Philippe, son père et l'extinction de l'usufruit qui reposait sur la tête de sa veuve, devint dame de Saint-Amand, de Jaloigne, de la Creusette et de Châlus. Elle avait épousé Jean de Castelnau, (Armes 7. Pl. II) seigneur de la Brethonoux, (Berthenoux) (1), duquel est issu un fils, Jacques de Castelnau.

Son père, étant veuf, prit, pendant la minorité de Jacques, et dans une série de baux à cens et rentes, de 1507 à 1524, la qualification de seigneur du château de Saint-Amand. Mais Jacques n'en était pas moins, dès 1505, seigneur des terres et seigneuries du Chastel de Saint-Amand et de Changy, et c'est à ce titre que le 7 mars de cette année, il transigea pour le droit d'*abonage* dû au seigneur de Saint-Amand, avec PIERRE MOUTIN, fils de Robert, qui « se reconnaissait débiteur de cinq sols, perpétuellement chacun an, payable à la fête de Toussaint (2). »

(1) *Bretonoux*, *Britonia*, *Bretons* : ils étaient venus au ve siècle combattre les Wisigoths dans le centre de la France. « En 468, l'Empereur Anthémius, pressé par les armées d'Euric, Roi des Wisigoths, obtint de Riothimus, Roi des Bretons, un secours de douze mille hommes, et cette « armée, remontant la Loire, va ravager le pays des Bituriges. (AM. THIERRY. « *Hist. des Gaules*. Introd.).

Les Bretons aidèrent aussi le Roi Philippe Auguste à conquérir sur les Anglais les populations riveraines de la Loire. Un certain nombre de localités portent le nom de Bretagne. Nous pouvons citer les Bretagnes, près Colombiers, le village de Bretagne, près Châteauroux, le Brethon, commune de Cérilly, Allier ; le Faubourg Bretoni, à Montluçon, etc.

(2) C'est un membre de cette famille qui a donné son nom à la rue dite de

Le baron Jacques de Castelnau, seigneur de la Croisette, grand Malleray, Saint-Ambroix et la Berthenoux, fils de Jean, avait épousé, en 1499, Françoise de la Tour, fille d'Ayne de la Tour, vicomte de Turenne. Il fit de sa seigneurie de Saint-Amand aveu et dénombrement à Anne de France, Duchesse de Bourbonnais (1), à cause de sa châtellenie d'Ainay-le-Château, devant Porte-Didier, notaire sous le scel de la châtellenie de Sant-Amand, le 29 avril 1507 ; l'acte de réception eut lieu à Moulins devant les officiers et gardenotes de madame la Duchesse de Bourbonnais et d'Auvergne ; il y avait eu foi et hommage le 27 avril 1506. Cet aveu et dénombrement comprend, entr'autres choses :

La prévôté (2), le greffe et le bailliage de Saint-Amand-le-Chastel, les écus et rentes, les hommes et femmes abonnés, c'est-à-dire les serfs, hommes et femmes, qui avaient traité avec le seigneur pour l'exercice de ses droits féodaux, les hommes bourgeois, certains droits à prendre sur les sujets, les hommes guétables dudit château, le moulin de la Cornière, le moulin neuf (3), le Droit de terrage, le bois de Culant ;

la *Porte Moutin*, que selon la tradition, il aurait fait édifier à ses frais lorsque, en 1435, la ville de Saint-Amand-sous-Montrond fut close de murailles. On appelle aujourd'hui, par corruption de ce nom propre et depuis 1830 seulement, la place et la rue : *Porte Mutin*.

(1) Anne de France était veuve de Pierre II, qui l'avait instituée héritière universelle de tous ses biens au défaut de sa fille Suzanne, qu'elle maria à Charles de Bourbon, Comte de Montpensier, depuis Duc de Bourbon et Connétable de France, tué sous les murs de Rome le 6 mai 1527. (De Coiffier, *Hist. du Bourbon.*).

(2) On appelait *prévôté*, *præpositura*, le ressort des Prévôts, *præpositi*, institution qui avait précédé celle des baillis royaux. Les prévôts, qui venaient immédiatement après les Baillis, avaient une juridiction inférieure.

(3) Le moulin neuf dont il s'agit est le moulin actuel des Forges. Ce ne peut pas être celui des Bourguignons, dit les Grands-Moulins, qui appartenait en 1339 à la Sirie d'Orval, ainsi que le constate un acte de foi et hommage daté du jeudi avant Notre-Dame de mars 1339, par lequel Jean Bourguignon déclare tenir à fief des seigneurs de Seuly leur chézal assis au

La prévôté de Changy, les hommes et femmes serfs, taillables à volonté, les hommes guétables, les abonnés de Changy, la dîme de Meslon.

Ledit seigneur de Castelnau reconnaît, en outre, tenir en arrière-fief de Madame la Duchesse de Bourbonnais, à cause de ses terres et seigneuries de Saint-Amand-le-Chastel et Changy, le lieu noble du Vernay du Chesne que tient Antoine de la Châtre, écuyer (1), le lieu noble et Maison de l'Aubier que tiennent François et Jean de Saint-Avid, écuyers, seigneurs dudit lieu (2).

Et le lieu noble de Meslon que tiennent François et Jean Barbarin, écuyers, seigneurs dudit lieu (3).

Les vassaux du roi, tenant des fiefs de lui, s'étaient fait à eux-mêmes des vassaux, en cédant en fief à leurs varlets, ou à des nobles moins riches qu'eux, soit des terres de leur patrimoine, soit une partie de celles qu'ils avaient reçues en fief du roi ; ces sous-inféodations devaient jeter la confusion et le désordre dans la société féodale (4).

marché de Saint-Amand et les moulins neufs assis sur la rivière de Marmande avec leurs auberies. Dans un autre aveu et dénombrement du 1er juin 1419 de Jacques Bourguignon de Saint-Amand à Messire Charles François d'Albret, il est question de deux moulins à blé sur la rivière de Marmande en la ville de Saint-Amand, et d'un clos de vigne, dit de Saint-Christophe, au terroir de la *Font-Saint-Martin*, tenus en fief d'Orval.

(1) La qualité qui suivait celle de Chevalier, *miles* était celle de *Bachelier* (bas chevalier). On donnait ce titre aux chevaliers nouvellement promus. Les Ecuyers, *armigeri* ou *scutiferi*, étaient moindres que les Bacheliers (La Thaumas.).

(2) Je ne saurais indiquer où se trouvait la Maison de l'Aubier ; je serais assez porté à croire cependant que c'était au lieu dit les *Chézeaux* ou le *Crot*.

(3) Cette famille est éteinte depuis longtemps ; elle avait pris alliance avec les De la Cour, De la Barre et les De Rolland de Menetou.

(4) Les roturiers depuis l'année 1313 avaient pu devenir acquéreurs de fiefs : les Rois Philippe le Hardi et Philippe le Bel allèrent jusqu'à les ennoblir. Le Roi Louis XIV, après ses revers, en 1696, vendait la noblesse pour la somme de deux mille écus ; cinq cents particuliers achetèrent cette année-là

Jacques de Castelnau décéda, laissant pour héritiers ses deux enfants, Jean et Marie de Castelnau, qui le suivirent de près dans la tombe. Leur succession fut dévolue, par suite d'une transaction passée devant notaires à Paris le 9 mars 1547, pour les cinq neuvièmes à François de Caumont (Armes, 8, Pl. II) de Lauzun et pour le surplus à Messire Charles de Culant, seigneur de Saint-Désiré. Aussi, dans une procuration du 21 juillet 1547, donnée à sa femme, née de la Roche-Chaudry, François de Caumont s'empresse-t-il de prendre la qualité de chevalier, seigneur de Saint-Amand l'Allier, Changy et l'Etelon. Ce n'était que pour une bien courte durée, puisqu'il en devait presqu'immédiatement transmettre la propriété à une autre famille, la Maison de Bigny.

des lettres de noblesse. La ressource fut passagère, la honte durable. (VOLTAIRE, *Siècle de Louis XIV*, I, 2, p. 292).

Depuis que la loi du 28 mai 1858 punit d'une amende de cinq cents à dix mille francs, quiconque, sans droit et en vue de s'attribuer une distinction honorifique, aura publiquement pris un titre, changé, altéré ou modifié le nom que lui assignent les actes de l'état civil, jamais on n'a vu tant d'usurpation de titres : les faux Marquis, Comtes, Vicomtes et Barons abondent.

CHAPITRE VII

LA BARONNIE DE CULANT ET CELLE DE CHATEAUNEUF-SUR-CHER

La baronnie de Culant appartenait, dès 1122, à la famille de Culant. En l'année 1221, ainsi qu'il résulte d'une charte de Philippe-Auguste de cette année, datée de Saint-Germain en Laye, le Roi traitait avec Raoul de Culant, prieur de Vatan, frère d'Hélie et fils de Raoul Ier (1), pour la cession et l'abandon que lui faisait ce dernier, au nom des enfants héritiers de Culant, de leur portion dans le château, fief, domaine et dépendances d'Issoudun.

Cette stipulation transmettait aux héritiers de Culant, en propriété et en échange de l'abandon ci-dessus, la troisième partie de ce qui appartenait au Roi dans le château de Châteauneuf-sur-Cher et de Mareuil, et mille livres parisis, sous la réserve toutefois des droits qui pourraient appartenir à la femme de Raoul, seigneur d'Issoudun, qui était fille de Pierre, comte de Nevers, parente du Roi (2). Les sires de Culant avaient eu

(1) Raoul fonda en 1128, l'abbaye de la Prée, sur les bords de l'Arnon ; ses possessions s'étendaient sur les paroisses de Marçais et de Morlac ; elle avait un moulin sur l'Arnon près de Bigny et la forêt d'Agbert, devenue propriété nationale. Cette extension provenait des propriétés et revenus de l'ancienne abbaye du Bois d'Abert, qui existait en 1145, proche Morlac, dans la Baronnie du Châtelet et qui avait été réunie à celle de la Prée. (LA THAUMAS.)

(2) CHAUMEAU, *Hist. du Berry*, p. 105. LA THAUMAS. DE RAYNAL.

une partie de la ville d'Issoudun par succession et alliance avec les seigneurs de Chauvigny (1).

La paroisse et justice (2) de la baronnie de Culant était tenue en fief du Roi, et ressortissait au siège royal de Dun-le-Roy (3). Le bailliage de Culant s'étendait aux paroisses de Praha, Vesdun, Saint-Christophe, Loye, Régny, Saint-Maur et Vaux-sous-Modon (4).

L'amiral Louis avait fondé, au mois d'octobre 1454, une chapelle dans l'église de Culant, en donnant à celui qui la desservirait le domaine de Montalon qu'il fit amortir (5).

Le vieux manoir des sires de Culant subsiste encore en partie dans la ville qui porte ce nom, en latin d'après de vieilles chartes, *Culentum*, *Cullencum* et *Escullem*, Il date du XIVe siècle. On y remarquait un puits d'une grande profondeur taillé dans le roc, une cave dont la voûte est en pierre de taille, et une tour bâtie, dit on, par un Baron de Culant, sur le modèle de celle où il serait longtemps resté prisonnier en Turquie (6) ; il n'en reste que des fragments.

(1) *Description du Berry* par NICOLAS DE NICOLAY, *Daulphinois, géographe et Varlet de chambre* du Roi Charles IX, publiée par V. Advielle, Paris, 1865. Il existe à la bibliothèque de Clermont-Ferrant un manuscrit de Nicolay, intitulé : *Description géographique du pays et duché* de Bourbonnoys, 1569 ; un autre de 1567 in-folio se trouve à la bibliothèque Mazarine, à Paris.

(2) La première était autrefois à Praha, à un quart de lieue de la ville. (LA THAUMAS.).

(3) *Description du Berry*, par NICOLAS de NICOLAY.

(4) NICOLAS de NICOLAY. Loye dépendit plus tard du bailliage d'Epineuil.

(5) Montalon est située sur l'ancienne voie romaine d'Allichamps à Châteaumeillant.

(6) LA THAUMASSIÈRE rapporte que cette tour aurait été élevée par Louis de Culant, Amiral de France. — La puissance des Seigneurs de Culant était si fortement établie que Guillaume de Chauvigny IIIe du nom, ayant fait violence, avec port d'armes et effraction en un moulin du seigneur de Culant, qui était en la garde et protection du Roi, celui-ci avait exigé une amende du seigneur de Châteauroux qui, pour défaut de paiement, fut longtemps détenu en prison dans le château d'Issoudun. (*Notice sur l'abbaye de Déols*, par G. DES CHAPELLES).

Les barons de Culant ont rendu de grands services à la couronne, notamment sous les Rois Charles V, Charles VI et Charles VII, leur cri de guerre était « *Sully* ou *Notre-Dame au peigne d'or* ». Ils ont tous porté d'azur au lion d'or semé de molettes de même. (arm. 2, planche II).

Nous les voyons assister Charles VII dans ses guerres contre les Anglais ; aux jours de malheurs, ils ne lui firent pas défaut et n'imitèrent pas la défection de tant d'autres seigneurs. Leurs bras, leurs épées, leurs biens furent toujours au service de la patrie et de nos Rois.

En 1357, Eudes, Baron de Culant, et de Châteauneuf, qui avait épousé Isabelle, dame de Charost, un des fils de Jean Ier de Culant, avait été désigné, par la noblesse et le clergé du Berry, pour faire la revue des troupes destinées à repousser les Anglais.

A la croisade de 1396, commandée par Jean sans Peur, Louis de Culant remplissait la charge de Maréchal de l'armée ; l'Amiral Louis et Jean de Brosse, seigneur de Sainte-Sévère et de Boussac, Maréchal de France, furent au nombre de ceux que le Roi Charles VII chargea de conduire Jeanne d'Arc à Orléans ; tous les deux, après le siège de cette ville, l'assistèrent le 7 juin 1429 au siège de Reims.

Charles de Culant, grand-maître de France, accompagnait le Roi lors de son entrée solennelle à Rouen. Charles de Culant et le maréchal de Jaloignes se distinguèrent aux sièges de Bergerac et de Bordeaux, lorsque Charles VII entreprit de reconquérir la Guienne ; le fils de Charles, Louis de Culant, Baron de Saint-Désiré, grand chambellan du Roi fut Bailly et gouverneur du Berry en 1484 ; enfin parmi les otages du Roi Jean, figure un sire de Culant, et un membre de cette illustre famille. Jean de Culant, fut un des quatre barons qui portèrent le dais aux funérailles de l'infortunée Jeanne de Berry.

Ils ont possédé La Palisse, Issoudun, Culant, Saint-Désiré, Saint-Amand l'Aillier, Montrond, Charost, Mareuil, La Creuzette, Drevant, Changy, Meaulne, Châteauneuf-sur-Cher, Jalognes, La Creste, Cluis-Dessus, Ainay-le-Vieil, Brécy, Savigny, la forteresse de Romefort sur la Creuse, La Motte-Feuilly, etc.

La terre et Baronnie de Culant sortit des mains de cette grande famille en 1582. Jean et François de Culant la vendirent à Jean de Beaufort, Marquis de Canillac dont l'héritier testamentaire la revendit par décret au duc de Sully. Cette terre passa ensuite aux princes de Condé et de Conti, puis au garde des Sceaux Michel Le Tellier (1), marquis de Louvois, et enfin aux princes de Croy qui en furent les derniers seigneurs.

La baronnie de Châteauneuf-sur-Cher resta longtemps en la possession des sires de Culant. Jacques d'Urfé en devint propriétaire, et de, concert avec sa femme Françoise de Culant, il la vendit en 1564 à Claude de l'Aubespine (2). Cette terre devint ensuite la propriété de Colbert (3), qui la fit ériger en

(1) Michel Le Tellier se qualifiait seigneur de Culant, Préveranges, la Forêt, Grailly, la Roche-Guillebaut, etc.

(2) Les de l'Aubespine ont possédé la maison de Jacques Cœur, à Bourges, la châtellenie d'Hauterive près Lignières, la terre de Rousson, le comté de Sagonne et la Forêt-Thaumiers.

(3) Colbert avait acheté le fief de la Chaussée sur lequel était bâti l'hôtel Jacques-Cœur et de Limoges ; il le vendit à la ville de Bourges le 30 janvier 1682, moyennant le prix de 33000 livres et à la charge, entr'autres conditions, que les Maire et Echevins présenteraient au seigneur de Châteauneuf, à chaque mutation de Maire, une médaille d'argent du poids de dix livres, sur l'un des côtés de laquelle il y aurait les armes du seigneur de Châteauneuf, et sur l'autre celles de la ville de Bourges et l'inscription du nom du Maire qui entrerait en charge. Le marquis de l'Hospital reçut cette médaille en 1755 ; il la donna à son secrétaire Bonnet de Sarzay, pour lequel il avait une grande considération jointe à une vive amitié ; elle a été jusqu'à ce jour conservée dans ma famille.— Voir 1 planche III la reproduction très exacte de cette médaille, et son *Histoire* par M. Daniel Mater, Vol. XI *des Mémoires de la Société des Antiquaires du Centre*, p. 246, 1884.

Marquisat en 1681, du comte de Pontchartrain et du marquis de l'Hospital, (1), ambassadeur de France en Russie sous le règne de la Grande Catherine. Celui-ci mourut le 30 janvier 1789, laissant deux filles, Mesdames de Lestrange et de Mérinville qui possédèrent la terre de Châteauneuf jusqu'en 1791 et la vendirent à messieurs Tourteau d'Orvilliers et de Septeuil sur lesquels elle fut vendue nationalement.

Une partie de cette ancienne baronnie de Châteauneuf appartient aujourd'hui à madame la duchesse de Maillé, née d'Osmond, par suite de l'acquisition qu'en a faite M. Corroyon des Tillières, son grand-père.

Les deux nobles maisons dont nous avons esquissé l'histoire ont doté notre pays d'établissements publics et religieux qui attestent à la fois et leur munificence et les sentiments pieux et charitables qui présidaient à leurs donations.

Afin de consolider leur puissance féodale et mieux protéger la ville qu'ils avaient fondée à Saint-Amand-le-Chastel, ils fortifièrent cette magnifique place de Montrond au pied de laquelle devait bientôt surgir une autre cité, et c'est en dehors de l'enceinte de leur castel, mais sur des terrains qui étaient alors sous leur domination que furent construits l'hôtel Saint-Vic des Bernardins de Noirlac et cette maison de lépreux qui subsistait encore en 1296. Elle avait été fondée du côté de Montrond et on la désignait sous le nom de la *Maladrerie* (2).

(1. Paul Gallucio, Marquis de l'Hospital-Vitry, était le petit-fils de Gallucio, originaire de Naples, qui tua Concini, Maréchal d'Ancre dans la cour du Louvre, et fut nommmé Maréchal de France et Gouverneur du Berry pendant la captivité de Prince du Condé. Paul de l'Hospital avait, comme secrétaire d'ambassade en Russie, M. Nicolas-Jean-Baptiste Bonnet de Sarzay, mon grand-père maternel, qui séjourna en cette qualité à Saint-Pétersbourg, de 1754 à 1761.

(2) Plusieurs titres du XIIIe siècle parlent de cette maison, et les joutes qu'on lui assigne la placeraient près du *Pont de Pierres* de la Marmande, sur le chemin de Saint-Amand à Bruère, entre ce pont et Montrond ; la Mala-

Il existait aussi, mais dans l'intérieur des murs de la ville d'Ebbe VI, une *maison des écoles* qu'un titre de 1471 désigne comme récemment bâtie. L'éducation qu'on s'efforce avec tant de raison de donner au peuple n'est donc pas, comme on le voit, de création moderne dans notre cité : inutile d'ajouter qu'elle était essentiellement chrétienne.

Avant de continuer notre récit chronologique, c'est ici le moment de parler de l'église paroissiale de Saint-Amand-le-Chastel.

drerie devait être à l'entrée de la rue de Billeron, en face la Place d'armes de la Chaume.

CHAPITRE VIII

L'ÉGLISE DE SAINT-AMAND-LE-CHASTEL ET LES CHAPELLES LATÉRALES

La fondation de cette église, assise dans l'enceinte fortifiée où s'élevait le Chastel des Ebbe de Charenton, date de la fin du XIIe siècle. C'est donc à la munificence des hauts barons de Charenton et de Culant, secondés par le pieux concours de nos aïeux, que nous devons l'érection de ce saint édifice, muet témoin des joies et des pleurs de nos familles et de l'accomplissement de leurs devoirs religieux.

Il appartient au diocèse de Bourges et faisait, avant 1789, partie de l'archi-diaconé de Bruère, qui comprenait deux archiprêtres, l'un à Dun-le-Roy, et l'autre à Charenton ; son architecture présente un intérêt artistique qui a été signalé par Mérimée. Dédiée au saint Evêque de Bordeaux dont la ville porte le nom, l'église est munie d'une arcature figurée en plein cintre, qui orne l'extérieur de l'abside. Toutes les arcades, à l'intérieur, sont en ogive à pointe émoussée. L'ornementation des piliers est bysantine, assez élégante surtout dans le chœur. La porte occidentale est en plein cintre, entourée de tores épais et divisée en deux ventaux que surmonte un cintre trilobé.

Il n'est pas douteux que le terre-plein dallé de cette église n'ait été primitivement établi au-dessous du niveau du sol extérieur. On descendait, comme aujourd'hui, plusieurs marches pour y pénétrer : il en est ainsi dans beaucoup d'églises des XIIe, XIIIe et XIVe siècles. Avec des dallages abaissés et à l'aide de vitraux de couleur chargés d'armoiries ou de sujets bibliques, on assombrissait intentionnellement les rayons lumineux dans les édifices destinés à l'accomplissement des saints mystères et à la sépulture des familles privilégiées.

Cette faveur ne s'obtenait qu'à prix d'argent et constituait un des principaux revenus de la fabrique. C'était dans le même but que les chapelles latérales étaient tenues closes : arrentées aux fidèles, leur usage était alors exclusivement réservé aux familles auxquelles elles avaient été concédées à perpétuité.

Vers la fin du XVe siècle, l'on a construit toute une rangée de chapelles latérales à la nef de l'église de Saint-Amand ; mais avant de fixer notre attention sur deux de ces petits oratoires, nous voulons compléter notre récit et dire à la génération actuelle ce qu'il advint de ce temple consacré au culte de nos pères.

Il fut question, alors que le duc de Sully était seigneur de Saint-Amand-sous-Montrond, de transférer cette église dans la nouvelle ville ; ce projet qui a été souvent reproduit n'a jamais abouti (1).

Le grand Ministre du Roi Henri IV avait toujours répudié les crimes de violence et de dévastation auxquels s'étaient

(1) Dans un mémoire qui fut présenté au Duc en 1617, on lit « Monseigneur déclairera s'il entend que sous l'autorité de ses faveurs, on requiert le « sieur Prieur du Montet-aux-Mioynes de consentir la translation de l'église « paroissiale du château Saint-Amand, où elle est située, en la ville de Saint-« Amand en dedans de la terre et Justice de Monseigneur. » — Voici la réponse écrite de la main du Duc : « Il faut faire faire des lettres de moi au « dit Prieur et y envoier homme exprès et en faut parler au s^or^ Forget qui « est en ce lieu. » *Voir aux pièces justificatives le mémoire reproduit en entier.*

brutalement livrés les hommes de sa secte pendant les guerres de religion : sa politique ne fut jamais celle des révolutionnaires protestants qui mutilaient nos cathédrales, pillaient et incendiaient nos temples et nos monastères ; et quand il consentait au transfèrement de l'église de Saint-Amand-le-Chastel dans l'intérieur de la ville de Saint-Amand-sous-Montrond, le duc de Sully faisait acte d'apaisement et de tolérance, en s'inclinant devant le vœu et les convictions des catholiques de sa seigneurie.

Plus tard, aux sanglantes persécutions des Huguenots devaient succéder d'autres et plus sinistres épreuves : après la Révolution de 1789, qui nous amena la Convention et la Terreur, les églises furent fermées aux fidèles ; celle de Saint-Amand prit le nom de Temple de la révision décadaire et tout culte de Dieu étant aboli sous peine de mort, les cinq cloches qu'elle possédait furent livrées au fondeur en vertu d'un décret.

Devant cet édifice, au lieu de chants sacrés et de prières, on faisait désormais la lecture des lois, des actes de naissances et des décès qui avaient eu lieu pendant la décade et des traits héroïques de nos armées. On y recevait aussi les serments civiques ; puis, on éleva, dans l'enclos de Montrond, un autel de la patrie où se réunissaient les francs-maçons et les Jacobins qui, comme ceux d'aujourd'hui, ne veulent ni Dieu, ni prêtres, ni temples, ni couvents.

Mais ces temps d'orages et de néfastes souvenirs se calmèrent peu à peu, et dès le 4 nivose an V, le Curé de la paroisse de Saint-Amand, le vénérable M. Damon, déclara que son intention était d'exercer le culte catholique à l'église du Vieux-Château, les choses restèrent ainsi à l'état de tolérance de la part de l'autorité administrative, et les cérémonies religieuses n'y furent officiellement rétablies que le 27 germinal an VIII. Depuis cette époque jusqu'en l'année 1880, l'exercice de la religion fut respecté et protégé par les gouvernements qui étendirent successivement leur domination sur la France ; mais un sinistre retour aux passions démagogiques et antireligieuses et l'exécution du décret contre les congrégations ne semble-t-il pas présager de nouveaux cyclones politiques ?...

La chapelle Sainte-Anne.

Ses fondateurs sont Philippe de Culant, seigneur de Saint-Amand-le-Chastel, Maréchal de France, et sa noble compagne Anne de Beaujeu de Linières. C'était un oratoire qui lui était exclusivement réservé, ayant sa porte d'entrée à l'extérieur et qui n'était séparé de l'intérieur de l'église que par une galerie à hauteur d'appui, en pierre de taille, avec colonnettes fuselées.

Mérimée signale l'élégance et le bon goût des sculptures de cette porte : les voûtes ogivales qui décorent l'intérieur de la chapelle n'en sont pas moins remarquables ; il semble que l'architecte se soit attaché à donner à son œuvre une ciselure plus svelte et plus gracieuse à raison de sa destination seigneuriale. En effet, la châtelaine de Saint-Amand-le-Chastel avait voulu que cette chapelle fût consacrée sous le vocable de Saint-Anne, sa patronne et qu'une charge de cent sols de rente fût imposée aux seigneurs de Saint-Amand pour une messe dite « *chacune une semaine en l'honneur de Madame Sainte-Anne* ».

A l'un des angles de ces voûtes ogivales on aperçoit grossièrement sculptéés dans la pierre deux figures supportant un écusson, le tout sur un fond semé de petites croix (2, planche III) : ce semble être deux génies qui supportent l'écusson du

Maréchal de Jaloignes. Ce point historique ne saurait soulever aucun doute : il n'en est pas moins déplorable que ces armoiries aient été martelées sous le règne de la Terreur, de manière à ne laisser aucune trace de leur emblème.

A cette terrible époque de 1793, le peuple, inconscient du mal qu'on le poussait à faire, s'en prenait aux vieux et historiques monuments des longues souffrances qui l'assiégeaient sous la République avec plus d'intensité que jamais ; et c'est, comme nous le verrons dans la seconde partie de cette histoire, dans un de ces accès de farouche délire qu'il décrétait, de sa propre autorité, que nos cités perdraient leurs noms séculaires glorieusement portés jusqu'à la chute de la royauté, affublant en conséquence certaines villes de dénominations plus ou moins carnavalesques qui ne reçurent, hâtons-nous de le dire, aucune sanction légale.

A la clef de voûte de la chapelle Sainte-Anne se trouve un autre écusson qui paraît avoir été gravé dans la pierre à une date postérieure ; les lettres, le chevron brisé et la cordelière que reproduit notre planche II, 3 sont gravés en creux. Ne seraient-ce pas les initiales et le cachet de l'architecte qui a dirigé les travaux d'une œuvre vraiment digne d'intérêt, ou bien les armoiries d'un riche bourgeois qui aurait arrenté pour lui et les siens, le droit exclusif de prier dans cette chapelle, ainsi que cela se pratiquait au xve siècle ? Je laisse à mes lecteurs versés dans la science héraldique la solution de cette question.

Aujourd'hui les fonts baptismaux ont été transportés dans l'oratoire des seigneurs du vieux Château, et pour la facilité du service, un escalier percé dans l'ancienne galerie met en communication avec le corps de l'église la chapelle des sires de Culant.

La seconde qui se trouve du même côté que celle dont nous venons de donner la description n'a rien de remarquable ; il en est autrement de la troisième, qui avait été primitivement édifiée sous le vocable de Saint-Jacques, et qui a été restaurée en 1883. Son architecture est d'une grande simplicité, même dans sa voûte ogivale dont la clef se termine par un écusson. C'est le cachet, reproduit fidèlement dans notre planche II, 4, d'une famille bourgeoise qui en devint propriétaire en 1698.

Monsieur Nicolas Bonnet de Sarzay, à qui la Fabrique l'avait concédée, la plaça sous le vocable de Notre-Dame-de-Pitié, dénomination d'une chapelle sépulcrale que ses ancêtres avaient été autorisés à fonder dans le cimetière que la ville de Saint-Amand-sous-Montrond devait aux généreuses concessions des sires d'Albret.

A cette date de 1698, M. Bonnet fonda, à perpétuité le six décembre de chaque année, « une grande messe qui « devait être célébrée dans la chapelle de Saint-Jacques, à la « charge par la fabrique 1° de fournir le calice, les luminaires « et les ornements : 2° que la chapelle lui appartiendra en « toute propriété et aux siens, avec les droits, honneurs et « prérogatives qui en peuvent dépendre ; 3° que lui et ses héri- « tiers y auront droit de sépulture ; 4° que la propriété de ladite « chapelle appartiendra à l'aîné de la famille et successivement « au préjudice des autres enfants : et pour l'acquittement de la- « dite fondation, le sieur de Sarzay a légué à la fabrique une « somme annuelle de cent sols, payable le 6 décembre de chaque « année. » Antérieurement à cette fondation, la famille Le Borgne du Lacq, qui possédait le fief du Vernay, avait droit de sépulture dans cette chapelle.

On peut voir sur le plan de l'enceinte muraillée de la ville de Saint-Amand, sous Montrond, que nous reproduisons planche I, la place qu'occupait la chapelle de Notre-Dame de Pitié dans le cimetière ; elle était assez spacieuse pour contenir un autel qui servait à la célébration du culte, et possédait une cloche qui avait été bénite en l'an 1700. C'est dans ce charnier, à l'extrémité duquel on a élevé, en 1840, une salle de spectacle, que reposent, depuis l'année 1431, les cendres de nos Pères et celles de cette vieille et respectable famille Bonnet de Sarzay, dont le nom se rattache à toutes les pages de l'histoire de la ville de Saint-Amand.

Les trois chapelles de droite n'offrent aucun intérêt au double point de vue historique et architectural.

Le presbytère est uue habitation assez commode en raison de sa proximité de l'église pour les prêtres qui desservent la paroisse, et de la plus grande simplicité ; nous n'avons rien de plus à en dire, mais nous devons placer ici quelques mots au sujet de la chapelle isolée, c'est-à-dire non adhérente à l'édifice de l'église paroissiale, que tous les anciens titres désignent sous le nom de chapelle de *Saint-Antoine*.

On en apercevait, naguère encore, les fondations et elle se trouvait à gauche de la rue de la Porte Verte ; il existait, sous les maisons qui ont appartenu aux familles Henry et Charpy, des voûtes provenant de ce petit oratoire... La maison Charpy, dit un acte de 1728, joute « du levant l'église de Saint-Antoine ».

Etait-ce un sanctuaire réservé aux seigneurs Guillaume ou aux Ebbe de Charenton ? Telle était la question qu'il pouvait être permis de se faire . . . . . Mais, dans un titre de 1513, on indique comme joute la vigne de la *Commanderie de Saint-Antoine*. — On ne sait rien de cette commanderie ; cependant il y avait des Commandeurs dans l'Ordre de Malte, et Saint-Amand-le-Chastel aurait pu posséder des Religieux du Temple, comme il en existait à Bourges, à la Celle-Bruère, à Chateauneuf-sur-Cher, à Bannegon et dans la paroisse d'Ardenais.

S'il en était ainsi, l'érection de cette chapelle daterait du XIIe siècle, la suppression de cet ordre fondé en 1112 n'ayant eu lieu qu'en 1313. Or, c'est à une époque contemporaine que l'église actuelle de la paroisse de Saint-Amand a dû être éle-

6

vée. Il convient cependant d'ajouter qu'il existait un ordre religieux dit de *Saint-Antoine*, fondé en 1070 pour soigner les malheureux atteints de la maladie du *feu Saint-Antoine*, que cet ordre, qui avait pris une extension considérable, avait des Commandeur, comme ceux de l'Ordre de Malte et des Templiers, qu'il fut incorporé, en 1777, à l'Ordre de Malte et que, très probablement la chapelle du Vieux-Château n'était autre qu'un établissement hospitalier où l'on soignait les personnes atteintes du *feu sacré*, en dehors de la léproserie située à la Chaume-Billeron.

G. MALLARD. DEL.

Lith. LALANDE, St AMAND (Cher)

L'Eglise de St Amand le Chastel et les Chapelles latérales.

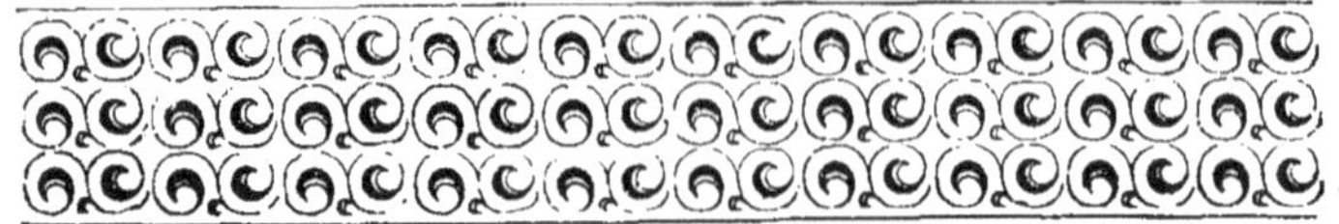

CHAPITRE IX

LES SEGNEURS DE LA MAISON DE BIGNY

La dame de Caumont, munie de la procuration de son mari, consentit le 26 juillet 1547, à Messire Gilbert de Bigny, (Armes 9, Pl. II) la vente des cinq neuvièmes de la Seigneurie du vieux Château Saint-Amand et Changy. Gilbert en prît possession le premier août et François de Caumont ratifia cette vente le 19 du même mois.

C'est donc à tort que, dans son histoire du Berry, la Thaumassière a donné la qualification de Seigneur du Château de Saint-Amand à Claude Chevenon de Bigny, marié en 1505 à Catherine de l'Hospital-Vitry, père de Gilbert de Bigny.

Le Duché de Bourbonnais était entré au domaine de la Couronne après la mort du Connétable de Bourbon, et l'arrêt que le Roi François Ier fit prononcer contre lui : le château de Saint-Amand, acquis par Gilbert de Chevenon, escuyer, seigneur de Bigny, d'Ainay-le-Vieil et de Préveranges, maître d'hôtel de la Reine, releva, alors en plein fief de sa Majesté, à cause de son duché de Bourbonnais, Châtellenie d'Ainay-le-Château.

Le Roi Henri II reçut donc, par lettres patentes de 1547, foi et hommage de Gilbert de Bigny, pour la moitié de ladite seigneurie de Saint-Amand l'Allier et Changy mouvant de sa Majesté.

Gilbert acheta, peu de temps après, de Charles de Culant, seigneur de Saint-Désiré, les quatre autres neuvièmes de la châtellenie de Saint-Amand, part héréditaire qui lui avait été dévolue dans la succession des enfants Castelnau. Il y eut, à ce sujet, en faveur de Gilbert de Bigny, nouvelles lettres-patentes du Roi, suivies d'un autre acte de foi et hommage du 9 avril 1548.

Ce nouveau seigneur avait, l'année suivante, établi sa résidence dans le chastel de Saint-Amand, ainsi que le constate un bail à cens du 19 janvier 1549. Il s'attacha à donner une plus grande importance à la cité qui s'était formée autour de son château ; et sur les places même de la ville, se tenait un marché le lundi de chaque semaine. Il obtint, en outre, du Roi Henri II, par lettres patentes du mois de juin 1550, deux foires, qui avaient lieu, l'une le jour de la Sainte-Catherine et l'autre le jour de Sainte-Anne, « à condition, disent ces lettres-patentes, qu'il n'y ait à quatre lieues à la ronde, les jours « indiqués, ni foires ni marchés...

Gilbert se qualifiait seigneur de Bigny, Préveranges, Ainay et du Vieux-Château Saint-Amand ; il vivait encore en 1584, et donnait à bail le 15 février de cette année à Gilbert Rousset une *place et cours d'eau* pour bâtir un moulin à drap au-dessous du grand moulin, appelé le Moulin neuf (le moulin des Forges) sur la rivière de Marmande, à l'endroit de la maison de la Ravoie, du côté des Grands-Villages.

Ainay-le-Vieil avait été la propriété de la famille de Seuly (1) :

(1) Ainay-le-Vieil annonce, par son surnom, une antiquité qu'on ne saurait révoquer en doute ; il est, au moins de toute probabilité, plus ancien qu'Ainay-le-Château, dont l'existence est constatée depuis le xe siècle (De Coiffier, *Hist. du Bourbon.*) D'autres chroniqueurs prétendent que le véritable nom d'Ainay était Ainay-la-Ville. C'est là, en effet, que les Gallo-romains de Drevant avaient de nombreuses *villas*.

Gilles de Seuly était seigneur de Beaujeu, d'Ainay-le-Vieil, de Magnac et de Cluis-Dessus en 1390. Ainay passa aux Barons de Culant par le mariage de Belleasse de Seuly, fille de Geofroy, avec Charles de Culant en 1433. Ainay-le-Vieil et Meaulne étaient en la possession des sires de Culant à l'époque où florissait Jacques Cœur, le grand argentier du roi Charles VII. L'infortuné Jacques Cœur en avait fait l'acquisition, et ces deux terres étaient comprises dans le dénombrement de ses maisons et biens immeubles ; mais il est certain que cette vente ne reçut pas son exécution, puisque les terres d'Ainay-le-Vieil et de Maulne sont entrées dans la maison de Bigny, au moyen d'un acte de vente consenti le 14 décembre 1467, sous le sol de la prévôté de *Xanquoins*, par Messire Louis de Belleville, chevalier, seigneur d'Ainay et de Dame Marguerite de Culant, sa femme, qui les avait reçues en dot, au profit de Messires Jean et Charles de Chévenon, écuyers, frères et seigneurs dudit lieu de Bigny.

Charles, seigneur de Bigny et de Vallenay était, en 1464, Grand-Ecuyer et Grand-Maître des coureurs de France, c'est-à-dire, dans le langage actuel, directeur de l'administration générale des postes, dont nous devons le premier établissement au roi Louis XI. Les descendants de cette noble famille ont continué de posséder Ainay qui leur appartient encore aujourd'hui. Le château féodal du sire de Seuly a été restauré dans ces derniers temps, avec autant de luxe que de goût, par M. le marquis Anatole Chevenon de Bigny, qui a su conserver à ce sévère manoir du Moyen âge ses tours et ses remarquables courtines et murailles crénelées, flanquées de tourelles qui en constituaient la défense. Le marquis de Bigny est mort en 1872, dans son château d'Ainay et en lui s'est éteinte la dernière branche de sa Maison.

Les de Chevenon ou Chavenon de Bigny, originaires du Bourbonnais portent d'azur au lion d'argent armé et lampassé de gueules, à l'orle de cinq poissons de même. Cette famille était déjà puissante bien longtemps avant l'époque où le chastel de Saint-Amand fut en sa possession et avant l'acquisition d'Ainay-le-Vieil. Ainsi, le 12 septembre 1446, la veuve de Jean de Colombier, écuyer, déclarait tenir en fief lige et hommage de Jean de Bigny, à cause de son hôtel de Bigny, la dixmerie des Barres, vignoble sis au-dessus des Grands-Villages, en la paroisse de Saint-Amand-le-Chastel.

Il est dit aussi dans un retrait féodal du 2 mai 1474, que Charles de Bigny est écuyer d'écurie du roi et seigneur du dit lieu de Bigny, d'Ainay-le-Vieil, de la Gone et de Meaulne. Il faisait foi et hommage le 2 octobre de cette même année, à Pierre d'Amboise, messire de Chaumont, seigneur de Meillant, pour la moitié de la dîme de Monteau ou Montaut, située à Drevant(1). Les fondés de pouvoir du sieur de Chaumont déclarèrent qu'ils entendaient *retraire la dite dixme ;* mais n'ayant pas d'argent, ils offrirent de la vaisselle d'argent pour une valeur de quatre cents écus. Charles de Bigny refusa, ne voulant consentir à abandonner cette dîme qu'en remboursement de ces quatre cents écus.

A Gilbert succéda Philippe de Bigny, chevalier, seigneur de Bigny, Ainay-le-Vieil, Château Saint-Amand et Préveranges : il eut une nombreuse lignée. Un de ses fils, Jean, chevalier, seigneur d'Ainay-le-Vieil et Château Saint-Amand, détache du manoir des Ebbe de Charenton, ce qui en faisait à la fois l'ornement et la défense ; c'est-à-dire le cours d'eau du Chignon qui, après avoir baigné les fossés du Chastel et par-

(1) La dîme de Montaut appartenait pour moitié à l'abbé de Notre-Dame d'Ahun, de l'Ordre de Saint-Benoît au diocèse de Bourges, prieur de Drevant ; l'autre moitié avait été achetée par Philippe de Culant, Maréchal de France, le 17 janvier 1447, moyennant quatre cents écus d'or ayant cours, suivant acte passé sous les sceaux de la prévôté de Xanquoins et chancellerie d'Orval, de *Jean du Cher* escuyer et de dame de Montant sa femme. — Les Du Cher appartiennent à une très ancienne famille bourgeoise de Saint-Amand.

couru l'étang de la Cornière, se jetait dans la Marmande.

Maximilien de Bethune, duc de Sully, était devenu le seigneur de Montrond : il engagea le roi Henri IV à acheter cette petite rivière, et Jean de Bigny vendit au roi, le 14 juillet 1607, le moulin de la Cornière et le ruisseau du Chignon, moyennant six mille livres. On ne connaissait pas alors les ventes par expropriations forcées pour cause prétendue d'utilité publique, et l'on procédait par concession gracieuse. Henri IV s'empressa de céder le cours du Chignon à Sully qui le détourna pour le faire passer dans le parc de son château de Montrond.

Conformément à l'intention exprimée dans l'acte et par ordre du roi, le moulin de la Cornière fut détruit, *pour la commodité du public*, le 30 juin 1607 et l'étang disparut pour faire place à de fertiles jardins et à une rue qui porte encore le nom de Cornière. Dans un titre de 1550, il est fait mention d'un chemin tendant du moulin Bourguignon au moulin de la Cornière. Il y eut, en 1451, au sujet des pelles et sous-gravier, contestation entre André Bourguignon et le maréchal de Jaloignes.

Jean de Bigny avait obtenu du roi Louis XIII, par lettres-patentes de janvier 1614, l'établissement de deux autres foires pour sa seigneurie de Saint-Amand, l'une devant tenir le mardi de Pâques et l'autre le jour de la Saint-Hubert ; mais le puissant duc de Sully, son voisin, fit déclarer, par sentence arbitrale de la même année, qu'il ne serait pas donné suite à cette concession royale.

Plus tard, et n'ayant plus d'eaux pour maintenir à niveau les fossés de son château, Jean de Bigny donna à arrentement, le 18 juin 1624, ces fossés mis à sec.

Philippe de Bigny, son fils, comte d'Ainay, lui succéda ; il était déjà seigneur de Saint-Amand, quand le 18 mars 1624, par acte passé devant *Bonnet*, notaire royal, il donna à cens et rente à un marchand d'habits, demeurant au Vieux-Château, « une partie des fossés du Vieux-Château que l'on appelle l'é-« tang de la Cornière, à prendre vers le pont du Vieux-Châ-« teau, sous lequel passait le Chignon, joutant d'une part le « *Portail*, de l'autre les murailles de la motte du Vieux-Châ-« teau qu'il pourra percer pour y placer poutres et corbeaux ».

L'heure de la décadence avait donc sonné pour ce manoir féodal : les seigneurs de Bigny ne l'habitaient plus ; la guerre des Huguenots, qui avait commencé en 1621 et ne finit qu'en 1629, un an après la prise de la Rochelle, avait violemment agité notre pays, et l'enceinte fortifiée du château d'Ainay-le-Vieil était une résidence plus sûre au temps des discordes civiles. Nous verrons, dans la seconde partie de notre récit, que la guerre de Montrond devait bientôt être fatale aux châteaux et aux habitations de la contrée. Elle eut lieu en 1650, et le comte d'Ainay, soupçonné de tenir pour le prince de Condé, fut exilé à Nevers, bien heureux de n'avoir pas vu démolir son château, selon l'ordonnance de Richelieu qui voulait que toutes les forteresses qui ne servaient pas à la défense du pays soient rasées.

Saint-Amand-le-Chastel et sa seigneurie conservèrent encore quelque temps une certaine importance ; Louis Armand de Bigny, fils de Philippe, était, en 1670, seigneur du Vieux-Château, Changy, Drevant, Colombier et Meaulne, et il en faisait foi et hommage le 10 janvier.

Un autre aveu et dénombrement en fut dressé le 8 juillet 1675 ; il comprenait la Justice haute (1), moyenne et basse du Vieux-Château, Colombier, Drevant et Changy, avec leurs greffes, tabellionages, conciergeries et droit de prévôté,

(1) Celui qui a haute Justice a connaissance des cas à mort, incision de membres et autres peines corporelles, comme de fustiger, piloriser, échéler, marquer, bannir hors de sa terre et juridiction et autres semblables. (Auroux des Pommiers, *Cout. du Bourbonnais.*)

Une « *masure de maisons* » qui, autrefois, servait d'auditoire, incendiée dans la guerre de Montrond,

Le moulin Pellerin, dit moulin des Forges,

Le grand étang de Saint-Bonnet (1), qui s'empoissonne de *dix milliers*, près de la forêt de Tronçais et qui était une dépendance du fief de Changy.

La seigneurie de Meslon, appelée Combette, qui appartenait alors à Gilbert du Peyroux, écuyer, sieur de Mézières, devait au seigneur de Saint-Amand quatorze boisseaux de seigle et dix-huit boisseaux d'avoine, mesure du Vieux-Château de Saint-Amand.

Pellevésin (2), situé en la paroisse de Colombier, payait à cette seigneurie une rente de soixante boisseaux d'avoine, et le seigneur de Meillant, quatre tonneaux de *fleurs de vin*, tous les ans.

Il serait difficile de déterminer quelle fut la circonscription de la Justice du Vieux-Château, depuis 1250, époque à laquelle Bruère, Orval et Epineuil passèrent dans la maison de Seuly. Elle s'étendait, sous Armand de Bigny, en 1675, de l'autre côté (rive droite) de la Marmande jusqu'à la croix Cacault (3), et les Grands-Villages en faisaient partie.

Cette seigneurie avait cens, et rentes sur les terres situées au-dessus du bois du *Fèteau* appartenant au châtelain de Montrond. Sur la rive gauche de la Marmande, la Justice de Saint-Amand-le-Chastel allait jusqu'à la Maladrerie et le grand

(1) Cet étang, d'une contenance de quarante-cinq arpents, avait été acheté, en 1603, à l'Etat, comme terres vaines et vagues par Jean de Bigny.

(2) Pellevésin pour appelle-voisin, désignation ironique d'un lieu isolé, appartenait en 1702, à la famille de Montmorin.

(3) Cette croix, dite des Trois-Sabots, était posée sur le chemin qui, de Charenton conduisait à Bruère, en passant derrière la tuilerie *Lapaire* et la rue *Ménicard*, après avoir traversé la rue de la *Gadonnerie*. La croix des Grands-Villages avait nom *Croix-Palleau*.

chemin de Saint-Amand à Bruère (voie romaine), puis elle se portait sur Colombier et Drevant ; mais l'emplacement occupé par la ville de Saint-Amand-sous-Montrond dépendait d'une autre seigneurie.

Le bois de Culant, compris actuellement dans la forêt de Meillant, dépendait de la Justice du Vieux-Château. Ce bois se composait d'un taillis de trente-sept arpents, situé entre les bois de Noirlac et ceux du Fèteau, joutant du midi les tailles et les terres de la veuve Jean de Beauvais et autres et le bord de Noirlac, du septentrion le bois de la seigneurie de Meillant et du couchant le bois de la Seigneurie de Montrond (1).

De là l'origine et l'explication de cette table triangulaire et des trois fauteuils en pierre qu'on remarque dans le bois de Meillant, au lieu dit : *la Table des Trois Seigneurs* ou les *Trois Tables*. Cette table servait de borne limitatrice des trois seigneuries de Saint-Amand-le-Chastel, Meillant et Bruère ; c'était un lieu de rendez-vous de chasse où, pendant le repas, chaque seigneur avait son fauteuil placé à l'extrême limite de sa forêt.

A la mort d'Elisabeth de Chateaubodeau, épouse de Louis-Armand de Bigny, un partage eut lieu devant *Josset*, notaire royal à Saint-Amand, le 19 août 1684, tant des biens de cette succession que de ceux délaissés par le seigneur comte d'Ainay, en vertu de transactions.

La dame Louise Françoise de Bigny, qui avait épouse, le 10 février 1684, Joseph Gaspard de Montmorin, marquis de Saint-Hérem (Armes 1, Pl. IV), eut, dans son lot, le vieux château de Saint-Amand, le moulin des Forges, situé sur la Marmande, uue pièce de terre en friche ou pacage sans épines, appelée les buissons de Mallevaux (2), dont jouissaient plu-

(1) Acte de foi et hommage du 10 janvier 1690.

(2) Ce mas de terre avait une contenance de soixante-six hectares. Il a donné lieu, sous le gouvernement du Roi Louis-Philippe, à un procès entre

sieurs particuliers, à la charge de trois boisseaux d'avoine, ainsi que la terre de Maulne, Drevant et Colombier.

Saint-Amand resta fort peu de temps sous la possession du marquis de Montmorin : le 24 juillet 1719, Jérôme Phélippeaux, comte de Pontchartrain (Armes 2, Pl. IV), marquis de Châteauneuf-sur-Cher, dont le père avait été chancelier de France, premier président au Parlement de Rennes, intendant des Finances en 1687, acheta les terres et seigneuries du vieux Château, de Changy et de Meaulne, moyennant soixante-dix-mille livres ; il était représenté par *Lheureux*, sieur du Petit-Vernay, procureur fiscal, son fondé de pouvoirs.

Son premier soin fut d'obtenir un arrêt du Conseil du 6 septembre 1723, qui déchargeait les habitants de sa seigneurie de l'imposition du grenier à sel établi à Saint-Amand-sous-Montrond.

Il fit séparer par un poteau à ses armes sa Justice de celle de madame la Princesse de Condé : Un procès-verbal en fut dressé le 12 avril 1727 ; il constate qu'on s'est transporté à cet effet en la rue de la porte de l'Hôtel-Dieu allant à l'Eglise paroissiale du Vieux-Château, au coin de la maison des héritiers de *Jean Germain*, vis-à-vis les bâtiments de *Godin Amand*, procureur fiscal, et les murs du jardin de *Jean Auclair*, notaire royal.

Ce fut aussi, par ordre du comte de Pont-Chartrain, que Amand Godin acheta, le 3 février 1731, de *Charles Picquet*. chirurgien, uue maison en la Justice et paroisse du Vieux-Château, à l'effet d'y établir l'auditoire et la prison (1).

Enfin et peu de temps après, la terre et seigneurie du Vieux Château fut vendue à Louise Anne de Bourbon, appelée à sa naissance mademoiselle de Sens et depuis mademoiselle de

la Commune de Colombiers et plusieurs particuliers qui ont été maintenus dans leurs droits de possession.

(1) Bonnet de Sarzay. *Manuscrit.*

Charolais-Condé : « Elle réunit ainsi, à la terre de Saint-« Amand-Montrond qu'elle possédait, une petite ville joutant « un des faubourgs de la nouvelle ville qui prit alors le nom « de Saint-Amand, par la raison que ce saint, évèque de Bor-« deaux, est le patron de l'église paroissiale située dans l'en-« ceinte du Vieux-Château (1). »

Le temps qui détruit tout, *tempus edax rerum*, n'a laissé du manoir des Ebbe de Charenton que quelques débris de murailles, la motte sur laquelle il avait été édifié et de faibles traces de fossés de circonvallation.

Ici se termine donc la tâche que nous nous étions tracée au sujet de l'histoire de la première ville de Saint-Amand, habitée pendant plusieurs siècles par nos pères dont l'existence et le patrimoine trouvèrent un abri protecteur au pied des tourelles où ils s'étaient assujétis à faire le guet.

Les chartes d'Ebbe VI, de Rainaud de Mont-Faucon, de Humbert de Prahas et de Renoul IV leur avaient appris, de longue date, à apprécier le bonheur d'une vie comparativement libre au milieu des temps de servitude qui opprimaient la France et ses habitants. Nos aïeux se rappelaient que « leur pieds n'avaient jamais été entravés et que leurs bras étaient ceux d'hommes libres. » Les fertiles vallées près desquelles ils avaient planté leurs tentes, les coteaux des Tertres et de Meillant étaient incultes, couverts de bois et de broussailles : ils se firent les intrépides pionniers d'un sol que les seigneurs leur arrentaient, à mesure que les exigences de la Cour et du luxe qu'elle entraîne à sa suite les contraignaient à détacher de leur patrimoine ces inaltérables joyaux dont ils ignoraient la valeur.

Le territoire passa ainsi, sous la condition d'une légère redevance seigneuriale, dans les robustes mains de ceux qui, primitivement attachés à la glèbe, surent avec le temps trans-

(1) Chevalier.

former en vignes et en magnifiques domaines les antiques forêts de nos coteaux et des bords de nos rivières. De là, l'avènement de cette classe moyenne, de cette bourgeoisie intelligente et éclairée, heureuse par la simplicité du foyer domestique, qui devait plus tard, comme ses anciens seigneurs, disperser ses richesses, s'apauvrir et disparaître à son tour en sacrifiant à de luxueuses dépenses et à de ruineux loisirs les heures que ses pères avaient employées au travail.

La vieille bourgeoisie de nos contrées s'est peu à peu dessaisie de ses biens fonciers, en cédant au mirage trompeur d'une fortune mobilière plus facile à administrer et parfois plus productive : ce nouveau mode d'acquérir devait précipiter sa ruine. Elle eut à subir aussi les conséquences inévitables du niveau égalitaire proclamé par nos Codes en matières de succession, dissolvant d'autant plus énergique qu'il agissait sur des familles chargées de progénitures.

Mais l'ancienne bourgeoisie a particulièrement sombré parce qu'elle a méconnu ce sage précepte que le labeur est aussi nécessaire pour conserver que pour acquérir ; et les nouvelles familles qui se sont enrichies ne se maintiendront, dans leur aisance et dans la position sociale qu'elles ont conquise à leur tour, qu'à cette seule condition, de s'incliner devant la loi du travail, du devoir et de la morale publique.

Puissent-elles inculquer, avec la crainte et l'amour de Dieu, aux générations qui sont appelées à leur succéder, le germe salutaire de ces principes qui affermissent le caractère de l'homme, ennoblissent son cœur et peuvent le conduire à de hautes destinées sur cette terre en lui assurant la béatitude éternelle dans un autre monde ! « Nam ut sapientibus placet, « non cum corpore exstinguntur magnæ animæ. »

12 Décembre 1882.

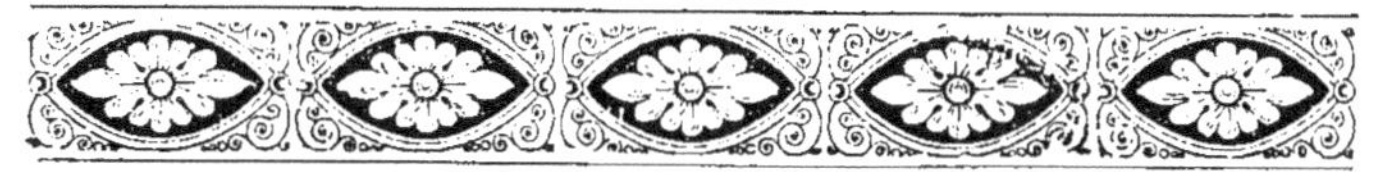

CHAPITRE X

LES ARRIÈRE-FIEFS DE LA CHATELLENIE DE SAINT-AMAND-LE-CHASTEL

—

Drevant.

Il ne nous reste plus, afin de compléter la première partie de notre travail, qu'à dire quelques mots des principaux sous-fiefs de la seigneurie de Saint-Amand-le-Chastel.

Nous avons vu que Guichard de Culant reçut en partage, dans la succession de Gaucelin, son père, la seigneurie de Drevant qu'il transmit à Charles de Culant, l'un de ses fils. Cet apanage avait fait retour à la châtellenie de Saint-Amand vers une époque que nous ne saurions préciser, il nous suffira de rappeler qu'en 1675, le comte de Bigny comprend Drevant dans l'aveu et le dénombrement de son fief de Saint-Amand-Vieux-Château, et qu'à la suite il a appartenu au marquis de Montmorin.

Drevant n'a jamais eu de manoir féodal, il y existait un hôtel et un prieuré qui dépendait de l'abbaye de Notre-Dame d'Ahun, de l'ordre de Saint-Benoît au diocèse de Limoges.

Les religieux de ce couvent devaient au seigneur de Saint-Amand, sur la dixme de Drevant, une redevance annuelle de vingt-huit boisseaux de froment, vingt-huit boisseaux de marsèche (orge) et vingt-huit boisseaux d'avoine.

Le portique de ce prieuré subsiste encore ; il est d'un style très pur et les détails en sont extrêmement remarquables ; il serait donc à désirer que des mesures administratives fussent prises pour sa conservation ; beaucoup de prieurés avaient leurs armoiries, celles de Drevant écartelaient d'argent et d'azur, à un bâton prieural d'or en pal brochant sur le tout, 3, Pl. IV.

Drevant, que de Caylus désigne sous le nom de Milan et de vieux titres sous celui de Dervant (Les habitants de cette localité prononcent Deurvant) du nom celtique Derwant, qui signifie *chênes*, fut une cité Gallo-Romaine d'une certaine importance sur l'étendue de laquelle nous n'avons cependant aucune donnée historique.

On y arrivait par la voie romaine d'Allichamps à Néris, ou si l'on veut de Bourges à Néris par Allichamps, qui passait au nord de Drevant, et la ville était pourvue d'eaux abondantes, au moyen de deux acqueducs qui permettaient d'utiliser la rivière du Chignon et la fontaine de Meslon (1).

On a découvert à Drevant, dit de Caylus, plusieurs monuments de son antique opulence, des bases de statues et de colonnes, des pierres sculptées et travaillées de différentes manières, un canal construit avec des briques larges et épaisses, liées par un ciment très dur, plusieurs tombeaux de pierre, des murs considérables et dont les pierres sont d'une grande largeur, des médailles d'argent et de bronze, etc.

M. Hazé a relevé à Drevant les ruines d'un temple, deux

(1) L'aqueduc qui amenait les eaux de la fontaine de Meslon avait 26 cent. 1/2 à sa base et 32 cent. 1/2 de hauteur, l'intérieur était revêtu d'un mortier en béton d'une épaisseur de 3 centimètres, il a été mis à découvert en 1772, lors de la confection de la route de Saint-Amand à Montluçon, l'autre a été trouvé en frimaire an XII près du bourg de Colombiers.

établissements de thermes parfaitement décrits, ainsi que les ruines d'un vaste théâtre près duquel on a trouvé une médaille de Claude, moyen-bronze, assez bien conservée, on a aussi relevé près des thermes une médaille de Maximien, une d'Adrien, une de Nerva.

De Caylus donne le plan de cet ancien théâtre dont la bâtisse est romaine et le plan disposé selon les règles et les proportions recommandées par Vitruve.

Dans les premières années de ce siècle, le sol de Drevant était jonché de tuiles à rebords, de tuiles rondes destinées à en recouvrir les joints, et de débris de marbre blanc de Carrare et de Paros ; ils abondaient surtout à l'endroit où était le temple, lieu où l'on avait établi, dans les années 1823 à 1826, un camp avec baraques destiné à contenir des militaires condamnés disciplinairement, qui étaient employés sous la surveillance d'une compagnie de gendarmes, aux travaux de terrassements du canal de Berry (1).

En face de la ville de Drevant sur la rive gauche du Cher, mais au sommet de la côte, on remarque un emplacement qui paraîtrait avoir servi de camp aux Romains ; on lui donne, du moins, de longue date, le nom de camp de César ; dans son enceinte, avait été creusé un puits grossièrement construit qui est maintenant comblé.

Les Gallo-Romains possédaient dans notre pays de riches villas : les belles mosaïques qu'on a découvertes, en 1853, à Ainay-le-Vieil et quelques années après à Lunery, mosaïques

(1) Cette compagnie était commandée par M. CONSTANT DU RHÔNE, mon beau-frère, ancien officier de l'armée d'Espagne sous le premier Empire, un des prisonniers de Baylen, détenus sur les pontons l'Argonaute et la vieille Castille, en face de la rade de Cadix. Pour donner le signal de leur délivrance au Maréchal Victor, DU RHÔNE traversa résolument à la nage l'espace considérable qui séparait son ponton de la terre ferme et malgré les feux meurtriers de la flotte ennemie, quinze cents prisonniers furent sauvés, grâce à son courage.

qu'il est regrettable de ne pas avoir conservées, attestent le luxe qu'ils apportaient dans l'ornementation intérieure de leurs habitations.

L'époque gallo-romaine a duré 400 ans, et que de monuments détruits, que de richesses enfouies dans les débris de Drevant et au milieu des ruines de Bruère, Ainay-le-Vieil et Allichamps.

On trouve fréquemment à Drevant des fragments d'inscriptions sur des pierres brisées, quelques-unes ont été recueillies et incrustées dans les murs de constructions nouvelles (1).

Au-dessus de la porte d'une maison bâtie depuis peu d'années, on lit ces mots gravés sur une vieille dalle

DAAONUS D — T SABINI DIC — AI

Sur une autre, en 8 lignes les mots :

NVM — ET DEO — I — CATIUS
ICATUS — EXVO + TO, PROS TER + S — V.. S

Il ne reste de l'amphithéâtre dont nous avons parlé que quelques vomitoria, dont les arcades résistent encore à l'injure du temps, quoique les pierres de revêtement en aient été enlevées, et quelques loges de bêtes féroces, ces dernières, d'environ trois mètres en carré, étaient sous voûtes et dans l'épaisseur de la muraille.

Cependant Mérimée, qui a visité ces ruines, ne pense pas que ces substructions perpendiculaires au mur de la scène et qui forment par leurs lignes parallèles un certain nombre de couloirs étroits, aient été des loges pour enfermer des animaux. Selon lui ces murs rapprochés ne seraient que des traverses, des contreforts destinés à soutenir des constructions supérieures.

Des portions de chapiteaux corinthiens provenant de très hautes colonnes, des fûts guillochés et ornés de palmettes, un énorme anté-fixe en pierre, enfin les deux pieds d'une statue colossale en bronze témoignent de l'importance de ces établissements antiques. Les pieds de bronze sont remarquables par la forme de la chaussure, l'empeigne retombe sur le cou de pied ; le métal très mince suppose une grande habileté de la part du fondeur.

Il est probable, ajoute Mérimée, que la ville dont nous voyons les ruines s'est élevée sur l'emplacement ou la proximité d'une cité gauloise ; des bracelets de cuivre, des métailles, des haches de silex, recueillis dans le voisinage, donnent à cette conjecture un nouveau degré de probabilité. Je le crois mis hors de doute par la présence d'une fortification très probablement celtique, établie sur une hauteur du village. Bien qu'on lui donne vulgairement le nom de camp de César, il est impossible de le considérer comme un ouvrage romain, et je pense qu'on ne peut l'attribuer qu'à un peuple anciennement établi dans cette localité, et en civilisation très inférieur aux Romains. A mon avis cette fortification si barbare a été autrefois un oppidum de Bituriges. Vainqueurs, les Romains se sont établis de préférence sur la rive droite du Cher, parce que la rive gauche, resserrée par la colline dont je viens de parler, ne leur aurait pas permis d'étendre leur ville. Qui n'a observé, d'ailleurs, qu'un des effets ordinaires de la civilisation est de faire abandonner les hauteurs, du moment où l'on n'a plus besoin d'y chercher la sécurité.

Aujourd'hui la vieille cité gallo-romaine est séparée de la rivière du Cher par le canal du Berry ; et sur la rive gauche de cette rivière en contre-bas de l'oppidum des Bituriges, s'étend le chemin de fer de Saint-Amand à Montluçon avec sa ligne télégraphique. C'est que vingt siècles nous séparent des chaussées de César (voies romaines) et des feux qu'il allumait sur les cités élevées de la Gaule pour correspondre par signaux avec les lieutenants de ses nombreuses légions.

Signalons ici, dans la commune de la Groutte, sa belle fontaine et la grotte du Chétif Moulin.

Le Vernay.

Le fief du Vernay du Chesne, situé au bas de la côte de Meillant, près Saint-Amand, a conservé son petit castel que tenait en 1506, Antoine de la Châtre, écuyer. Il passa ensuite à François du Peyroux, en 1573, par son alliance avec dame Claude de la Châtre, dame de Mazières, fille de Jean de la Châtre, écuyer, sieur du Vernay du Chesne, et de Catherine de Varnage. Claude de la Châtre avait eu la terre de Mazières de Charlotte de la Châtre, sa tante (1).

Jean de la Châtre fut gouverneur d'Epineuil, d'Orval et de Montrond et remplacé dans ces fonctions par Claude de Buchepot sous les de Clèves (2).

Le fief du Vernay appartenait en 1688 à Monsieur Le Borgne, écuyer. A l'époque des troubles révolutionnaires de 1793, on fit, dans une séance de la Société des amis du peuple, la proposition d'en détruire les tours féodales, ces modestes tourelles subsistent encore.

Le dernier seigneur de ce tout petit manoir fut M. Gabriel le Borgne du Lac, qui habitait le château de la Tourate, dans la paroisse d'Arcomps.

La tradition rapporte qu'un gentilhomme de ce fief éleva, à son retour de Palestine, en l'honneur de la sainte Vierge, le petit oratoire de Notre-Dame-de-Pitié, qui vient d'être restauré.

Il se fit un accord entre les habitants du Vernay du Chesne et le seigneur de Saint-Amand-le-Chastel le 13 février 1433. On convint qu'à l'instar des autres justiciables, ils devraient contribuer aux réparations des ponts et fossés dudit Chastel, mais

(1-2) LA THAUMAS. *Hist. du Berry*.

non à celles des murailles et qu'ils seraient affranchis du guet du jour et de la garde des portes, restant assujettis au guet de nuit, conformément aux dispositions de l'acte notarié, signé Règle, notaire royal.

Dans un titre de 1483, il est fait mention du village du Vernay de l'Aige. Ce sont les maisons qui, de la rue de l'Aige ou de l'Age, comme on l'écrit au terrier de 1545, (Les trois sabots) bordent à droite et à gauche le chemin qui conduit au château du Vernay.

Un des droits attachés à cette seigneurie consistait à prélever une rétribution sur tous ceux qui vendraient des pots sur la place publique de Saint-Amand et autres lieux où ce droit pouvait être exercé.

Une sentence du 22 juin 1594 avait consacré ce droit en faveur du sieur du Peyroux, seigneur du Vernay du Chesne. Il était 1° d'un pot sur les pots de terre qui se vendaient les jours de marché et de foire ; 2° de la *mence* de sel, quand il se vendait en détail au marché de Saint-Amand ou sur ceux qui le passaient par les terres et seigneuries de Saint-Amand ou de Saint-Amand-le-Chastel ; 3° du *rouage* de vin passant sur les terres et seigneuries d'Orval et du château de Saint-Amand ; 4° et de la dixme de vin sur les vignes du *Bresol* et du *Fromental* es-terres d'Orval et du château de Saint-Amand et des paroisses de Drevant et de Saint-Amand (1).

(1) La famille du Peyroux appartient de longue date à la noblesse de ce pays. En 1614, Maximilien du Peyroux était tenu sur les fonts baptismaux de la paroisse de Saint-Amand par Messire de Thiange, seigneur du Creuzet et Madame la duchesse Rachel de Sully.

Le Creuzet.

Les justices du Creuzet et de Coust dépendaient de la seigneurie de Saint-Amand-le-Chastel.

Jauques de Thiange en était le seigneur en 1466. Cette noble famille possédait ces deux terres depuis bien longtemps, puisque, dans un accord entre Gaucher, sire de Bourbon, le prieur de Souvigny et les Bourgeois de Souvigny, de l'an 1185, figurent comme témoins Guillaume de Thianges (sic) et Bernard de la Cour (1).

Le père de Jacques avait épousé Belleasse de Seuly, fille de Guy de Seuly, seigneur de Beaujeu et de Belleasse de Magnac, sa femme. Elle resta veuve avec cinq enfants en 1420 ; deux de ses fils, Jean et Jacques de Thiange, seigneurs du Creuzet, passaient, en 1426, un compromis avec Guillaume d'Albret, devant *Guillaume Bonnet*, notaire à Orval.

Suivant toute probabilité, ce seraient Jacques et Jean de Thiange qui auraient fait élever la croix si remarquable dont nous avons relevé l'inscription mentionnée à la suite de cette notice. La terre du Creuzet est devenue, sous la restauration, la propriété de M. Geoffrenet des Beaux pleins, qui a fait juxtaposer au vieux château des de Thiange une construction moderne; M. Bernard Rey, père, son gendre, a longtemps habité cette charmante maison de campagne dont les jardins étaient gracieusement dessinés. A la suite d'un partage de famille, le Creuzet se trouve actuellement en la possession de son petit-fils, Monsieur Corbin de Mangoux.

Le château féodal de la Beuvrière, dans la commune de Saint-

(1) ACH. ALLIER, l'*Anc. Bourbon.*

Hilaire de Court, canton de Vierzon appartenait à cette famille et nous verrons ailleurs qu'elle possédait, dans nos contrées le château féodal de Poizieux. Guy de Thiange, écuyer, seigneur du Creuzet, était en 1613, l'époux de Gabrielle des Roches; et Gabriel, écuyer, seigneur du Creuzet et de Coust, avait contracté mariage à la fin du XVIIe siècle avec Marie Rousset, dont le père, *Jean Rousset*, était notaire à Saint-Amand.

Enfin on voit un des membres de cette famille, Messire Claude de Thiange, seigneur du Creuzet et de Coust, rendre, comme acquéreur, en 1740, de Messire Pierre de Thiange, foi et hommage à Mlle de Charolais.

Claude avait épousé Louise-Henriette de Saint-Simon de Courtemer, et leur fille Marthe prenait alliance, en 1747, avec Messire Maurice du Château, chevalier, seigneur de Valigny-sur-Cher et du Montet, paroisse du Breton.

La terre de Coust a été détachée de la seigneurie du Creuzet, elle a appartenu au XVIe siècle à Jean de Vignoles, dont le fils, François, chevalier, seigneur de Mautour, a été gouverneur, pour M^r le Prince, du château de Montrond, Saint-Amand, le Châtelet, Culant, la Roche-Guillebaud et la Forêt-Grailly.

Les de Thiange, en 1754, n'en possédaient qu'une partie; l'autre était devenue la propriété de MM. René et Jean De la Cour, descendants de Bernard De la Cour, qui figurait à l'accord de 1185 dont nous avons parlé plus haut; tous les deux étaient écuyers et en faisaient foi et hommage à Mademoiselle de Charolais le 29 avril 1754, ainsi que de leur terre de Loye.

Précédemment, le 12 mars 1609, Gilbert de Macé, écuyer, seigneur de Loye, dans son aveu et dénombrement rendu à Mgr le duc de Sully, y comprend le lieu de Coust, avec la haute, moyenne et basse justice, qui allait en appel au bailliage d'Epineuil, et le 30 juillet 1719, Jean De la Cour, chevalier, seigneur de Loye, rendait foi et hommage au duc de

Bourbon, à cause de ses terres et justices de Loye et de Coust.

Un des droits du seigneur de Saint-Amand-le-Châstel sur l'étang de Coust consistait à prendre six poissons « des meilleurs, toutes et quantes fois le grand étang se pêchait. »

Il se trouve, dans le cimetière de Coust, une croix de très élégante sculpture datant du xve siècle, le dessin en est reproduit dans l'ouvrage de M. de Kersers. Sur deux faces de sa base on lit : Noble homme . . . . . . Messire Jacques . . . . . . de Thiange . . . . . . Changy . . . . . . Chevalier . . . . . . ont fait faire . . . . . . cette croys et fut fette l'an CCCCLXXII Priez Dieu pour l. . . . . . .

Il a été découvert, en 1882, près de la carrière de Fontemeurant, non loin du manoir du Creuzet, un tumulus des temps gaulois ou mérovingiens, dans lequel avaient été enfouies cent quatre pièces d'or et d'argent, dites *saïgas*. Ces monnaies étaient enfermées dans un vase ou gobelet d'argent.

Des fouilles intelligemment dirigées dans ce tumulus ont révélé des sépultures gauloises et la présence de poteries, ainsi que d'anneaux en bronze. Leurs descriptions, et celles de plusieurs de ces saïgas sont consignées dans le volume XI des *Mémoires de la Société des Antiquaires du Centre*.

Meslon.

L'hôtel et le château de Meslon, fossoyé à l'environ du moulin, avec toutes ses dépendances, appartenait au 20 juillet 1408, à Jean Barbarin, licencié es lois, fils de Jean Barbarin, qui en faisait foi et hommage à Messire Guichard de Culant, seigneur de Drevant et de Changy, suivant acte à cette date signé Voucot et scellé à double queue de cire verte.

Le lieu noble de Meslon était encore tenu, en 1506, par François et Jean Barbarin, écuyers, seigneurs dudit lieu. Il devint ensuite sous la dénomination de seigneurie de *Combette*, la propriété de Gilbert du Peyroux, écuyer, seigneur des Mazières, qui devait et payait au seigneur de Saint-Amand quatorze boisseaux de seigle et dix-huit boisseaux d'avoine, mesure du vieux château de Saint-Amand.

Le fief de Meslon appartenait en 1729 à la famille Bonnet, ainsi que le constate l'acte de foi et hommage reçu Thuraut, notaire à Saint-Amand, fait à la requête de M. François Bonnet, sieur de Meslon, demeurant audit lieu, paroisse d'Ainay-le-Vieil, à cause de son dit fief qu'il tient à titre successif de Dame Agnès Blandin, veuve et non commune de Philippe Bonnet, écuyer, sieur de Meslon.

Marie Bonnet, fille de Philippe, conseiller du roi au présidial de Bourges, épousa, en 1670, Hugues de Buchepot.

Changy.

Le fief de Changy s'étendait sur Braize et comprenait le vaste étang de Saint-Bonnet. On n'y trouve aucune trace d'un château féodal ; le lieu dit *la Bourgeoisie* était sans doute le siège de la prévôté.

Les habitants de Changy eurent des différends avec le seigneur de Saint-Amand au sujet du guet et des réparations de son Chastel. Une transaction fut passée le 8 mars 1454 entre lesdits habitants de Changy et Messire Charles de Culant, qui, après la mort de son frère Philippe, se qualifiait dans cet acte seigneur de Saint-Amand l'Allier, et noble Dame Anne de Beaujeu de Lignières, de la branche des Seuly-Beaujeu, veuve de Messire Philippe de Culant, dame douairière, usufruitière desdites terres.

Cette transaction fut suivie d'un accord fait le 25 mars 1454 devant Touzelle, avec Philippe Meténier, écuyer, capitaine du Chastel de Saint-Amand. Les habitants de Changy se soumirent à faire le guet et la garde dudit Chastel, *chacun en droit soi* et de la même manière que les habitants de Saint-Amand-le-Chastel et ceux de la baronnie de Charenton.

Un procès eut lieu pour les limites de la justice de Changy et celle de *Cost* le 7 avril 1468, sous le règne de Louis XI, entre le sire de Baudricourt, se qualifiant seigneur de Brécy, Saint-Amand et Changy, et Messire Jacques de Thiange, seigneur du Creuzet et de Cost. On dressa un procès-verbal d'enquête(1), vingt-deux témoins furent entendus et sentence arbitrale fut rendue le 2 juillet 1468, en règlement des limites des deux seigneuries par Jacques Poignaut, bailly de Changy et du château de Saint-Amand et Jean de Berne, bachelier es lois, bailly du Creuzet et de Coust. On sait que les baillis étaient les représentants du roi ou des barons dans les cours féodales.

Changy et Drevant sont devenus deux vignobles importants par la quantité plutôt que par la qualité des vins qu'ils produisent.

Il existait à Braize un prieuré qui dépendait de l'abbaye de Déols.

(1) Les enquêtes étaient écrites sur des feuilles de parchemins que l'on roulait, *rotuli*, d'où le mot *rôle*, et que l'on déposait dans des coffres, *archæ*, d'où le mot archives.

Colombier.

Le château de ce petit fief existe encore, il était connu sous le nom du château de la Salle du Coulombier (1). Les armoiries qui en décoraient le portail ont été effacées pendant la révolution. On remarque dans la cour un vaste colombier, et au milieu de la façade du château une tour polygonale en pierres de taille : les caves en sont très belles et un puits d'une grande profondeur fournit en toutes saisons une eau abondante et de bonne qualité. Cette construction date du xve siècle.

Etienne Neiret, sieur de *Coullombier*, bailly des terres d'Orval, Saint-Amand, Bruières, Montrond et Epineuil, possédait ce petit fief en 1621.

Louis Armand de Bigny était seigneur de Colombier en 1670, puis, il passa par l'effet d'un partage au marquis de Montmorin.

Avant 1789, la famille Le Fer de l'Epinay, de la branche des Le Fer de Château-Fer, en était propriétaire et le vendit à MM. Rollet, qui ajoutèrent à leur nom celui de *de la Salle.*

Aucun souvenir historique ne se rattache au château de Colombier. Un de ses vignobles était grevé d'une dixme au profit de la seigneurie du vieux château de Saint-Amand.

Messire Jean Gadon, curé de Colombier en 1494, a donné son nom au domaine des Gadons, situé dans cette commune. Le presbytère est devenu une propriété ayant appartenu à la fa-

(1) C'était le nom d'un des seigneurs de ce fief. Dans les vieux titres on écrivait Coulombier (en latin Colombrium). On donne pour joute dans un titre de 1537 le pré du sieur la Salle du Coulombier.

mille Aury et dans le cimetière on signale une croix gothique très remarquable, mais sans inscription ni date.

C'est sur le territoire de la commune de Colombier que se trouve le pont aqueduc de la Tranchasse jeté sur la rivière du Cher, vers l'année 1828 pour le passage du canal du Berry.

FIN DE LA PREMIÈRE PARTIE

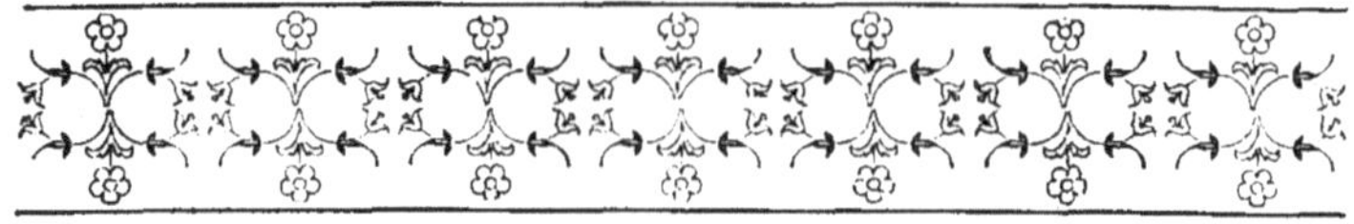

DEUXIÈME PARTIE

Histoire de la ville de Saint-Amand-sous-Montrond.

CHAPITRE XI

LES SEIGNEURS DE LA MAISON D'ALBRET

La Terre d'Orval, le château de Montrond et les appartenances de la ville basse de Saint-Amand avaient passé de Louis, sire de Seuly, à Marie-Henriette sa fille, qui était dame de Sully, Craon, Orval, de la Chapelle-des-Aix Dam-Gillon, de Saint-Gordon, Epineuil, Bomiers, Corberon, Châteaumeillant, Bruieres-sur-Cher, Chalomet, Saint-Hermine, Prahu, Lusson-Champagne, Bois de Chizay, Montrond, Saint-Amand-sous-Montrond, Boisbelle et contesse de Guines.

Fiancée à Charles de Berry, comte de Montpensier, elle épousa en premières noces Guy VI de la Trémouille, et de ce mariage naquit Georges, Baron de Sully et de Craon, seigneur de Bomiers et de Boussac en Berry, Ministre d'Etat de Charles VII, gouverneur du Berry en 1446 (Armes 4. Planche IV), surnommé le Vaillant, Conseiller et Chambellan du Roi porte-oriflamme de France.

Guy de la Trémouille, qui fut ainsi par cette alliance seigneur de Saint-Amand, mourut à Rhodes, à son retour de Palestine. Sa veuve devint, en 1403, l'épouse de Charles d'Albret, comte de Dreux, connétable de France ; et c'est ainsi que les terres d'Orval, de Bruère, Epineuil, Montrond et Saint-Amand-sous-Montrond entrèrent dans la maison d'Albret. Il existe un aveu et dénombrement de 1394 par Jean Piaut, comme ayant épousé Perronnille Barbarin, à Guy de la Trémouille, à cause de Mme de Sully, sa femme, des terres et prés qu'il possédait dans la paroisse de Saint-Amand.

Charles d'Albret avait été nommé, en 1402, connétable de France, en remplacement de Louis de Sancerre, seigneur de Charenton-sur-Marmande.

Il n'avait pas grand génie pour les affaires ; c'était un homme d'une capacité médiocre. Bien des gens furent étonnés de ce choix ; il était boiteux, de petite taille et faible de corps ; il n'avait ni l'âge, ni la gravité, ni l'expérience militaire qui convenaient à cette dignité.

Le connétable s'était réuni à la faction Orléaniste qui avait à venger l'assassinat commis le 23 octobre 1407 sur la personne de Louis d'Orléans, frère du roi Charles VI. Charles d'Orléans avait entraîné dans son parti Jean Ier duc de Berry, le comte d'Armagnac, qui avait épousé la fille du duc Jean Bonne de Berry, et le duc de Bourbon ; ils appelèrent les Anglais à leur secours, et vers l'année 1410 ces dangereux alliés avaient envahi notre province (1).

(1) MONSTRELET, livre 1er chap. CV, rapporte la copie du traité fait le 8 mai 1412, entre Henri, Roi d'Angleterre et ses enfants, d'une part, et les ducs de Berry, d'Orléans, de Bourbon, les comtes d'Alençon et d'Auvergne, le seigneur d'Albret et autres de leurs alliances, d'autre part.

Déjà, sous le roi Louis VII, Henri II, roi d'Angleterre s'était emparé

Le roi Charles VII arma contre le duc d'Orléans et mit cette même année le siège devant la ville de Bourges, qui contenait forte garnison, un grand nombre de prélats et de puissants seigneurs, parmi lesquels se trouvait Charles d'Albret, un des plus ardents. Les Bourguignons lui avaient ravi sa haute dignité de connétable pour la transférer à un des leurs, Walereau de Luxembourg, comte de Saint-Paul.

Mais, par suite d'un accommodement, l'armée royale entra dans la ville le 30 juillet, quarante jours après l'investissement de la place. Guillaume de Bois-Ratier, archevêque de Bourges, avait reçu un sauf-conduit pour traiter de la paix, et ce prélat, chancelier du duc de Berry, évita par son intercession de plus grands maux à notre pays.

Sur ces entrefaites, les Anglais arrivèrent, commandés par le second fils du roi, Thomas, duc de Clarence ; le sire d'Albret les conduisait : ils exigèrent qu'on leur payât la solde qui leur avait été promise, se répandirent dans le Cotentin, l'Anjou et le Berry « et de partout le pays l'environ, tout gâtèrent par foc et par épic » (1). Ils ruinèrent entr'autres la ville de Buzançais en se retirant et ravagèrent les terres du sire d'Albret.

Il ne faut pas croire que toutes ces dévastations se firent sans une énergique résistance de la part des habitants de nos contrées. Le champ de la *bataille* d'Allichamps, celui que l'on désigne aussi de ce nom dans la commune de Bouzais attestent, par le grand nombre d'ossements qu'ils contiennent, que le sac de la Sirie d'Orval et de la Châtellenie de Bruère par les Anglais fut précédé et suivi de terribles combats. Les époques les plus désastreuses pour nos contrées, celles où les villes, les châteaux et les habitations rurales furent pillés et rasés, non plus par les Normands, mais à la suite du fléau des guerres ci-

en 1176, de presque tout le Berry, et nous avons vu que Philippe Auguste obtint que les Anglais renonçassent à leurs prétentions sur cette province.

(1) MONSTRELET, ch. CII.

viles et étrangères, n'ont pas seulement pour date le commencement du quinzième siècle. Les roi Louis le Jeune et Philippe Auguste, en combattant Henri II d'Angleterre, qui possédait l'Aquitaine et le Bas Berry, attirèrent dans notre pays d'immenses calamités, et les guerres de Religion vinrent ensuite mettre le comble à tant d'horreurs. Vers 1356, jusqu'au traité de Brétigny, le prince de Galles avait occupé avec ses troupes dans le Berry, l'Abbaye de Noirlac, Epineuil, Saint-Amand-l'Allier, le château de Montrond ; ce serait donc le Prince Noir qui aurait détruit Epineuil et Bruère, si cette destruction ne date pas plutôt du règne de Philippe Auguste, qui chassa en 1171 et 1128 les Anglais du Berry et de Montluçon, où il plaça une garnison.

Orval avait été pillé et incendié en 1412 ; la ville et le château furent entièrement détruits et ses malheureux habitants transportés sur l'autre rive du Cher. D'Albret comprit qu'il était de son devoir de réparer tant de maux et d'effacer, s'il était possible les souillures de l'étranger. Il s'occupa donc de donner un gîte aux vassaux de sa ville brûlée par les soldats d'outre-mer qu'il avait armés contre la France et son Roi.

Nous avons dit que le trop plein des populations renfermées dans l'enceinte fortifiée de la ville de Saint-Amand-le-Chastel s'était répandu dans le val, où plusieurs établissements publics avaient été fondés. Il s'était formé peu à peu des faubourgs, ou des rues telles que celles de Saint-Vitte, du Portail, des Vieilles Prisons, d'Entre-les-deux-Villes ; et sur un autre point, les rues Fradet (1) et Aux Blanches étaient devenues des faubourgs plus rapprochés de la forteresse de Montrond.

Mais l'espace qui séparait ces constructions éparses n'était

(1) La rue Fradet portait déjà ce nom en 1383 (*Inventaire des titres de Noirlac*).

pas en 1412 vide d'habitations. La place actuelle du Marché, beaucoup moins spacieuse alors et plus irrégulière, était le cimetière de cette petite cité.

Autour de l'emplacement du couvent des Carmes, qui ne devait être fondé qu'en 1484, existaient déjà plusieurs rues, celles de Saint-Vitte, Sainte-Barbe, la Grande Rue, celles de Moutin, de Bourges, de l'Ecu et du Pont-Pasquier. Elles constituaient un groupe de maisons, pour la plupart bâties en bois, séparées les unes des autres, comme c'était l'usage, par des ruelles étroites qui permettaient d'y prendre des jours d'aspect, de rendre plus faciles les réparations, de mieux aérer les rues et d'amoindrir les dangers du feu.

Le connétable conçut alors le projet d'entourer de murailles la plus grande partie des rues de sa nouvelle cité, en laissant en dehors de l'enceinte les faubourgs du fort de Montrond et ceux qui confinaient à la ville de Saint-Amand-le-Chastel; puis, après avoir logé les habitants de la seigneurie d'Orval autour de son fief de Montrond, à la Chaume Billeron, il fit à cette forteresse de nombreuses constructions ; il en releva les tourelles, et lorsqu'il mourut, les travaux de restauration de Montrond étaient parachevés à ce point que ses écussons décoraient les principales pièces du château. D'Albret avait obtenu en 1389 du roi Charles VI, son cousin, d'écarteler ses armes de celles de France : elles se remarquaient encore au château de Montrond avant son entière destruction (1), (Armes, 6. Planche IV).

Mais les murs de cette ville étaient à peine commencés quand d'Albret, à qui le marteau de la Connétablie avait été restitué après le triomphe des Armagnac, mourut à la désastreuse bataille d'Azincourt — 1415 — où il commandait l'armée fran-

(1) « Le Roi étant à Toulouse donna deux quartiers des armes de France au seigneur d'Albret, qui avait épousé une de ses cousines. » MÉZERAY.

8

çaise (1). Charles avait accompagné, en 1390, Louis II de Bourbon en Afrique et il se trouvait au siège de Tunis.

Guillaume d'Albret, son deuxième fils, lui succéda dans la Seigneurie d'Orval, Saint-Amand-Montrond, Epineuil, Bruère, Montrond, Châteaumeillant, la Chapelle, les Aix et Boisbelle.

Saint-Amand-sous-Montrond acquit alors une grande prépondérance sur Saint-Amand-le-Chastel : mais cette dernière seigneurie, avec les fiefs de Changy, Coust, le Creuzet, Drevant, Colombier, le Vernay-du Chesne et Meslon, n'en conserva pas moins son importance et son autonomie. Aussi vit-on chaque seigneur des diverses Châtellenies dont nous écrivons l'histoire, se faire représenter, lors de la publication de la *coutume du Bourbonnais*, par des mandataires spéciaux qui comparurent à cet effet le 18 mars 1520 à la grande salle du château de Moulins. Le seigneur de Saint-Amand-le-Chastel et Changy était représenté à cette Assemblée par le sieur *François Roy*. La dame Jeanne de Graville, veuve de Charles II d'Amboise, Dame de Sagonne, Meillant, Charenton et autres seigneuries par le sieur *François Touzelle*; le seigneur de la Forêt-Thaumiers y assistait en personne. Les seigneurs du Pont-Dis comparaissaient par le dit *François Touzelle* ; les habitants de Charenton, de Chandeu (Champdeuil,) et Meillant étaient représentés par Simon Cumières (2).

(1) Le connétable Charles d'Albret, qui commandait l'armée n'était ni aimé ni estimé. On lui reprochait toute l'incapacité présomptueuse d'un homme élevé par la faveur (S. Foix, *Essai sur Paris*). Moréri dit qu'il ne commandait que l'avant-garde de l'armée française, 1re division.

(2) (Auroux des Pommiers. *Cout. du Bourb.*). Toutes ces différentes châtellennies et justices ressortissaient de la Sénéchaussée du Bourbonnais au siège présidial de Moulins.

La révision et la rédaction de la coutume du Berry eurent lieu en 1539, sous l'administration de Marguerite, duchesse de Berry, sœur de François Ier, et furent homologuées à la Cour par arrêt du 8 juin 1550.

Voyez en cette matière le livre de Philippe de Beaumanoir, Bailly de Clermont-en-Beauvoisis, sur les coutumes de son pays, écrit en 1283 :

Nous avons suffisamment indiqué les maux que nos populations ont eu à endurer au temps des d'Albret pendant le séjour des Anglais sur notre territoire ; ils ne furent pas les seuls à y commettre des déprédations, et Guillaume d'Albret obtint, le 18 février 1425, du roi Charles VII, une ordonnance de mille livres tournois, pour le dédommager de ce qu'il avait souffert « *à la destrousse naguères faite sur plusieurs gentils- « hommes et biens à Saint-Amand-l'allier* (1) par Pérouet Grassent (Perrinet Grasset), seigneur de la Motte-Josserand, près de Donzy, un des capitaines du duc de Bourgogne, et par autres rebelles et désobeïssants à sa Majesté ; triste époque de dévastation et de pillage qui justifiait la nécessité d'enclore les villes de fortes murailles.

Guillaume (2) mourut à la bataille de Rouvray en Beauce, et Charles II d'Albret, son frère, lui succéda dans les seigneuries de Saint-Amand-sous-Montrond. Il avait eu la douleur de voir, en 1437, les gens d'un capitaine espagnol, nommé Rodrigue de Villandrado, comte de Ribadeo, qui commandait une troupe de 800 chevaux, et l'un de ces aventuriers qui s'étaient faits auxiliaires du roi Charles VII, s'emparer de la ville de Saint-Amand, dont les murs d'enceinte n'avaient été terminés qu'en 1434.

Le roi Charles VII, qui aurait résidé à Saint-Amand et à

(1) L'ordonnance a confondu Saint-Amand-Montrond avec Saint-Amand-le-Chastel, qui seule portait le nom de Saint-Amand-l'Allier.

(2) Guillaume d'Albret et Georges de la Trémouille accompagnaient le Connétable de Richemont lorsqu'il fit arrêter à Issoudun, en 1426, le favori de Charles VII, Pierre de Giac, chancelier de France. Son procès fut instruit à Dun-le-Roy, où il fut exécuté en 1427. Il paraît qu'il aurait été cousu vivant dans un sac et jeté dans la rivière d'Auron. Georges de la Trémouille devenu veuf épousa sa femme, la belle Catherine de l'Isle-Bouchard, mariée déjà une première fois à Hugues de Châlons, comte de Tonnerre. De Giac était seigneur de Saint-Germain-des-Bois et de la Tour de Jouy. Quant à Richemont, il avait épousé la sœur du duc de Bourgogne, Marguerite duchesse de Guienne, qui avait reçu pour douaire la place de Dun-le-Roy.

à Bannegon, ou plutôt dont la présence en ces lieux est constatée par des lettres patentes, avait accordé à Charles II d'Albret, le 9 février 1425, une pension de deux mille livres tournois, en récompense de ses services et pour tout ce qu'il avait souffert sur ses terres de sa part des Anglais. Mais le peuple ruiné ne recevait pas d'indemnités : il avait vu détruire ses récoltes, incendier ses maisons, massacrer ou disperser sa progéniture; sa part à lui, c'était, et pour de longues années encore le deuil, les exactions, la misère et l'opprobre; et d'ailleurs, deux années avant le 25 mars 1423, les finances du pauvre roi de Bourges étaient si peu prospères qu'il empruntait à Georges de la Trémouille deux mille écus d'or pour le payement de ses hommes d'armes.

Messire Charles d'Albret combattit vaillamment contre les ennemis de la France : il fit en 1429 le siège de la Charité, qui fut attaquée sans succès l'année suivante par le roi et la Pucelle d'Orléans. Cette place était défendue par Perrinet, qui devait la conserver jusqu'en 1440, et qui ne consentit à l'évacuer qu'en se faisant payer sept mille huit cents livres. Les habitants de Bourges avaient envoyé le 14 janvier 1429 des vivres et des poudres à Orléans assiégé par les Anglais et 1300 écus d'or à messire Alain d'Albret, Comte de Gaure et gouverneur du Berry, fils de Guillaume d'Albret, et à la Pucelle qui assiégeaient la ville de la Charité.

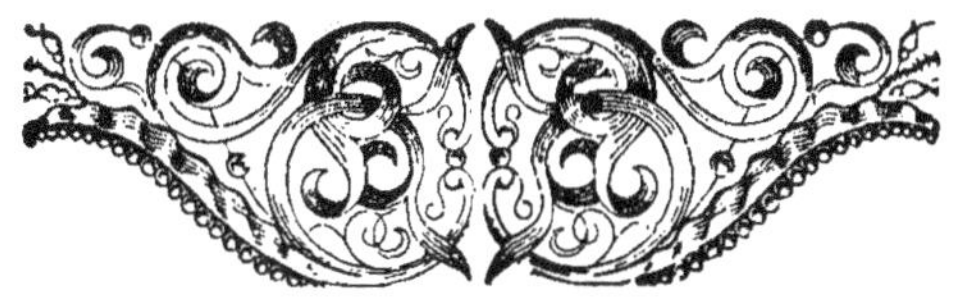

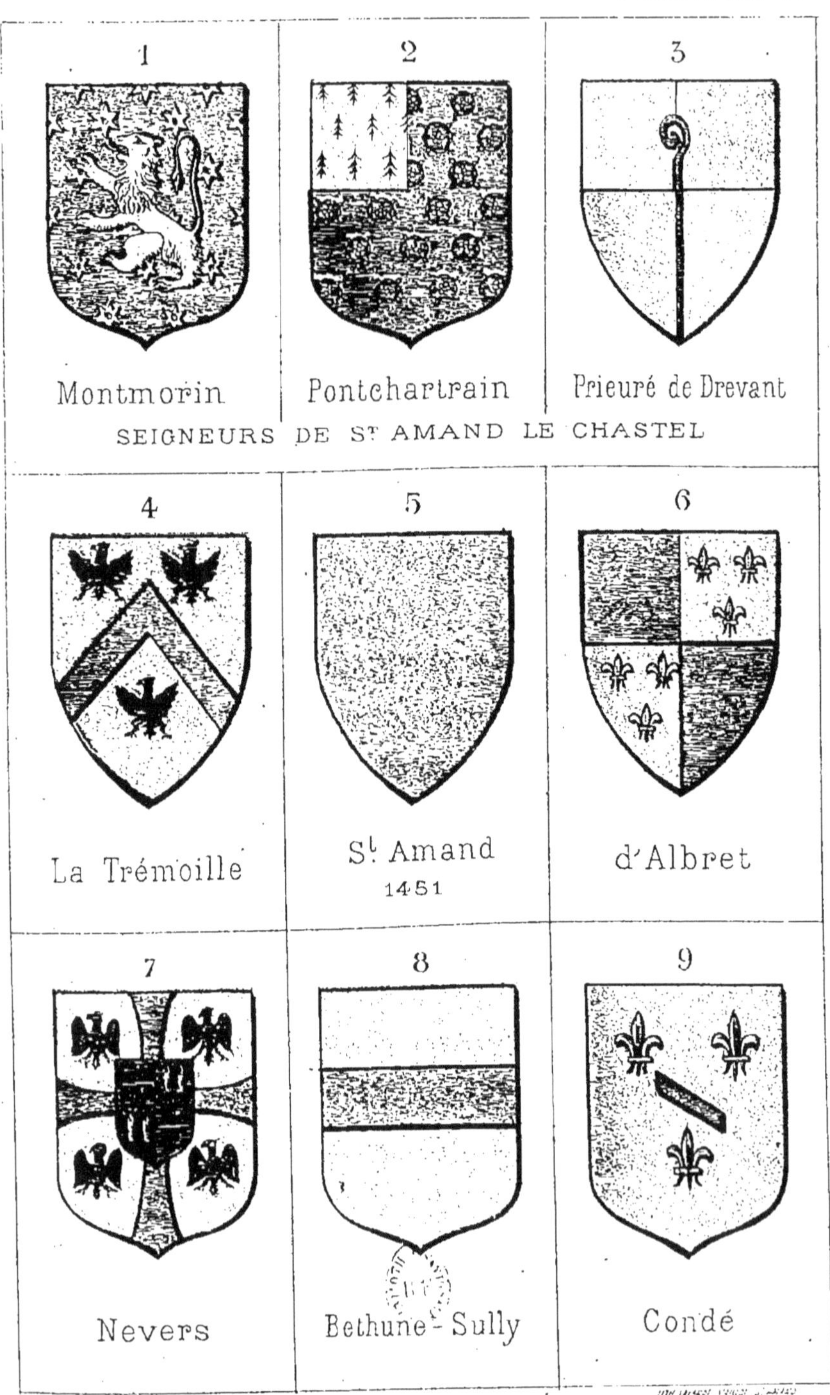

SEIGNEURS DE S^T AMAND MONTROND

CHAPITRE XII

LES FORTIFICATIONS DE LA VILLE DE SAINT-AMAND-SOUS-MONTROND

Les habitants avaient fait, le 17 avril 1451, un accord avec Charles II d'Albret pour parvenir à *l'édification* et *fortification* de leur ville, il était signé par dix-huit bourgois, tant pour eux que pour leurs concitoyens (1).

Il y fut stipulé qu'ils seraient exemptés pendant dix années des subsides et aydes, que les habitants des Châtellenies d'Orval, Bruyès et Epineuil accordaient au seigneur d'Albret pour quelque cause que ce fût (2).

(1) Cette pièce indiquée par La Thaumassière existait aux archives de Saint-Amand. Elle était intitulée « *Titre de la cloture de la ville et marché de Saint-Amand* ». Ce titre aura été égaré, comme tant d'autres. Il n'est pas probable qu'il se trouve compris parmi les papiers concernant cette ville et le château de Montrond, qui ont été transportés, en 1863, par les ordres du Préfet du Cher, aux archives de Bourges. L'analyse nous en a été conservée par M. Bonnet des Maisons, et nous en faisons la reproduction aux pièces justificatives.

Les fortifications de la ville de Linières remontent à une époque beaucoup plus reculée, elle fut entourée de murailles en 1268 par Jeanne de Linières, veuve de Guillaume IV, baron de Linières. Le château de cette baronnie servit plusieurs fois de refuge au roi Charles VII, lorsqu'il ne lui restait plus que le Berry.

(2) Relevons ici une grosse erreur consignée dans La Thaumassière. Le Seigneur n'eut pas, comme il le prétend, à accorder la liberté aux habitants

Qu'ils auraient la permission de prendre des pierres de taille et autres dans toute l'étendue des terres du seigneur, et dans ses bois, le bois nécessaire pour l'édification de la ville ; qu'ils auraient en outre le profit des fossés pendant dix ans, à compter du jour où ils seraient finis, et qu'ils seraient affranchis de la fermeture des portes et de l'arrière-guet au château de Montrond, excepté du guet du jour, auquel ils seraient soumis lorsque la ville serait en défense.

Le seigneur prenait l'engagement de remettre les foires et marchés en la ville de Saint-Amand, toutes et quantes fois bon lui semblera et quand cela sera possible (1).

De faire bâtir des halles en s'en réservant les profits, sauf aux habitants à jouir des places jusqu'à ce que les halles soient terminées (2).

De faire ôter le cimetière du lieu où il était et de fournir un autre emplacement à ses dépens, abandonnant tous les profits des places du cimetière (3), places que les habitants pourront *accenser* à leur compte.

de Saint-Amand, qui n'étaient pas, non plus que ceux de la baronnie de Charenton, de *condition servile, taillables* et *mortaillables*. Les transactions qui intervinrent entre les seigneurs au sujet de leurs hommes ne s'appliquaient qu'à ceux qui, n'ayant pas fait, suivant la charte d'Ebbe VI, aveu de bourgeoisie dans l'année étaient devenus serfs. Cette charte n'était pas connue de La Thaumassière.

(1) Les foires et marchés se tenaient alors à la chaume Billeron.

(2) Les halles n'ont pas été élevées dans l'enceinte de la ville, mais à la chaume Billeron. Elles occupaient ce petit pâté de maisons qui se trouvent entre l'hospice et l'ancienne caserne transformée en maison d'école, sur l'alignement du manège.

(3) Le cimetière fut reporté dans la partie basse de la place publique actuelle au lieu occupé par ce qu'on appela, en 1812, la place *du Centre*, et en 1832, la place *Napoléon*. L'accense d'alors, c'est la concession d'aujourd'hui dite à *perpétuité*. Les tombeaux de ce cimetière ont disparu et fait place à une promenade. A quoi servent les titres de ces terrains accensés ?...

La famille Bonnet de Sarzay possédait sur ce sol une chapelle sépulcrale ; elle a été détruite sans respect du droit de propriété ; peut-il en être autrement ?... Le sol que nous foulons aux pieds est un vaste cimetière sur lequel

A ces conditions les habitants s'engagèrent à payer au seigneur trois cents livres par an, aussitôt que les fortifications seraient commencées, et à élire un individu à l'effet de contraindre *les rebelles* à l'édification de la Ville.

Les murs de la nouvelle Cité solidement construits en sable de terre, chaux et moellons (1), avaient une largeur d'un mètre soixante-six centimètres : ils étaient debout encore en très grande partie en 1815, ainsi que les pilastres de plusieurs des cinq portes qui y avaient été ménagées et qui n'ont entièrement disparu qu'en 1830.

La porte Moutin, appelée ainsi du nom d'un riche bourgeois de la Cité, a donné cette qualification à la rue qui débouchait alors sur un tout petit carrefour d'où partaient la rue du nouveau cimetière, celle de l'Image de la sainte Vierge, et la rue aux Blanches (2).

s'élèvent des édifices ou de nouvelles cités, au milieu des ruines et des tombes qui ont appartenu à d'autres âges. La charrue passe et nivelle le terrain pour les générations qui nous succèdent !...

(1) Voy. aux pièces justificatives la description de ces murailles, par le colonel Branger de Vierzon : et le plan rapporté planche 1.

(2) Rue *aux Blanches :* suivant les uns aux filles blanches, filles de mauvaise vie, suivant d'autres aux *aulx blanches*, dont le nom, quoiqu'il y ait faute de genre, rappelle l'ancien commerce d'ail, que faisaient les habitants de cette rue. Dans un titre de 1536, on donne pour joûte la rue du *Cheval Blanc* et la grande rue tendant de la porte Moutin au port de la Roche.

La rue *aux Blanches* prit le nom de rue *Dauphine*, lors du passage à Saint-Amand, le 22 août 1826, de Marie-Thérèse-Charlotte de France, duchesse d'Angoulême, fille de l'infortuné Louis XVI ; mais, à la Révolution de 1830, on décida que cette rue s'appellerait rue *La Fayette*.

Je ne connais rien de plus ridicule que tous les noms donnés en 1832 aux vieilles rue de la Cité ! On y retrouve ce bonapartisme libéral du temps qui, par système d'opposition au gouvernement de la Restauration, amalgamait avec les principes de 1789 le nom du Conquérant qui les avait foulés aux pieds. Ces changements inutiles rendent plus tard inexplicables les énonciations contenues dans les titres de propriété. Pourquoi avoir appelé rue *Benjamin Constant* cette voie du faubourg *Saint-Martin* qui conduisait à

La *Porte de Bourges*, située à l'entrée de la rue qui a conservé ce nom, reliait la nouvelle ville avec la rue *Fradet*, la plus ancienne et surtout la plus fréquentée à cette époque. Elle débouchait au pont jeté sur la Marmande pour établir l'importante communication entre Bruère et Bourges par la route que les Gallo-Romains y avaient ouvert, et qui traversait la rue des *Trois-Perdrix*, et celles du *Petit-Vougon* et du *Vieux-Pavé*, pour suivre le chemin qui conduit à Drevant. Ces deux portes ont été détruites en 1789. La porte du pont *Pasquier* conduisait à la rue de l'*Aige* (aigue), dite depuis des *Trois-Sabots*, et aux fertiles terrains où ce quartier et celui des Grands-Villages se sont peuplés d'industrieux cultivateurs désignés de longue date sous le nom de *vignerons*.

La porte d'*Entre les Deux Villes* ou du *Portail* avait aussi son importance ; elle aboutissait à la Porte-Verte, principale entrée à l'ouest de la ville et châtellenie de Saint-Amand-le-Chastel.

Enfin, la porte de *l'Hôtel-Dieu*, élevée aux angles des rues Saint-Vic, des Vieilles-Prisons et de la rue Hôtel-Dieu, mettait, par le quartier de la Grenouillère, la ville et la place du marché en communication avec le pont de la Marmande qui aboutissait, par la vallée si riche de Saint-Pierre à la Baronnie de Charenton.

Tous les murs de cette enceinte étaient pourvus, au pied de leurs parements extérieurs, de fossés qui n'attendaient plus, pour être remplis d'eaux, que le détournement du Chignon. Mais cette petite rivière, appartenait, comme nous l'avons vu, au seigneur de Saint-Amand-le-Chastel, qui ne s'en dessaisit

la font Saint-Martin, rue *Manuel* la rue *Contrescarpe du Midi*, et rue *Marceau* la vieille *ruelle des Soupirs*, quand notre poète A. Gaulmier et notre savant archéologue Rochette, tous les deux enfants de Saint-Amand, devraient donner leurs noms aux rues des maisons où ils ont vu le jour. Nous avons vu la même fantaisie se renouveler en 1885.

qu'en 1607. Depuis cette époque seulement, les fossés purent recevoir les eaux du Chignon, dont un des embranchements débouchait près de la rue actuelle du Cours Fleurus. Le trop plein déversait dans la Marmande à l'extrémité de la rue dite des *Fossés*.

Une ville ainsi fondée et entourée de murailles devait avoir ses armes : Charles II d'Albret, comte de Gaure, lui donna les siennes. (Armes de Saint-Amand 5, Planche IV). Il est indubitable que les armes de la ville sont les armes des d'Albret, et M. BONNET DE SARZAY l'affirme dans son manuscrit. LA THAUMASSIÈRE, sans dire quelles sont les armes de Saint-Amand, présume qu'elles doivent être, avec un Mont, celles des Princes de Condé ; cependant le conseil municipal de cette ville reconnut, le 12 septembre 1814, que la ville n'avait jamais eu d'armes particulières, et il demanda qu'il lui en fût octroyé composées ainsi : un lion tenant à la gueule un drapeau blanc en haut duquel seraient des fleurs de lys, le tout sur un champ d'azur. Cette proposition ne fut pas renouvelée après les cent jours.

Deux ponts existaient encore en 1770 sur les fossés de la ville, l'un à la porte dont le nom primitif et seul véritable de *Montin* n'a été changé en *Mutin* que depuis 1830, l'autre à celle de Bourges : ils furent détruits dans cette même année, lors de la confection de la route de Montluçon. Ces fossés n'ayant plus raison d'être maintenus, M. le duc de Charost, seigneur de Saint-Amand, crut devoir en réclamer la propriété à ceux des habitants qui s'en étaient emparés et à la ville ; mais il comprit qu'il était plus généreux de sa part de renoncer à ses droits, qui n'avaient peut-être pas été imprescriptibles. Cependant, si l'on avait alors empêché cette usurpation, on aurait pu, en continuant le cours Desjobert, établir un boulevard circulaire au pied des murs de la ville des d'Albret.

Il se trouve aux archives de Saint-Amand un *plan géomé-*

trique de ces murs et fossés qui a dû être levé en 1770, date des plantations des peupliers qui furent faites aux abords de la grande route de Montluçon. A cette époque, comme en 1431, ces fossés étaient presque tous transformés en jardins arrosés par le Chignon, de sorte qu'il n'est pas bien certain, qu'à l'instar des fossés de Saint-Amand-le-Chastel, ils aient jamais été tenus pleins d'eaux. Ce plan indique qu'une ouverture avait été pratiquée dans le mur de ville à l'entrée de la rue Cordier : on désignait ce passage sous le nom de *Pont Meillet* (Voir Planche I).

Mais ces murs, qui n'avaient pu protéger les habitants contre les bandes de Villandrado, n'empêchèrent pas davantage cette place d'être prise d'assaut par les troupes du roi Louis XI.

Ce prince fut, depuis l'établissement du gouvernement féodal, le premier roi absolu de France ; avant lui, les seigneurs féodaux opprimaient, et sous Louis XI, ils furent opprimés. Aussi, trois mois après son avènement au Trône, une ligue dite *du Bien public* s'était-elle formée entre Charles, duc de Berry, frère unique du roi, le comte de Charolais, le sire de Bretagne, le duc de Bourbon, le comte de Dunois et plusieurs gentilshommes, mécontents de ce que Louis XI les avait dépouillés de leurs charges, et dans ce nombre figurait le seigneur de Saint-Amand, Charles d'Albret (1).

Le duc de Bourbon avait placé à Saint-Amand et dans le château de Montrond une garnison nombreuse commandée par Louis, Bâtard de Bourbon, créé depuis Amiral de France. Louis XI vint attaquer Saint-Amand-Montrond et Montluçon, et il s'en rendit maître. « *Quand le roi*, dit Jean de Troyes,

(1) Jean d'Anjou, duc de Calabre, fils de René, roi de Naples, vint se joindre aux Princes et leur amena les premiers Suisses qui aient paru dans nos armées ; ils étaient au nombre de 500 (PRÉSIDENT HÉNAULT, *Hist. de Louis XI. 1464*).

vint entrer en ce pays de Bourbonnoys, illec le jour de l'Ascension de Notre-Seigneur, la ville et le Chastel de Saint-Amand-l'Allier furent prinse d'assaut ». La ville, c'était Saint-Amand-sous-Montrond, le Chastel, c'était Saint-Amand-le-Chastel ou l'Allier (1).

Pendant que le roi se dirigeait sur Linières, Geoffroy de Chabannes, seigneur de Charlus et de la Palisse, était parvenu à se retirer dans le château de Montrond : cette place ne fut pas prise d'assaut, comme le rapporte l'historien de Louis XI, mais ne pouvant pas résister aux forces puissantes de sa Majesté, elle capitula le 9 mars 1465. Et le fait de cette capitulation démontre que c'est bien le Chastel de Saint-Amand, et non pas Montrond qui fut pris d'assaut.

Une des filles de Charles II d'Albret, Marie,veuve du comte de Nevers, s'était retirée dans Montrond : elle alla se présenter au roi, qui se fit un devoir de l'accueillir avec courtoisie. Il entrait, d'ailleurs, dans sa politique de se montrer généreux envers les populations qui avaient été entraînées dans la ligue des grands seigneurs.

Peu de temps après, en 1467, Louis XI leva de nouveaux subsides pour l'entretien de ses troupes ; il ne voulait pas que ses sujets fussent exposés, comme sous le malheureux règne de Charles VI, à la violence du soldat, car, dit Commynes, il était naturellement ami des gens du moyen état. Cependant ces impôts firent beaucoup murmurer ; il y avait eu et depuis si longtemps en pareille matière de si fréquentes exactions.

« Saint-Amand, petite ville du Bourbonnais, s'étant (à cette occasion) révoltée, fut sévèrement punie (2). » Sans doute à la manière du farouche monarque, c'est-à-dire par le gibet.

Charles II d'Albret décéda en 1471, il avait épousé, en 1418,

(1) *Chronique de Louis XI.*

(2) *Hist. de Louis XI*, par Duclos.

Anne d'Armagnac, fille du prince Bernard, comte d'Armagnac, et de Bonne de Berry, de laquelle il eut une nombreuse postérité.

Parmi les enfants de Charles II, nous citerons Louis d'Albret, Cardinal, Evêque de Cahors, mort en 1465 ; Charles d'Albret, sieur de Bazeille, qui eut, le 7 avril 1463, la tête tranchée à Poitiers, par ordre du roi Louis XI pour avoir trahi Pierre de Bourbon et l'avoir livré à Jean, Vicomte d'Armagnac ; et Marie d'Albret, qui épousa Charles de Bourgogne, fils de Philippe, duc de Nevers.

CHAPITRE XIII

LES SIRES AMANJEU ET JEAN D'ALBRET

Le troisième de ses fils, Armand Amanjeu d'Albret capitaine de Cent lances et des archers de la grande retenue du roi, devint du vivant de son père, seigneur d'Orval, Bruère, Epineuil, Saint-Amand, Montrond, et des Aix. Amanjeu mourut en Catalogne où il était lieutenant pour le roi en 1462. Il fut l'époux de Marie Isabeau de la Tour d'Auvergne et de Boulogne, qui s'était mariée en première noces avec Guillaume de Bretagne, comte de Penthièvre et de Périgord, vicomte de Limoges. Marie avait pour père Bertrand de la Tour, comte de Boulogne et d'Auvergne, l'époux de Louise de la Tremouille. De cette union naquit Jean de la Tour, comte d'Auvergne et de Lauraguais, qui, de son mariage avec Jeanne de Bourbon, eut pour fille Marie de la Tour, mariée à Laurent de Médicis, d'où Catherine de Médicis, épouse de Henri II, roi de France.

Jean, fils aîné d'Amanjeu lui succéda dans les seigneuries dont nous écrivons l'histoire. Il acquit de Gabriel de Culant, par acte du 3 mai 1514, la baronnie, terre et seigneurie de Saint-Désiré, assise au pays et duché de Bourbonnais, moyennant la somme de dix mille livres en principal, « avec faculté de rachapt dans le cours de deux années ». Cette vente fut ratifiée le 31 mai 1515, par Marguerite d'Espinay, dame de Culant, et suivie de possession. Ainsi sortit de la main du seigneur suzerain le fief dominant de Saint-Désiré, dans la mouvance duquel s'était trouvé pendant longtemps le fief de Montrond.

Jean d'Albret faisait sa résidence habituelle à Montrond, restauré par le Connétable et Charles II son fils. Il entoura le parc de murs de douze pieds de hauteur en l'année 1515. Sa superficie, y compris l'esplanade, était de 85 arpents 45 perches environ. L'emplacement contenait 2 arpents 10 perches, les bois 50 arpents 6 perches et les terres labourables, vignes et canaux 33 arpents 29 perches. Ce seigneur avait fait de son donjon une habitation princière, digne de son rang et de sa grande fortune ; et à cette époque Montrond était considéré comme une des plus fortes places du pays.

La mère et tutrice de Jean d'Albret, Isabeau de la Tour d'Auvergne, se qualifiait dame d'Orval et de Montrond. Elle fonda la chapelle de ce château, pour la desserte de laquelle, après l'avoir placée sous l'invocation de Notre-Dame, elle établit une vicairie le 22 décembre 1475. Cette noble dame assigna des fonds à cette chapelle, entr'autres 67 livres 6 deniers tournois à prendre sur des moulins à draps et quelques rentes sur des particuliers, et le 8 juin 1486, elle obtint du Pape Innocent VIII une bulle qui permit d'y célébrer la messe et d'y recevoir le sacrement, à l'exception du jour de Pasques. Elle décéda en 1488, au château de Montrond, et fut inhumée dans l'église de Château-Meillant devant l'autel de la Trinité (1).

(1) Château-Meillant avait passé dans la famille des Seuly par le mariage de Henri III de Seuly avec Marguerite de Bomès, dame de Château-Meillant.

Jean d'Albret et Charlotte de Bourgogne, sa femme, firent à cette chapelle, le 7 juin 1489, une fondation en l'honneur de la Vierge, pour une messe que devaient dire tous les jours les R. P. Carmes de Saint-Amand au château de Montrond. Des difficultés s'élevèrent plus tard à cette occasion, et le 21 août 1538 une transaction intervint qui fixa les heures où cette messe devait être dite. C'était à l'intention des fondateurs et de leurs successeurs, depuis Pâques à la saint Michel, entre les 7 et 8 heures du matin et depuis la saint Michel jusqu'à Pasques, entre 8 et 9 heures. Quand le prince de Condé fut seigneur de Saint-Amand-Montrond, il régla lui-même le détail de tous les offices que devaient acquitter dans ce château les R. P. Carmes dans un mémoire qui nous a été conservé (1). Ajoutons que chaque année le clergé régulier se rendait en procession à cette chapelle le 25 avril, jour de saint Marc.

Jean d'Albret mourut le 10 mars 1524, une des années les plus calamiteuses qui aient été signalées par les historiens, laissant trois filles (2) : Marie, Hélène et Charlotte. Sa femme, qui l'avait précédé dans la tombe, décéda à Château-Meillant le 25 août 1500, et son corps fut enterré dans l'Eglise de cette ville. Son mausolée était à gauche en entrant dans l'église, et sa statue en costume du temps surmontait ce monument. Jean y avait fondé en 1517 un collège d'un doyen, huit cha-

Leur fille, Perronnelle de Seuly, épousa Geofroy de Lusignan IIe du nom, qui devint ainsi vicomte de Château-Meillant. Les de Gamache tenaient la vicomté de Château-Meillant au moyen du mariage de Jeanne-Thérèse de Couet de Lusignan, femme de Anne de Gamache chevalier. Ils la vendirent à Jean Fradet de Saint-Aoust, depuis comte de Château-Meillant, qui avait épousé Marie de Saint-Gelais de Lusignan. Il était Lieutenant-Général de l'artillerie de France.

(1) Ce mémoire que je possède et qui est reproduit aux pièces justificatives est écrit de la main du père du grand Condé.

(2) Jean avait de plus un fils naturel, Jacques, Evèque de Nevers, qui, mourut dans sa maison de Saint-Amand, le 22 avril 1539 (*Gall. Christ.*).

noines et deux vicaires, et par son testament il élut sa sépulture proche les corps de sa mère et de sa femme, en la chapelle de Notre-Dame située sur la place publique de Château-Meillant, et fondée en 1517 par Jean d'Albret.

Hélène, née au château de Montrond le 16 juillet 1495 et qui avait été fiancée à Louis Engilbert de Clèves, comte d'Auxerre, mourut avant que son mariage fût accompli. Marie, née à Cuffy le 25 mars 1491, épousa, le 25 janvier 1514, Charles, fils aîné d'Engilbert de Clèves. Devenue veuve, il y eut débat entr'elle et Charlotte, au sujet de la succession de Jean, leur père, et par l'événement d'un partage fait au lieu de Roanne, le 1er juin 1525, les terres de Bruières, Epineuil, Orval, Montrond, Saint-Amand, Château-Meillant échurent à la plus jeune des sœurs, Charlotte d'Albret, qui avait épousé Odet de Foix, vicomte de Lautrec, un des Lieutenants de François Ier dans les guerres d'Italie. Ce partage fit passer la Baronnie de Donzy sur la tête de Charlotte et d'Odet de Foix. A la mort de Charles de Luxembourg elle fit retour au Nivernais par un édit royal de février 1552. Le comté de Nevers avait passé aux de Clèves par le mariage de Jean, Duc de Clèves, fils d'Adolphe 1er, Duc de Clèves avec Elisabeth de Bourgogne, fille de Jean de Bourgogne, Comte de Nevers.

C'est d'après les ordres de haut et puissant seigneur, Comte de Laval et de Dame Claude de Foix, son épouse, qu'il fut procédé, de 1544 à 1545, à la confection du terrier d'Orval, Bruières et Epineuil.

Du mariage de Charlotte d'Albret avec Odet de Foix naquit à Montrond, le 5 février 1521, Gaston de Foix, qui mourut très jeune. Il avait une sœur Claude de Foix, qui se maria en premières noces à Guy, comte de Laval, mort sans enfant en 1547, et en secondes noces a Charles de Luxembourg, vicomte de Martigues.

Mais Claude de Foix ne laissa pas de postérité de cette

double alliance, son fils Henri de Luxembourg l'ayant suivie de près dans la tombe. La succession fut recueillie par Marie d'Albret, sa sœur ; et c'est ainsi que les terres de Saint-Amand et de Montrond passèrent dans les mains des de Clèves de Nevers.

La noble et puissante famille des d'Albret, connus dans l'histoire sous le nom de d'Albret d'Orval, a, par ses largesses, contribué au bien-être de nos aïeux et à l'état florissant de la ville qu'elle a, pour ainsi dire, fondée, en plaçant ses nouvelles murailles sous la protection de la forteresse de Montrond ou en agrandissant ce château-fort qu'elle avait richement embelli pour en faire sa résidence habituelle.

CHAPITRE XIV

LE COUVENT DES RÉVÉRENTS PÈRES CARMES

Deux grands établissements, le Monastère des R. P. Carmes et l'Hôtel-Dieu, se trouvaient dans l'enceinte de la ville de Saint-Amand-sous-Montrond. Le premier semble avoir existé avant 1381, puisque le Frère Ripert ou Robert, qui professa la théologie à Paris, en cette année, avec beaucoup de succès, était profès du couvent des Carmes de Saint-Amand en Berry.

L'Église date des premières années du xve siècle ; mais le couvent, tel qu'il était en 1789, est d'une création récente, c'est-à-dire postérieure à 1484. « En effet, en cette année, Pierre « Pellerin, marchand de la ville de Saint-Amand, donna « cour et jardin à l'effet d'agrandir cet établissement reli- « gieux. Ce terrain n'était alors que le quart tout au plus de « celui qu'occupent aujourd'hui (1780) les grands Carmes. Il « eût été insuffisant pour l'emplacement d'une église et d'une « maison religieuse, si les moines eux-mêmes n'eussent pas « acquis, par les bienfaits des habitants et d'un seigneur de « Saint-Amand, le terrain où ils ont fait bâtir leur église et leur « couvent. Il n'y avait, en 1780, dans cet établissement, que

« six prêtres et un frère d'une nécessité indispensable pour le « service religieux de la ville (1). » Malgré la grande étendue des bâtiments, il est certain que la communauté ne fut jamais très nombreuse.

Les R. P. Carmes ont acheté devant Bignon, notaire à Saint-Amand, le 25 mars 1688, de M. le Borgne du Lac, écuyer, et de Gabrielle Badin, son épouse, demeurant au château du Vernay-du-Chesne, et de Pierre Badin, sieur du Vernay, moyennant 1200 livres, une maison attenante à leur couvent et à celle de Saint-Vic.

« L'église des Carmes offre, à l'intérieur, des arcades en ogi-« ves armées d'arcs doubleaux, dont les retombées s'appuient « sur des chapiteaux et des consoles d'un beau travail. L'ab-« side est décorée avec élégance ; quelques-uns de ces détails « révéleraient la sculpture des dernières années du XVe siècle, « et le portail, ouvrage de la renaissance, serait d'assez bon « goût.

« Ce portail est en plein cintre et divisé par deux arcades « à l'archivolte découpée ; l'abside est décorée avec goût ; les « chapiteaux et les consoles sont bien sculptés ; les arcades « sont en ogives et ornées d'arcs doubleaux. » Ainsi s'expri-« ment Chevalier et Achille Allier.

Le fronton de la façade de l'église contient en effet des détails d'architecture qui ne sont pas sans intérêt artistique. Au-dessus des deux pilastres du portail se trouvaient deux écussons qui ont été martelés en 1793, ainsi qu'une large dalle carrée placée dans la partie supérieure. On y aperçoit encore quelques traces de sculpture, et les cloîtres du couvent étaient particulièrement remarquables par leur gracieuse élégance : ils ont été détruits, par le gouvernement de la Restauration. Vers les premières années de ce siècle ils servaient de Salle des pas

(1) BONNET DE SARZAY. *Manuscrit.*

perdus au tribunal civil de l'arrondissement de Saint-Amand, qui fut installé dans une partie des bâtiments des R. P. Carmes. Pierre Pellerin a été inhumé dans cette église, qui fut longtemps le lieu de sépulture des riches et anciennes familles de la cité. Pellerin avait été un des fondateurs du couvent, ainsi que la mère de Jean d'Albret, Isabeau de la Tour, qui décéda, comme nous l'avons dit, au château de Montrond ; Guy Coquille, dans son histoire du Nivernais, dit même que le couvent des Carmes fut fondé par la mère de Jean d'Albret.

Le cercueil de Pierre Pellerin, placé dans le chœur de cette église, fut trouvé en 1834 : il avait été recouvert d'une pierre tombale de Charly, dans laquelle était sculptée une statue de grandeur naturelle qui fut transportée à l'hôtel de ville.

La tête repose sur un oreiller : sa robe ample, et longue, avec parement et revers en fourrure, est fermée vers le haut par une agrafe. Ses mains sont croisées sur son estomac, une bandoulière passe sur l'épaule droite, se boucle sur la poitrine et soutient, le long de la cuisse gauche, une bourse, ou sachet orné d'une coquille de pèlerin de St-Jacques. Au-dessus de sa tête est un dais couvert d'ornements ciselés ressemblant à de la broderie. Des rideaux tombent à droite et à gauche du cercueil et sont soutenus par deux anges qui ont chacun sur une épaule la coquille de St-Jacques que l'on voit aussi figurer sur le dais. L'écu de ses armoiries porte trois bâtons en bourdon de pèlerin signalés chacun par une coquille. De l'inscription gravée autour de cette pierre il n'y a plus de lisible que la date de 1494 en lettres et chiffres romains, écrite ainsi : mil quatre cent quatre XXXIIII.

Le grand Condé voulant laisser des traces de ses sentiments religieux, avait doté l'église des Carmes de Saint-Amand d'un buffet d'orgues dont le jeu était très puissant. Ces orgues avaient été placées à l'entrée de la nef de cette église; elles furent considérablement détériorées pendant la Révolution, et

M. le Curé Coulon obtint, en 1835, qu'elles seraient transférées dans l'église paroissiale de Saint-Amand-le-Chastel.

Le couvent des Carmes est devenu, à la Révolution de 1789, une propriété nationale : le Conseil municipal de Saint-Amand décida, en 1791, que la ville achèterait l'église pour y transférer celle du Vieux-Château au titre d'église paroissiale ; cette proposition fut même renouvelée, mais les événements politiques firent abandonner ce projet, qui s'est révélé de nouveau dans ces derniers temps. Le clergé aurait seulement demandé à prendre possession de cette église pour y établir une simple succursale à l'église paroissiale du Vieux-Château. C'est, comme nous le verrons, l'église des Capucins qui a reçu cette destination. Le dernier moine du couvent des Carmes qui ait célébré la messe dans cette église et dans la chapelle de Montrond, fut le père Auguste, qui mourut, en 1816, chapelain de Mme la duchesse de Charost, en son château de Meillant.

Le monastère et ses dépendances furent vendus à la ville le premier septembre 1794, mais le prix n'en a jamais été payé et tous les bâtiments ont été définitivement abandonnés à notre cité, en vertu d'un décret du premier mai 1806. A la suite de ce décret intervint un arrêté préfectoral qui distribua la Maison des Carmes entre les divers services administratifs et judiciaires, et l'on y installa l'hôtel de ville, le tribunal civil de l'arrondissement, le greffe, la justice de paix et le collège communal. Plus tard, un décret du 9 avril 1811 concéda aux départements, arrondissements et communes, la pleine propriété des édifices et bâtiments nationaux occupés à cette époque par les services publics, et c'est ainsi que la commune de Saint-Amand est devenue propriétaire de tout l'établissement des R. P. Carmes.

Depuis la suppression du couvent, de fréquentes transformations y ont été opérées. Un bâtiment lourd et sans architecture a été construit, en 1820, pour les besoins du collège communal, sur un des côtés de la cour d'entrée, dont un bel orme Sully occupait le milieu. La façade de l'Hôtel-de-Ville a été refaite,avec un balcon aux harangues,peu de temps avant la chute du second Empire. Son église a servi d'étaux aux bouchers de la ville, de magasins de liquides et de denrées coloniales, de bazar aux marchands, auxquels on livre l'ancien temple pendant la semaine de la foire d'Orval, et de salle de festins les jours de fêtes patriotiques. On y célébra la paix de Tilsitt dans un banquet national et la Révolution de Juillet dans un repas donné au brave général Petit par la garde nationale de Saint-Amand.

En 1789 et en 1846, l'église des Carmes a été utilisée comme entrepôt : on y déposa les approvisionnements en grains et farines, faits à l'aide de souscriptions, pour conjurer la famine; naguères, avant nos désastres de 1870, sur ses dalles humides et sépulcrales étaient casernés des soldats de notre armée.

A l'heure où j'écris ces lignes, toute la façade du collège qui donnait sur la rue des Carmes a été abattue, pour être remplacée, sur le même alignement, par une construction nouvelle, lourde et très élevée, qui laissera pour toujours la rue des Carmes étroite et non éclairée : on a fait les ténèbres à l'entrée du temple de la Science. Il eut été facile de reculer ce nouvel œuvre au niveau de la façade du perron de l'église ou de bâtir du côté bien mieux orienté de la promenade Desjobert.

Que de dépenses n'avait pas déjà faites la ville sur cet emplacement des Carmes ! Il devint tout d'abord impossible d'y installer la justice de paix ; la commune acheta au prix de 3.930 francs le lieu où se trouvaient précédemment le prétoire et la conciergerie, puis elle dut se rendre, à prix d'argent, propriétaire de la maison Tiphénat, destinée au logement et au bureau du commissaire de police, et tous ces bâtiments viennent d'être rasés pour faciliter les appropriations des constructions en cours d'exécution (1).

Le Conseil général du département a voté, en 1868 et 1869, une somme de 46,000 francs environ pour restaurer la salle des audiences du Tribunal de première instance de l'arrondissement de Saint-Amand dans la Maison des Carmes, ainsi que pour toutes dépendances accessoires affectées aux besoins du service de la justice. Il aurait mieux valu, sans doute, faire une construction nouvelle ; les travaux exécutés en 1869 ne forment aucun ensemble, mais chaque pièce est suffisamment appropriée à l'objet auquel elle est destinée.

La seule horloge que possède la ville a été posée au-dessous du campanile de l'église, d'où la vue domine la charmante et riche vallée de Saint-Pierre, et les coteaux des Tertres et des bois de Meillant.

(1) L'église des Carmes a été récemment l'objet de réparations assez considérables et bien entendues ; elle est actuellement en aussi bon état de conservation que possible.

CHAPITRE XV

L'HÔTEL-DIEU

L'hôtel-Dieu, situé rue Sainte-Vitte, est antérieur à l'année 1371, il était, dit Catherinot, de fondation royale.

Sur cet hospice, il existe des lettres patentes du roi, de juin 1696, déposées aux archives du Cher ; avant cette époque cet établissement hospitalier ne contenait que deux lits exclusivement destinés aux voyageurs indigents ; les autres lits étaient réservés aux malades de la cité.

Mais les ordres de Notre-Dame-du-Mont-Carmel et Saint-Lazare et de Jérusalem, consacrés au service des malades, ayant été supprimés en 1696, les biens et revenus qu'ils possédaient à Ainay-le-Château, à Culant, au Pont-d'Y (1), au Châtelet, furent réunis avec ceux des maladreries de Charenton et de Saint-Pierre-les-Etieux, aux immeubles qui étaient déjà la propriété de l'hospice.

Cet établissement servait donc aux habitants malades du Châtelet et d'Ainay, sièges de deux châtellenies royales, de

(1) Bonnet de Sarzay. *Manusc.*

Culant, ville seigneuriale, de Meillant, d'Ardenais, de Saint-Pierre et Charenton.

Le petit cimetière de l'Hôtel-Dieu était situé non loin de la porte de ville, sur l'emplacement occupé, près du Cours Desjobert, par la rue Manuel, en face de la maison construite en 1855 portant le n° 34 (Voy. Planche I).

De vastes jardins et chenevières attenaient à cette maison hospitalière ; ils en furent séparés lorsque, dans les premières années de la Révolution, la commune de Saint-Amand fit ouvrir la rue Constrescarpe du Midi (rue Manuel), qui prit le nom de Route du Blanc au port de Mornay. L'enclos fut vendu nationalement le 7 floréal an 4 de la République.

Trois sœurs de la Charité faisaient le service des malades et tenaient école pour les filles de la ville ; tous les jours un frère Carme disait la messe dans la chapelle. A cette utile maison étaient attachés trois administrateurs présidés par le bailly, un receveur des revenus, un médecin et un chirurgien. Le maire, les échevins et le curé prenaient part aux délibérations des administrateurs.

Depuis 1782 jusqu'à sa mort, Aurry jeune, maître chirurgien, a fait à l'Hôtel-Dieu, pendant deux mois par année, un cours d'accouchement. C'est l'année suivante que fut organisé le premier bureau de charité qui fonctionna dans la cité.

La commune décida, le 9 juin 1793, que les bâtiments de l'Hôtel-Dieu seraient destinés à l'éducation des jeunes citoyens de l'un et l'autre sexe : on se proposait déjà d'approprier le couvent des Capucins de la Chaume-Billeron au service d'un hospice ; mais l'Hôtel-Dieu devait fonctionner pendant quelques annés encore. Ce ne fut qu'en l'an VII de la République que la commune prit possession définitive des bâtiments et de l'enclos des frères Capucins et que le service de la gendarmerie à cheval fut installé dans ceux de l'Hôtel-Dieu.

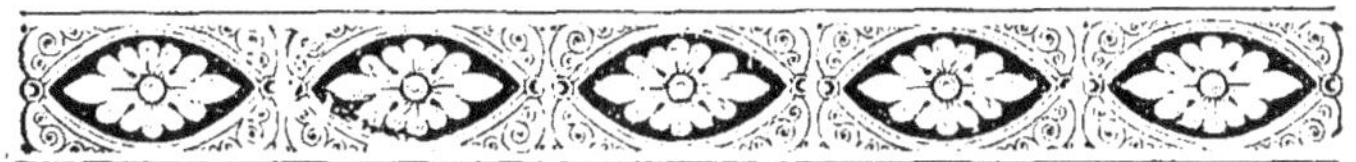

CHAPITRE XVI

LES SEIGNEURS DE LA MAISON DE NEVERS

Marie d'Albret, fille de Jean, eut de son mariage avec Charles de Clèves, comte de Nevers, un fils unique, François Ier de Clèves, né le 2 septembre 1516, qui devint seigneur des terres de Saint-Amand, Montrond, Orval, etc. (Armes 7. Planche IV).

François, marié à Marguerite de Bourbon-Vendôme (1), tante du roi Henri IV, eut deux fils, François et Jacques, et trois filles, Henriette, Catherine et Marie (2).

(1) Marguerite de Bourbon était sœur : de 1° Antoine de Bourbon, duc de Vendôme, roi de Navarre et père du roi Henri IV ; 2° François, comte d'Anguien ; 3° Charles, cardinal de Bourbon, roi de la Ligue sous le nom de Charles X ; 4° Jean, comte de Soissons, et 5° Louis de Bourbon, Ier du nom, Prince de Condé, tué à la bataille de Jarnac.

(2) Catherine avait épousé en premières noces Antoine de Croiy, Prince de Portien, dont le père avait quitté les Pays-Bas pour se fixer en France, et en deuxièmes noces Henri de Lorraine, duc de Guise, tué à Blois en 1588. Ce Prince avait fait assassiner le comte de Saint-Megrin, qui passait pour être l'amant de Catherine. Marie de Clèves, Marquise d'Isle, était une femme accomplie, riche et d'une grande beauté. Son mari, Henri de Bourbon, était fils de Louis de Bourbon, Prince de Condé 1er du nom et d'Éléonore de Roye. Marie étant morte en couches, Henri épousa en deuxièmes noces Charlotte de la Trémouille, qui fut soupçonnée d'avoir empoisonné son mari. (Voy. *Hist. des Princes de Condé*, par M. LE DUC D'AUMALE.)

Jacques, son deuxième fils, hérita des terres du Berry et du Bourbonnais : François II était devenu duc de Nevers, mais il mourut sans postérité, en 1562, des suites d'une blessure qu'il avait reçue à la bataille de Dreux, et Jacques, son frère, fut investi à son tour, de ce duché pairie.

Jacques avait transmis à sa mort, et par des dispositions spéciales, la plus grande partie de son opulente fortune à Henriette de Clevès, sa sœur, qui fut ainsi dame des terres du Berry et du Bourbonnais. Elle épousa, le 4 mars 1565, Ludovic de Gonzague, prince de Mantoue, qui devint duc de Nevers, gouverneur de Champagne et seigneur de Montrond, Saint-Amand, etc. (1). A cette date de 1565, l'année commença pour la première fois le premier jour de janvier, au lieu du jour de Pâques, fête mobile, on l'appela l'année du grand hiver ou des grand neiges.

Le duc Ludovic de Gonzague chassa les protestants qui s'étaient emparés de la Charité ; mais bien qu'il se montra ardent contre la Réforme, il n'en respecta pas moins la croyance religieuse des Huguenots qui, en assez grand nombre, habitaient la ville de Saint-Amand, où l'exercice des deux cultes fut maintenu jusqu'au jour de la Saint-Barthélemi. Cependant, il faut le dire à la honte de sa mémoire, il fut un des six conseillers de Catherine de Médicis qui concertèrent, avec Henri de Guise, le plan de cet horrible massacre.

Un haut et puissant personnage, dont le nom se rattache à ces temps de troubles, Claude de la Châtre, né en 1536 au château de la Maison-Fort, paroisse de Genouilly, de Claude de la Châtre et de Anne Robertet, dame de la Ferté-Gilbert (Ferté-Reuilly) (2)

(1) Guy Coquille, *Hist. du Nivern.*, p. 457.

(2) La Ferté-Gilbert passa d'Anne Robertet, par les femmes au duc de Vitry, François-Marie de l'Hôpital, qui la vendit, le 4 mai 1656, à Jacques de la Fond, moyennant 84,000 livres et cent louis d'or pour la chaine de Madame la Duchesse.

Ce duc de L'Hôpital Vitry était l'époux de Marie-Louise-Elisabeth Pot, fille de Florimond Robertet (2), secrétaire d'Etat, veuve de Claude d'Estampes, était gouverneur de la ville de Bourges.

Il se déclara pour le parti de la ligue des Catholiques contre les Huguenots, y entraîna les habitants de cette ville, et, parcourant la province, il fit tomber entre ses mains le château d'Ainay, celui du Veurdre, Cérilly, Sancoins et Saint-Amand.

Ludovic de Gonzague, qui fut beau-frère du duc de Guise, ne crut pas, à raison de ses opinions catholiques, devoir refuser son concours aux défenseurs du roi Henri III, mais il devait être impuissant à défendre les villes et forteresses qu'il tenait de Henriette de Clèves, sa femme, et cette noble dame eut la douleur de voir le château de Montrond, berceau de sa famille, tomber, en 1576, au pouvoir des protestants commandés par le capitaine Cartier.

à qui appartenait le château de la Preugne-au-Pot, situé non loin de Gargilesse et de Château-Brun.

Jacques de la Fond fit construire par Mansard en 1659 le château de la Ferté, qui subsiste encore. Cette terre appartenait, en 1760, à Charles-Jean de Rivière, dont le fils Charles-François, né au château de la Ferté, le 17 décembre 1763, fut marquis, puis duc de Rivière, pair de France et gouverneur de Mgr le duc de Bordeaux Henri V.

(2) *Florimond Robertet*, natif de Mont-Brison en Forez, a été en grande considération sous les rois Charles VIII, Louis XII et François 1er. Il fut trésorier de France, secrétaire des finances et Ministre d'État. *Florimond Robertet*, son petit-fils, baron d'Alluye, fut secrétaire d'Etat sous François II. La famille Robertet avait des alliances dans les plus nobles maisons du pays; Marie, fille du baron d'Alluye, avait épousé en premières noces Jean Babou, baron de Sagonne, Ministre général d'artillerie, et en deuxièmes noces, Jean d'Aumont, sixième du nom, baron de Châteauroux, seigneur de la Châtre et Maréchal de France, qui fit ériger, en 1575, la baronnie de Châteauroux en Comté. Une des filles de Claude de la Châtre et d'Anne Robertet épousa Guillaume de l'Aubépine, baron de Châteauneuf, conseiller d'État et ambassadeur. Babou de la Bourdoisière, Trésorier Général sous François 1er, était le trisaïeul de Gabriel d'Estrées, dont la mère était une Babou, alliée à la famille Robertet. M. Florimond Robertet, un des descendants du Ministre d'État du roi Charles VIII, a été Maire de la ville de Saint-Amand sous le règne du roi Louis Philippe : une des promenades de notre ville porte encore son nom.

Ce château fut, pendant les guerres de la ligue, le point de mire des deux partis. Le sire de Neuvy-le-Barrois s'empara de Saint-Amand en 1589; D'Aigues-Mortes, qui commandait les troupes du roi, contre l'Union, fut tué devant cette ville; le fort de Montrond et Saint-Amand furent successivement pris et repris par les Ligueurs et les Protestants, mais de la Châtre en resta définitivement possesseur et y mettait garnison en 1591.

Telles étaient les horreurs commises de part et d'autre qu'on ne voyait partout que meurtres, pillages et incendies. Bourges avait été dévasté en 1562 par les Huguenots que conduisait Gabriel de Lorges, comte de Montgommery, un des lieutenants du prince de Condé; Ainay-le-Château était saccagé en 1568. Les protestants, commandés par le capitaine de Guerchy, gouverneur de la Charité, s'emparèrent de Charenton, de Châteauneuf, de Dun-le-Roy; ils prirent d'assaut la ville de Linières en 1561 et 1569; tout y fut détruit; les églises furent brûlées, et, huit ans après tant de désastres, Linières ne comptait plus que quatre-vingts habitants : l'armée du prince de Condé avait commis d'affreux ravages dans cette malheureuse cité... Ajoutons enfin, pour compléter ce récit navrant que, pendant les guerres de religion, Wolgangy, duc des Deux-Ponts, à la tête de treize mille reîtres ou lansquenets, détruisit les églises d'Orcenais, de Bouzais et de Soye (1) ainsi que les abbayes d'Orsan, des Pierres, de Puy-Ferrand, et la ville et les environs de Château-Meillant qu'il mit au pillage. Une épisode de nos discordes civiles doit trouver ici sa place : Marie de Brabançon, veuve de Jean des Barres, seigneur de Neuilly-en-Dun, était du parti protestant et se renferma avec cinquante hommes dans son château de Bannegon. Montaret, lieutenant du duc de

(1) Une inscription, que nous rapportons aux pièces justificatives, fait mention dans l'église de Soye de cette circonstance.

Nemours au gouvernement de Bourbonnais, qui commandait deux mille hommes, battit ce château en brèche pendant quinze jours ; les murs et les tours étaient renversés, et Marie se défendait encore ; elle dut cependant, faute de vivres et de poudre, rendre son château et demeurer prisonnière ; mais le roi, informé de tant de bravoure, la fit mettre en liberté.

Henriette de Clèves était une personne de haute distinction et d'une grande humanité : elle fit, le 5 novembre 1573, de concert et conjointement avec le duc de Gonzague, son mari, une fondation pour marier et doter, chaque année, soixante filles, pauvres et vertueuses, nées sur les seigneuries du duc et de la duchesse. « La dot était de cinquante francs pour chaque « fille et devait être accordée par des électeurs, tirés au sort le « jour de Pasques fleuries devant le curé et les officiers de la « justice ordinaire (1). »

Ludovic, après l'assassinat de Henri III, combattit pour le roi Henri IV : c'était le plus influent des seigneurs catholiques ralliés à ce Prince. Il s'empara le 22 mai 1591, contre les troupes du parti des Ligueurs, de la ville de Sancoins, qu'on lui rendit par composition, et alla prendre possession du château d'Apremont. A la même époque les habitants huguenots de Saint-Amand, qui avaient appelé à leur aide les garnisons d'Argenton et de Meillant, chassèrent les ligueurs de leur ville et du château de Montrond, qui furent rendus au duc de Nevers.

Henri IV n'avait pas encore abjuré : le Pape Sixte V avait lancé une bulle d'excommunication qui déclarait le roi de Navarre déchu de tout droit à la Couronne. Mais, malgré ces foudres de l'Église, Ludovic de Gonzague resta fidèle à la cause qu'il avait embrassée : aussi vit-il avec plaisir Henri IV céder aux conseils de Régnaud de Beaume, archevêque de Bourges et se convertir à la religion catholique. Cette détermination

(1) Cette fondation fut régulièrement exécutée à Saint-Amand jusqu'en 1789.

avait été prise par raison d'État plutôt que par conviction : Henri avait compris que Paris valait bien une messe, et, pour régner sur ses habitants, qu'il qualifiait, du haut des tours de Notre-Dame, d'une façon si peu courtoise, il abjura, en 1593, entre les mains de ce prélat. Sully avait été le premier à l'entraîner dans cette voie toute politique.

C'est sous le duc de Gonzague que furent réunies les justices et seigneuries d'Orval, d'Epineuil et de Saint-Amand-sous-Montrond, à l'effet d'être exercées en un seul siège à Saint-Amand. On trouve sur les registres du Parlement de Paris un arrêt portant enregistrement, et sans opposition, si ce n'est des habitants d'Epineuil, des lettres patentes qui prononcent cette réunion (1).

Ludovic de Gonzague mourut le 23 octobre 1595 à Nesle, de la dyssenterie et des suites des blessures qu'il avait reçues en combattant les huguenots (2). Il s'était rallié au parti du Roi, en 1690, pendant le siège de Paris et avait refusé toutes les récompenses qu'on voulait lui donner. Henri IV l'avait envoyé comme ambassadeur auprès du Pape, au sujet de son abjuration. Il avait été blessé au siège de la Rochelle, en portant secours au duc de Guise son beau-frère.

Charles, son fils, né le 6 mai 1580, recueillit dans sa succession, pour s'en dessaisir bientôt après, les terres du Bourbonnais et du Berry, qui avaient appartenu aux d'Albret. En effet, il vendit par contrat du 30 août 1606, moyennant 120,000 livres les terres d'Orval, Bruère, Epineuil, Saint-Amand-sous-Mont-

(1) Bonnet de Sarzay, *Manuscrit*.

(2) Sully, dans ses mémoires, témoigne fréquemment du peu de sympathie que lui inspirait le duc de Nevers. « Sa mort, dit-il, délivra le roi d'un servi- « teur aussi incommode qu'inutile. » Cependant De Thou et Brantome en font un grand éloge. C'était, dit Coquille, un grand capitaine et bon guerrier... il a toujours bien aimé et gardé d'oppression au mieux ses sujets.

Ce sont les Italiens appelés par Ludovic de Gonzague qui ont introduit en France la première fabrique de faïence émaillée dite *faïence de Nevers*.

rond et la forteresse de ce nom à Maximilien de Béthune, duc de Sully (1).

La généreuse protection et les munificences des seigneurs de la maison de Nevers ont dû s'étendre tout à la fois aux habitants et aux établissements de la ville de Saint-Amand. Nous n'avons cependant à relever aucun document qui atteste leur participation à des embellissements publics. Les d'Albret avaient fixé leur résidence au château de Montrond, tandis que les de Clèves habitaient leur palais ducal de Nevers. Ils n'étaient représentés dans leurs possessions du Berry et du Bourbonnais que par des intendants, et Dieu sait combien peu, depuis les temps féodeaux, les populations avaient eu à se louer du rôle purement féodal et souvent tracassier de ces majordomes (2).

(1) La fille de Charles, Marie-Louise de Gonzague, épousa le roi de Pologne, Wladislas Sigismond, et, à sa mort, son frère, Jean-Casimir ; c'est à elle que Maître Adam Billaud, le célèbre menuisier de Nevers, adressait cette épître intitulée « le Parc de Nevers » et commençant ainsi :

« Ce n'est pas sans sujet que votre feuille tombe,
« Beaux arbres dont Nature avait orné ces lieux.
« Olympe, comme à vous, a préparé ma tombe
« Depuis qu'elle a porté ses pas sous d'autres cieux.
« Ce trône où pour jamais sa vertu la destine
« Prépare un changement si triste à ce séjour
« Que déjà de douleur se flétrit et s'incline
« Votre feuillage épais si propice à l'amour ».

(2) Sous les de Clèves, Claude de Buchepot, sieur de Cornançais et de la Tourate, eut le gouvernement des terres d'Orval, Epineuil, Saint-Amand, Bruières, Montrond et Château-Meillant. (La Thaumass.)

PLAN DE MONTROND EN 1652

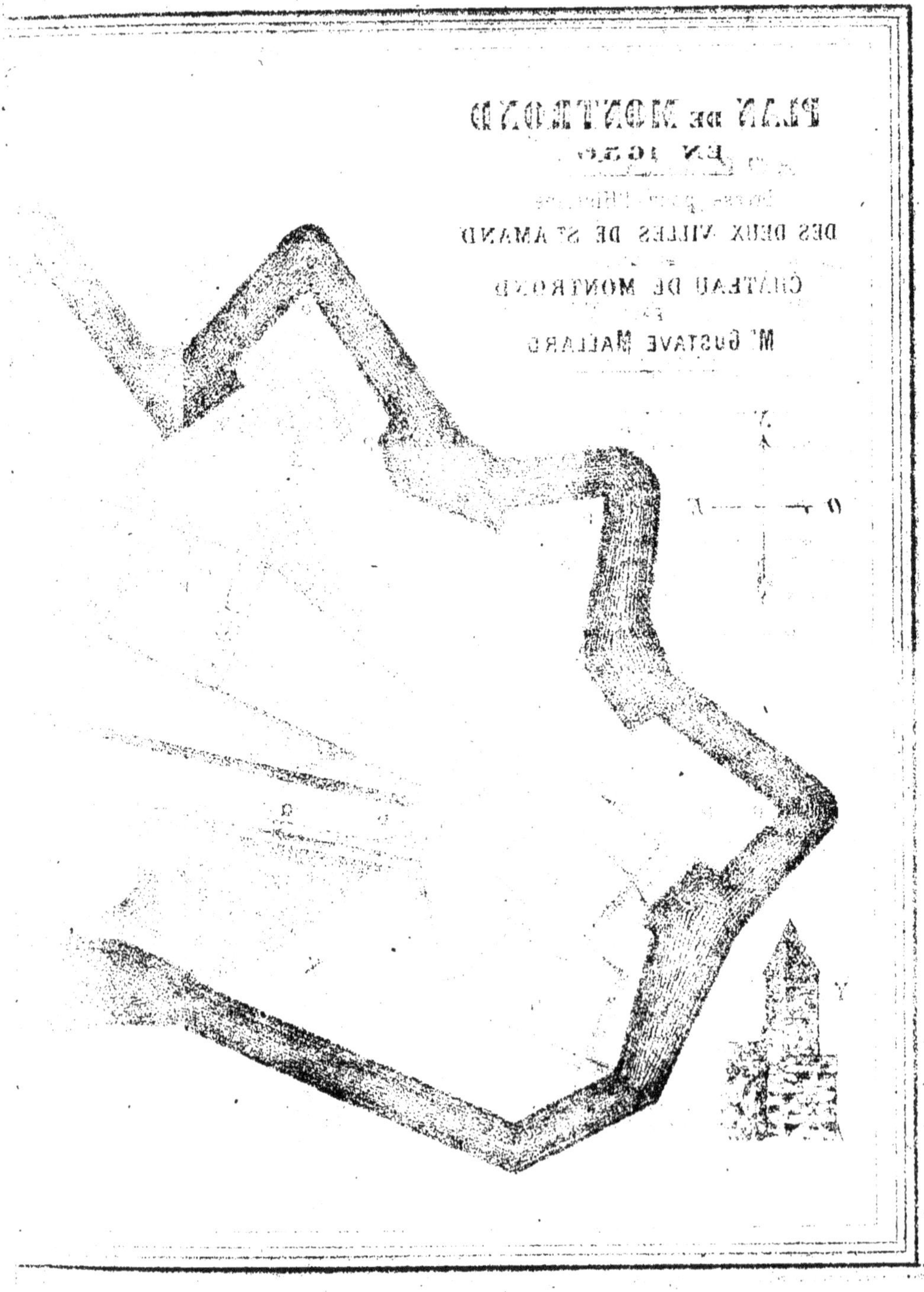

Notes pour l'histoire

DES DEUX VILLES DE ST AMAND

ET

CHÂTEAU DE MONTROND

par

Mr GUSTAVE MALLARD

PLANCHE V

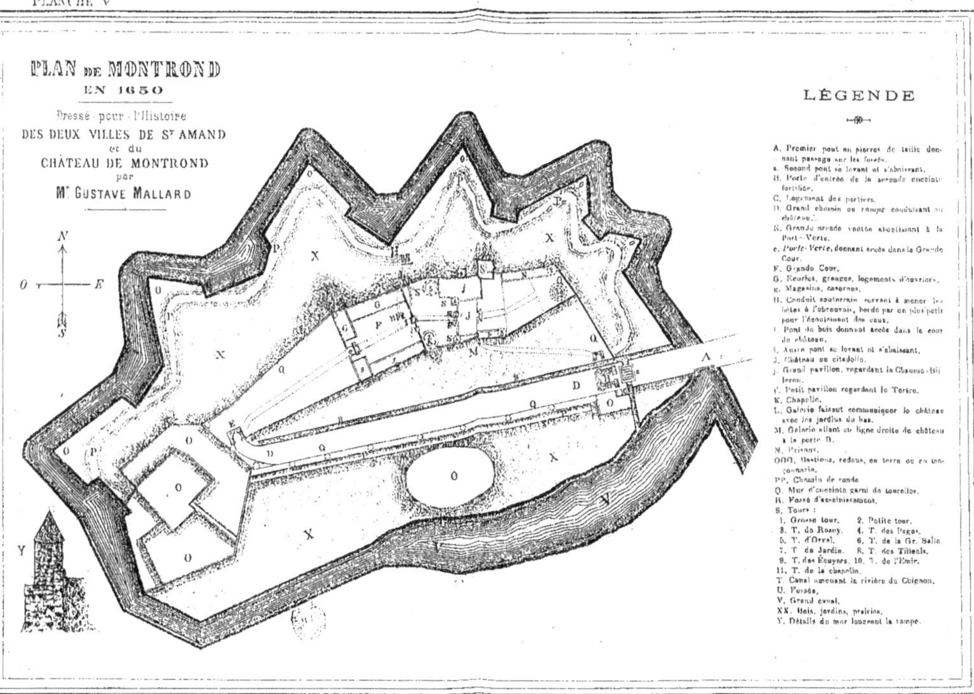
PLAN DE MONTROND
EN 1650
Dressé pour l'Histoire
DES DEUX VILLES DE St AMAND
et du
CHÂTEAU DE MONTROND
par
Mr GUSTAVE MALLARD
N
O
E
S
LÉGENDE
A. Premier pont en pierres de taille donnant passage sur les fossés.
a. Second pont se levant et s'abaissant.
B. Porte d'entrée de la seconde enceinte fortifiée.
C. Logement des portiers.
D. Grand chemin ou rampe conduisant au château.
E. Grande arcade voûtée aboutissant à la Porte-Verte.
e. Porte-Verte, donnant accès dans la Grande Cour.
F. Grande Cour.
G. Écuries, granges, logements d'ouvriers.
g. Magasins, casernes.
H. Conduit souterrain servant à mener les bêtes à l'abreuvoir, bordé par un plus petit pour l'écoulement des eaux.
I. Pont de bois donnant accès dans la cour du château.
i. Autre pont se levant et s'abaissant.
J. Château ou citadelle.
j. Grand pavillon, regardant la Chaume-Billeron.
j'. Petit pavillon regardant le Tertre.
K. Chapelle.
L. Galerie faisant communiquer le château avec les jardins du bas.
M. Galerie allant en ligne droite du château à la porte B.
N. Prisons.
OOO. Bastions, redous, en terre ou en maçonnerie.
PP. Chemin de ronde.
Q. Mur d'enceinte garni de tourelles.
R. Fossé d'assainissement.
S. Tours :
1. Grosse tour. 2. Petite tour.
3. T. de Rosny. 4. T. des Pages.
5. T. d'Orval. 6. T. de la Gr. Salle.
7. T. du Jardin. 8. T. des Tilleuls.
9. T. des Écuyers. 10. T. de l'Emir.
11. T. de la chapelle.
T. Canal amenant la rivière du Chignon.
U. Fossés.
V. Grand canal.
XX. Bois, jardins, prairies.
Y. Détails du mur longeant la rampe.

XVII

LE DUC DE SULLY

Du grand Roi de France, Henri IV, à son vertueux Ministre et ami, la transition est toute naturelle.

Maximilien de Béthune, né au château de Rosny, près de Mantes (Seine-et-Oise) en 1560, d'une ancienne famille déjà connue au xe siècle, après avoir acquis du duc de Nevers, la Chapelle, Henrichemont, et du duc de la Trémouille la terre de Boisbelle-Sully, avait obtenu, en 1606, qu'elle fut érigée en Duché-Pairie, il prit alors le titre de duc de Sully, illustre nom porté en dernier lieu par Marie de Sully, la noble épouse du connétable d'Albret.

Sully se qualifiait : Maximilien de Béthune, chevalier, duc de Sully, pair de France, prince souverain d'Henrichemont et de Boisbelle, marquis de Rosny, comte de Dourdan, sire d'Orval, Montrond et Saint-Amand, baron d'Epineuil, Bruyères le Châtel, Villebon, la Chapelle, Novion, Baugy et Boutin, conseiller du Roi en tous ses conseils, capitaine-lieutenant de deux cents hommes d'armes d'ordonnance du Roi, sous le titre de la Reine, grand maître et capitaine général de l'artillerie, grand-voyer de France, surintendant des finances, fortifications et bâtiments du Roi, gouverneur et l'intendant général pour Sa Majesté en Poitou, Châtelraudois et Loudunois, gouverneur de Mantes et de Gorgeau et capitaine du château de la Bastille (*Mémoires de Sully*). Le château de Sully, situé sur la rive gauche de la Loire, appartient encore à la famille de Béthune, la veuve de Rosny, Rachel de Cochefilet, lui fit élever une statue qui a été placée dans la cour d'honneur du château et un monument funéraire à Villebon.

Devenu seigneur de Saint-Amand et des châtellenies que Charles de Gonzague lui avait vendues, Sully voulut être, à son tour, le bienfaiteur de nos contrées. (Armes. 8. Planche IV).

Montrond avait vu, au milieu de toutes nos discordes civiles, détruire ou endommager une partie notable de ses fortifications et des importantes constructions qui y avaient été faites. Lorsque le duc de Sully s'en mit en possession, ce château ne consistait plus « qu'en une petite montagne toute de roc fort « dur en son sommet, sur lequel il y avait une enceinte de « murailles garnies de tours qui n'avaient jamais été couvertes « ni habitables ; les dites tours et murailles dégradées, corrompues, pourries et démolies en leurs faces, voûtes, parapets « et corridors » (1).

Le grand Maître de l'artillerie de France, comprit, en homme profondément versé dans son art, tout ce qu'il y avait à réparer et à créer pour rendre désormais cette place de guerre imprenable.

Devenu propriétaire du cours d'eau du Chignon, Sully voulut utiliser les fossés qui entouraient les parties basses du château, et la petite rivière provenant de l'étang de Coust alimenta bientôt tous les canaux de sa forteresse d'eaux constamment renouvelées.

(1) Voyez aux pièces justificatives un état détaillé des terres achetées par M. le Duc de Sully à M. de Nevers.

« Le Duc fit toutes les dépenses nécessaires pour donner « quelque accommodement et embellissement de parc, jardin, « vergers, canaux, étangs, fontaines et revestement des canaux « et parc pour l'achat des terres et ruisseaux qu'il y convient « d'amener et pour la conduite d'iceux » (1).

Le Chignon entrait dans l'enclos de Montrond par la rue du Cheval Blanc, suivait l'emplacement occupé par la nouvelle rue dite de Mazagran et aboutissait à un grand canal revêtu de pierres de taille qui formait étang, d'où les eaux se répandaient dans tous les fossés, le trop plein débordait ensuite sur deux points différents dans la rivière du Cher.

Rien n'était imposant et gracieux à la fois comme ce bassin de circonvallation, avec ses abords flanqués de terrasses ou de glacis, avec ses banquettes ou terres-pleins qui permettaient d'en défendre l'approche, avec ces mamelons successivement échelonnés jusqu'au pied des murailles de la forteresse. Un des bras de ce canal suivait, sur toute la longueur du mur de clôture, une direction parallèle à la rue du Pont-du-Cher.

Ce fut Sully qui fit procéder à tous ces mouvements ondulés de terrains que, de nos jours, la bêche du vigneron n'a pas encore fait disparaître, et qui formaient, protégés par l'artillerie de la place, des travaux avancés de défense, des épaulements, des contre-forts dont l'ennemi devait s'emparer avant de donner l'assaut à la vieille et grosse tour des Ebbe de Charenton.

« Les fortifications (système Vauban) étaient en si grande quantité disposées comme un amphithéâtre et par étages, qu'un homme qui les aurait étudiées et observées depuis longtemps à peine pouvait-il les comprendre (2). »

Il nous suffira d'ajouter que, lorsqu'à la suite de disgrâces

(1) État détaillé déjà cité.

(2) *Mémoires* de LÉNET, Président au parlement de Dijon.

sous le règne de Louis XIII, le duc de Sully prit la résolution, si fâcheuse pour notre pays, de vendre cette résidence seigneuriale, le château de Montrond avait été mis dans un état formidable de défense par le grand-maître de l'artillerie de France à l'aide de tous les procédés connus et pratiqués en matière de fortifications (1).

La ville des d'Albret avait tant souffert pendant les guerres de religion qu'à l'époque où le duc de Sully en prit possession, « cette cité enceinte de petites et basses murailles avec une « seule tour, le reste flanqué de méchantes guérites et fermé « de petits fossés, la plupart remplis (comblés) était habitée de « pauvres gens peu marchands, ni fréquentés, avoisinée de « trente pas d'une autre ville appartenant à un autre seigneur, « en laquelle est la paroisse ».

« Mais par les moyens des résidences de Mgr de Sully « à Montrond et des grands deniers qu'il a despendus sur « les lieux montant à plus de trois cent mille livres par an, « plusieurs notables, officiers, bourgeois, marchands, arti- « sans et manœuvres sont venus résider sur la dite ville, y « ayant construit plusieurs maisons et augmenté de moitié les « habitants ; en sorte que le prix des héritages, des fruits est « revenus des terres tant du seigneur que des sujets sont accrus « de plus d'un tiers (2). »

Pour bonifier la ville de Saint-Amand, le duc y établit un grenier à sel et une élection.

(1) Il n'y à presque pas une de ces terres, surtout celles qui ont des châteaux, où le duc de Sully n'ait laissé des marques d'une magnificence dont la charité et le bien public furent très souvent le principe. C'est lui qui a fait bâtir et couper dans le roc le fameux château de Montrond longtemps regardé comme une citadelle imprenable. (*Suppl. aux mém. de Sully*).

Le duc de Sully avait planté sur la plate-forme du château de Montrond des tilleuls, qui étaient encore dans toute leur force de végétation et étaient parvenus à une hauteur prodigieuse lorsqu'ils furent arrachés dans l'année 1826.

(2) Etat détaillé déjà cité.

De l'élection de Saint-Amand ressortissait à la généralité de Bourges quatre-vingt dix-sept paroisses (1). Elle était composée d'un président, d'un lieutenant, de quatre clercs, d'un procureur du roi et d'un huissier, les audiences tenaient dans la salle de justice du seigneur, il y avait aussi attachés à cet établissement deux recors des tailles, un directeur des aydes et un entreposeur des tabacs (2).

Le grenier à sel, qui était autrefois à Ainay-le-Château, fut transféré du temps de Maximilien de Béthune à Saint-Amand, dans le quartier de la Chaume. Le personnel attaché à l'administration de sa justice en 1780, se composait d'un président, d'un grenetier, d'un contrôleur, d'un procureur du roi, d'un greffier et d'un huissier. L'audience se tenait dans une salle qui dépendait de la maison où était le grenier à sel : un receveur des gabelles était attaché à cette institution (3).

Entre deux seigneuries aussi rapprochées que l'étaient Saint-Amand-le-Chastel et Saint-Amand-sous-Montrond, il était difficile qu'il ne s'élevât pas quelque conflit.

Le droit de *port* et *pêche* sur la rivière du Cher appartenait au seigneur d'Orval, et nul autre ne le pouvait exercer, excepté le Prieur de Saint-Amand-le-Chastel, qui avait bateau, mais

(1) Nous avons dit que les seigneuries de Saint-Amand, Orval, Bruère et Epineuil étaient régies par la coutume du Bourbonnais, les justiciables ressortissaient donc au Présidial de Moulins, qui avait été érigé en 1557. Mais toutes ces châtellenies dépendaient du diocèse de Bourges et de la généralité de cette ville. C'était une des plus anciennes du royaume ; son établissement date de 1379, époque à laquelle il n'y avait alors en France que quatre généralités, juridiction du bureau des finances ; François Ier créa ou plutôt perfectionna en 1542 la généralité de Bourges ; celle de Moulins date de 1586, sous le règne de Henri III ; l'institution des conseillers du Roi, intendants généraux et présidents au bureau des finances du royaume ne fut créée que sous le règne de Louis XIII.

(2) Bonnet de Sarzay, *Manuscrit*. Telle était la composition de ce tribunal en 1780.

(3) Bonnet de Sarzay, *Manus.*

seulement au bas de la Roche (1). Le sieur de Bigny ayant élevé, en 1607, la prétention d'être aux droits du Prieur de sa seigneurie, des ordres furent donnés de s'opposer à la circulation des bateaux qu'il établirait sur cette rivière. A cet effet le duc de Sully fit faire un commandement par le sieur de la Haye, capitaine de Montrond, aux fermiers de port et passage de retirer tous les bateaux, ce qui fut rigoureusement exécuté, et le seigneur de Saint-Amand-le-Chastel ne crut pas devoir résister.

Le sire d'Orval tenait, au-dessous d'Orval un bateau pour passer les *allants* et *venants*, qui étaient nombreux, surtout aux jours de foires et de marchés. Ce bateau fut affermé jusqu'en 1610. C'est à cette époque que le duc de Sully fit construire un pont en pierre sur la rivière du Cher. Ce pont avait neuf arches, huit piliers, deux culées. La longueur était de soixante-douze toises sur une largeur de vingt-deux pieds entre les garde-fous, ainsi que le constate un procès-verbal dressé à la date du douze octobre 1621, par *Martin Bonnet*, notaire, sur attestation de plusieurs particuliers y dénommés.

Les advenances des environs du château de Montrond et ville de Saint-Amand étaient toutes effondrées, inaccessibles et comme sans passage (2), il avait été nécessaire de construire une vingtaine de ponts de pierre, et entre autres le grand pont de la rivière du Cher et plus de cent mille toises de levées et pavés. Les ponts de Bourges et de Charenton sur la Marmande datent de cette époque. Cependant, en démolissant, en 1882, le vieux pont de Bourges, on a trouvé gravé sur une pierre le

(1) Le Prieur occupait, comme nous l'avons dit, les bâtiments où, par les soins persévérants de M. Thevenard Guérin, décédé en 1863, Président du tribunal de Saint-Amand, a été fondé le charitable établissement de l'orphelinat, tenu par des sœurs de la Charité de Bourges. Le prieur, en 1608, avait nom Pineau ; en 1637, il s'appelait la Chapelle ; en 1639, François-Paul de Sainte-Marie.

(2) *État détaillé* déjà cité.

millésime 1651, ce qui ferait supposer qu'il avait été réparé à cette date pendant la Fronde et la guerre de Montrond. Il avait été détruit en tout ou en partie par les eaux en 1640, et il n'est pas probable que cette importante voie de communication entre Bourges et Saint-Amand soit restée sans un pont sur la Marmande de 1640 à 1651.

Le duc s'était hâté de donner à ses officiers des instructions pour l'administration de sa nouvelle seigneurie. Et par ce qui précède on voit qu'il n'épargnait rien pour lui rendre son ancienne splendeur.

C'est donc incontestablement à Sully que la ville de Saint-Amand doit l'importance qu'elle acquit depuis comme cité, (1) et sa richesse, son développement, ses établissements publics sont l'œuvre du ministre de Henri IV, et les sommes considérables qu'il dépensa répandirent dans le pays une aisance générale qui fit de nos ancêtres un peuple éminemment agricole et industrieux, ils ne devaient pas moins attendre de celui qui sut contribuer à la gloire de la France et mettre de l'ordre dans les finances de l'État.

Les populations du royaume ont tenu compte au duc de Sully de ses constants efforts pour le bien public (2), il avait, en 1605, rendu une ordonnance qui obligeait chaque paroisse à planter un orme en face de l'Église et sur les places des villages, à l'occasion de l'avènement du roi Henri IV au trône de France, et les habitants de Saint-Amand auraient dû le bénir

(1) Sully fonda aussi dans sa petite propriété de Boisbelle, près la rivière de la petite Sauldre, la ville qui reçut le nom de Henrichemont ou Henri-Mont.

(2) La guerre civile avait ruiné l'agriculture, le désordre était dans les rangs de l'armée, Sully soumit à un contrôle sévère toutes les rentes de l'hôtel de ville, il réduisit d'un tiers les dettes de l'Etat et accumula quarante millions pour faire face aux dépenses de la grande guerre méditée par Henri IV. (Garnier-Pagès, *Disc. au Corps Législ.* Séance du 6 juin 1866).

comme leur bienfaiteur... Mais le duc n'avait pas pu restaurer et créer sans blesser des droits acquis. « Pour mettre en valeur « les foires et marchés, les fours, moulins, greffes, prévôtés et « tabellionages, il avait fallu avoir plusieurs procès ; d'autant « que tous ces droits étaient contentieux ; et aussi pour l'exer- « cice de la justice, il a fallu acheter et bâtir plusieurs moulins, « fours, halles et un grand auditoire, toutes lesquelles choses, « ensemble les acquisitions des terres pour tenir les foires et marchés ont coûté plus de quatre vingt mille livres (1).

D'un autre côté, le Duc était sévère et tenace à l'endroit de ses prérogatives seigneuriales, et bien qu'il eût adopté les théories de Calvin et de Théodore de Bèze, il refusa d'admettre que le triomphe des idées nouvelles en matière religieuse dût aboutir à la réformation des abus politiques et à l'émancipation des peuples ; aussi eut-il un procès avec les habitants de Saint-Amand, qui refusaient de lui payer, comme par le passé, certaines redevances qu'il avait perçues en qualité de seigneur.

En ce temps de notre récit, Sully n'était plus en faveur. Louis XIII était monté sur le trône le quatorze mai 1610, et l'année suivante, le Duc se retirait de la cour.

Sa disgrâce fut le moment choisi par les habitants de la ville de Saint-Amand pour se soulever contre ses exigences seigneuriales ; ils se rappelaient que leurs aïeux avaient eu, par la charte d'Ebbe de Charenton, le droit de se réunir quand bon leur semblait, afin de délibérer sur les affaires de la commune. On leur refusait ce droit primordial et jusqu'à nos jours si souvent contesté, ils portèrent la question devant la justice du pays et contestèrent à leur seigneur le pouvoir de changer le lieu où se tenait le marché de la ville.

Pour suivre ce procès et, à défaut d'officiers municipaux, les habitants se firent représenter par *François de Bernc*, bailly

(1) *État détaillé déjà cité.*

de Saint-Amand, *Antoine Bonnet*, lieutenant-général, *Perrinet*, juge des eaux et forêts, *Louis Mercier, Pierre Labbe* et *Jean Pierron*.

Dès lors, assignation de ces six habitants le 25 mars 1612 ; communication de la demande au général des habitants par Mgr de Sully dans l'auditoire de Saint-Amand ; vingt-sept mai assemblée des habitants, à l'issue de la messe paroissiale, devant l'église, au nombre de 157. Acte de l'assemblée ; on conteste au seigneur les droits de guet, de garde, de corvée et de bourgeoisie (1) ; on nomme quatre députés : un élu, un contrôleur au grenier à sel, un artisan et un bourgeois pour suivre sur le procès intenté par Mgr le duc de Sully et s'opposer à la translation hors la ville du marché qui se tenait sur la place actuelle.

Après ajournement donné aux six particuliers comme représentant le général des habitants, l'affaire est portée aux requêtes du Palais de Paris, d'abord avec les six délégués, ensuite avec toute la communauté. Sentence du 15 septembre 1612, suivie d'une autre du 1er avril 1615 contre les *manants* et *habitants* de la ville de Saint-Amand. Appel de la part de ceux-ci en la cour du parlement (2). L'affaire est instruite en la chambre de l'Édit en raison de la religion du duc de Sully, et, le 24 septembre 1616, arrêt définitif et confirmatif (3).

(1) A cause de sa seigneurie d'Orval le duc de Sully était haut justicier de la ville et faubourgs de Saint-Amand, à ce titre il avait droit de percevoir *les censives* qui avaient été établies par ses prédécesseurs en échange de l'octroi du droit de bourgeoisie. Les forains venant demeurer en ladite ville étaient tenus de s'avouer Bourgeois de la bourgeoisie et franchise de Saint-Amand. Les droits de la franchise se payaient savoir : chaque chef d'hôtel tenant feu, douze deniers au terme de la Saint-Michel, chacun an, (Voyez la *Charte d'Ebbe de Charenton*) ceux dont les maisons sont en propriété, six boisseaux d'avoine, et ceux dont les maisons ne sont pas à eux, trois boisseaux d'avoine.

(2) Le Bourbonnais et le Berry étaient du ressort du parlement de Paris.

(3) Cet arrêt est rapporté in extenso dans La Thaumasière, *Cout. Loc.* p. 252.

A la suite de cet arrêt, il y eut, le 14 septembre 1616, en la grande salle du couvent des Carmes, six cent dix-sept aveux de bourgeoisie devant le juge de Saint-Amand (1), onze autres en 1617 et en 1618, dont dix forains et trois cent soixante-quatorze déclarations passées devant notaire en 1616-1617 et 1618, pour ceux qui possédaient maisons et héritages dans la ville et faubourg.

Malheur, depuis aux manants qui négligeaient de faire aveu de bourgeoisie, un sieur *Jacques Bertrand* était décédé en cette ville sans avoir rempli cette formalité, le prince de Condé devenu seigneur de Saint-Amand, fit décider, en 1670, que sa succession lui serait adjugée, comme taillable et mortaillable (2).

La redevance en avoine dont il est parlé dans l'arrêt et qui fut perçue jusqu'à la révolution de 1789, remonte à l'origine de la chevalerie, on la nommait *maréchaussée*, parce qu'elle se payait au maréchal, c'est-à-dire à l'officier chargé par le seigneur de la surveillance et de l'entretien de ses chevaux. Tous les vassaux payaient l'impôt de la maréchaussée, cependant: il est constaté, dans une pièce de 1655, qu'une douzaine d'habitants étaient exempts sur les terres du seigneur d'Orval, Saint-Amand, etc. des droits d'aunage, guet et bourgeoisie. C'étaient entr'autres : Daniel Jamet, de Genève, ministre de la parole de Dieu en l'église réformée, Pierre Bresson, Michel Masson, Jean Rousset, Balthazard Damon, Pierre Leclerc, Michel Mar-

(1) Nous rapportons aux pièces justificatives les noms des habitants de Saint-Amand qui donnèrent, le vingt-quatre août 1616, procuration à Pierre de Fontenay et Pierre Masson advocat, député pour faire l'adveu de bourgeoisie reçu par Maîtres *Michel Masson* et *Claude Libault*, notaires Royaux à Saint-Amand.

(2) Le Seigneur exerçait aussi sur ses sujets le droit de déshérence, le seigneur de Cresançay était décédé en sa terre de Faverdines (ressort d'Epineuil) sans hoirs de son corps, le duc de Nevers, seigneur d'Epineuil, établit commissaire en saisine sur les biens de la succession et les donna à Jeannot Pitault, son fauconnier.

tin, Claude Duret, le sieur Charles de l'Aspic, conseiller du roi, contrôleur au grenier à sel qui, en 1674, se qualifiait écuyer, sieur de Lalande et de Bouillon, lieutenant en la maréchaussée générale du Berry, les fermiers du petit Villebon et Bigny, et le meunier juré.

Durant le cours du procès, les habitants de Saint-Amand, représentés par dix-huit des plus notables bourgeois de la ville crurent devoir adresser à Mgr de Sully une lettre très révérencieuse qui porte la date du seize novembre 1612, afin de se justifier des faux rapports qu'on avait portés contre eux, lui déclarant qu'ils n'avaient jamais refusé de faire garde au château de Montrond, vu que leur sûreté particulière et l'utilité de tout le pays y étaient intéressées (1).

Mais le Duc mis une garnison dans la ville, et le séjour des troupes était devenu une charge tellement lourde pour les habitants qu'ils demandaient, par cette lettre, à en être déchargés. Il n'est pas probable qu'il ait été fait droit à cette supplique, car, « Rosny était rude, malgracieux et d'un caractère difficile (2). » Dieu sait cependant ce que sont et ce qu'étaient surtout alors les garnisons pour les habitants des villes et ceux de la campagne.

Après l'assassinat du roi Henri IV en 1610, Sully s'était retiré dans son magnifique château de Montrond où il tomba malade(3).

(1) Voy. aux pièces justificatives la copie de cette lettre.

(2) « Son orgueil, sa cupidité, son avarice l'auraient rendu insupportable, « s'il avait vécu de nos jours. » (Léonce de la Vergne, *Économie rurale de l'Angleterre*). Monsieur De la Vergne aurait dû ajouter que Sully était surtout avare des deniers de l'État, et que, ministre de l'agriculture, il a prononcé ces belles paroles qui sont connues de tous les peuples : « Labourage et pâturage sont les deux mamelles qui nourrissent la France, les vraies mines et trésors du Pérou. »

(3) C'est là, dit Sully dans ses mémoires, que, pour faire diversion à mes déplaisirs, je composai les deux petits morceaux de poésie, dont l'un a pour titre : *Parallèle de César et de Henri le Grand*, et l'autre : *Adieu à la Cour*. Cette dernière pièce est datée de Montrond le trente octobre 1610.

Plus tard, en 1621 il vendit (1) au prince de Condé les terres qu'il avait achetées des Gonzague-Clèves, puis il mourut en son château de Villebon, près de Chartres, à l'âge de 81 ans dans l'année de 1641. Le second de ses fils, François de Sully et son petit-fils portèrent le titre de comte d'Orval (2). Son arrière-petit-fils, le prince Maximilien de Béthune, est décédé en 1881, à l'âge de 73 ans.

Le sacre de Louis XIII avait eu lieu à Reims le dix-sept du même mois.

(1) Sully vendit ces terres au prince de Bourbon, y compris Villebon, la Prugne au pot, Culant, le Châtelet et la Roche Guilbaud un million deux cent mille livres. Il avait fait des dépenses considérables à son château de Montrond et de Saint-Amand ; il reprit ensuite de Henri de Bourbon la terre de Villebon. Il avait acheté Montrond au duc de Nevers cent mille livres.

(2) CHEVALIER, p. 92, dit, à tort bien certainement, que le titre de comte d'Orval, pris par les descendants de Sully, n'avait rien de commun avec la terre de Déols-Charenton.

CHAPITRE XVIII

HENRI II DE BOURBON

Le maréchal de la Châtre, gouverneur du Berry, étant mort en 1614, Henri IIe du nom, duc de Bourbon, prince de Condé, fut appelé le 8 juin 1616 à le remplacer dans cette importante fonction.

Il possédait Châteauroux et les riches propriétés des abbayes de Deols et de Saint-Gildas depuis 1612. Son premier soin avait été de faire ériger en Duché-Pairie, en sa faveur, la ville et le Marquisat de Châteauroux. Mais, au lieu de s'occuper, pour le service du roi, de l'administration de la province du Berry, il fut entraîné, par la tournure astucieuse de son esprit, à se mettre à la tête du parti des mécontents, et le 1er septembre 1616, il fut arrêté au Louvre à la sortie du Conseil, par les ordres de la reine Marie de Médicis et conduit, d'abord à la Bastille, puis renfermé à Vincennes, d'où il ne devait sortir que le 19 octobre 1619. Ses dignités lui furent rendues, et pour donner plus de gages au gouvernement du roi, il se mit à persécuter les protestants et à protéger les Jésuites. C'était, dit un historien (1), un Prince

(1) Mémoires du Président Lenet.

égoïste, rapace et médiocre cherchant toujours à troubler le pays pour ses intérêts personnels.

Plein d'adroits calculs et d'habiles prévisions, Henri de Bourbon comprit qu'au milieu des agitations qui ébranlaient le royaume, les vastes possessions qu'il avait déjà dans le Berry ne pourraient servir à ses ambitieux projets, et tourner, dans un moment propice, au profit de sa fortune politique qu'autant qu'il y annexerait une forte place de guerre. Il fit donc, auprès du duc de Sully, d'actives démarches qui devaient aboutir à la vente du château de Montrond et des terres que nous avons précédemment désignées ; en prit possession dans l'année 1622. (Armoiries 9, Planche IV).

De Bourges, où il résidait, ou du château de Puy-Vallée (1), situé en la paroisse de Vasselay, séjour qu'il affectionnait plus particulièrement, il se rendait souvent à Montrond, et,

(1) Ce château appartenait à la famille de Bengy, qui en avait cédé la jouissance au Prince. Il y fit établir un bassin, où il faisait venir de loin les eaux qui formaient un jet d'eau, et, au bout de la garenne, une terrasse qui dominait tout le pays, qu'on appelle encore la terrasse de Condé (*Mémoire historique sur le Berry*, par DE BENGY-PUYVALLÉE.) Cet homme de bien, de haute vertu et d'un grand mérite s'exprime bien autrement que nos historiens sur le Prince Henri II de Bourbon. « Sa mémoire, dit-il, est en singulière « vénération dans le Berry. Il donna à ce pays toute espèce de témoignages « de bienveillance et d'affection. Il était juste et ferme, extrêmement affable « et bienfaisant. Il inspirait une telle confiance dans son gouvernement du « Berry que tous les gentilshommes soumettaient à son arbitrage tous leurs « différents. » M. de Puyvallée avait été député de la noblesse du Berry aux États généraux de 1789.

Dans un mémoire dressé en 1681, par *Jean Toubeau*, ancien Prévôt des marchands de Bourges, on qualifie Mgr le Prince de *Père de la province du Berry, qui en connaissait les besoins*. Enfin le journal *des Lelarge* (chroniques berrichonnes du dix-septième siècle publiées par HENRI JONGLEUX, Bourges, 1880), mentionne que le prince de Condé avait préservé la ville de Bourges par sa protection plus que paternelle. Populaire par ses goûts, d'habitudes simples, il se plaisait dans la compagnie des Magistrats, des Bourgeois et des écoliers. (*Histoire des Princes de Condé*, par Mgr le DUC D'AUMALE, tome III.)

dans le but de faire de cette place déjà si forte une des plus imposantes du royaume, il se hâta de mettre la dernière main aux grands travaux entrepris par son illustre prédécesseur. Un inventaire qui se trouvait aux Archives de la ville de Saint-Amand, constatait qu'à l'époque où Sully vendit Montrond au prince de Condé, il existait au château des armes, des munitions de guerre, des meubles, des tableaux, du linge ouvré, des livres, des habits, de la vaisselle d'or et d'argent. Le Duc emporta dans sa nouvelle résidence trente-six tableaux qui ornaient les appartements de son château.

On a prétendu que Sully fut à peu près forcé de céder à Monsieur le Prince « à grande perte en raison de la dureté des tems et des malheurtes du pays les terres et châteaux splendides qu'il possédait en Berry (1). » Mais le Duc s'exprime différemment à ce sujet. « Je craignais, dit-il, que si je refusais « de les lui vendre toutes, le tems et la guerre ne lui fournissent deux prétextes de m'en chasser, que la force aurait « trouvé bons. Je l'en accommodais d'autant plus volontiers « qu'avec cela il m'en faisait offrir plus qu'elles ne m'avaient « coûté et plus qu'elles ne valaient en effet (2). »

Cependant et pour plus facilement s'enrichir, Monsieur le Prince avait imaginé, comme moyen d'acquitter tout d'un coup et principal et arrérages, de demander au roi Louis XIII la confiscation des biens que le Duc lui avait vendus. Peut-on alors s'étonner que Henri de Bourbon, après avoir fait surmonter le sommet de la grosse tour de son gigantesque et merveilleux château de Montrond, d'une colonne de douze pieds d'élévation, ait eu la singulière idée d'y poser la statue de Mercure, le dieu des filous ?

Monsieur le Prince avait épousé fort jeune Charlotte Marguerite de Montmorency, fille du Connétable, qui fut une

(1) *Mémoires de* Sully.

(2) *Mémoires du Président* Lenet *et de Madame* De Motteville.

des princesses les plus illustres de cette époque, autant par sa beauté que par ses vertus et son propre mérite ; il était dans son château de Montrond, dont il avait fait un séjour délicieux, quand il apprit la naissance de son fils. C'était sous ce nouveau seigneur de Saint-Amand que devait être détruite, pendant la guerre de la Fronde, cette majestueuse forteresse.

Henri II mourut le 26 décembre 1646 : il était avare, rusé, prudent et surtout excessivement dévot. « Il entendait la reli-« gion et savait en tirer avantage : il a peu entrepris d'affaires « qu'il n'est fait réussir en temporisant quand il ne pouvait en « venir à bout d'autre sorte. » Il avait eu de Madame de Montmorency trois enfants : une fille et deux fils, le grand Condé et le prince de Conti.

A sa mort, Madame la princesse douairière de Condé fit transporter à Paris, dans l'année 1647, la vaisselle d'or et d'argent, ainsi que les meubles précieux qui se trouvaient à Montrond. Elle consistait en quatre-vingt dix-huit pièces de vaisselle d'or et d'argent donnée à feu Mgr par les villes de Bourgogne. Décharge en fut donnée à M. de Mautour, gouverneur du château de Montrond devant Dugué, notaire à Bourges, en mai 1647.

CHAPITRE XIX

LE COUVENT DES CAPUCINS

Henri de Bourbon, afin de mieux prouver qu'il était désormais l'ennemi du parti calviniste, fonda à la Chaume-Billeron un couvent des frères de l'ordre de Saint-François.

Cet établissement religieux avait été arrêté par acte de la ville daté du 22 novembre 1621, auquel concoururent *François de Vignolles*, sieur de Mautour, commandant pour Monseigneur en son château de Montrond, ville de Saint-Amand, terres d'Orval, Bruères-sur-Cher et Epineuil, et *Etienne Neyret*, sieur de Coullombier, bailly des dites terres, étant en la chambre de ville de Saint-Amand, *Claude Larcevesque*, procureur et syndic de ladite ville, *Pierre Labbe*, avocat de ladite ville, présence de *Bonnet*, maire et des échevins d'icelle (1).

La première pierre de ce couvent fut posée le 27 mars 1623. Elle portait l'inscription suivante :

(1) Archives de Bourges. Papiers du couvent des Capucins. M. Bonnet fut le premier Maire que posséda la ville de Saint-Amand. Le premier établissement de la Mairie et Echevinage de Bourges, date du mois de mai 1474. Maire, *major populi seu villæ* ; *Echevins*, *Scabini*.

« Excellentissimus et illustrissimus, D. D. Henricus à Bor-
« bonio princeps, condans, Regiæ stirpis Primus Princeps,
« Sancto Francisco ejusque familiæ devotus, hunc primum
« lapidem benedictum a Reverendissimo Biturigum Archie-
« piscopo Rollando P. P. posuit, fundamentum hujus ecclesiæ
« et cenobii : quæ suis sumptibus in proprio fundo consom-
« mata sancto Carolo episcopo et confessori et sanctæ Geno-
« vefæ V. dicavit, adsistente sibi Illustrissimâ Margueritâ Ca-
« rolâ de Montmorency, maritissimâ ipsius conjugi die XXX
« martis anno MDCXXIII. »

L'église des capucins ne fut dédiée qu'en 1627, et pendant le carême de 1628, le prince de Condé fit enjoindre aux Huguenots de quitter la ville et de ne s'en approcher dorénavant de quatre lieues.

L'heure de la proscription avait été bien cruellement choisie ; la peste de 1628 décimait alors les populations et régnait particulièrement dans les villes de Bourges, Saint-Amand et Lignières, à raison des marais et de l'excessive humidité des vallées qni les entourent. Ce terrible fléau devait reparaître en 1638.

Les Huguenots étaient nombreux à Saint-Amand et surtout à Lignières où Calvin avait prêché. Ancien étudiant à l'Université de Bourges avec Théodore de Bèze en 1511, il était aussi monté en chaire dans la capitale du Berry ; et parmi les personnes de nos contrées qui allèrent se fixer en Suisse avec lui, on cite les Colladon, les du Peyroux, les Bourdillon, etc. Au surplus, les noms des plus anciennes et des meilleures familles de la noblesse et de la bourgeoisie figuraient à Bourges, comme à Saint-Amand, Blet et Lignières et sur tous les points de la France, dans le grand parti de la Réforme.

En face de la situation qui leur était faite, les Huguenots de Saint-Amand déclarèrent qu'ils voulaient rentrer dans le giron de l'Église, et procès-verbaux de leur abjuration furent dressés par le père Capucin, Benoit de Dijon. Il y eut plus de soixante abjurations pendant l'année 1628 ; elles continuèrent et furent reçues par les capucins dans les années 1667, 1671 et 1741, ainsi que par les Révérends Pères Carmes et le Clergé séculier. On en trouve mention sur les registres des actes de naissances, mariages et décès des années 1685 et 1695, déposés aux archives de la municipalité de Saint-Amand.

Thomas de Dijon, mort en 1626, fut le premier capucin du couvent de Saint-Amand : le dernier mourut à Saint-Amand le 30 novembre 1808, il se nommait Jean-François Autour, en religion le père Pierre ; il fut, pendant la Révolution, aumônier de la garde nationale.

Les bâtiments des pères Capucins de Saint-Amand furent en grande partie abattus par le canon durant le siège de Montrond. Rétablis en 1657, ils ont été occupés, dans les premieres années de la Révolution de 1789, par des prisonniers de guerre.

Les Capucins avaient été dispersés et, au mois de messidor, an II de la République, Hassenfratz, commissaire du comité de salut public, fut nommé directeur d'une fonderie de canons qui avait été décrétée à Saint-Amand. Il disposa, à cet effet, du couvent, de ses cours et jardins, du manège de la Chaume et des moulins de Billeron, des Bourguignons et des Forges. On y coulait et perforait ces engins de destruction si perfectionnés de nos jours ; on y fabriquait des quantités considérables de boulets et de biscayens, et les habitants de Saint-Amand étaient encouragés par l'appât du gain à la fabrication du salpêtre.

Mais cette fonderie fut bientôt supprimée, et, au 16 messidor an V, tout le matériel était déjà évacué sur différentes places de guerre.

Le couvent des Capucins étant devenu une propriété nationale, les habitants de Saint-Amand demandèrent que ces bâtiments fussent appropriés au service de l'hospice de cette ville, l'Hôtel-Dieu de la rue Saint-Vitte étant désormais insuffisant aux besoins de la population. L'administration municipale adressa au Conseil des Cinq-Cents toutes les pièces nécessaires à cette obtention, et cette sage mesure fut décrétée par une loi du 15 ventose, an VI.

Cependant la translation de l'hospice dans les bâtiments des Capucins fut longtemps retardée : la prise de possession de ce couvent au bénéfice des pauvres de la cité n'eut lieu qu'en l'an VII. La fondation de l'astucieux et dévot prince de Condé reçut ainsi une plus noble et surtout plus utile destination.

L'hospice de Saint-Amand admet gratuitement tous les malades indigents des communes de Meillant, Charenton, Saint-Pierre-des-Étieux, Culant, Ardenais, et ceux de la cité. Depuis 1876, grâce aux libéralités de M. Constant Auclair, de Bruère, les habitants pauvres des communes de Marçais, La Celle-Bruère et Allichamps participent à la même faveur.

D'un autre côté, mais à la charge par les communes ci-après de payer pour chaque malade admis la somme de un franc par jour, cet établissement est ouvert aux indigents du Châtelet, d'Arpheuilles, Coust, Vernais et des cantons de Saint-Amand et Saulzais-le-Potier.

Dun-le-Roi, qui a érigé un hôpital dans ses murs, a cessé d'user du même droit depuis 1883. Au nombre des bienfaiteurs de l'hospice, nous citerons : MM. Béguin, Fouquet, Geoffrenet des Beauxpleins, Tiphénat, Tourraton, Deschellerins, Constant-Auclerc, M. le duc et Mme la duchesse de Mortemart, et en dernier lieu M. Bernard Rey, qui, cruellement éprouvé par la perte d'une fille unique, a légué, en mourant, à cet établissement une somme de cent mille francs.

L'église des frères de Saint-François, dont le style est de la plus grande simplicité, a été restaurée en l'année 1867 : par décret, elle a été érigée, depuis 1875, en une paroisse succursale de celle de Saint-Amand, à la grande satisfaction des habitants des quartiers de la Chaume, de la route de Bourges et du Cheval-Blanc : mais pourquoi l'avoir placée sous le vocable de saint Roch au mépris de la dédicace primitive de saint Charles et de sainte Geneviève ?

On y remarque un tableau sur bois, représentant une descente de croix; il n'est pas sans mérite et date incontestablement de la Renaissance, à en juger par le costume de certains personnages. C'est un don fait à l'Hospice en 1819, par un de ses médecins, M. Villatte Josset.

On a placé sur un des murs intérieurs de l'église une plaque commémorative de la mort du Révérend Père Mariano de Pampeluna, Capucin d'Espagne de l'ordre religieux de saint François (1).

(1) Don Erreguerena Joseph-Jean-Basile-Louis-Charles-Ferdinand, en religion Mariano di Pampelona, était né à Pampelune le quatorze juin 1770, de Don Erreguerena Charles-Ferdinand, Intendant général militaire de la Vieille Castille et de Dona Bravo Logrone de Velasco. Entré en France comme exilé après la guerre de 1824 et la chute du gouvernement des Cortez, il résida, depuis 1826, à Saint-Amand, où il a rempli à l'Hospice les modestes fonctions d'aumônier. Ses nobles vertus le faisaient chérir de toute la population ; il est mort à cet hospice le vingt-quatre avril 1852. C'était un homme profondément instruit, sévère pour lui-même, indulgent pour autrui, d'un esprit fin et frondeur. C'était surtout un patriote au cœur chaleureux, qui avait prêché en Espagne la Constitution, qui, du fond de l'exil, priait pour sa malheureuse patrie et qui n'a jamais désespéré de la voir libre et florissante. Il fut l'ami de toute ma famille. Que Dieu lui soit propice !

. . . .

« Oui : non loin de ta tombe, à l'heure où la prière
« Dans ta modeste Église appelle le chrétien,
« Quand nous invoquerons la divine lumière
« De Jésus qui pardonne et nous ramène au bien,
« Pour le vieux pénitent de l'antique Hesperie,
« Pour le noble proscrit, nos yeux auront des pleurs ;
« Dors en paix, défenseur de la démocratie,
« A ceux qu'il fit martyrs, Dieu garde ses faveurs ! »

(V. M. 1er mai 1852).

Dans le but d'agrandir le champ de foire de la Chaume-Billeron, la commune de Saint-Amand s'est emparée, au commencement de l'année 1881, à titre de locataire d'une partie de l'enclos de l'hospice et de l'ancien cimetière qui y avait été établi en 1807 : il a été entouré de murs et planté d'arbres. C'est là que stationnent, les jours de foire, et sont mis en vente les moutons et les porcs. Sans critiquer, outre mesure, une telle décision, il est à regretter que le terrain où reposent les cendres de nos Pères ait reçu cette destination.

Notre poète Antoine Gaulmier a adressé une élégie au Révérend Père Pampelona.

CHAPITRE XX

MONTROND DANS SA SPLENDEUR

Sully avait acheté le château de Montrond du duc de Nevers, dans un état de délabrement complet ; nous avons vu ce qu'il en avait fait au point de vue militaire : une des places les plus redoutables du royaume ; mais indépendamment de ces travaux de défense considérables, il avait reconstruit presqu'entièrement le château et avait transformé l'ancien *nid d'aigles* en une demeure vraiment princière ; après lui Henri de Bourbon l'avait encore embellie de tous les agréments du luxe alors en usage.

A l'aide des notes recueillies par MM. Bonnet de Sarzay et Bonnet des Maisons, et aussi par l'abbé Hérault, dont le travail pour n'être pas toujours exact n'en est pas moins précieux, il est possible de faire la description à peu près complète et aussi fidèle qu'on peut le désirer de ce *gigantesque et merveilleux* château, suivant l'expression de l'illustre auteur des *Beaux Messieurs de Bois Doré.* L'examen minutieux et le rapprochement de ces divers documents nous a également permis de reproduire par la gravure les grandes lignes de cette imposante demeure, dont l'état de splendeur n'a eu qu'une durée relativement assez courte, puisqu'en 1606 tout était *dégradé*, *corrompu*, *pourri* et *démoli*, et qu'après la capitulation de 1652 les fortifications ayant été rasées et le château depuis cette époque si incomplètement réparé et entretenu à partir de 1735, il n'en resta plus que des ruines.

Le parc de Montrond avait une superficie totale de 85 *arpents*, 44 *perches* (1) (140 hectares environ) et plus d'une lieue de tour ; il était environné de murs de douze pieds de hauteur. En pénétrant dans cet enclos du côté de Saint-Amand, par la porte dite de Montrond, dont les dernières traces n'ont disparu qu'en 1831, on longeait à droite et à gauche une longue suite de bâtiments dans lesquels logeaient les jardiniers, boulangers, bouchers, serruriers, maréchaux et ouvriers divers, ou qui servaient de granges, d'écuries et d'étables. Ces constructions s'étendaient jusqu'au canal par lequel, (suivant la direction de la *rue Mazagran*), le Chignon entrait dans les fossés et formait un étang considérable dit le *grand canal* (Planche V).

Entre ce canal, et le mur d'enceinte qui entourait le château, se trouvaient des vergers, des bosquets, des terres labourées, des prairies, des vignes, et des jardins, parmi lesquels un surtout, dit le *grand jardin*, était particulièrement remarquable ; il était divisé en quatre carrés ornés à la mode du temps et traversé par une allée longue d'un *bon quart de lieue*, bordée de charmilles, formant une voûte haute de trois mètres et parfaitement entretenue.

Après avoir traversé les bâtiments dont nous venons de parler, on arrivait à un premier pont en maçonnerie et pierres de taille donnant passage sur les fossés, puis quelques centaines de pas plus loin à un second pont, mobile celui-là, auprès duquel se trouvait une seconde porte, dite la *Belle Porte*, qui donnait accès dans la seconde enceinte entourant le château et toutes ses dépendances.

(1) BONNET DE SARZAY.

Cette porte était défendue à gauche, par un fort bastion regardant le grand canal et le Petit Tertre (tuilerie de Montrond) et dont les murs épais de dix pieds avaient un développement d'environ cinquante pieds, avec une hauteur totale de trente-quatre pieds ; près de ce bastion et non loin de la porte était le logement des portiers, chargés de lever et d'abaisser le pont-levis.

Le mur, de la seconde enceinte qui faisait le tour du château, commençait à l'aile ouest du bastion, et se continuait jusqu'au sommet de la colline à l'entrée d'un chemin couvert dit la *Grande Arcade*, avec une hauteur totale de vingt-six pieds, dont les seize premiers avaient huit pieds d'épaisseur, et les dix autres deux pieds et demi seulement, formant ainsi, du côté des jardins et du Tertre, une terrasse avec un petit rebord d'un pied de haut ; cette terrasse servait de chemin de ronde et permettait de communiquer avec les forts situés à l'extrémité ouest de la place. A l'intérieur, c'est-à-dire du côté du château, le mur ne s'élevait que de quatre pieds à peu près au-dessus du chemin dit *la Rampe* qui conduisait de la *Belle Porte* à la *Grande Arcade ;* ce chemin était bordé à droite par un large fossé qui recevait les eaux venant du sommet de la colline.

Le mur était garni de distance en distance de tourelles couvertes en ardoises, larges de cinq pieds, hautes de dix, accompagnées chacune d'une demi-lune du côté du tertre et éclairées par un œil de bœuf de chacun des autres côtés. Ces tourelles servaient de refuge et d'observatoire aux sentinelles qui y pénétraient par la rampe ; on en faisait le tour en suivant la terrasse qui se trouvait à moitié du mur. En bas, et non loin du bastion, dont nous avons parlé, se trouvait un puits adossé au mur, profond d'environ trente pieds et où l'eau ne manquait jamais ; ce puits a été conservé.

Après avoir traversé la *Grande Arcade*, qui commençait au sommet de la *rampe* et qui avait une largeur de vingt-huit pieds, une hauteur de vingt-six avec une épaisseur au-dessus de la voûte de plus de douze pieds, on arrivait à une troisième porte dite *Porte Jaune*, qui était construite en pierres de taille, et haute de dix-huit pieds ; les battants en étaient en bois épais de trois pouces, revêtus de gros clous à tête large et pointue, et peints en couleur jaune. Cette porte donnait accès dans l'enceinte appelée *Grande Cour*, terminée du côté opposé à la Porte Jaune par un fossé et un mur contre lequel était la chapelle.

Cette troisième enceinte renfermait à gauche, en regardant le château, des écuries, des granges, des celliers, des chambres d'ouvriers, et à droite, allant jusqu'à la chapelle, des casernes et des magasins de toute sorte ; un de ces bâtiments, voûté et soutenu par deux piliers n'a été détruit qu'en 1836.

Non loin de la porte, à gauche, se trouvait une arcade ou conduit souterrain qui descendait en pente douce jusqu'aux fossés du côté de la Chaume-Billeron et servait à mener les bêtes à l'abreuvoir. L'extrémité de ce conduit se voit encore sur une certaine longueur, et débouche sur une propriété appartenant à M. Chavaillon ; il est bordé par un autre conduit beaucoup plus petit destiné évidemment à l'écoulement des eaux venant du sommet. Ce passage souterrain servait aussi à monter jusqu'aux magasins du haut le bois et les récoltes des jardins.

En suivant le grand chemin qui conduisait au château, au milieu de la grande cour, on longeait à gauche un assez grand parterre fort bien entretenu dont on voyait encore des traces en 1789, et qu'on appelait le jardin du *Nouveau Pont*, parce qu'il se trouvait en contre-bas du chemin et qu'on y arrivait par un escalier partant du pont en bois qui permettait de franchir le fossé limitant la grande cour du côté du château. Ce pont était fait de cinq énormes poutres appuyées sur deux rochers escarpés ; sur ces poutres étaient de forts chevrons, qui supportaient eux-mêmes des planches épaisses recouvertes de terre; il était fermé par une robuste porte qu'on ne pouvait ouvrir que du côté du château. Un peu à droite et près de la chapelle, mais de l'autre côté du mur et du fossé qui longeaient la cour, était un autre pont mobile ; il n'y avait pas de porte devant ce second pont, qui était presque constamment relevé.

Après avoir franchi la porte située à l'extrémité de la grande cour, on arrivait dans la dernière enceinte au milieu de laquelle se trouvait le château, en laissant à droite la chapelle qui formait une partie du mur de séparation des deux cours et qui était éloignée d'une quinzaine de mètres à peine de la façade du château.

Cette chapelle était de forme octogonale, plus longue que large (quarante-cinq pieds environ sur trente-cinq), couverte en ardoises et adossée à une tour sur laquelle reposait un clocher élancé et assez gracieux. L'intérieur en était rectangulaire, voûté et dallé en pierres de la Celle. Une balustrade en fer forgé terminait le chœur dans lequel étaient quelques beaux tableaux et de remarquables sculptures; tout autour de la nef étaient peints les portraits des douze apôtres de grandeur naturelle.

La chapelle restaurée par Sully avait été consacrée en 1620 par Mgr Roland Hébert, archevêque de Bourges ; Henri de Bourbon en avait organisé le service dans un mémoire écrit de sa main qui nous a été conservé (1).

Au milieu du mur qui faisait face au chœur était une ouverture par laquelle on allait de la chapelle dans la tour qui y attenait, et où pouvait se mettre, pendant les offices religieux, une certaine quantité de personnes ; de là on sonnait les cloches qui étaient au nombre de deux. On voit encore actuellement quelques vestiges de ces constructions, et on distingue notamment très bien des restes de la porte faisant communi-

(1) Voir ce mémoire aux pièces justificatives.

quer la chapelle à la tour. Devant la chapelle était une petite place et un petit parterre ; Sully y avait fait planter des acacias et des tilleuls, cinq de ces arbres étaient devenus très beaux, deux tilleuls existaient encore en 1826, ils avaient atteint une hauteur prodigieuse et se voyaient d'aussi loin que les ruines de la grosse tour.

Le château se composait d'un corps de bâtiments à trois étages avec une façade du côté de la chapelle, une autre du côté de la ville de Saint-Amand et de deux ailes ou pavillon, donnant l'un sur la Chaume-Billeron, Noirlac et le bois de Meillant, l'autre sur le Petit Tertre. Chaque façade du bâtiment du milieu avait soixante-dix pieds de longueur extérieurement et quarante pieds de largeur en œuvre. L'aile gauche ou *Grand Pavillon* avait quatre-vingt-dix pieds de longueur et la même largeur que le corps de bâtiments principal, avec trois étages comme celui-ci. Le pavillon opposé ou *Petit Pavillon*, avait peu d'importance à cause d'une tour qui en occupait la plus grande partie ; construite par Sully pour recevoir un escalier monumental, cette tour s'appelait *Tour de Rosny*.

Les fondations du château quoique reposant sur un roc fort dur avaient néanmoins douze pieds d'épaisseur ; les murs avaient soixante pieds d'élévation jusqu'aux toits, ils étaient en pierres de taille jusqu'au dessus du premier étage, avec trois cordons ou bandeaux faisant saillie de deux pouces, et régnant sur toute la façade au-dessus de chaque rangée des fenêtres qui étaient de différentes grandeurs ; celles du premier étage étaient beaucoup plus hautes et plus larges que celles du second étage, qui étaient elles-mêmes plus grandes que celles du troisième.

Tout le bas était occupé par les cuisines, boulangeries, offices et logements de domestiques ; ces pièces étaient éclairées par des ouvertures cintrées toutes vitrées faisant saillie sur le massif des bâtiments en raison de ce que les murs étaient moins épais à partir du premier étage. Cette saillie formait une galerie sur laquelle on allait des appartements du premier étage, et sur le rebord extérieur de laquelle était posée une balustrade en bois ouvragé. Pour éclairer plus complètement ces pièces du bas qui étaient en sous-sol, on avait enlevé du terrain jusqu'à une certaine profondeur et on avait fait de chaque côté de la porte d'entrée, qui était ornée de deux tours, la *Tour du jardin* et la *Tour des tilleuls*, un petit Parterre sur lequel on accédait par les arcades dont on vient de parler, et pour aller de l'un de ces parterres à la petite place de la chapelle on montait un escalier de six marches en forme de fer à cheval.

Les murs étaient surmontés d'une balustrade en bois analogue à celle du bas, et les couvertures étaient en ardoises. A chaque extrémité du bâtiment s'élevait une belle girouette et sur le milieu du toit une touffe de fleurs de lys : les murs des deux ailes offraient la même disposition d'architecture.

La façade donnant sur la ville de Saint-Amand, dont on peut voir encore de notables vestiges, était remarquable par une fort belle porte haute de douze pieds et large en proportion, surmontée d'une imposte cintrée. De chaque côté de cette porte était une colonne en pierres sculptées, dont le chapiteau servait de piédestal à une statue de grandeur naturelle représentant, d'un côté la déesse Flore tenant en ses mains des guirlandes de fleurs, de l'autre, Pomome tenant des fruits et des raisins.

A gauche de la porte et à une hauteur d'environ quinze pieds était figurée en pierres une fenêtre entr'ouverte d'où sortait une tête d'homme qui semblait surveiller attentivement ce qui se passait au dehors : on appelait cette sculpture la *fenêtre de l'espion* (1).

(1) Une sculpture semblable se trouve au Palais de Jacques-Cœur à Bourges.

L'ensemble du château offrait plutôt la vue d'un séjour d'agrément et de *délices* que d'une forteresse capable de soutenir un siège sérieux ; mais nous savons que le Grand-Maître de l'artillerie de France avait pris soin d'entourer son château de fortifications avancées qui pouvaient lui inspirer toute tranquillité.

Les appartements du corps principal communiquaient par des galeries avec ceux des pavillons, notamment avec celui de la Chaume-Billeron ; toutes les pièces en avaient été aménagées et décorées avec le luxe et le confortable du temps. L'aile droite, malgré son peu d'importance, puisqu'une tour et un escalier en formaient la plus grande partie, contenait aussi un certain nombre de chambres. Le grand pavillon était également attenant à une tour considérable, la *tour d'Orval*, faisant face à la chapelle. Dans ce pavillon se trouvait au premier étage une immense galerie ornée de magnifiques sculptures, et dont les fenêtres donnaient d'un côté sur le bois de Meillant et de l'autre sur la chapelle et le tertre.

Indépendamment des appartements de chaque membre de la famille de Sully, qui comportaient presque tous un salon, une salle de travail, une chambre à coucher avec cabinet et *garde-robe* (1), il y avait dans le château flanqué de ses neuf magnifiques tours, la *chambre des grandes armures, la grande galerie, la grande salle d'assemblée, la grande salle à manger, la grande chambre de la Tour d'Orval*, etc. Chaque tour avait ses appartements, plus ou moins spacieux ; le nom de ces tours nous a été conservé avec la place qu'elles occupaient, les unes rondes et couvertes en ardoises avec de monumentales girouettes, les autres carrées, terminées par des plateformes crénelées et de redoutables machicoulis (Planches VI et VII).

A peu de distance de l'extrémité est du pavillon de gauche et

(1) Bonnet de Sarzay.

non loin de la magnifique tour de l'*Emir* dont on voit encore les soubassements imposants, recouverts de pierres de taille jusqu'au niveau de la plateforme actuelle, se trouvaient les prisons, bâtiment élevé, assez vaste, d'aspect redoutable, mais sans architecture. Elles attenaient à *la petite tour*, dont le bas servait de corps de garde et dont les vestiges conservés jusqu'à nous ne laissent aucun doute sur le rôle qu'a dû jouer cette partie de la forteresse lors du siège de 1651.

La *grosse tour* enfin, qui avait cent-vingt pieds de circonférence, ronde comme *la petite*, comme elle revêtue entièrement de pierres de taille, avait une importance considérable. Séparée entièrement des autres constructions, puisque pour y aller du château il fallait franchir plusieurs portes et suivre un chemin assez long à travers des cours et des jardins, cette tour servait d'arsenal, de magasins d'armes et d'engins de toute nature ; elle avait néanmoins quelques pièces habitables, et était terminée par une plateforme recouverte d'un béton composé de pierres et de ciment, d'où l'œil embrassait un horizon très étendu, et d'où les troupes de Condé pouvaient apercevoir au loin les soldats de Clérambault.

Sur cette plateforme Henri II de Bourbon avait fait placer une colonne en pierres haute de dix pieds, surmontée d'une colossale statue de Mercure en pierre blanche et dure d'Apremont. Le dieu des Voleurs avait une coiffure ressemblant à un casque, il tenait un caducée, avait des ailes aux épaules et aux talons et semblait *prêt à s'envoler*.

Les ruines de cette énorme construction sont celles qui ont le plus résisté ; elles ont dominé longtemps la colline où fut Montrond, puis comme le reste elles ont fini par disparaître.

Le mur d'enceinte, à partir de la grosse tour, venait rejoindre la porte du bas, et terminer ainsi le circuit complet du château.

Indépendamment du passage souterrain dont nous avons parlé plus haut, plusieurs autres galeries de même nature mettaient en communication les différents étages de la forteresse les uns avec les autres : un conduit taillé complètement dans le roc partait des soubassements du château et allait en ligne droite à la porte du bas ; un autre, partant à peu près du même point aboutissait au puits situé près du bastion du midi et reliait ce puits avec un autre situé près des prisons,qui existe encore actuellement et qu'on a fermé il y a quelques années au moyen d'une forte voûte pour éviter les accidents ; un autre descendait du pied de la tour d'Orval dans les jardins du bas, qui communiquaient aussi avec la grande cour par une ou deux galeries dont on pourrait retrouver encore aujourd'hui des traces. Les sentinelles avaient en outre plusieurs casemates taillées dans le rocher ; deux de ces abris existent toujours ; l'un, situé sous la rampe à droite en montant, est fermé par une porte et est utilisé par les jardiniers de la ville.

Disons, en terminant, que Montrond avait un colombier important à la Chaume-Billeron, où se trouvaient aussi des casernes dites *casernes* du *petit Montrond*, qui appartiennent aujourd'hui à la ville de Saint-Amand et ont été transformées en école.

Août 1894.

PLANCHE VI (Restauration)

Vue du Château de Montrond en 1651. Façade regardant la Chapelle.

CHAPITRE XXI

LE GRAND CONDÉ

Henri II de Bourbon, après avoir donné tant de gages de dévotion au parti catholique et protesté de toute sa fidélité au roi qui l'avait fait sortir de prison, avait obtenu de Louis XIII, par l'influence du duc de Luynes, d'être en outre gouverneur et lieutenant-général du Bourbonnais.

Il avait eu, après douze ans de mariage, un enfant, Louis II de Bourbon, qui naquit à Paris, le 7 septembre 1621, et fut baptisé à Bourges, à l'âge de 5 ans, dans l'église cathédrale, le 5 mai 1626, par l'archevêque Roland Hébert.

Ce prince, qui devait être, un jour, le Grand Condé, eut pour parrain de son baptême le roi, représenté par Henri de Montmorency, son oncle maternel, qui fut décapité à Toulouse (1) : La reine-mère, sa marraine, fut représentée par la princesse douairière Charlotte de La Tremouille, qui fut si longtemps

(1) Son corps fut apporté de Toulouse à Moulins dans une chapelle où madame de Montmorency, sa veuve, née Princesse des Ursins, lui fit élever un superbe mausolée. Elle mourut le 5 juin 1666, et fut enterrée sous le tombeau de son mari, qu'elle avait fait construire, sur les dessins du célèbre architecte Lingre, au couvent de la Visitation de Sainte-Marie, dont la maison est occupée actuellement par le lycée de la ville de Moulins.

accusée d'avoir fait empoisonner son mari, Henri de Condé, premier du nom.

En succédant à son père, Louis II de Bourbon devint seigneur des terres d'Orval, Saint-Amand, Bruère, Epineuil, etc., et prit possession du château de Montrond, où il avait passé une partie de son enfance. Son père lui avait fait faire ses études à Bourges, cette vieille et noble cité qui fut, sous Charlemagne, la capitale du royaume d'Aquitaine (1). Le jeune écolier était venu, à cet effet, s'établir dans cette ville à la fin de 1629, puis il quitta le collège des Jésuites en 1635 et resta quelques mois à étudier au château de Montrond, sous la direction du docteur Mérille (2).

(1) Les Rois d'Aquitaine étaient sacrés à Bourges et couronnés dans la cathédrale de cette ville. Louis VII, dit le Jeune, y fut couronné en 1138, avant de parvenir au trône de France. Le Berry et l'Auvergne étaient alors Aquitaine : ce qu'on appelait France n'allait que jusqu'à la Loire.

(2) Edouard Mérille, le précepteur du grand Condé, était un célèbre jurisconsulte, professeur en droit à l'université de Bourges. L'installation du collège des Jésuites à Bourges date de 1582.

Monsieur le Prince avait exigé que son fils, pendant le cours de ses études, lui écrivît toujours en latin. Voici un extrait d'une de ses lettres :

« Non sine dolore locum amænissimum reliqui, cujus ne vel levissimum « quidem fastidium fuerat trium prope mensium commoratio. Invitebat « quoque ad longiorem morum serenitas temporis et adolescentis autumni « jocondia temperies ; ut parere oportebat, imperiis tuis, quibus toto vitæ « decursu carius mihi atque antiquius nihil erit. »

« Ce n'est pas sans douleur que j'ai quitté ce lieu délicieux (Montrond) où, « pendant un séjour de près de trois mois, je n'ai pas même trouvé le plus « léger ennui. La belle saison, la douce température de l'automne naissante « m'invitaient à y demeurer plus longtemps : mais il fallut obéir à vos ordres, « qui, durant tout le cours de ma vie, seront ce qu'il y aura de plus sacré « pour moi. »

Le jeune Prince se livrait avec une telle ardeur au plaisir de la chasse que son père, craignant que cette passion le détournât de ses études, lui ordonna de réduire le nombre de ses chiens. « Præter novem canes quos servari per te licebat, dimisi alios omnes, » écrivit-il le 23 décembre 1635 à son père.

Le parc de Montrond était rempli de gibier de toutes sortes et surtout de chevreuils.

Le duc d'Enghien, qui prit à la mort de son père le titre de prince de Condé, avait épousé, au mois de février 1640, et sous la contrainte du cardinal de Richelieu, Claire-Clémence de Maillé-Brézé, envers laquelle il devait être si injuste et qu'il abreuva de chagrins. Il fut mis en possession des gouvernements de Bourbonnais et de Berry, ainsi que de toutes les charges qu'avait exercées son père. (Armes 9, Planche IV).

Ce nouveau seigneur de Saint-Amand aurait eu besoin de plaider, comme l'avait fait le duc de Sully, avec les habitants de ses terres. De nombreux abus menaçaient les droits qui lui avaient été transmis; les boulangers ne cuisaient plus aux fours banaux d'Orval et de Saint-Amand ; ils n'envoyaient pas moudre leurs blés aux moulins seigneuriaux, et les fermiers se plaignaient. L'un d'eux, le sieur *J.-B. Ragon*, huissier aux requêtes du Parlement, et dont le frère, Charles Ragon, était fermier de Montrond, présenta à Son Altesse seigneuriale le prince de Condé une requête à l'effet de contraindre ses sujets des terres de Saint-Amand, Montrond, Orval et autres lieux, de cuire et moudre aux fours et moulins seigneuriaux. « Non seulement, « y est-il dit, on n'acquitte plus les droits, mais même on se « dispense de payer ceux dûs pour les ports, passages et ponts. « Les peuples ont pris licence, ils oublient ce qu'ils doivent : « les notaires tabellions sont abandonnés pour les notaires « royaux. »

La requête fut répondue d'une ordonnance de Louis de Bourbon qui enjoignait à tous officiers de faire payer les droits perçus sous Monsieur le prince, avec défense aux meuniers des paroisses voisines de venir *quester* sur celles appartenant à Son Altesse.

Mais le vent était aux idées nouvelles, à la suppression des abus. Le peuple *prenait licence* : il avait tant souffert des exactions du régime féodal et surtout pendant les guerres de religion ! Il rêvait un avenir meilleur, il aspirait à son émancipation, à une certaine indépendance, à la liberté dont il n'osait pas encore prononcer le mot... et d'ailleurs Condé allait lui montrer l'exemple de l'insubordination poussée jusqu'à la révolte.

Le rôle qu'il devait jouer dans les grands événements qui se rattachent, par un côté, à l'histoire générale du royaume, eut pour les habitants de Saint-Amand de si funestes conséquences qu'il entre dans le cadre que nous nous sommes tracé d'en faire un complet récit.

CHAPITRE XXII

LA FRONDE ET LE SIÈGE DU CHATEAU DE MONTROND

A la suite d'une alliance entre le cardinal Mazarin et le parti des Frondeurs, le prince de Condé, le prince de Conti, son frère, le duc de Longueville, leur beau-frère, furent arrêtés le 18 janvier 1650. Abandonnés bientôt après de la plupart des nobles attachés à leur cause, les princes ne conservèrent plus, de toutes les places de leurs gouvernements, que Montrond en Berry et Stenay en Lorraine (1). Mais Claire de Maillé, la malheureuse épouse du prince de Condé, s'était furtivement échappée de Chantilly, lors de l'arrestation de son mari, et avait pu, après trois jours de marche, entrer, le 14 avril, avec son fils, dans son château de Montrond. La princesse avait fait le long trajet de Paris à Saint-Amand, montée en croupe derrière le comte de Colligny, mesdames de Tourville, de Gourville et mademoiselle Gerbier montées derrière trois autres cavaliers et le jeune Prince porté par son écuyer; la troupe était composée de cinquante chevaux, y compris les gardes et les valets.

Les partisans du Prince, à la tête desquels se plaça tout

(1) Sainte Aulaire, *Histoire de la Fronde*, Tome II.

d'abord Roger de Rabutin, comte de Bussy, organisèrent dans notre pays une vive résistance. Tavannes, Châtelus, Chavagnac, tous ceux appartenant à la noblesse du Berry et du Bourbonnais, dont Condé était le seigneur suzerain, se rendirent en foule au château de Montrond, où des hommes de courage pouvaient se défendre longtemps contre une armée. Une partie des troupes, qui arrivaient au secours du Prince, furent logées dans la ville de Saint-Amand, et d'autres furent disséminées dans les terres et châteaux que le Prince possédait en Berry, il s'agissait de s'armer à la hâte et de défendre, contre François de Beauvilliers, marquis de Saint-Aignan, gouverneur du Berry, les places fortes qui tenaient pour Condé (1).

A cet effet, le Commandant de Montrond avait envoyé dans le château de Bomiers, qui appartenait au prince de Condé, une garnison sous les ordres du sieur de la Bernaise ; mais elle dut bientôt se retirer devant les forces considérables de M. de Saint-Aignan, qui, successivement, s'empara pour le roi de la grosse tour de Bourges et des châteaux de Baugy, Vouillon, Gargilesse, Bomiers et Pruniers. M. du Broutet, mestre-de-camp de cavalerie, qui était seigneur de Gargilesse et qui tenait pour le parti du prince, s'était retiré dans son château avec une partie de la cavalerie de Montrond, mais il en fut délogé, le 16 septembre 1650, par les troupes de Saint-Aignan (2).

Les habitants d'Issoudun, commandés par leur maire, Perrot de l'Épinière, assistaient à la prise des châteaux de Bomiers et de Baugy. Par contre, la garnison de Montrond fit de fré-

(1) D'après le testament de Louis XIII, le prince de Condé devait être le chef du Conseil de Régence. Le soulèvement du Prince et de ses partisans trouve là son explication.

(2) Le 2 juillet 1650, le comte de Bussy écrivait, du camp de Montrond, à Mme de Sévigné, qu'en l'absence du marquis de Saint-Aignan, il venait de défaire son régiment.

quentes sorties; elle étendit ses excursions jusqu'aux portes de Dun-le-Roi et de Moulins, levant partout des contributions de guerre, et nos campagnes furent ravagées par les troupes des deux partis.

Mais, de son côté, Clémence de Maillé, cédant aux instances de ses nobles amis du midi, avait quitté le 11 mai la place de Montrond, après l'avoir approvisionnée de vivres et de munitions en quantités suffisantes pour soutenir un siège de plusieurs années ; et, le 31 du même mois, elle entrait avec son fils dans la ville de Bordeaux, aux acclamations enthousiastes de toute la population, qui avait chaleureusement embrassé contre Mazarin le parti des Princes. Sa douceur, sa constante humanité, son intrépidité héroïque dans les dangers, sa tendresse pour son fils avaient excité dans toutes les classes du peuple de Bordeaux une affectueuse admiration.

Le siège de Bordeaux, dirigé par le Cardinal, se termina par un traité du 1er octobre, dans lequel il fut stipulé que la princesse de Condé pourrait se retirer à Montrond, y tenir garnison de deux cents hommes de pied et cinquante gardes à cheval ; lesquelles troupes seraient choisies par elle, commandées par des officiers qu'elle nommerait et néanmoins entretenues, aux dépens du roi, des deniers provenant de la recette générale du Berry, laissés à cet effet dans les caisses du receveur de Saint-Amand et payés sur les ordres de la Princesse.

Bientôt après et à la suite d'une amnistie générale (1) publiée le 13 octobre 1650, les gouverneurs du Prince furent réintégrés dans les châteaux que le marquis de Saint-Aignan avait occupés militairement; mais le Parlement de Paris soulevé par les Frondeurs (2) avait demandé la liberté des princes, et la reine,

(1) Voir aux pièces justificatives la *Relation véritable contenant les articles accordés, etc.*

(2) « C'étaient sans doute de grands coupables que ces héros de la Fronde, « qui, sans aucun souci du bien public, n'eurent jamais en vue que leurs inté-

Anne d'Autriche, dut donner l'ordre de les faire sortir de la prison du Havre où ils étaient détenus. Ce fut le Cardinal qui alla lui-même les délivrer, le 25 février 1651, comptant s'en faire un mérite auprès d'eux : les Princes entrèrent en triomphe à Paris, accompagnés du duc d'Orléans.

Cette nouvelle inespérée avait répandu une grande joie dans le Berry : Claire de Maillé résidait alors avec son fils, le duc d'Enghien, au château de Montrond et Labbe de Champgrand, capitaine du quartier d'Auron à Bourges, accompagné de cent cavaliers, vint, à cette occasion, présenter ses hommages et ses félicitations à madame la Princesse au nom de la ville. Cette noble dame, pour satisfaire aux vœux de la population, se rendit à Bourges, où il lui fut fait le plus brillant accueil ; elle avait laissé son fils au château de Montrond et partit pour Paris.

Mais entre temps et à la suite de dissentions dont le récit appartient à l'histoire, le prince de Condé, qui n'avait pas voulu assister au lit de justice oùler o Louis XIV déclara sa majorité, se prépara de nouveau à la guerre. Il fit une grande levée de troupes dans le Berry, établit des postes et une communication entre son château de Montrond et Sancerre, se rendit à Bourges, tenta d'entraîner la ville dans son parti et voulut s'assurer par serment le concours des principaux fonctionnaires et habitants de la province. De Bourges il se retira d'abord à Montrond, où il fixa sa résidence jusqu'au 16 septembre, puis il rentra avec sa femme et son fils dans son gouvernement de Guienne, à Bordeaux.

Quatre jours après, le prince de Conti, madame de Longue-

« rêts particuliers. Mais n'était-ce pas Mazarin qui, par son système de dupli-
« cité et de mensonge, les avait exaspérés et poussés à la guerre rivale ! On
« sait comment, pendant près de quatre ans, il fut, le premier, victime de
« ses propres finesses. »

B. CHANTELAUZE. *Le Correspondant*, livraison du 25 juillet 1884.

ville et Monsieur le duc de Nemours arrivaient à Bourges. Le Prince fit les plus grands efforts pour soulever les habitants en faveur de sa cause ; mais, désespérant d'y parvenir, il se hâta, à l'approche du roi, de se retirer au château de Montrond, emmenant avec lui comme captif Claude Biet de Maubranches, lieutenant-général au bailliage du Berry et maire de Bourges (1).

En effet, leurs Majestés, le roi et la reine, sa mère, quittèrent Paris le 27 septembre (2), séjournèrent à Fontainebleau jusqu'au 2 octobre, se rendirent ensuite en deux jours à Gien où elles apprirent que Monsieur le prince de Conti, madame de Longueville et le duc de Nemours faisaient tout ce qu'ils pouvaient pour soulever la ville de Bourges contre le service du roi, qu'il n'y avait aucune sorte d'artifices dont ils ne se servissent pour cela, caressant les uns, intimidant les autres et distribuant de l'argent à la populace ; que cela ne leur réussissant pas, ils avaient fait emprisonner le maire, qui est lieutenant-général, avaient chassé de la ville deux échevins qu'ils croyaient bons serviteurs du roi ; que, par toute la province, il se faisait des levées de gens de guerre pour le prince de Conti, qu'ils avaient fait prendre l'argent de toutes les recettes et faisaient vendre tout le sel des greniers.

Le roi ayant pris un avis, résolut de faire passer la rivière de

(1) Pierre Biet, conseiller du Roi, lieutenant-général de Bourges, avait acheté la seigneurie de Maubranches, qui avait appartenu à Jacques-Cœur.

M. Biet demeura prisonnier pendant dix mois et demi dans une des tours de Montrond, la tour de l'Emir, en compagnie de M. le marquis de Sessar, fils de M. le comte de Clermont-Lodève, et de M. le marquis de la Fayette sous le coup de continuelles menaces et de rigoureuses contraintes.

M. de Sessar avait été arrêté à Bourges en même temps que M. Biet, quant à M. de la Fayette, il avait été fait prisonnier dans une sortie exécutée pendant le siège de Montrond, du côté d'Orval, par la garnison de cette place.

(2) Le Cardinal Mazarin était alors en exil ; il avait été déclaré par arrêt criminel de lèze-majesté.

Loire aux deux régiments d'Harcourt et la Meilleraye, commandés par le sieur de Bougy qui, d'abord, poussa la cavalerie et défit le lendemain, entièrement, deux de leurs compagnies et prit celui qui les commandait.

Le roi alla coucher à Aubigny où les députés de Bourges vinrent le trouver sur le soir et lui dirent comment Monsieur le prince de Conti, madame de Longueville et le duc et la duchesse de Nemours s'en étaient allés de leur ville, que, sans sa venue, ils étaient entièrement opprimés et qu'ils le suppliaient de faire raser la grosse tour qui leur avait causé tant de maux.

Le roi Louis XIV entra effectivement à Bourges accompagné de la reine, sa mère, le 7 octobre 1651, y resta jusqu'au 25 et donna immédiatement ordre à Philippe de Clérambault, comte de Palluau, et au mestre-de-camp de Bougy de marcher sur Montrond avec douze cents hommes de pied des régiments des gardes suisses et françaises et cinq cents chevaux. Cette place était défendue par les deux de Baas, François Jean, marquis ou major de Persan et Paul, l'aîné, qu'on appelait habituellement Monsieur de Baas (1).

Le prince de Conti, la duchesse de Longueville et les ducs de Nemours et de la Rochefoucauld quittèrent alors le château de Montrond pour se rendre en Guienne : ils avaient été déclarés, eux et le prince de Condé, par lettres-patentes publiées à Bourges dans le mois d'octobre, désobéissants, rebelles et criminels de lèse-majesté.

Saint-Amand n'était pas en état de soutenir un siège : c'est pourquoi M. de Persan avait donné avis au principaux habitants de se retirer avec leurs effets dans le château de Montrond, conseil qui fut suivi par un très petit nombre, les autres croyant suffisant de cacher ce qu'ils avaient de plus

(1) Voy. au sujet des de Batz ou de Baas, *Histoire des Princes de Condé*, p. LE DUC d'AUMALE Tome VI. p. 12, et la note.

précieux dans les deux couvents et autres lieux de la ville.

M. de Persan présumant alors que l'armée du Roi serait la première à piller les habitants, crut devoir la prévenir, et ayant fait ordonner une procession générale qui devait aller de l'église des Carmes aux Capucins, les soldats de Montrond établis à la garde de la ville entrèrent, par son ordre, pendant cette pieuse cérémonie, dans le couvent des Carmes, dans celui des Religieuses (1), et dans quelques maisons signalées et enlevèrent jusqu'aux vases sacrés (2). Il y fit un butin considérable, qui ne fut pas estimé à moins de cent mille livres, après quoi, il se retira dans le château.

Les troupes du Roi s'étant alors rapprochées de la ville, ceux des soldats de M. Persan, qui y étaient restés pour veiller à sa défense, achevèrent de piller ce qui avait été respecté, de peur que les assiégeants, qui avaient déjà pris le faubourg du côté des vignes, dit le faubourg du Cheval-Blanc, ne trouvassent encore quelque chose à prendre. Tous les habitants abandonnèrent la ville et se retirèrent où ils purent ; la ville de Lignières en fut surtout encombrée.

Saint-Amand, après une faible résistance, fut prise d'assaut par les régiments des gardes suisses et françaises, qui eurent

(1) Le couvent de la Congrégation de Notre-Dame, établi en 1639, rue Saint-Vitte (bâtiment actuel de la maison d'arrêt) comptait, en 1644, au nombre de ses abbesses Philiberte de la Roche-Aymon. La date de la fondation de ce couvent, de l'ordre de Saint-Augustin, indique qu'il faut l'attribuer au prince Henri II de Bourbon, prince de Condé ; il fut transféré à Bourges, à l'époque du siège de Montrond. Les religieuses y demeurèrent jusqu'à la Révolution, dans les bâtiments occupés aujourd'hui par les Dames Fidèles Compagnes de Jésus, et pour une autre partie par les frères de la doctrine chrétienne (Buhot de Kersers, *Histoire et statistique monumentale du Département du Cher.*)

(2) Un calice d'une forme antique, qui a fait partie du butin, se trouve encore dans la sacristie de l'église paroissiale de Saint-Amand. Il porte, gravé sous le pied, ces mots : *F. Simon Thomas, Carme à Saint-Amand*, 1626.

quelques tués et blessés. Des maisons furent incendiées pendant le combat en différents point de la ville, notamment au Vieux-Château où l'auditoire du prétoire fut en partie détruit par le feu, ainsi que quelques maisons adjacentes. Mais le château de Montrond, qui avait pour gouverneur M. de Baas, lequel avait succédé à M. de Mautour, devait se défendre vigoureusement. On commença les approches de la place vers le 18 octobre ; elles ne devaient être terminées qu'à la fin d'avril 1652.

Déjà l'armée du prince de Condé s'était emparée sur les troupes du Roi des châteaux de Baugy et de l'Isle-sur-Arnon : inutile de dire que, pendant la longue durée du siège, les habitants des paroisses voisines et souvent même tout le Berry, furent exposés aux vexations des gens de guerre de l'un et l'autre parti : la garnison de Montrond, qui manquait de vivres, enlevait les bestiaux dans les campagnes, pillait les granges et causait partout des dommages considérables. C'est ainsi que les lieutenants de Condé pillèrent l'Abbaye aux Pierres que les Protestants avaient déjà ravagée et qui devait être détruite par les Jacobins de 1793.

De son côté, le comte de Palluau, qui commandait en chef l'armée du Roi, crut devoir s'assurer de tous les petits châteaux des environs qui tenaient pour Monsieur le Prince ou qui lui appartenaient.

S'étant mis en conséquence à la tête d'un corps considérable de troupes, suivi de quelques pièces de canon, il arriva, le 25 octobre 1615, sous les murs du Châtelet (1), où Mon-

(1) Le Châtelet avait été vendu au duc de Sully par Mons. le duc de Montpensier et faisait partie de la province du Berry et de la terre de Châteauroux acquise par le prince de Condé. De sa Châtellenie dépendaient huit paroisses. Puy-Ferrand, Ids, Morlac, Marçais, Ardenais, Saint-Janvrin, Maisonnais et Saint-Pierre-les-Bois ; le chástel et seigneurie du Plaix et le fief de Montalon, paroisse d'Ardenais, près la rivière d'Arnon, les chastels de la Motte-le-Fleury, de Sizières, du Riau, paroisse de Marçais, les chastels et

sieur de Baas commandait pour le prince de Condé et d'où lui et les siens se rendaient à charge aux villes voisines pour les vivres et les fourrages. Le château du Châtelet fut rendu au Roi le 1er décembre après six jours de canonnade et de siège.

Ceux de Poisieux et de Colombier ne firent aucune résistance : Culant, Préveranges, Châteaumeillant se rendirent après avoir soutenu quelques jours de lutte. Hérisson avait ouvert ses portes à M. de Saint-Géran, de la famille des Chabannes de la Palisse, gouverneur du Bourbonnais, qui s'était emparé de la forteresse.

Mais M. de Palluau se hâta d'aller reprendre le siège de Montrond, dont un parti, profitant de son absence, avait été dans une sortie, incendier les faubourgs de Saint-Amand et s'y était retranché.

Pendant ces divers faits d'armes, les contributions que les troupes du Roi imposèrent à la ville de Lignières et auxquelles les habitants se soumirent par nécessité, n'empêchaient pas que les soldats du camp se répandissent dans les campagnes environnantes pour piller et enlever les bestiaux, malgré la sévérité des défenses de M. de Clérambault. Les paysans se soulevèrent, coururent sur les troupes, et les ha-

seigneuries de la Barre et de Lomoy, paroisse de Morlac, le lieu noble de Taunay, la terre et seigneurie de Vignes, paroisse de Maisonnais, le Chastel de Saint-Janvrin, paroisse de Saint-Janvrin, le Chastel et Seigneurie de Bagneux, paroisse de Saint-Pierre-les-Bois (CHAUMEAU, HISTOIRE DU BERRY).

L'abbaye du Bois d'Habert, qui fut réunie à celle de la Prée, de l'ordre de Citeaux, près d'Issoudun, était assise en la Châtellenie du Châtelet.

Les Bénédictins de Chézal-Benoît, que Nicolaï appelle les Moynes-Noirs de Chézeau Benoît, avaient, dans la paroisse de Morlac, des terriers et des domaines, ainsi qu'une chapelle au lieu dit de *Souage*, placée sous le vocable de Sainte-Marie : Elle aurait été bâtie par deux frères, chevaliers, fait prisonniers pendant les croisades. Cette chapelle, qui subsiste encore, est abritée par deux magnifiques ormes-Sully, qui, de tous côtés de l'horizon s'aperçoivent à des distances considérables.

bitants de Rezay, de Saint-Hilaire et de Touchay, commandés par un gentilhomme de Rezay, du nom de L'Étang, attaquèrent les soldats et en détruisirent plus de mille au lieu de la Chaume-Parcy, qui prit alors le nom de *Chaume aux Chiens*, à cause des cadavres privés de sépulture dont la pourriture attira tous les chiens des environs (1).

Un grand nombre de soldats furent aussi détruits du côté d'Ineuil et leur cadavres jetés dans l'étang de Villiers, ce seul et magnifique lac de notre pays, qui a été desséché et mis en culture en l'année 1844.

« Durant le siège, on ressentit, le dimanche, 14 jan-
« vier 1652, entre les dix et onze heures du soir, un hor-
« rible et épouvantable tremblement de terre, communément
« en tout le Berry, dont tout le monde eut une grande frayeur (2). »

Le blocus du château de Montrond avait été converti en un siège qui était devenu opiniâtre. En l'absence de Palluau, qui, d'après les ordres du Roi, avait marché sur Beaugency, le mestre-de-camp, De Baradas, commandait, au mois de mars, la place de Saint-Amand ; il avait établi une garde à Orval, sans compter sept ou huit postes qu'il avait dû créer sur différents points ; aussi se plaignait-il que les troupes qui lui avaient été laissées par Palluau étaient insuffisantes, et il se

(1) CHEVALIER. *Annales Berruyères*.

(2) Cette mention se trouve au greffe du tribunal civil de Saint-Amand, sur le registre des actes de l'état-civil de la paroisse de Sidiailles, de 1649 à 1692, premier feuillet, tenu par *Jacques Béguas*, religieux de l'abbaye de Notre-Dame des Pierres, curé de Sidiailles.

Trois secousses assez fortes se sont fait sentir dans notre pays ; l'une en 1841, l'autre le 13 septembre 1866, et la troisième le 13 janvier 1872. Le tremblement de terre de 1866 occasionna surtout une vive émotion parmi la population. Il eut lieu sur les 5 heures du matin et se manifesta par trois secousses fortement accentuées. Celui de 1872, produisit, sur les neuf heures du matin, une légère commotion suivie d'un bruit souterrain semblable au roulement sur le pavé d'une lourde voiture.

hâta de demander au comte de Bussy-Rabutin qu'il lui envoyât un des régiments qu'il commandait à la Charité.

On commençait à crier à la Cour contre tant de lenteurs : mais la place était vigoureusement défendue ; il fut même un instant question de retirer les troupes du Roi... Le comte de Palluau s'y opposa énergiquement ; il savait la détresse dans laquelle se trouvait la garnison, qui était réduite à six vingts hommes, sans aucune provision de bouche et de guerre. Force fut donc bientôt au gouverneur de demander à capituler.

Désespérant d'être secouru assez promptement, le marquis de Persan prit la résolution de se rendre, mais après avoir stipulé que si des secours arrivaient avant le 1er septembre, ses propositions seraient considérées comme non avenues. Les articles de la capitulation furent signés le 22 août 1652. Peu de temps avant avait eu lieu, le 2 juillet, dans les rues de Paris, entre Condé et Turenne, le fameux combat du Faubourg Saint-Antoine.

L'attitude de la garnison était devenue, par ce traité, purement passive : elle avait les bras liés ; elle ne pouvait, puisqu'elle se l'était formellement interdit, prendre part aux efforts que l'on ferait pour sa délivrance ni en seconder les tentatives par des sorties. Le comte de Palluau, qui ne voulait pas avoir deux ennemis à combattre, dut dicter cette condition comme mesure que lui commandait la prudence. D'un autre côté, la position de M. de Persan était devenue tellement fausse qu'il accepta une loi aussi dure qu'elle était humiliante.

Cependant on était prévenu que M. le Prince allait essayer de dégager Montrond. Il donna ordre, le 18 août, de détacher huit cents chevaux de son armée campée à Saint-Cloud, et il en confia le commandement à M. de Briord, gentilhomme de Bresse, qui arriva à Baugy, en Berry, après quatre jours de marche. Là ces troupes furent renforcées par des détachements que conduisaient plusieurs gentilshommes. Le comte de

Valençay et Coligny avaient réuni deux cents de leurs amis et trois cents chevaux, et le marquis de Lévy, cent vingt gentilshommes et quatre à cinq cents fantassins.

Le comte de Palluau se hâta de donner avis au comte de Bussy, lieutenant au gouvernement du Nivernais (1), qui avait depuis, l'amnistie du 13 octobre 1650, abandonné la cause du prince de Condé, du secours que devait recevoir la place de Montrond. Bussy assembla le 20 août la noblesse de sa province, au nombre de cent cinquante à deux cents, en la ville de la Charité, et avec trois compagnies de son régiment de cavalerie il en partit le 23 se rendant à Nérondes, où il coucha, et de là, à Bannegon où il passa la nuit, après avoir fait rompre le pont sur la rivière de l'Auron.

Le comte de Montbas, gouverneur de Mehun, mestre-de-camp avait reçu, de son côté, l'ordre du Roi de partir de la Brie avec six cents chevaux ; il se mit en marche, le 20 août, et arriva aussi à Bannegon ; concentrées dans les mêmes parages, toutes ces troupes en vinrent bientôt aux mains. De Briord, averti que les sieurs de Franchesse et de la Pierre, gentilshommes du Bourbonnais, marchaient, avec quelques troupes sur Montrond, détacha vers eux le comte de Valençay et le marquis de Lévy avec quatre cents chevaux ; il les mirent

(1) Roger de Rabutin, comte de Bussy, mestre-de-camp de la cavalerie légère de France et lieutenant du Roi au pays du Nivernais, qui s'était emparé de la Charité, fit payer à cette ville deux mille livres pour le siège de Montrond. (*Le Nivernais*) Nevers avait été taxé à huit mille livres (*Lettre de Palluau à Bussy*, du 19 mai 1652). Le canon qui devait servir au comte de Palluau avait été expédié de Nevers et escorté par Bussy, de Nevers au Veurdre, où il rencontra Palluau auquel il laissa pour le siège de Montrond, dans les premiers jours de juin 1651, un effectif de trois cent trente-neuf soldats. L'équipage de cette batterie, évaluée à cinquante-cinq mille sept cent-quarante livres, avait été tiré du château de Decize, et Palluau avait, en outre, reçu l'ordre de prendre six milliers de poudre à la Charité (*Mémoires de* Bussy.)

en déroute, et Franchesse et de la Pierre, blessés tous les deux, se retirèrent sur Cérilly.

On avait craint, un instant, que de Saint-Géran, gouverneur du Bourbonnais, qui paraissait hésiter à prendre parti, se déclarât pour le prince de Condé, mais MM. de Baradas et de Bussy portèrent leurs forces sur Cérilly et décidèrent Saint-Géran à marcher contre Montrond.

De Briord n'hésita pas davantage à attaquer de Bussy : il envoya contre lui trois cents chevaux, commandés par le comte de Valençay, qui se mit à sa poursuite et le contraignit de se réfugier dans le château de Thaumiers qu'il investit.

Il fallait aussi, comme moyen suprême, tenter de soulever la province et d'entraîner les habitants de Bourges dans le parti du prince de Condé. Le comte de Valençay se rendit, dans ce but, sous les murs de cette ville et, dans la nuit du 25 au 26 août, secondé par un très grand nombre de bourgeois qui n'avaient pas déserté la cause des Condé, ils se présenta à la porte Saint-Sulpice : mais les habitants se prononcèrent énergiquement pour le Roi, et Valençay se vit contraint de se retirer avec ses deux cents chevaux et cent volontaires de la ville qui se joignirent à lui.

Il était difficile à de Briord, qui avait groupé le gros de ses forces du côté de Drevant, de s'approcher de la place de Montrond ; Palluau s'était retranché dans la ville basse de Saint-Amand et sur le petit tertre, en face du château de Montrond. De Montbas observait avec ses troupes la route de Charenton ; de Bussy occupait un poste sur la Marmande auprès du couvent des Capucins ; les assiégeants disposaient de plus de deux mille cinq cents chevaux, et la ligne de circonvallation était défendue par des redoutes et garnie de canons.

Cependant, et après avoir tenu conseil de guerre sur le parti qu'il leur restait à prendre, Briord, Valencay et Lévy quittèrent les environs de Drevant ; Briord conduisit lui-même, le 27 août, une attaque dans le dessein de forcer les lignes ; pendant deux heures, il resta en présence des assiégeants, qui le reçurent à bouts portants et à coups de canons ; il fut donc contraint de se retirer.

Mais le marquis de Lévy ayant fait sa jonction avec de Briord, la position de la veille fut reprise, et ils ne doutèrent plus de faire réussir leur projet de jeter des secours dans la place. Cette espérance fut de courte durée : ils n'étaient pas à couvert du canon que l'on faisait tirer sur eux de toutes les avenues, et ils étaient, eux et leurs troupes, exténués de fatigue, ayant demeuré pendant trente heures à cheval, sans avoir seulement pris une heure de repos.

Ils n'en persistèrent pas moins à tenter un dernier effort. Six gros escadrons, commandés par Briord, Lévy et Valençay, suivis de soixante gentilshommes de leurs amis, se présentèrent, le 29 août, du côté de Drevant, et descendirent jusqu'aux bords de la rivière du Cher, qui servait de circonvallation aux assiégeants ; trois escadrons passèrent la rivière : ils faisaient cent cinquante chevaux. De Briord, revenu de Drevant par la Roche et la Garenne, passa le Cher au gué du Pré des Joncs, et, s'étant mis à leur tête, il poussa l'attaque avec beaucoup de vigueur jusqu'au pied des lignes sur le haut desquelles s'étaient postés les régiments d'Anjou et de Bussy, soutenus de cent cinquante chevaux et deux pièces de canon. Mais il dut opérer sa retraite après une perte de cinquante de ses gens tués ou mis hors de combat. Il eut reçu un plus grand échec, si les assiégeants eussent voulu permettre à la cavalerie de sortir : mais Palluau jugea à propos de ne rien hasarder avant que la place ne fût tout à fait rendue.

En de telles circonstances, les sieurs de Briord, Lévy et Valençay, désespérant de pénétrer dans la forteresse se retirèrent le soir même, et le lendemain, avec leurs troupes, ils se dirigèrent sur Sancerre. Ils parvinrent à passer la Loire au-dessous du Pont-de-Saint-Thibault, malgré le vicomte de Montbas qui, de Charenton où il était campé avec cinq cents chevaux, s'était mis à leur poursuite.

Montrond subit donc la capitulation convenue, et le 1er septembre 1652, après un siège mémorable qui avait commencé le 18 octobre de l'année précédente, la garnison mit bas les armes ; elle était réduite à ce point qu'elle n'avait plus les forces suffisantes pour faire le service de la place et garder les postes.

La province du Berry avait été profondément agitée pendant la guerre de Montrond ; de grands efforts avait été tentés, mais sans succès, afin, comme nous l'avons dit, d'entraîner les habitants de Bourges dans le parti de M. le Prince. Par leurs soins, un personnage dont le nom est resté ignoré, avait été arrêté au moment où il cherchait à détacher la province de la cause royale, et le Roi, sur cet avis, avait donné de ordres pour que le blocus fut poursuivi avec plus de sévérité (1). La lutte avait été vive de part et d'autre ; plusieurs gentilshommes avaient armé pour le Roi et diverses rencontres eurent lieu sur différents points.

Les habitants et bourgeois de la ville de Châteauroux durent prendre fait et cause pour le prince de Condé, leur seigneur ; trois cent cinquante volontaires se mirent en mar e et se dirigèrent sur Montrond. Ceux d'Issoudun, peut-être un peu par cet esprit de rivalité qui, de nos jours, n'a pas encore disparu, se rangèrent dans le parti opposé ; ils s'armèrent au nombre de quatre cents, apportant leurs bras au service du Roi. Chemin faisant, les volontaires de ces deux cités se rencontrèrent dans une plaine entre Châteauneuf et Dun-le-Roi :

(1) Voir aux pièces justificatives la lettre que Louis XIV écrivit à ce sujet aux habitants de la ville de Bourges.

la plaine de Saint-Loup-les-Chaumes : on en vint aux mains, et cinquante hommes restèrent sur le terrain.

Pour comble de calamités, le sieur de Persan avait eu la précaution de stipuler, en capitulant, qu'il ne serait pas tenu de restituer, soit aux habitants de Saint-Amand, soit à tous autres, les dépouilles opimes qu'il s'était appropriées durant la guerre d'une manière si perfidement odieuse, et ce ne fut dans la cité que misère et désolation pendant de longues années.

La petite garnison de la place fut conduite à Montargis : ceux des habitants de Saint-Amand qui s'étaient trouvés au nombre des combattants renfermés dans Montrond furent autorisés à rentrer dans la ville, à la charge de faire leur soumission au Roi. M. Biet de Maubranches qui, pendant sa détention, avait failli, par représailles, être pendu au pont-levis du château, fut rendu à la liberté, et le roi Louis XIV, qui voulut en finir avec la guerre civile, ordonna que la forteresse de Montrond serait détruite et que les canons et les armes qui s'y trouvaient seraient conduits en la ville de Bourges, qui avait fourni aux démolisseurs trois mille livres de poudre.

Ainsi devait disparaître ce magnifique castel des Ebbe, des sires de Culant et d'Albret, que d'immenses travaux, dus au savoir de Rosny et aux ambitieux calculs de Henri II de Bourbon, avaient mis dans toute sa splendeur comme habitation et comme place de guerre. Quelques années après, Philippe de Clérambault, comte de Palluau, qui avait été élevé à la dignité de maréchal de France en 1653, devint gouverneur et bailly du Berry Il avait porté les armes dès son jeune âge et donné des marques de courage à toutes les grandes bataille où il avait assisté : il s'était trouvé aux sièges de Landrecy, Thionville, Philisbourg, Courtray, Dunkerque, Ipres, Bellegarde, il mourut à Paris, le 24 juillet 1655, emportant les regrets des habitants de la province du Berry, qu'il avait gouvernée avec autant de dignité que d'intelligence.

Le grand Condé dut souvent gémir sur la destruction du plus beau et du plus fort château qui existait alors en France, sur les dévastation de ces lieux pleins de souvenirs où il avait passé les plus douces années de sa jeunesse, entouré des soins de sa noble et excellente mère morte en 1650 après avoir été si cruellement éprouvée sur cette terre ! Marguerite de Montmorency n'avait-elle pas vu tomber la tête de son malheureux frère sur un échafaud, son fils se révolter contre le gouvernement du roi, sa bru, Claire-Clémence de Maillé (1) injustement délaissée par son impitoyable époux et la duchesse de Longueville, sa fille, fatalement entraînée dans les intrigues de cour ?

Un arrêt du Parlement de Paris du 27 mars 1654, déclara Condé criminel de lèse-majesté, il fut par défaut condamné à mort et dépouillé de tous ses emplois, l'arrêt prononça même la confiscation de tous ses biens. Mais les discordes civiles s'éteignirent et le règne du roi qui pardonna fut rehaussé par la gloire de Condé, un des héros de son siècle. Ce sera néanmoins une éternelle honte à la mémoire de ce grand homme de s'être mis à la tête des Espagnols contre la France et d'avoir, pour un intérêt tout personnel, fomenté la sédition dans Paris et poussé la populace à incendier l'Hôtel de Ville.

(1) Nicolas du Plessis, seconde sœur du cardinal Richelieu, fut mariée à Urbain de Maillé-Brézé et eut de ce mariage le duc de Brézé et Claire Clémence de Maillé-Brézé, mariée à Louis II de Bourbon, prince de Condé.

CHAPITRE XXIII

LES RUINES DE MONTROND

Mazarin reprocha vivement à Palluau son retard à raser la forteresse de Montrond : mais celui-ci avait toutes les peines du monde à se procurer la poudre nécessaire pour faire sauter les bastions. Mazarin, en vertu d'un ordre du roi, fit transporter douze milliers de poudre à Montrond, et il eut la satisfaction d'apprendre que ses ordres avaient été exécutés.

Néanmoins, les fortifications n'avaient été démolies qu'en partie ; le château subsistait encore, mais les réparations pour empêcher sa ruine avaient été si mal et si négligemment faites qu'en 1735 il n'était plus habitable. Son Altesse Louise-Elisabeth de Condé, douairière de Conti, étant venue à Saint-Amand au mois de juin de cette année, pour les intérêts de Son Altesse S. Louise-Anne de Bourbon, fit visiter le château de Montrond et en ordonna la destruction. Les toitures furent découvertes en sa présence, on vendit les ardoises et le plomb, on enleva les charpentes, qui servirent aux réparations des bâtiments de la terre d'Orval et il ne resta plus du château que les murs. (Planche 8).

Le beau parc, le grand jardin et les parterres dessinés par les ordres de Sully et de Henri de Bourbon (1) avaient été affermés dans les années 1737, 1746 et 1765 aux prix annuels de trois et de quatre cent livres ; le 2 mars 1773,ils étaient donnés à moitié fruits de culture pour neuf années.

Cependant (2) la chapelle subsistait encore en son entier en 1758 ; elle était, comme on l'a vu, desservie par les Révérends Pères Carmes de Saint-Amand, qui y célébraient la messe tous les jours, et vêpres les fêtes et dimanches. Ces offices leur étaient payés 300 livres chaque année. Mais Son Altesse Mgr le comte de la Marche supprima, à cette époque, cette redevance (3).

(1) Pour se faire une idée de ce que devaient être les parterres de Montrond, nous rappellerons que le grand Condé était un admirateur passionné de fleurs. L'œillet était sa plante favorite. Durant sa captivité à Vincennes, sa distraction était de cultiver dans des pots des œillets qu'il arrosait lui-même ; il riait le premier de cette occupation pacifique et disait à son médecin : « Aurais-tu pensé que ma femme aurait fait la guerre (en Guienne), pendant que je suis ici cultivant mon jardin. » Il devint de mode d'aller visiter la prison du Prince, et Mademoiselle de Scudéry, en voyant les fleurs du Prince, écrivait sur la muraille ce quatrain si connu :

« En voyant ces œillets qu'un illustre guerrier
« Arrosa d'une main qui gagnait les batailles,
« Souviens-toi qu'Apollon bâtissait des murailles
« Et ne t'étonne plus si Mars est jardinier. »

(2) Dans le *terrier d'Orval* se trouve cette mention. « Le château, donjon « et maison forte de Montrond, les tours, basses-cours, ponts-levis, la chapelle « et plusieurs maisons dedans et assises en les dites basses-cours du château, « et à l'entour du dit château est la garenne à connils et joignant la vigne « de la Pervière (les Perrières) et icelle garenne à plusieurs noyers qui « sont accensés au profit du seigneur, comme aussi plusieurs aubiers qu'on « accense également. Personne n'a le droit de chasser en la dite garenne, « pacager ses bois, y couper bois sans le congé du seigneur, sous peine pour « le chasseur d'amende arbitraire et punition corporelle, et pour la coupe ou « pacage de sept sols six deniers tournois et d'amende envers le seigneur. »

(3) Bonnet de Sarzay (Manuscrit).

Lorsque M. le duc de Charost devint, en 1766, seigneur de Saint-Amand et de Montrond, ce vertueux citoyen, dont le nom se rattache aux progrès agricoles et industriels qui étaient alors encouragés dans la province du Berry, fit planter des mûriers blancs à hautes tiges dans ses propriétés. Il s'était proposé de créer une fabrique de soie pour laquelle il avait fait monter, comme spécimen, une quantité considérable de métiers de toutes sortes, dans des proportions infiniment réduites. Par ses soins, deux mille quatre-vingts mûriers avaient été plantés à son domaine du Vernay, près Saint-Amand, huit cents autres dans l'enclos de Montrond, et la longue rampe qui conduit à la plate-forme de ce château était bordée d'un double rang de mûriers qui ont été détruits de 1826 à 1830. Toutes ces entreprises devaient rester à l'état de projet.

On assure que Mme la duchesse de Charost, qui survécut pendant de longues années à son noble époux, aurait préféré au séjour alors triste et humide de son château de Meillant une habitation princière élevée sur les ruines de Montrond. La beauté du site, la pureté de l'air et des souvenirs de famille qui se rattachaient aux Bethune-Sully expliqueraient une prédilection qui nous aurait conservé les restes de nos belles tours féodales.

Mais, depuis 1778, Montrond était passé dans les mains de M. le comte de Fougières, qui devait en être le dernier seigneur. Voulant continuer l'œuvre de son prédécesseur, M. de Fougières fit construire, à gauche de la porte d'entrée du château de Montrond (aujourd'hui place et rue de l'Autel-de-la-Patrie), un bâtiment divisé en plusieurs pièces destinées à l'éducation de quatre onces de graines de vers à soie et à côté de ce bâtiment, un magasin à feuilles de mûriers.

Par ses soins, une allée de huit mètres de largeur fut ouverte de la porte de Montrond à l'extrémité de l'enclos longeant le chemin du Pré-des-Joncs (rue de l'Autel-de-la-Patrie).

Il la fit planter d'un double rang de mûriers et d'amandiers ; une autre allée transversale, garnie d'arbres de même essence, aboutissait au bois de la garenne de Montrond et dans le but d'utiliser ces plantations et celles du Vernay, un corps de bâtiment fut, par ses ordres, élevé au milieu des terrains de la propriété du Vernay, construction d'une étendue suffisante à l'éducation de douze onces de vers à soie.

Mais tout ce qui dépendait de la terre de Montrond devait être, à la suite des terribles événements causés par la Révolution de 1789, détourné de sa destination, détruit ou morcelé : la grande tourmente sociale s'appesantit sur les nobles et les prêtres qui délaissèrent le sol de la patrie.

Le fils de M. le comte de Fougières (1) fut contraint d'émigrer, et ne rentra en France que dans les premiers jours du Consulat. Il obtint que ceux de ses biens qui n'avaient pas été vendus par la nation lui fussent restitués ; et, dans les années 1810 et suivantes, il vendit lui-même en détail le surplus de l'enclos de Montrond, les ruines encore imposantes du château et les moulins des Bourguignons et de Billeron situés sur la rivière de la Marmande.

Ces ruines demeurèrent cependant longtemps debout : assises sur un roc inébranlable, elles semblaient braver les efforts de l'homme et des temps, ces deux grands destructeurs des œuvres humaines. On remarquait encore en 1818, sur le sommet de la tour de la chapelle, du côté du petit tertre, un orme qui avait pris racine à travers les fissures de la plus haute des marches d'un escalier : il végétait là superbement depuis plus d'un siècle.

Du côté opposé, un énorme massif de constructions et de

(1) M. le comte de Fougières fils mourut sous la restauration, laissant, de son mariage avec Madame la comtesse de Montfermeil, une fille unique mariée à M. le comte de Nicolaï. M. de Fougières possédait le château du Creux, près de Vallon, et les terres de Fougères et de la Guerche.

tours carrées, désigné sous le nom populaire de pot-à-beurre, projetait ses ombres fantastiques sur la vallée du Cher et le monastère des Capucins. De belles terrasses, d'admirables voûtes, de longues galeries souterraines et les soubassements du château avaient survécu à tant de désastres.

La grosse tour de la forteresse féodale n'avait pas été renversée : elle apparaissait, avec ses larges échancrures, de tous les points d'un vaste horizon. Il n'est pas exact de dire, comme l'a fait Chevalier, que les matériaux de la grosse tour furent employés à la construction de la fonderie de canons élevée pendant la Révolution. Cette tour ne fut pas démolie en 1793 ; quelques pierres de taille en avaient été détachées dans les soubassements et de larges brèches y avaient été pratiquées, ce qui n'empêchait pas de monter au sommet des murs et d'en suivre les contours lézardés dans les années antérieures à 1826 (1). On était heureux de contempler ces débris d'un autre âge : ils nous rappelaient des épisodes émouvants qui nous avaient été racontés par nos pères au foyer domestique : ils se rattachaient à la fondation de la vieille ville de Saint-Amand-le-Chastel, à la jeune cité que les d'Albret avaient entourée de murailles. Ces deux villes et la grosse tour s'étaient mutuellement protégées pendant de longues années; elles avaient eu leur part commune de la bonne et de la mauvaise fortune. Saint-Amand-Montrond avait grandi à l'ombre de la forteresse, la gloire de l'une s'était reflétée sur l'autre, leur existence était solidaire . . . . . .

Mais dans l'année 1827, un ordre impitoyable fut donné de ne laisser aucun vestige de ces ruines majestueuses. Le 5 avril 1817, le Préfet du Cher fit, au nom du département, l'acquisition des ruines du château de Charles VII à Mehun afin d'en empêcher la destruction totale et de le classer parmi les monu-

(1) J'ai vu souvent dans mon enfance de jeunes imprudents faire le *Chêne droit* et la *roue* sur le haut de ces murailles.

ments dignes d'être conservés. Comment, à cette époque, n'a-t-on pas placé les ruines de Montrond dans la même protection ? C'eut été d'une si faible dépense ? M. de Barral, Préfet du Cher sous Napoléon Ier, avait pris un arrêté qui interdisait la destruction des tours de Montrond, sous le prétexte qu'elles étaient indispensables pour servir de point de mire aux opérations du cadastre : ne pouvait-on donc maintenir cet arrêté pour les besoins de la triangulation au sujet de la carte de France ? Vainement l'autorité administrative voulut-elle s'opposer à cet acte de vandalisme ; toutes remontrances, toutes protestations furent inutiles.

Nous pouvons regretter qu'un homme, usant de son droit brutalement absolu de propriétaire, ait promené le marteau de la destruction sur des débris que notre lointaine jeunesse s'est plu si longtemps à admirer : ils étaient d'un effet gigantesque au milieu de cette belle vallée de la Marmande et du Cher. Elles ont aussi disparu, ces allées sombres et sinueuses tracées à travers les taillis, les lianes et les ronces, qui s'étaient spontanément emparées d'un sol devenu abrupte et sauvage, mystérieux rendez vous des générations qui nous ont précédés, dômes feuillés où la jeunesse prenait ses joyeux et innocents ébats, où le silence et la solitude, au milieu des immenses désastres d'un autre temps, portaient l'âme aux méditations les plus profondes !

Ces transformations témoignent de l'instabilité des choses humaines... Mais pourquoi s'en plaindre ? Avant l'acte de franchise donné en 1150 par Ebbe de Charenton, nos aïeux, courbés sous le joug d'une humiliante servitude, avaient de leurs mains calleuses, amoncelé ces terres habilement disposées pour la défense du château, entouré ce roc de créneaux et de terrasses, creusé ces canaux, élevé ces hautes murailles à la sueur de leurs fronts. Ils étaient astreints à faire le guet, de jour et de nuit, sous les murs de la forteresse : taillables et corvéables à la volonté de leur seigneur et maître, leur travail incessant n'en était que plus improductif.

Promenez aujourd'hui vos regards sur les versants de ce mamelon que la culture a divisé, comme un échiquier, en compartiments infinis, où le pampre, les céréales, les prairies artificielles, plongent leurs racines dans un sol profondément défoncé, le roc s'est affaissé sous la pioche des démolisseurs ; le sable et l'argile salpêtrés des décombres se couvrent de moissons, de mûriers et d'arbres à fruits ; partout une végétation luxuriante atteste que l'homme, aux prises avec la nature, sait lui imposer par son labeur de fertiles produits. Glorifions le Seigneur tout-puissant. Dieu a voulu que le travail libre succédât aux insolentes corvées, l'aisance à la misère, la liberté à la servitude !

Il n'existait plus, en 1834, pierre sur pierre du château de Montrond. Une nouvelle vente en détail eut lieu de la plate-forme, de ses abords et des terrains sous-jacents, et sur la proposition du maire de la ville de Saint-Amand, M. Florimond Robertet, la municipalité achetait toute la partie des terrains qui, de 1834 à 1837, ont été transformés en promenade publique ; il fut aussi décidé, en 1835, qu'une fête annuelle serait célébrée sur le plateau de Montrond le 15 août, jour de la fête de l'Empereur Napoléon 1er.

Le goût le plus parfait n'a pas toujours présidé à ces plantations, au milieu desquelles on remarque, dans les anfractuosités du rocher, aux expositions méridionales, la *Farsetia Clypeata* des botanistes. La tradition attribue l'importation de cette plante du Levant aux seigneurs de la maison des Ebbe de Charenton, qui, au retour des Croisades, l'auraient introduite comme fleur d'agrément dans les parterres du château de Montrond.

Il serait facile de corriger ce qu'il y a de défectueux dans les dessins de cette promenade, de redresser des allées dont les contours tortueux manquent de grâce, de multiplier les semis de verdure, en supprimant des boulingrins en zigzags, d'une mesquine exiguité de formes, de donner, en un mot, à ces lieux, enviés avec raison par beaucoup de villes, une parure plus coquette.

Mais Montrond, si fréquenté avant 1848, est rarement visité par le monde élégant qui, comme la multitude, préfère, aux panoramas pittoresques, la poussière des routes et des cours où la circulation est encombrée par les promeneurs ; laissons, pour ce qu'elle vaut, la mode avec ses vertigineux caprices, tout en constatant que, depuis 1878, cette délicieuse promenade est assez fréquentée les dimanches et notamment les jours où on peut entendre l'une ou l'autre de nos deux excellentes sociétés musicales couronnées dans de si nombreux et si brillants concours.

Montrond reste et sera toujours le rendez-vous des hommes aux larges aspirations, qui s'exaltent aux beautés de la nature, à ses merveilleuses créations et ne se lasseront jamais d'admirer les sites variés d'un paysage aux ondulations lointaines, ces vastes promontoires boisés et ces immenses horizons découpés des collines superposées du Cher, de l'Allier et de la Creuse vues des hauteurs qui dominent Saint-Amand.

Il est, en effet, peu de pays plus pittoresques, dans le centre de la France, que l'arrondissement de Saint-Amand, où s'abaissent graduellement les chaînes de montagnes de l'Auvergne et de la Marche. La vue prise du Belveder que M. le duc de Charost avait fait élever comme rendez-vous de chasse et que remplace actuellement la tour *Malakoff* de M. le duc de Mortemart, frappe d'admiration par la richesse de la verdoyante vallée de Saint-Pierre qui s'étend à ses pieds, par les panoramas des villes de Saint-Amand, Dun-le-Roi, Bourges, Ainay-le-Château et Cérilly, et des nombreux châteaux disséminés dans un vaste espace, enfin par les aspects lointains et majestueux de la tour de Sancerre, de Toul-Saint-Croix, du Puy-de-Dôme et du Mont-Dore.

Je n'hésite pas à dire que la délicieuse vallée noire, illustrée par le génie de Georges Sand, et les sites admirables que la vue embrasse des hauteurs de Corlay, sont d'un effet moins grandiose.

PLANCHE VII (Restauration)

H. PLANSON DEL.

Montrond en 1651. Vue du Grand Pavillon et des Constructions regardant la Chaume-Billeron.

CHAPITRE XXIV

LES DESCENDANTS DU PRINCE DE CONDÉ

Louis de Bourbon mourut en 1686, le 11 septembre, à Fontainebleau âgé de 77 ans, et sa veuve en 1694, à Châteauroux, après avoir souffert avec une grande résignation les disgrâces de son époux.

Henri-Jules de Bourbon-Condé lui succéda dans la seigneurie de Saint-Amand-Montrond ; il était né le 26 juillet 1643 et mourut le 1er avril 1709.

Son frère Louis III de Bourbon recueillit dans sa succession ce tteseigneurie, mais il était mort moins d'un an après, le 4 mars 1710. Ce fut Louise-Anne de Bourbon, nommée à sa naissance Mlle de Sens et depuis Mlle de Charolais, sixième enfant du Prince Louis III, né le 23 juin 1695, qui devint Dame de Saint-Amand-Montrond, par suite de l'acquisition qu'elle fit de cette terre le 3 août 1732, à sa sœur Henriette-Louise-Marie-Françoise de Bourbon-Condé, Abbesse de Vermandois, Abbesse de Beaumont-les-Tours, à qui elle était échue par le partage des biens de la maison de Condé (1).

(1) En 1599, les terres de Montrond, Orval, etc., n'étaient affermées que trois mille livres, elles furent successivement prises à bail par les sieurs

Le nom de Mlle de Charolais devrait être béni des populations qui nous environnent, et c'est à peine si aujourd'hui, les habitants de nos campagnes, qui recueillent le fruit de ses libéralités, savent qu'elle fut leur bienfaitrice.

Cette noble princesse abandonna en toute propriété le bois de la Bouchaille aux habitants de la paroisse d'Orval, le bois du Plaix et la belle et fertile Brande-des-Maisons à ceux de la paroisse de Nozières, la vaste plaine connue sous le nom de Brande-de-Farges aux habitants de la paroisse de ce nom et les champs et Chaumes-Chodiaux à ceux de la paroisse d'Allichamps.

On remarquera que ces donations constituent au profit des habitants de ces paroisses des titres de propriété privée, qu'ils ont été saisis de ces mas de terre *ut singuli* ; que conséquemment les lois, décrets ou ordonnances, concernant les terres vagues et communaux et leur mise en culture rendus ou à rendre, ne sauraient leurs être appliqués. Le changement administratif ou une nouvelle circonscription de ces paroisses ou communes ne pourrait les dépouiller de leur droit. C'est donc une spoliation d'avoir privé de leur affouage dans le bois de la Bouchaille les habitants d'Orval qui ont été annexés à la commune de Saint-Amand.

Gidoin, *Jacques de Foliot*, écuyer, sieur d'Haute-Feuille et Igny, et par de *Mautour* et *Ragon*.

Il existe un bail à ferme passé en 1639, devant *Dugué*, notaire à Bourges, par Henri de Bourbon, pour six années, moyennant neuf mille deux cents livres des terres, seigneuries, sirie et comté d'Orval, Montrond, Saint-Amand, baronnie d'Épineuil, châtellenie de Bruère-sur-Cher, la Perche et Beauchezal. Précédemment et par acte reçu *François Boityère*, notaire royal et tabellion garde-note héréditaire, le 13 mars 1621, ces mêmes terres avaient été affermées moyennant six mille livres. Le seigneur se réservait la pêche des rivières d'Orval, Cher, Marmande et Chignon. Par autre bail reçu *Boulard*, notaire au Châtelet de Paris, M. *Charles Ragon*, bourgeois de Paris, devint fermier des mêmes terres pour la somme annuelle de dix mille livres. Ces fermiers étaient des fermiers généraux qui, à grands bénéfices, consentaient de nombreux baux à des sous-fermiers.

Aux yeux de certaines personnes, ce n'aurait été qu'une restitution faite par un seigneur à des communes qui auraient été dépouillées de leurs propriétés par la puissance arbitraire et usurpatrice des seigneurs féodaux. Dans tous les cas ce don n'en était pas moins volontaire et d'ailleurs un prétexte a-t-il jamais manqué à qui veut s'exonérer du devoir de la reconnaissance ? Ce sentiment n'a jamais pénétré dans les masses ; les populations oublient quand elles ne sont pas ingrates.

Nous avons signalé la misère, les souffrances et les terribles épidémies qui ont décimé, en quelque sorte périodiquement, les habitants des villes et des campagnes dans les premières années de la féodalité et sous les règnes qui ont précédé l'avènement de Henri IV au trône de France. L'utopie royale et humanitaire de la *poule au pot* pour le peuple, de ce qu'on appelle aujourd'hui *la vie à bon marché*, alors qu'elle est devenue si coûteuse devait, moins que jamais, se réaliser pendant les troubles qui agitèrent nos provinces et particulièrement le Berry.

Dans les guerres de religion et de la Fronde, Bourges, Issoudun, Saint-Amand, Lignières et Sancerre avaient été, ainsi que nous l'avons vu, horriblement maltraitées. En 1581, une maladie contagieuse et épidémique désola tout le pays ; en 1628, la peste enleva plus de cinq mille personnes à Bourges, et, à la même époque, elle fit de si cruels ravages en la ville de Saint-Amand, qu'on enterra dans une fosse commune, sur la droite de la route actuelle de Saint-Amand à la Charité, toutes les malheureuses victimes de ce fléau ; une croix dite la croix *des malades* fut élevée sur l'emplacement de cette fosse, elle subiste encore.

Pendant que le roi Louis XIV trônait superbement dans son merveilleux palais de Versailles, les populations eurent à courber sous le poids des impôts et des calamités de toutes sortes.

Une horrible disette s'étendit, en 1690, sur le Berry. La cherté des grains alimentaires devint excessive à la suite des pluies diluviennes qui amenèrent de graves désordres dans la santé publique. Le prix du seigle fut élevé de dix sols à quatre livres le boisseau et le bétail de nos humides vallées périt en partie. En 1662, le blé avait valu 16 livres le boisseau.

L'année 1706, qui devait mettre le comble aux tristes revers de la France, fut terrible pour les populations, à raison de la cherté du pain et des chaleurs tellement intenses que les moissonneurs et les bestiaux tombaient foudroyés dans les champs.

L'année suivante, le Cher sortit de son lit : il occasionna d'immenses pertes sur tout son parcours : bientôt arriva le grand hiver de 1709 : les voyageurs périrent de froid dans les chemins : les grains confiés à la terre, les arbres des vergers et des forêts furent, en grande partie, détruits par les gelées et une disette générale s'étendit sur tout le royaume, le froid avait atteint 23 degrés Réaumur le 13 janvier.

Les pluies incessantes de 1738, qui durèrent depuis le mois de janvier jusqu'à la fin de juin, anéantirent de nouveau les récoltes ; aussi, en 1739, la misère fut si profonde que des bandes affamées de mendiants, réduits à manger de l'herbe, parcouraient les campagnes et envahissaient les fermes en implorant ou plutôt exigeant des secours. Le long et dur hiver de 1740 devait accroître encore tant de calamités.

Pendant les années 1747 et 1748, le typhus de l'espèce bovine, qui désola de nos jours — 1866 — les fermes de la grande Bretagne et qui envahit, en 1870, à la suite des armées prussiennes, la campagne de notre chère France, naguère si belle, aujourd'hui si profondément affligée, sévit d'une manière désastreuse sur la province du Berry.

Cette maladie était venue de Hongrie apportée par le moyen des bêtes à cornes amenées de cette contrée en Italie pour la subsistance des armées. Elle s'était communiquée rapidement de proche en proche, dans la Provence, le Lyonnais, le Bourbonnais et le Berry, où pendant vingt-cinq ans elle se propagea de commune en commune et fit d'affreux ravages : presque tous les bestiaux des environs de Bourges périrent en cette fatale année.

Disons enfin pour compléter ce navrant tableau des fléaux qui, par une loi mystérieuse, semblent attachés à notre existence sur cette terre, que le prix des grains fut excessif en 1770 et 1771.

Les administrateurs de la ville de Saint-Amand organisèrent des ateliers de charité pour les bras valides, votèrent les fonds nécessaires à leur entretien, et cet élan d'humanité dont le spectacle nous fut donné par nos pères, ne fit pas défaut à nos populations aux jours terribles des années 1789, 1792, 1811, 1817 et 1846, de si lugubre mémoire pour les malheureux qui eurent à endurer les angoisses de la faim.

La France avait été ébranlée jusque dans ses fondements par l'impitoyable politique du royal époux de Mme de Maintenon : le 22 octobre 1685 eut lieu la révocation de l'Edit de Nantes du 13 avril 1598, qui avait garanti aux personnes la liberté du culte ; le deuil fut général et la terreur produisit en Berry des abjurations nombreuses. Il était défendu aux huguenots de quitter la France et de transporter leurs biens et effets sous peine de galères pour les hommes et de confiscation de corps et de biens pour les femmes. Les protestants étaient exclus de toutes les carrières ; on leur enlevait même leurs cimetières.

Les familles les plus éclairées et les plus opulentes de la noblesse et de la bourgeoisie, les hommes laborieux, que le négoce et l'industrie avaient enrichis, durent quitter, pour ne plus le revoir, le sol de leur ingrate patrie, et il fallait abjurer ou se condamner à un exil perpétuel.

Le fief de Chamatoin situé dans la paroisse de Saulzais-le-Potier appartenait à un sieur *Bezard de la Maindrie* qui avait quitté la France pour cause de religion. Le sieur *Regnault de la Motte*, comme héritier de Bezard, s'étant mis en possession de ce fief, en rendit foi et hommage au château de Montrond debant *Pierre Bonnet*, bailly de Saint-Amand et en présence du Procureur fiscal *Vallet*, à la grande porte et principale entrée du château, le 15 mars 1750, et il y eut acte dressé par le juge, qui déclara Bezard mort civilement par suite de son évasion hors du Royaume, à cause de la religion prétendue réformée.

De nombreuses abjurations furent recueillies à Saint-Amand, à Lignières, à la Celle et dans les villes environnantes. Le registre des baptêmes faits en l'église protestante de Blet, depuis 1651 jusqu'en 1665, contient notamment les noms de Messire *de Saint-Quintin*, comte de Blet, de sa femme, de ses nombreux enfants et de plusieurs habitants de Saint-Amand. Le comte de Blet abjura après la révocation de l'Edit; ce registre est déposé au greffe du tribunal de Saint-Amand.

Après avoir donné des ordres pour l'entière destruction de son château de Montrond, Mlle de Charolais voulut renoncer au droit qu'elle avait, à cause de sa *seigneurie* et *vicomté d'Orval*, sur le pont d'Orval assis en la rivière du Cher. Au mois de septembre de l'année 1640, le mercredi 19 des quatre temps, Pierre Bernadat étant maire de Saint-Amand et Michel Masson, échevin, il y avait eu une inondation si considérable que jamais, disent ces membres de l'édilité, on n'en vit de semblable, de mémoire d'homme. Les ponts de Saint-Amand, situés sur le Cher et sur la Marmande, furent détruits, ainsi que le constate une pièce conservée aux archives du Cher, intitulée : *Visites pour reconstruction des ponts de Saint-Amand détruits par l'inondation de* 1640. Le Cher avait emporté six arcades du pont dont la construction ne remontait qu'en 1610, et il n'était resté debout que les six autres arcades qui étaient du côté de Saint-Amand.

Monsieur le Prince, père du Grand Condé, avait, après ce désastre, fait établir sur celles des arches que le torrent n'avait pas renversées, un pont de bois soumis à la perception d'un droit de péage au profit du seigneur ; mais Mlle de Charolais, sous prétexte que ses ressources étaient insuffisantes pour subvenir aux réparations que son entretien nécessitait, présenta requête au roi Louis XV, afin que ce pont fut désormais abandonné à l'administration des Ponts et Chaussées. La requête fut homologuée le 12 juillet 1735, et sa Majesté l'ayant accueillie, acheta le pont et le fit mettre l'année suivante en bon état (1). Ce fut pour un temps bien court, puisqu'il était déjà détruit en 1770, et remplacé par un bac qui fonctionna jusqu'en 1812. On vendit, en 1793, moyennant 350 livres les bois provenant de la démolition de ce vieux pont.

Mlle de Charolais mourut en l'année 1758, elle avait institué pour son légataire universel Louis-François-Joseph de Bourbon, comte de la Marche, qui recueillit sa successsion, augmentée de la terre du vieux château, Saint-Amand, Maulne et Changy, ainsi que nous l'avons rapporté dans la première partie de cet ouvrage. (Armoiries I, Planche IX.)

Les temps étaient bien changés alors : si l'émancipation du peuple suivait encore lentement son cours, ses droits n'étaient plus du moins aussi fréquemment foulés aux pieds. La féodalité n'existait plus que de nom. Le mot fief est resté, dit le PRÉSIDENT HÉNAULT, mais la chose est presque détruite, et, hors la prestation de foi et hommages et quelques droits qui sont dus au suzerain, on n'aperçoit plus guère de différence entre le fief et la roture.

La joie grossière, celle qui va jusqu'à l'injure et les voies de

(1) BONNET DE SARZAY.

fait était tarifée par les seigneurs féodaux de Saint-Amand-Montrond qui percevaient un droit sur les charivaris. Le chef de cette cérémonie bruyante se nommait le *roi de la Bretolle*.

« Le charivari, dit Ferrière, est un bruit confus que font « de nuit des gens du peuple avec des poêles, des bassins et « des chaudrons autour de la demeure de ceux qu'ils veulent « insulter. Cela s'est souvent pratiqué autrefois, en dérision « des gens d'un âge fort inégal qui se marient ensemble, sur-« tout dans le cas de secondes noces. »

Un mémoire adressé au prince de Bourbon-Conti, seigneur de Saint-Amand, où l'on signale de nombreux actes de violence commis à cette occasion se termine ainsi : « Peut-on « bien croire que si son Altesse était informée de tous ces « désordres arrivés *à raison de son droit de charivari*, elle « voulût demander que les habitants de Saint-Amand lui « reconnussent un droit aussi dangereux, aussi scandaleux, « aussi destructif du bon ordre, de la tranquillité publique « et enfin aussi contraire aux bonnes mœurs et à la police du « royaume ? »

CHAPITRE XXV

LA VILLE DE SAINT-AMAND AVANT 1789, SON ORGANISATION MUNICIPALE ET JUDICIAIRE, SA POPULATION

Les établissements publics fondés par le duc de Sully avaient constitué Saint-Amand-Montrond à l'état de cité. Depuis les premières années du XVIIe siècle, cette ville avait pour officiers municipaux un maire et deux échevins. L'élection se faisait tous les trois ans, le premier jour de janvier, au scrutin, par les douze notables et les quatre conseillers de ville, en présence du bailly et du procureur fiscal.

Le bailly présidait l'Assemblée, rédigeait le procès-verbal; mais ni lui ni le procureur ne prenaient part au vote.

On nommait trois candidats aux fonctions de maire, parmi lesquels le seigneur en choisissait un qu'il investissait de ce titre : les mêmes électeurs nommaient de la même manière tous les ans, un échevin, afin qu'il y eut toujours un ancien et un nouvel échevin dans le conseil de l'édilité (1).

Les maires et échevins n'avaient aucune juridiction, leurs fonctions ne les anoblissaient pas comme ceux de la ville de

(1) Bonnet de Sarzay, manuscrit.

Bourges (1). Toutes les assemblées municipales se tenaient dans l'auditoire de la justice ordinaire : le maire portait une robe de satin et l'édilité disposait, pour les besoins et les cérémonies officielles, de quatre compagnies de milice bourgeoise (2). Quant aux élections des notables et des conseillers de ville, elles avaient lieu suivant les mesures prescrites par les ordonnances sur la matière.

La justice de Saint-Amand était purement seigneuriale et ressortissait du Présidial de Moulins, érigé en 1557.

Cette justice, après l'annexion de Saint-Amand-le-Chastel, se composait d'un juge que l'on nommait bailly, d'un lieutenant, d'un procureur fiscal, d'un greffier, de sept procureurs et de six sergents.

Elle comprenait, en 1768, trente-deux paroisses ou collectes en pleine justice et dix justices hautes, moyennes et basses dont les appellations relevaient par devant le bailly de Saint-Amand.

Mais après la vente de la terre et seigneurie de Saint-Amand en 1778, la justice de cette ville ne se composait plus que de dix-huit paroisses ou collectes et de sept qui en relevaient par appel. Les quatorze autres paroisses en pleine justice et les trois qui en dépendaient formèrent la justice de Meillant, administrée cependant par les mêmes juges, avocats et procureurs de Saint-Amand.

Les audiences se tenaient les mercredi et samedi de

(1) Sous le pontificat de Jean Cœur, Archevêque de Bourges, le Roi Louis XI établit la Mairie à Bourges et accorda le privilège de la noblesse aux maires et échevins et à leurs descendants; ce fut une courtoisie du sombre Roi pour sa ville natale, et telle est l'origine de cette noblesse d'échevinage, on disait *noblesse de la cloche*, parce que la cloche de la ville en célébrant l'installation des échevins avait en quelque sorte proclamé leur anoblissement. Mais, par arrêté du 7 mai 1667, Louis XIV restreignit ce privilège aux maires seulement.

(2) BONNET DE SARZAY, manuscrit.

chaque semaine dans un auditoire qui était au centre de la ville, place du marché au blé ; une prison *très sûre*, où l'on disait souvent la messe aux détenus, était située rue actuelle des *Vieilles Prisons* et appartenait au seigneur (1).

Du bailliage de Saint-Amand dépendaient en pleine justice avant l'annexion, la ville du même nom, la paroisse d'Orval, Nozières, Soye, Bouzais, la Celette avec les hameaux de la Groutte, la Perche, Bord et Beauchézal.

La terre et seigneurie de Saint-Amand, telle qu'elle existait en 1768, comprenait huit mille arpents de bois, aussi y avait-il une maîtrise seigneuriale des eaux et forêts, composée d'un maître des eaux et forêts, d'un lieutenant, d'un procureur fiscal, d'un greffier, d'un capitaine, d'un lieutenant des chasses et de huit gardes des eaux et forêts et chasse. Le procureur fiscal et les procureurs de la justice ordinaire remplissaient eux-mêmes ces fonctions à la maîtrise (2).

Saint-Amand avait eu une compagnie de Maréchaussée, composée d'un prévôt, d'un lieutenant, d'un procureur du roi, d'un greffier ; cette compagnie répondait aux présidiaux suivant l'urgence des cas, mais elle fut supprimée vers 1710 et remplacée par une brigade de quatre archers et un exempt (3).

A une époque antérieure (1607) le nombre des faux-saulniers

(1) « Le seigneur avait droit de Justice haute, moyenne et basse à Orval, « Montrond, ville de Saint-Amand ; commettre et instituer bailly, chatelain, « maitre des eaux et forêts, prévôt, greffier, sergent et autres officiers subalternes, avec la déclaration des épaves, aubinages et confiscation qui en « elle échéent ; et en icelles seigneuries et chatellenies d'Orval, Montrond, « Saint-Amand, mon dit seigneur a droit d'y instituer et commettre chan- « cellerie et garde des sceaux ; à cause des dites Seigneuries, y faire insti- « tuer, jurer, ordonner, ou faire commettre notaire pour recevoir les dits « actes, sans qu'aucun y ait droit fors le seigneur. » (Extrait du cartulaire terrier de la Baronnie, terre et justice, châtellenies et seigneuries d'Orval, Montrond, Saint-Amand, du 15 mars 1517.) BONNET DE SARZAY.

(2) BONNET DE SARZAY, manuscrit.

(3) BONNET DE SARZAY.

était devenu si considérable qu'on avait été obligé d'augmenter la compagnie de cette Maréchaussée (1) et, en 1789, il existait à Saint-Amand un sous-lieutenant de Maréchaussée à résidence avec les brigades y attachées.

Saint-Amand-le-Chastel, Saint-Amand-Montrond, Orval, Bruère et Meillant avaient notaires et tabellions. Lorsque ces seigneuries appartinrent au même seigneur, on nomma un commis pour le contrôle des notaires et tabellions, de même que pour contrôler les exploits des huissiers et des sergents et les affaires qui concernaient le Domaine (2).

Saint-Amand ayant acquis une certaine importance, on dut songer, pour aider au développement de sa prospérité, à créer des communications faciles avec les provinces environnantes et à ouvrir l'ancienne route du Languedoc à Paris qui passait sur son territoire. La route de Bourges à Montluçon avait été commencée en 1766 ; elle traversait la ville de Saint-Amand ; l'édilité s'occupa de planter de peupliers les abords de cette route, et vendit, à cet effet, en 1771 et 1772, les pierres du bassin de la Font Saint-Martin qui avait été établie sur la place Moutin, ainsi que les vieux bois du pont du Cher, comme nous l'avons déjà dit.

Bientôt la ville eut son bureau de poste : le courrier porteur des *dépêches* partait de Saint-Amand pour Bourges, les lundi et jeudi de chaque semaine, et revenait de cette dernière

(1) De Raynal, *Histoire du Berry* ; Roubet, *du Faict de la Gabelle*, Nevers 1868.

(2) Suivant les anciennes coutumes, les seigneurs châtelains ou hauts justiciers avaient le droit de nommer des tabellions pour instrumenter dans l'étendue de leurs seigneuries ; mais le droit de créer des notaires appartenait aux Rois. Ce n'est que par les édits du Roi Henri IV que les deux fonctions de notaire et de tabellion ont été réunies, et depuis, on appelle communément *notaires* tous les officiers royaux qui reçoivent les conventions et les actes et les délivrent aux parties (Ferrière, *dictionnaire de droit*).

ville les mercredi et vendredi. Les voyageurs qui se rendaient à Bourges montaient en *patache* vers six heures du matin, déjeunaient à Bruère, dînaient à Levet et arrivaient à leur destination après douze heures de route ; ils avaient parcouru dix lieues en montant à pied les côtes, afin de soulager le cheval du postillon et se remettre de la fatigue que les cahots de la route leur occasionnaient en imprimant au véhicule d'incessantes secousses... Ce mode peu accéléré de locomotion laissait un temps suffisant aux études agricoles et topographiques. Ainsi avait dû voyager, à travers la France, le célèbre agriculteur Arthur Young, et tel était encore, en 1810,le seul mode de communication de Bourges à Saint-Amand (1).

Enfin, en 1818, un service quotidien d'aller et retour dans la même journée, entre ces deux villes, fut organisé à l'aide d'une voiture à quatre roues à neuf places, montée sur ressorts et traînée par deux chevaux. Les populations se félicitaient de voir prospérer une entreprise aussi hardie ; en se mettant aux portes pendant les heures du départ et de l'arrivée de la diligence dite l'*Hirondelle*, on saluait le progrès ; nous étions encore si éloignés du jour où le sifflet de la locomotive et le bruit des rails-ways se feraient entendre à nos oreilles étonnées !

Recherchons maintenant quel avait été et quel est de nos jours le nombre des habitants de cette moderne cité.

Le colonel Branger, qui avait ignoré l'existence des deux villes de Saint-Amand, prétend que, vers la fin du XVIIe siècle, la population s'élevait à cinq cent quatre-vingts feux, représentant deux mille deux cent soixante-huit habitants. C'est une erreur, du moins pour Saint-Amand-sous-Montrond ; mais ce

(1) En 1784, le carosse de Bourges à Paris partait tous les mardis à sept heures du matin et arrivait à destination le dimanche soir ; dès 1664, les frères LAPEYRE, étaient messagers ordinaires de Saint-Amand à Paris et de Saint-Amand à Clermont.

chiffre devait être à peu près celui des deux villes seigneuriales.

En 1729 et 1730, cette dernière ville ne contenait que dix-sept cents *communiants ;* on y comptait, en 1738, cinq cents trente-neuf feux effectifs et deux cents neuf insolvables : en 1743, le nombre des feux n'était plus que de cinq cent vingt-trois (1).

La population des deux villes était, en 1770, de plus de trois mille habitants. Depuis cette époque de nombreux recensements eurent lieu qui constatèrent qu'en 1791, les habitants de toute la paroisse s'élevaient à six mille cinq cents ; qu'en 1792, la ville et la commune ne comprenaient que six mille individus et qu'en août de cette même année la ville, d'après un rapport du maire, comptait quatre mille neuf cent quatre-vingt-dix-huit habitants.

Mais un recensement fait le 2 brumaire an IV de la République, dans toute la commune, ne donne plus que cinq mille cent vingt-quatre habitants au lieu des six mille cinq cents en 1791. Les guerres de la République et plus tard celles de l'Empire, ainsi que les désastres de 1812, 1813 et 1815 avaient rendu stationnaire le mouvement de la population dans nos villes et dans nos campagnes décimées par la conscription et de fréquentes levées d'hommes.

La population de la commune de Saint-Amand était : en 1831 de six mille neuf cent trente-six ; en 1841 de sept mille quatre-vingt-deux ; en 1851 de huit mille deux cent trente-deux ; en 1861 de huit mille quatre cent trente-cinq ; en 1867 de huit mille sept cent cinquante-sept ; en 1872 de huit mille deux cent vingt.

Les établissements industriels nous ont toujours fait défaut et ce n'est que l'industrie commerciale qui donne essor à une

(1) BONNET DE SARZAY, *manuscrit.* Le mot feu est pris pour maison, on compte cinq ou six habitants par feu.

population exubérante. Montluçon, par exemple, vers 1830, avait une population inférieure à celle de Saint-Amand. Il n'est donc pas étonnant que le nombre des habitants de cette dernière ville n'ait pas suivi une progression ascendante plus considérable, bien que notre charmante cité soit assise au sein de plantureuses vallées et qu'elle doive sa prospérité à l'activité laborieuse de ses habitants, à ses produits agricoles et forestiers, au trafic d'un nombreux bétail élevé dans de gras pâturages.

CHAPITRE XXVI

LE DUC DE CHAROST

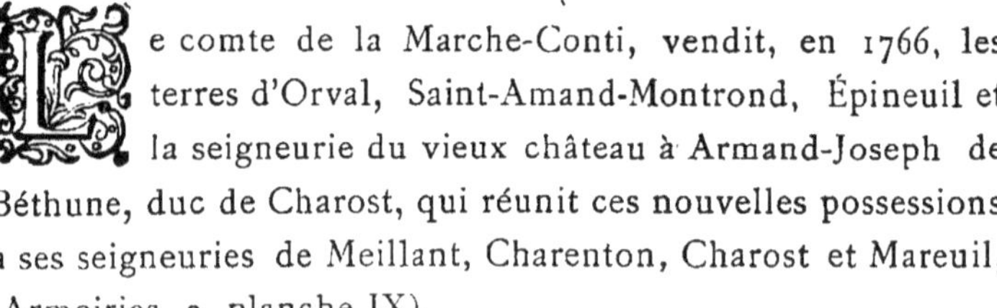

Le comte de la Marche-Conti, vendit, en 1766, les terres d'Orval, Saint-Amand-Montrond, Épineuil et la seigneurie du vieux château à Armand-Joseph de Béthune, duc de Charost, qui réunit ces nouvelles possessions à ses seigneuries de Meillant, Charenton, Charost et Mareuil, (Armoiries, 2, planche IX).

Toutes ces terres, non compris Charost et Mareuil, se retrouvèrent alors, comme en 1250 et après un intervalle de cinq cent seize années, en la possession d'un seul seigneur.

Orval, Saint-Amand et Bruère ont appartenu aux deux branches de l'illustre famille de Béthune ; les seigneuries de Charost, Celles et Chabris avaient été achetées en 1606, à François Chabot, fils de Philippe, Amiral de France, par Philippe de Béthune, père de Maximilien duc de Sully. En 1672, Louis de Béthune, fils de Philippe et neveu du grand ministre du roi Henri IV, obtenait du roi Louis XIV l'érection de son comté de Charost en duché-pairie, et c'est le descendant de cette branche qui devint propriétaire, après la famille des Condé, des seigneuries dont nous retraçons l'histoire et qui ont été possédées par le comte de Rosny après les de Clèves.

Le duc de Charost était fils de François-Joseph de Béthune, duc d'Ancenis, et de Marthe-Élisabeth de Roye de la Rochefoucault de Rancy. Le père de ce nouveau seigneur de Saint-Amand était mort en 1739, et c'est un an avant son décès que, de cette union, naquit, à Versailles, le 1er juillet 1738, Armand leur fils, duc de Charost.

Son nom est resté populaire dans notre pays ; philantrope et profondément érudit, partisan chaleureux des idées nouvelles, des améliorations sociales et des progrès scientifiques et agricoles, il abolit les corvées dans ses domaines, fonda à Meillant un hôpital qu'il avait richement doté, établit des ateliers de charité dans le Berry et consacra son existence et son immense fortune à l'amélioration du sort de ses concitoyens.

Il introduisit sur ses terres l'art du labourage par l'emploi d'instruments perfectionnés et par la pratique des assolements raisonnés, créant dans ce but à Meillant une société d'agriculture et publiant des bulletins qui témoignent de ses persévérants efforts à propager tout ce qui pouvait accroître la richesse du pays.

Le duc encouragea, par son exemple, la culture du mûrier, il fonda à Saint-Amand une magnanerie qui, malgré les dépenses considérables qu'on avait faites pour son installation et son entretien, ne devait pas survivre aux désastreuses secousses de la Révolution.

Il se plaisait à parcourir les domaines qui entouraient le magnifique château de Meillant, à s'entretenir avec les laboureurs, de leurs cultures, de leurs bestiaux, des instruments aratoires dont ils faisaient usage, de leur insuffisance à remuer profondément les guérets ; il leur en distribuait d'un nouveau et d'un meilleur modèle, leur donnait des graines fourragères.

« *Ce que j'ai, disait-il, appartient à mon pays* » (1) ; et tels étaient son activité et son amour du bien public que le roi Louis XV disait, en parlant de ce seigneur : « *Regardez cet* « *homme, il n'a pas beaucoup d'apparence, et à lui seul il vivifie* « *trois de mes provinces* » (2).

Le duc de Charost fut, par arrêté du roi du 6 février 1767, nommé gouverneur de la ville de Saint-Amand ; les administrateurs de la cité décidèrent que, lorsqu'il arriverait dans ses murs, tous les honneurs qui conviennent à son rang lui seraient rendus, et que « pour témoigner toute allégresse, il « serait fait un feu de joie et autres dépenses nécessaires. Et en effet, le registre des actes de l'état civil de la paroisse de Saint-Amand constate que le seizième jour de juillet 1766, très haut et très puissant seigneur Mgr Armand-Joseph de Béthune, duc de Charost, Pair de France, lieutenant-général pour sa Majesté dans les provinces de Picardie et Boulonnais, gouverneur de la ville et citadelle de Calais, mestre-de-camp, lieutenant du régiment de cavalerie de sa Majesté, seigneur de cette ville et paroisse, et très haute et puissante dame, madame Louise-Suzanne-Aimée de Fontaine Martel, duchesse de Charost, dame de cette ville et paroisse, ont fait leur entrée solennelle en cette ville, avec les cérémonies requises. Le lendemain 17 et le 24 du même mois de juillet, le duc et la duchesse tenaient sur les fonts baptismaux deux enfants de cette paroisse.

Ce nouveau seigneur de Saint-Amand fit élever à la Chaume-Billeron, après avoir obtenu du ministre Choiseul

(1) Ces détails nous ont été fournis par un vieux colon du domaine de Sarzay, situé en la commune de Meillant, et qui appartenait à la famille Bonnet. Ce respectable vieillard ne parlait jamais sans une émotion profonde de M. le duc de Charost, qui « *venait visiter ses attelages et ses champs de blé.* »

(2) DE RAYNAL, *Histoire du Berry* ; LÉONCE DE LA VERGNE, *Histoire de l'assemblée provinciale du Berry.*

un manège propre à dresser les chevaux de l'escadron du régiment du *Roi-cavalerie* dont il était le mestre-de-camp. Ce spacieux bâtiment subsiste encore. Il établit aussi, à ses dépens et pour la commodité du public, un chemin que l'on appelle le chemin du Duc et qui conduit de Meillant à la route de Bourges par Champange et l'Orme du Venon.

Nous touchons à la grande époque de la Révolution de 1789... De hauts seigneurs et d'illustres prélats avaient accueilli avec joie et une conviction profonde les idées d'émancipation sociale propagées dans toutes les provinces du royaume. Le roi Louis XVI décréta, le 12 juillet 1778, que, dans la généralité du Berry, une assemblée provinciale aurait lieu, où seraient étudiées les questions relatives aux impôts, aux travaux publics, à l'agriculture et au commerce. Le duc de Charost en faisait partie, et le Tiers-Etat était représenté, pour Saint-Amand, par M. Pierre Geoffrenet des Beauxpleins, avocat au parlement, qui était depuis 1761 bailly et maître des eaux et forêts des terres et seigneuries de Meillant et de Charenton (1). La session fut ouverte le 10 novembre suivant ; deux ou trois réunions eurent lieu en 1779, en 1780. Le 13 février de cette année, une députation de l'assemblée fut présentée à Louis XVI, et Mgr l'archevêque de Bourges, Chastenay de Puy-Ségur, prononça un discours, pendant la durée duquel le député du Tiers, M. des Beauxpleins se tint à genoux ; dernière manifestation d'une humiliante inégalité contre laquelle le pays protestait depuis longtemps : c'était ainsi qu'à l'ouverture de la première assemblée des États Généraux, le Tiers s'était présenté devant le roi Philippe IV dit le Bel, petit-fils de Saint Louis !

(1) M. des Beauxpleins a été un des hommes les plus respectables de notre cité, et l'un des grands bienfaiteurs de l'hospice et du bureau de charité de Saint-Amand, qu'il entretenait annuellement de larges distributions enblé, en argent et en choses mobiliaires de toutes sortes.

Les efforts tentés dans cette assemblée ne devaient pas aboutir ; M. de Calonne imagina alors de réunir une assemblée des notables au nombre de cent quarante-quatre membres parmi lesquels figurait encore M. le duc de Charost ; *mais il était trop tard*, la Monarchie devait périr !

CHAPITRE XXVII

LE COMTE DE FOUGIÈRES

Le duc de Charost vendit, le 17 décembre 1778, les terres de Saint-Amand, Orval et Épineuil à M. le comte de Fougières, dont le fils devait être pour très peu de temps le dernier seigneur de Saint-Amand Montrond. (Armoiries 3, planche IX).

On n'a jamais su pourquoi M. de Charost crut devoir détacher de Bruère, Meillant et Charenton la seigneurie de Saint-Amand et la ville de ce nom qui conserve toujours le reconnaissant souvenir des bienfaits qu'il s'était plu à y répandre. Cette détermination aurait dû fléchir devant les témoignages unanimes du respectueux dévouement de nos populations pour cet honorable citoyen.

François-Marie, comte de Fougières, maréchal des camps et armées du roi, lieutenant-général de la province du Bourbonnais et premier maître d'hôtel de Mgr le comte d'Artois, seigneur de la sirie d'Orval, Saint-Amand, baronnie d'Épineuil et dépendances, mourut en 1787 (1).

(1) La Maison de Fougières a fourni trois barons à la châtellenie de la Guerche; 1° François de Fougières, qui l'acquit le 21 octobre 1751; il

L'année 1788 se termina au milieu de souffrances générales occasionnées par un hiver excessivement rigoureux ; il n'était pas tombé d'eau depuis le 4 octobre : le froid et la gelée sévirent d'une manière si intense, depuis le mois de décembre (1) jusque dans le mois de février 1789, que les moulins furent obstrués par les glaces, et que, dès novembre, ils ne pouvaient déjà plus moudre. Les récoltes avaient gelé dans la terre ; de grandes misères accablèrent les populations urbaines et rurales. M. le duc de Charost contribua, dans de larges mesures, au soulagement des classes pauvres du Berry, parmi lesquelles figurèrent surtout les indigents des communes de Saint-Amand, Bruère et Meillant (2).

Dans ces jours de calamités générales, une lettre du roi Louis XVI, du 24 janvier 1789, annonça à la France la convocation des États Généraux, si inconsidérément mis en oubli par les rois Louis XIV et Louis XV. Les esprits étaient vivement agités ; la nation voulait rentrer dans ses droits....... Le conseil municipal et les habitants de Saint-Amand exprimèrent le vœu que « dans le nombre général des députés qui seraient « envoyés aux États Généraux, ceux qui seraient élus par le « Tiers État fussent en égalité de nombre avec les députés des « deux ordres privilégiés. »

avait épousé Claude de Gaudon ; 2° François-Marie, comte de Fougières, leur fils, marié, en 1745, à Mlle Trivolet et, en deuxièmes noces, à Mlle Jourda de Vaux ; 3° et Louis-Joseph, fils de François-Marie, comte de Fougières, dernier seigneur de la Guerche. Louis-Joseph, décédé à Paris le 8 juillet 1851, fut marié à Mlle de Mont-fermeil, laquelle a été enterrée dans la chapelle du château du Creux, près Hérisson, Allier. Leur fille unique a épousé M. le marquis de Nicolaï, un des grands propriétaires de la Sarthe.

(1) Le 31 décembre 1788 le froid descendit à 21° 8 centig.

(2) On ressentit aussi dans l'année 1794-1795, les terribles effets d'un hiver rigoureux ; le thermomètre s'était abaissé à 23° 5 centigrades. C'est en cette année que nos troupes s'emparèrent des flottes de la Hollande en marchant sur la glace.

Le Tiers État de cette ville se réunit les vendredi et samedi, 6 et 7 mars 1789, en une assemblée générale tenue à *l'hôtel commun*, par devant Messieurs les officiers municipaux, en exécution de la lettre de Sa Majesté, du règlement y annexé et de l'ordonnance de M. le lieutenant-général de la Sénéchaussée du Bourbonnais à Moulins du 14 février (1).

Aux termes de l'article 24 du règlement,tous les habitants des villes, bourgs et paroisses étaient tenus à s'assembler, à l'effet de rédiger le cahier de leurs plaintes et doléances et de nommer des députés pour porter ledit cahier aux jour et lieu qui devaient être indiqués. Les habitants de Saint-Amand dressèrent leur cahier de plaintes et remontrances (2). Ce cahier avait reconnu et consacré, comme ceux qui furent rédigés sur tous les points de la France, le gouvernement monarchique. « Déclarant le Tiers État de la ville de Saint-Amand être prêt « à faire les plus grands sacrifices pour l'amour de son roi, le « soutien de la couronne et pour assurer la dette de l'Etat. » (Art. 35).

Ce document est le plus précieux de tous ceux que nous avons produits dans le cours de cette histoire : il témoigne de la haute sagesse de nos pères, de leur dévouement à la cause royale, qu'ils n'ont pas voulu séparer de celle des droits politiques qu'ils revendiquaient à si juste titre.

Les noms les plus honorables se trouvent au bas de ce cahier, dans lequel on exprime le vœu que l'impôt voté par la nation atteigne tout le monde sans distinction ; que le mérite soit le seul titre qui conduise aux places et dignités, que des écoles nationales soient établies pour l'instruction de la jeunesse, tant dans les villes que dans les paroisses.

(1) Voir aux pièces justificatives les noms des députés aux États Généraux du Royaume pour les deux provinces du Bourbonnais et du Berry.

(2) Voir aux pièces justificatives la copie entière de ce cahier.

Ils demandent, sous une autre dénomination, des conseils généraux par province, la suppression de la gabelle, la liberté du commerce, celle des citoyens, la suppression des lettres de cachet, la responsabilité des ministres, la réforme des lois civiles et criminelles, celles des justices seigneuriales, la liberté de la presse; etc. Ah ! qu'elle eût été belle et florissante, la grande nation française, si la voix de nos aïeux avait été écoutée !...

Parmi les commissaires de la Noblesse du Berry figure M. le duc de Charost. Sur sa proposition, le 19 mars, l'assemblée de la Noblesse décida qu'elle ferait le sacrifice de tous les privilèges en matière d'impôts. Il fut chargé, avec plusieurs de ses collègues, de porter cette délibération à l'assemblée du Tiers. « Nous sommes tous frères, leur dit-il ; « vos députés nous ont assuré de vos sentiments fraternels, « nous vous attestons de nouveau de la fraternité des nôtres »... Langage dicté par l'état de l'esprit public en France, paroles de paix et de conciliation toujours méconnues, qui furent traduites, sous le règne de la Terreur par un mot de lugubre mémoire : « la fraternité ou la mort. »

A l'occasion de ce cahier signé par les membres de la corporation des divers états et métiers de notre ville, il eut été à propos de dire un mot de ces corporations et de leur organisation, qui furent une des sauvegardes de notre ancienne société ; mais il me suffira de mentionner que ces communautés tenaient à suprême honneur de se rattacher à notre vieille monarchie par leur inébranlable dévouement et d'exhiber dans nos fêtes publiques et religieuses les armoiries qui leur avaient été octroyées.

Celles des marchands de draps, épiceries, merceries et quincailleries de la ville de Saint-Amand étaient d'azur à des balances d'or suspendues à un cordon de gueules et une aune d'argent marquée de sable, périe en bande brochante sur le tout (5, Planche IX) ; et celles des pâtissiers, cabaretiers et boulangers, d'argent à deux pelles de four de gueules posées en sautoir, accompagnées de trois barils de sable cerclés d'or posés deux aux flancs et un en pointe (4, Planche IX).

CHAPITRE XXVIII

LA RÉVOLUTION DE 1789.

Les États Généraux furent convoqués à Versailles le 4 mai 1789, et dans la séance du 16 juin, M. Legrand, de Châteauroux, proposa le premier aux Députés du Tiers de prendre le titre *d'Assemblée nationale*, ce qui fut adopté le lendemain. Les principes sociaux, basés sur les droits imprescriptibles de l'homme, furent proclamés par les représentants de la nation ; mais ces droits, écrits en lettres de sang dans notre histoire, combien de fois, depuis 1789 jusqu'à nos jours, n'ont-ils pas été méconnus, oubliés, sacrifiés à des triomphes éphémères, de la révolution autoritaire ou jacobine !.....

M. le duc de Charost, l'homme le plus populaire et le plus libéral de la province du Berry, ne fut pas désigné par la noblesse comme représentant aux États Généraux. On avait sans doute trouvé trop avancées ses opinions relatives à la cause de la liberté et des impérieuses réformes, dont l'acceptation franche et spontanée aurait peut-être sauvé la Monarchie. De son côté, l'Assemblée nationale commit l'énorme faute de ne savoir pas prendre l'initiative des grandes mesures qu'elle décréta ; se laissant imposer les réformes, tantôt par la volonté du peuple, tantôt par la presse et trop souvent par des manifestations armées et séditieuses, elle fut bientôt débordée et sa chute devait entraîner celle du trône.

Fidèle à ses principes, M. le duc de Charost comprit, avec tous les bons citoyens, qu'il fallait venir en aide à la patrie dans ces terribles moments de convulsions politiques et financières, et il se hâta d'envoyer à la Monnaie nationale sa magnifique argenterie et d'annoncer à la séance de l'Assemblée du 24 septembre qu'il offrait à son pays un don de cent mille francs : mémorable entraînement patriotique, époque de généreux sacrifices, où l'on voyait un autre grand seigneur, le comte de Saint-Aulaire, donner à la nation une de ses forêts, quand, plus modestes dans leur élan civique, les habitants d'Issoudun abandonnaient à la France leurs boucles d'argent.

Parmi les nombreuses réformes votées par l'Assemblée nationale devait figurer en première ligne celle de l'administration de la justice. Aussitôt que les habitants de Saint-Amand eurent appris que les justices seigneuriales avaient été supprimées, ils adressèrent une pétition pour demander, comme ils en avaient exprimé le vœu dans leur cahier de doléances, l'établissement dans leur ville d'un bailliage royal. Ce n'est que bien plus tard que furent organisés les tribunaux d'arrondissement.

Mais la Révolution devait s'annoncer au début par de violentes secousses. La prise et les massacres de la Bastille avaient eu lieu le 14 juillet, et déjà, vers la fin du mois de juillet 1789, « l'agitation, dit M. Thiers, était universelle en France. Une « terreur subite s'était répandue ; le nom des brigands, qu'on « avait vus apparaître dans les diverses émeutes, était dans « toutes les bouches..... Des courriers se répandent et, traver- « sant la France en tous sens, annoncent que les brigands « arrivent et qu'ils coupent les moissons avant leur maturité.

« On se réunit de toutes parts et, en quelques jours, la France « entière est en armes. »

A la nouvelle que quatre mille brigands avaient tout ravagé et égorgé dans les environs de la Souterraine et de Magnac et qu'ils étaient cantonnés dans la forêt de Laurière, la municipalité de la Châtre avait rapidement organisé ses moyens de défense et fait appel aux habitants des villes et principales paroisses du Berry, qui lui promirent avec un grand élan de fraternité d'énergiques secours. La capitale du Berry, la ville de Bourges seule, refusa d'en mettre à sa disposition, Messieurs Clément de Beauvoir, maire, Sué et Callande, échevins, leur mandant qu'ils avaient eux-mêmes les plus grandes alarmes et qu'ils avaient besoin de toutes leurs forces pour leur propre sûreté, Sancerre annonçant l'arrivée par Cosne de huit à neuf cents brigants.

Lignières envoya à la Châtre cent cinquante hommes bien armés, et MM. Aumerle, ancien militaire et commis aux aydes de cette ville, Taillandier du Plaix, Nadault de Valette et Boutet-Lasseigne se rendirent dans cette ville pour donner à ses habitants l'assurance que huit cents autres hommes campés dans leurs murs étaient prêts à marcher au premier avis.

Une députation de la ville de Saint-Amand se présenta à la municipalité de la Châtre. MM. *Grangier de Boisdechamp*, *Thabouet et Boytière de Saint-Georges* lui remirent une lettre datée du 30 juillet et signée de MM. *Geoffrenet des Beauxplains*, subdélégué, et *Bonnet de Sarzay*, juge de police, par laquelle ces Messieurs mandent que la mission de leurs députés a pour objet de s'instruire particulièrement du sujet de l'alarme partout répandue, de se concerter avec les habitants de la Châtre et de former avec eux une alliance défensive (1).

(1) Tous ces documents sont extraits d'un procès-verbal de ce qui a été fait

La municipalité de la Châtre avait envoyé une députation à Guéret, qui fit son entrée dans cette ville aux acclamations générales des habitants et des notables qui se disputèrent le plaisir de loger MM. les députés et de leur témoigner toute leur satisfaction par des égards, des fêtes et des honneurs de toute espèce. On leur donna une messe en musique à l'église paroissiale, et, après avoir acquis la certitude que l'existence en troupe des brigands, soit dans les bois et montagnes des environs de Guéret, de Dun et de la Souterraine, soit dans tous autres lieux indiqués, était aussi fausse que les ravages qu'on leur attribuait, MM. les députés partirent pour la Châtre, accompagnés d'un détachement de cavalerie, composé de l'élite de la jeunesse de Guéret, avec drapeaux et musique en tête.

Mais, après ces fausses alertes, devaient survenir de tristes et poignantes réalités.......

En l'année 1790, la cherté des grains, la disette, les soulèvements populaires jetèrent dans les esprits de grandes inquiétudes. La ville de Saint-Amand fit acheter du blé à Orléans et sur plusieurs points du Berry avec l'argent et le concours des notables habitants, qui avancèrent à cette effet une somme de 22,639 livres, sur laquelle ils eurent à subir, en fin de compte, une perte de 1578 livres.

Cette prudente et sage mesure n'empêcha cependant pas six cents habitants des communes rurales de descendre au mois de mai de cette année, armés de fusils et de haches dans la ville, qu'ils se proposaient de mettre au pillage. Ils voulaient imposer la taxe du blé ; mais la garde nationale prit les armes, et, avec l'aide de la gendarmerie, commandée par le brave capitaine Depardieu, elle parvint à dissiper cet attroupement.

à la Châtre à l'occasion de la fausse alarme des brigands. Cette pièce curieuse et parfaitement libellée est consignée *in extenso* dans l'ouvrage de M. Laisnel de la Salle, intitulé *Croyances et légendes du Centre de la France.*

Peu de temps après, l'anniversaire de la prise de la Bastille fut chaleureusement fêté. Le 14 juillet 1790, tous les citoyens de la ville, la brigade de maréchaussée, un détachement du régiment de Royal-Piémont cavalerie et la garde nationale se rendirent sur la place publique au milieu de laquelle avait été dressé un autel. On y célébra la messe ; le premier échevin, le procureur de la commune et le deuxième échevin prononcèrent des discours et serment fut prêté « de défendre, jusqu'au der- « nier soupir, la constitution de l'État, les décrets de « l'Assemblée nationale et l'autorité légitime de nos rois, aux « cris de *Vive la nation, vive la loi, vive le Roi !* » Un dîner splendide eut lieu dans le cloître de la *maison des Carmes* ; tous les citoyens qui voulurent payer leur écot en firent partie, et le peuple se réunit en plusieurs groupes : il y eut partout des repas et des danses pendant cette journée *à jamais mémorable*, dont procès-verbal fut dressé au bureau de la municipalité, *pour le ressouvenir en être transmis à nos neveux*.

Au mois d'avril de l'année suivante, la municipalité décida qu'elle prendrait le deuil pendant huit jours du *grand orateur Mirabeau*. Un service eut lieu dans l'église des Carmes, pour le repos de son âme, le 14 de ce même mois ; le conseil général de la commune y assista, ainsi que tous les corps administratifs, judiciaires et militaires.

Enfin la fête de la fédération fut célébrée le 14 juillet 1791, et, le 23 octobre suivant, la constitution française publiée dans la ville et les faubourgs de Saint-Amand. On chanta un *Te Deum* à l'église paroissiale ; le soir on alluma un feu de joie aux cris de *Vive la Constitution, vive l'Assemblée nationale, vive le Roi* : il y eut illumination générale ; cette fête avait eu lieu en présence d'un grand nombre d'étrangers attirés par les foires d'Orval.

Mais les grandes institutions de 1789 ne devaient avoir qu'une existence éphémère et tout allait crouler à la fois : l'Assemblée nationale, la constitution et cette antique et fière Royauté qui avait été pendant tant de siècles la gloire et l'honneur de la France.

CHAPITRE XXIX

LA RÉPUBLIQUE

l'Assemblée nationale constituante succéda l'Assemblée législative, qui devait être bientôt remplacée par la Convention.

L'effervescence populaire, excitée par les passions politiques des partis extrêmes et par les maladroites protestations d'une cour qui n'avait pas su accepter franchement la Monarchie constitutionnelle, amena la terrible journée du 10 août 1792. Le trône fut renversé et nous eûmes les horribles massacres de septembre à Paris et ceux non moins affreux de Versailles.

Le 21 septembre, après tous ces égarements, la Convention nationale proclama la République imposée à la France par le club des Jacobins. Saint-Amand eut le sien, il avait été organisé dès le mois de janvier 1791 ; c'était la société des *Amis de la Constitution,* qui devait prendre ensuite le nom de *Société populaire.* Elle avait son siège dans une maison de la rue Contrescarpe du midi (rue Manuel).

Le 4 novembre 1792, huit cent dix-huit habitants de la ville se réunirent dans l'église des Carmes et prêtèrent serment de maintenir la liberté, l'égalité, la *sûreté des personnes* et des *propriétés* ou de *mourir*, s'il le fallait, pour *l'exécution des lois* ; mais le courage devait faillir à tous les honnêtes gens, et la lie, comme toujours dans les temps troublés, monter à la surface (1).

Pendant toutes ces agitations révolutionnaires, l'édilité ne pouvait pas rester inactive. En exécution de la loi du 26 juin 1792, un autel de la patrie fut élevé dans une des rues de l'enclos de Montrond ; la rue Manuel et le cours Fleurus furent ouverts, en 1792, à la circulation ; la rue Fradet, la plus suivie et la plus marchande des rues de la ville à cette époque par sa situation à l'entrée de la route de Bourges, fut repavée, et l'on commença la route de Saint-Amand à Dun-le-Roy, qui ne devait être terminée, dans tout son parcours, qu'en l'année 1830.

Il avait aussi fallu veiller à la sûreté publique, construire un corps de garde à la porte Moutin pour le service de la garde nationale et fouiller les châteaux en hostilité avec les idées républicaines..... Le château de Bannegon avait été signalé ; des commissaires s'y transportèrent et saisirent deux couleuvrines qui furent dirigées sur Saint-Amand et demeurèrent depuis en la possession de cette ville. L'un de ces petits canons mal chargé éclata, en 1832, lors du passage à Saint-Amand de l'infortuné duc d'Orléans, et blessa un ouvrier qui fut noblement secouru. Le débris de cet engin sert de tuyau de conduite d'eau à la fontaine de Saint-Martin.

Les habitants étaient sans cesse sur le qui vive : un soulèvement d'une certaine gravité eut lieu dans la commune

(1) Au ve siècle, Apollinaire disait qu'une des plaies de ce siècle, c'était le découragement ou la nonchalance des gens de bien, qui laissent le champ libre aux intrigues des aventuriers (*Hist. des Gaules*, par AMÉDÉE THIERRY). Que pouvons-nous dire de plus de nos jours ?

d'Épineuil au mois de septembre 1792 : il n'était rien moins question que du partage des terres ; les gendarmes avaient été refoulés et désarmés, l'autorité municipale méconnue et l'écharpe du maire foulée aux pieds. On avait été contraint de céder à l'émeute et les fonctionnaires pourchassés avaient échappé, en se cachant, aux violences qu'on se proposait d'exercer sur leurs personnes. Cinquante hommes à cheval et deux cents fantassins partent de Saint-Amand, commandés par les citoyens Vallet, Boityère de Saint-Georges et Berchon-Nozières. Une lutte violente s'engagea dans laquelle nos honorables concitoyens se distinguèrent par leur courage et vingt-six prisonniers furent amenés à Saint-Amand.

M. Vallet a fait les campagnes de la République et de l'Empire, il est mort sous le gouvernement de 1830 avec le grade de colonel ; il fit partie de l'expédition d'Égypte. M. Berchon-Nozières, brave et excellent citoyen, appartenait à une honorable famille de notre ville, où son père exerça les fonctions de notaire ; M. Boityère de Saint-Georges a été sous-préfet de l'arrondissement de Saint-Amand sous l'Empire et la Restauration ; son frère, ancien capitaine de dragons, a été adjoint au maire de la ville de Saint-Amand.

L'ordre et la paix ne devaient pas sortir de secousses si violentes : la Révolution, comme Saturne, *dévorait ses enfants*, et l'état surexcité des esprits atteignit bientôt ce paroxysme de fureur qui engendra de grands crimes et d'énergiques et mémorables résolutions.

Les Prussiens étaient entrés en France, ils avaient envahi la Champagne ; d'imnombrables volontaires marchèrent sur l'ennemi, et le sol de la patrie fut purgé des hordes étrangères. Saint-Amand, Châteaumeillant et toutes les villes de notre province avaient fourni leur contingent de vaillants défenseurs, qui devinrent plus tard d'intrépides soldats sous les ordres des grands hommes de guerre qui les conduisirent à la victoire. MM. Legrand, père et fils, commandaient la cohorte des volontaires de Saint-Amand ; M. François Mallard (mon père) et son frère Joseph étaient partis à la tête des volontaires de Châteaumeillant et furent incorporés avec les grades de capitaine et de sous-lieutenant au 2me bataillon de la 14e demi-brigade d'infanterie légère, commandée par le général Vandamme. A la bataille de la Corona, en Italie, le 11 thermidor an II (30 juillet 1794), Joseph fut atteint d'une balle à la tête et tué raide ; François, pour une blessure analogue, avait dû subir l'opération du trépan et survécut ensuite de longues années.

Mais il avait été plus facile de vaincre les soldats de Brunswick que de triompher de l'anarchie ; après la chute du trône et la sanglante exécution du roi Louis XVI et de Marie-Antoinette d'Autriche, sa noble et infortunée compagne, surgit le règne de la Terreur ; l'échafaud fut dressé partout et resta en permanence. La France, hélas ! vit tomber les têtes de ses plus grands orateurs, de ses plus vertueux citoyens, de ses plus intrépides généraux.

Le département du Cher avait envoyé à la Convention les députés ci-après : Foucher, il vota la mort du roi Louis XVI ; Pelletier, la mort avec la ratification du peuple ; Fauvre de la Brunerie, la mort ; Alasseur, la détention, le bannissement à la paix, la ratification du peuple ; Baucheton et Dugenne, émirent le même vote.

Sur la demande de la *Société populaire* et du conseil municipal, Saint-Amand, dès le 25 brumaire an II (15 novembre 1793), prit le nom de *Libre-Val*, et son exemple fut suivi par un certain nombre de villes et même de communes rurales : DUN-LE-ROY s'appela *Dun-sur-Auron* (1) ; CHATEAUMEILLANT, *Tell-le-*

(1) On concevra difficilement que, de nos jours, un pareil exemple de mépris historique ait été donné par les membres d'une Assemblée départementale éclairée et que, sur la demande de sa municipalité, une des premières

Grand ; LE CHATELET, *Libre-Feuille* ; CHATEAUNEUF, *Montagne-sur-Cher* ; SAINT-GEORGES, *Mont-Val* ; AINAY-LE-CHATEAU, *Ainay-sur-Sologne*.

Les sociétés populaires qui *fraternisaient* avec le club des Jacobins de Paris, *s'étaient régénérées*, c'est-à-dire qu'on en avait exclu les gens honnêtes et modérés. De nombreuses arrestations vinrent jeter le deuil dans les familles et l'effroi dans les villes. Il avait fallu obéir à un arrêté départemental du mois d'avril 1793 qui chargeait la société populaire de lui fournir la liste des citoyens de son arrondissement qui *pouvaient paraître suspects d'incivisme*.

Le marquis de Chevenon de Bigny, le descendant des seigneurs de Saint-Amand-le-Chastel fut dénoncé au club, le 27 brumaire an II, par trois membres de la société populaire, pour avoir tenu des propos contre-révolutionnaires ; il fut

villes du Berry au Moyen âge, ait été autorisée à lacérer ses nobles armoiries fleurdelysées et à supprimer la royale qualification qui lui avait été conférée par des Monarques auxquels elle doit son existence et de longs jours de sécurité et d'illustration. Rappelons donc à qui feint de l'ignorer que le Roi de France Philippe Ier avait acquis de Eudes Arpin, vicomte de Bourges, les villes de Bourges et de Dun ; que Philippe Auguste fit relever les fortifications de cette dernière ville, y fit établir une tour ; que la mère du Roi saint Louis, Blanche de Castille, fit en 1236, à Dun une concession en faveur de la Maison-Dieu de la ville ; que Charles-le-Bel établit à Dun un Prévôt royal, et que, depuis cette époque, la cité prit le nom de DUN-LE-ROY, nom qu'elle a conservé jusqu'en 1880, ainsi que ses armes, qui sont *d'azur à la fasce en devise de gueules, accompagnée de trois fleurs de lys d'or en chef et d'un mouton passant d'argent en pointe*, avec cette belle et historique devise : « FRANCORUM ANNEXA CORONÆ. »

Il y avait à Dun-le-Roy, dit M. de RAYNAL, un château dont l'élégant donjon bâti sur une motte élevée subsista longtemps, une chapelle en dépendant qui, d'après un dessin du temps, rappelle la disposition de la Sainte-Chapelle de Paris et qui peut-être datait de saint Louis. C'est là que le corps de Philippe-le-Hardi, mort à Perpignan en 1285, avait été déposé, lors de sa translation à l'abbaye de Saint-Denis. Simon de Beaulieu, Archevêque de Bourges, était allé recevoir les restes du royal défunt, et le lendemain il recevait également le Roi Philippe-le-Bel, à l'entrée de la chapelle du château de Dun-le-Roy.

arrêté en son château de Bigny, conduit à Bourges et guillotiné quelques jours après sur la place des Carmes.

MM. Ragon père, Ragon des Barres son fils, d'Aubigny, de la Cour, des Bordes, Le Large de la Coudre, le curé Hérault se trouvaient sur la liste des suspects. M. Charles Ragon, jeune homme de vingt ans, appartenant à une des plus respectables familles de notre ville, eut la fatale imprudence, en sortant d'un repas où la raison avait sans doute cédé à quelques copieuses libations, de crier : « Vive le roi. » C'était la nuit, au moment où il traversait à cheval revenant du château des Barres, une rue déserte de la ville de Charenton-sur-Marmande, il fut reconnu et dénoncé... L'abbé Simard de Givry, prêtre non assermenté n'avait pas voulu quitter sa patrie; arrêté en même temps que Ragon, ils furent l'un et l'autre dirigés sur Paris, ainsi qu'une religieuse, Mme Ragot, et sans jugement livrés au bourreau. L'abbé Simard habitait à Saint-Amand, rue Cordier (n° 4), une maison qu'il venait de faire bâtir et possédait dans la commune de Marçais la belle propriété de Villemore.

M. le duc de Charost, lui aussi, avait été arrêté à Paris et jeté dans les prisons de la Force ; il s'adressa à la Société populaire de Saint-Amand ; elle s'honora, en délivrant à ce généreux patriote une attestation de civisme qui le sauva de l'échafaud (1).

Cependant tous les habitants honnêtes et influents n'avaient pas été exclus de la Société populaire de notre ville : quelques-uns s'y étaient fait introduire avec l'espoir qu'on pardonnerait ainsi à leur passé politique et comme moyen de mettre à l'abri leur fortune et leur propre existence, ils hurlaient avec les loups; d'autres, et c'était le plus grand nombre, allaient au club et se servaient de leur popularité pour conjurer le mal, en contenant par leur influence les cerveaux les plus exaltés. Il

(1) Voir aux pièces justificatives la réponse de la Société populaire à la demande du duc de Charost.

ne faut donc pas juger les hommes de ces temps de désordre par la véhémence de leurs propositions et de leur langage ; on doit seulement leur infliger la honte et l'opprobre des actes sanguinaires auxquels ils ont concouru.

Chaque semaine on attaquait les riches et la propriété ; le parti modéré se gardait bien de protester ou de lutter ouvertement ; il proposait, sur toutes les questions qui étaient agitées, la nomination de commissaires chargés de les examiner, de les étudier et de faire leurs rapports... On temporisait pour aboutir le plus souvent à un ajournement définitif : aussi le club de Saint-Amand fut-il dénoncé, le 6 messidor an II, aux Jacobins de Paris comme suspect de modérantisme, et cependant dans la séance du 3 brumaire an II, un citoyen ayant présenté au club son fils nouveau-né pour que la société lui donnât un prénom, elle décida qu'il s'appellerait LIBRE-NÉ ! Les registres de l'état-civil de cette époque mentionnent les prénoms *d'Unité*, *Montagnard*, *Liberté*, *Guy-Serpollet*, *Puer-Isis*, etc., donnés à des *citoyens nouveau-nés* des deux sexes.

Le représentant du peuple Goyre, dit *la Planche*, ancien moine Bénédictin de la Nièvre, avait été envoyé en mission dans le département du Cher, il vint à Saint-Amand. Ce fut lui qui avait établi la Terreur à Bourges et pillé les églises ; il devint le proconsul du département du Cher et du Loiret. Un autre conventionnel, le fameux Legendre assista à la séance de la Société populaire, le 26 nivôse an II ; il en eut les honneurs et son civisme y fut exalté aux acclamations de l'assistance.

L'honorable maire de la ville, Fouquet, qui devint député au corps législatif, fut dénoncé, arrêté et conduit à Bourges : la Société populaire fut assez heureuse pour obtenir son élargissement. Il fut destitué de ses fonctions de Maire, mais la vie était sauvée de cet homme de bien qui devint un des plus honorables magistrats de notre arrondissement (1).

Tous ces jours néfastes de notre histoire, il faut le dire à l'honneur de la population de Saint-Amand n'ont pas entraîné, dans notre cité de bien grands actes de violence. L'antique et proverbiale mansuétude du caractère local, comme le dit M. de Raynal, ne s'y démentit qu'en de rares occasions. Beaucoup de citoyens avaient été égarés qu'on put facilement contenir ; les méchants, on les comptait, ils étaient peu nombreux et, pour cette raison, ne purent faire beaucoup de mal. Parmi les honnêtes citoyens qui s'efforcèrent de réagir contre les tendances fâcheuses que la peur pouvait inspirer au plus grand nombre, nous pouvons citer PHILIPPE VALLIGNY, vigneron, demeurant au Cheval-Blanc, homme de bien entouré de l'estime publique et membre du conseil municipal de la commune, qui sut souvent détourner l'orage par la sage et salutaire influence qu'il ne cessa d'exercer, pendant ces jours de tourmente, sur la nombreuse classe agricole de notre population.

Sous le règne de l'anarchie, de la guerre civile et de la loi du *maximum*, que la Convention emprunta aux plus mauvais jours de la Monarchie, la disette reparut plus horrible qu'en 1790. Un arrêté de la commune du 9 mai 1793 autorisa la Municipalité à emprunter trente mille livres pour achat de grains. Dix-sept mille cent quarante-cinq livres lui furent fournies par les notables citoyens, et le surplus par l'administration du district et par le département.

Au marché du 19 juin, il n'était pas arrivé un seul boisseau de grains, et la disette continuait à sévir ; lorsque, le 2 août, quinze cents personnes environ se portèrent à la municipalité, il n'y avait plus, dans les greniers de la commune, que deux cents boisseaux de tous grains : on ne put délivrer que cinq livres de farine par personne. Toutes les provisions étaient

(1) Voir aux pièces justificatives le discours de M. Fouquet au Club de Saint-Amand.

épuisées, et l'on ne dut faire qu'une distribution au lieu de deux par semaine. Le maire se transporta à Bourges dans le mois de septembre ; il obtint un secours de vingt mille livres pour subvenir aux besoins si urgents de la commune.

Tous les éléments semblaient conjurés contre nos populations : l'année précédente, le 27 août 1792, une partie de l'écluse des forges de Saint-Jean de Bouis (Tronçais) avait été enlevée par les eaux : la Marmande sortit de son lit, inonda les rues du Pont-Pasquier, la Grande Rue, la place du Marché et la rue Sainte-Barbe ; les eaux refluaient jusqu'à la rue Porte-Moutin.

A la suite de chaleurs torrides, le 3 septembre 1793, une maladie contagieuse se manifesta sur les bestiaux, dans le quartier de la Chaume, et, par mesure de précaution, il fut décidé que la foire se tiendrait sur la route de Montluçon.

Cependant les jours se rassérénèrent après le 9 thermidor, et les honnêtes citoyens, dont les noms avaient été inscrits sur la liste des suspects ou qui avaient été incarcérés dans la *vieille prison* de Saint-Amand (maison Petit), purent espérer que l'orage avait cessé de gronder.

La garde nationale de notre cité, dont l'institution remonte aux premiers jours de la Révolution, eut jusqu'à la fin du XVIIIe siècle un service pénible à faire ; elle s'en acquitta courageusement. Elle était commandée par de braves officiers, qui eurent souvent à marcher à sa tête contre des rebelles et à exercer une surveillance très active pendant les troubles qui éclataient de toutes parts. A chaque instant elle prenait les armes et se portait tantôt sur un point, tantôt sur un autre pour rétablir la tranquillité publique.

A l'époque du soulèvement de Sancerre, le 26 germinal an V (17 avril 1796), elle fit de fréquentes battues dans les bois, et cependant elle fut impuissante à empêcher l'horrible assassinat qui fut commis à Jarioile, commune d'Uzay-le-Venon, sur la route de Bourges à Saint-Amand, dans la nuit du 8 au 9 brumaire an V (29 au 30 octobre 1796), au domicile de l'aubergiste François Candelet. Quatre hommes et trois femmes y périrent des mains d'une bande de brigands dont le crime est à jamais resté impuni. Des soupçons se portèrent sur plusieurs individus, on prononçait même leurs noms ; ils s'étaient proposé, disait-on, de dépouiller d'une somme d'argent considérable des conducteurs de bestiaux qui rapportaient de Paris le produit de ventes importantes ; ces gens devaient coucher à l'auberge de Candelet, mais ils n'y avaient pas paru. Les assassins qui, avant d'égorger leurs victimes, leur avaient attaché les pieds et les mains, durent se contenter de la bourse de l'aubergiste, dont ils se partagèrent le maigre contenu. On sut plus tard que des forçats du bagne de Toulon s'entretinrent de ce crime auquel ils avaient participé.

Le 12 thermidor de cette même année, une crue extraordinaire de la Marmande inonda de nouveau la ville de Saint-Amand : il y eut quatre pieds d'eau dans la Grande Rue ; la rivière remontait dans la rue de la Porte-Moutin jusqu'à l'angle de celle de l'Équerre : cette inondation donna lieu à des actes de dévouement dont les détails sont consignés dans un procès-verbal de la municipalité du 23 frimaire an VII (14 décembre 1798). Une des piles du pont du Vieux-Château fut ébranlée dans ses fondements et une partie du parapet enlevée par les eaux.

La sécheresse fut, au contraire, si grande l'année suivante, qu'au mois de thermidor an VI (juin 1798), il n'y avait plus d'eau dans la Marmande ni dans les puits ; que les moulins ne pouvaient plus moudre, et qu'on fut contraint d'acheter à M. Rambourg, directeur des usines qu'il avait créées, avec le concours du gouvernement, sur la lisière de la forêt de Tronçais, une certaine quantité des eaux de l'étang de Saint-Bonnet. Les meuniers de la Marmande avaient assez souvent recours à ce moyen dispendieux d'alimenter leurs biefs.

CHAPITRE XXX

LES TRAVAUX ET EMBELLISSEMENTS PROJETÉS DE LA VILLE. LES CIMETIÈRES.

L'avenue de la route de Montluçon et le cours Fleurus avaient été plantés de peupliers en 1770 : la ville prit, en l'an III, possession des fossés creusés au pied de l'ancien mur d'enceinte qui longeait la nouvelle rue *Contrescarpe du Midi* (rue Manuel), et y fit planter un double rang de tilleuls qui sont encore en partie debout — 1895. — On appela cette promenade cours Desjobert, du nom du propriétaire, qui habitait alors le corps de bâtiment occupé depuis par le parquet et le greffe du tribunal.

Il existait autrefois sur la place Moutin une fontaine alimentée par les eaux de la *Font Saint-Martin :* elle avait été détruite en 1771. La municipalité proposa, le 11 décembre 1786, de la rétablir avec plusieurs embranchements qui donneraient de l'eau aux différents quartiers de la ville : cette question préoccupa longtemps les esprits ; tout le monde était d'accord pour reconnaître la mauvaise qualité des eaux de puits dont on faisait usage. On profita de la présence du représentant du peuple Legendre dans les murs de Saint-Amand pour lui remettre, le 26 nivôse an II (16 janvier 1793), une pétition à l'effet de faire rétablir cette fontaine sur l'emplacement qu'occupait alors le bâtiment de la boucherie, Place du Marché ; il lui fut aussi demandé qu'on reconstruisit le pont du Cher et que l'église des Carmes fut appropriée pour y installer la Société populaire. Des ordres furent donnés immédiatement à l'ingénieur du département, M. Des Fougères, qui fit les études de ces trois projets. Les devis portèrent à vingt-trois mille livres la somme nécessaire à l'établissement d'une fontaine sur la Place du Marché, à quinze mille livres les travaux de l'église des Carmes, et à quatre-vingt-dix mille ceux de la construction du pont.

La Société populaire ne s'en tint pas là, elle décida, le 27 pluviose an II (27 février 1793), qu'il serait demandé à la Convention nationale la somme suffisante pour conduire sur la Place du Marché les eaux de la font Saint-Martin.

Instruit de tous ces projets, M. le duc de Charost intervint et fit savoir, le 18 nivôse suivant (18 janvier 1794), à la Municipalité que, sur le don patriotique de 70,000 livres qu'il avait spontanément fait, il destinait la somme de 10,000 livres à être employée sur le chemin de Meillant à Dun-sur-Auron, 10,000 livres sur le chemin de Libreval à Meillant, 8,000 livres au rétablissement projeté du pont sur le Cher, 20,000 livres à l'établissement d'une fontaine dans la ville, 24,000 livres à la création d'un Muséum et 600 livres à l'encouragement des arts dans la commune.

Tous ces fonds auront sans doute reçu une autre destination et la fontaine est encore à créer. Il eut été bien facile de le faire en 1826, au moment où le pont du canal de Berry fut jeté sur la route de Montluçon : on creusait les fondations destinées à recevoir la maçonnerie de ce pont, lorsqu'une source d'un jet considérable vint apporter un obstacle sérieux à la confection des travaux du côté opposé à la ville : c'étaient peut-être les anciens conduits amenant l'eau da la font Saint-Martin, qu'on avait trouvés et crevés. L'ingénieur en chef proposa d'utiliser ces eaux, de les diriger sur la place de la Porte-Moutin et sur celle du Marché : c'eut été une dépense fructueuse et la réalisation des anciens projets si ardemment désirés de pourvoir la ville d'eaux pures et abondantes. Mais l'administratton n'avait pas d'argent suffisant à sa disposition, et la source fut pour toujours refoulée dans le sol.

Les étaux de l'ancienne boucherie seigneuriale situés sur la Place du Marché, en face du groupe des maisons qui donnent sur la Grande Rue (Voy. Planche I), étaient devenus, comme bien d'émigré, propriété nationale : le représentant Legendre les abandonna à la ville et les murs en furent démolis le 24 fructidor an II (12 septembre 1793) ; cette donation ne fut validée qu'en 1811.

Le Maire, avant la Révolution, ouvrait tous les ans, à l'époque du carême, un concours de boucherie : celui des bouchers qui présentait le bœuf le plus gras avait seul le privilège de vendre de la viande pendant toute la durée de la sainte quarantaine. Le 3 mai 1791, le bœuf et le veau se vendaient 6 sols la livre, viande choisie, et 4 sols 6 deniers les bas morceaux. La municipalité a longtemps taxé le prix de la viande : cette entrave apportée à la liberté du commerce disparut dans les dernières années du gouvernement de Louis Philippe ; ce n'est qu'en 1866 que le prix du pain cessa d'être officiellement taxé dans notre ville.

La commune avait fait de sérieuses démarches afin d'obtenir la reconstruction du pont sur le Cher, et dans leur cahier de doléances de 1789, ses habitants en avaient fait l'objet d'un vœu spécial. Un arrêté du comité révolutionnaire du département autorisa le trésorier de la caisse de bienfaisance de Libreval à mettre à la disposition de la municipalité de cette ville 30,000 livres pour commencer les travaux de ce pont : ces fonds furent versés le 1er ventôse an II; il fut même décidé que le pont serait refait en bois avec piles en pierres, à l'aide de souscriptions. Ce projet ne devait pas se réaliser. Il n'en fut pas de même du pont Pasquier sur la Marmande, que l'on reconstruisit à neuf et en bois en l'an VII de la République, et dont les travaux occasionnèrent pour la ville une dépense 1431 livres.

L'ouverture de la route de Montluçon avait laissé entre cette route et le Cours Fleurus, un terrain assez considérable qui, pendant les premières années de la République, ne fut occupé que par de rares maisons. Ce quartier n'a été entièrement construit et habité que de 1800 à 1815.

Les administrateurs municipaux se préoccupaient constamment des moyens d'accroître l'importance de la cité : presque toutes les questions qui intéressaient la voirie, la circonscription communale, la création de nouveaux quartiers, l'ouverture de routes, de chemins, de rues, de canaux, la construction de nouveaux ponts avaient été élaborées par nos pères; n'ayons donc pas la vanité de croire que nous leur sommes supérieurs en dévouement à la chose publique.

Ainsi, dès le 6 fructidor an VI (24 août 1798), la commune avait demandé que la rivière du Cher fut adoptée comme limite immuable entre Orval et Saint-Amand; cette proposition fut renouvelée en 1823; mais elle ne fut l'objet d'aucun examen avant 1865.

Les cimetières de la cité.

Nous savons qu'une partie de la Place du Marché avait été jadis un lieu de sépulture et que, sur la demande des habitants, lorsque la ville fut entourée de murailles, l'emplacement occupé par la *Promenade du Centre* et une partie de la rue Nationale servit de cimetière; on enterrait, en outre, dans l'église paroissiale, dans celle des Carmes, autour de ces églises et dans l'enclos de l'Hôtel-Dieu. Enfin le cloître des Carmes, l'Hôtel Saint-Vic, l'église de Saint-Antoine et la chapelle Péron (1) étaient aussi des lieux d'inhumation. Le principal terrain de sépulture, pour les habitants de la ville de Saint-Amand-le-Chastel, était situé derrière le chœur de leur église : on le désignait sous le nom de *petit cimetière*. Le *grand cimetière* (Voy. Planche I) de la place du centre fut frappé d'interdit en 1779, et l'on proposa d'utiliser comme champ de repos l'enclos des Capucins.

C'est dans ces circonstances, qu'en vertu d'une autorisation donnée par le citoyen *Cherrier*, représentant du peuple en mission dans le département du Cher, un nouveau champ de repos fut créé à l'extrémité de l'enclos de Montrond, vers cette partie dont le mur extérieur aboutit au chemin de la croix Flambart (2), au Pré-des-Joncs et à la rivière du Cher. Mais cet emplacement avait été mal choisi : le sous-sol était, d'un côté encombré de rochers et, de l'autre, toujours plein d'eau ; aussi ce nouveau cimetière, qui n'avait pas encore été entouré de murs, fut-il abandonné dans l'année 1807.

Depuis cette époque jusqu'en 1830, une partie de l'enclos des Capucins servit de sépulture aux habitants de Saint-Amand, mais il fallut songer à établir un autre cimetière, question d'une

(1) La chapelle Péron était située sur la place actuelle du marché à l'angle de la rue Sainte-Barbe (ancienne maison Charpy) ; elle existait encore en 1789. M. PÉRON, marchand, y fut enterré en 1650 ; M. FRANCOIS PÉRON, le jeune, marchand et bourgeois de Saint-Amand, avait épousé BARBE BENGY, d'où JEAN et ETIENNE PÉRON ; Barbe BENGY était la tante d'ANTOINE BENGY, célèbre professeur à l'école de droit de Bourges, où il fut appelé à occuper la chaire illustrée par Cujas. Les Bengy et les Péron avaient été calvinistes.

(2) Cette croix a été élevée au XVIIIe siècle par LÉONARD PETIT, dit *Flambert*, vigneron, demeurant au faubourg du Cheval-Blanc.

solution difficile, se rattachant à l'hygiène publique et qui fut fortement débattue. On proposa, en 1826, de reprendre celui de Montrond ; la ville se décida, en 1828, à acheter au quartier des Petaudes, un terrain d'une excessive humidité et d'une étendue insuffisante, qu'on entoura de murs : c'est là que se font depuis 1830 les inhumations. Il a été question en 1869 d'agrandir cet enclos afin que les ossements fussent moins souvent dérangés par le fossoyeur, comme aussi de l'assainir par un drainage profond ; ces deux améliorations ont été réalisées dans le cours de l'année 1877.

Un règlement de 1844 détermine les charges et conditions des concessions à faire dans ce champ de repos, soit à temps, soit à perpétuité.

Ajoutons en terminant, qu'il existait, *au midi de la rue Fradet*, un terrain dont l'emplacement est ignoré aujourd'hui, qui servit de cimetière aux huguenots de la cité.

CHAPITRE XXXI

SAINT-AMAND SOUS L'EMPIRE. — LE CANAL DE BERRY.

Le XVIIIe siècle devait s'éteindre dans les dernières convulsions de nos discordes civiles et dans les inquiétudes de la guerre étrangère ; de grands combats, de brillantes victoires avaient illustré les armées de la République ; l'ordre, la paix intérieure et l'autorité gouvernementale auraient pu se consolider à l'ombre d'une liberté sage, féconde et réparatrice : mais pourquoi faut-il que les peuples et les rois aient tant de peine à rester dans les justes limites de la raison et du droit ?

Dans la première année du XIXe siècle, la mort du duc de Charost vint répandre un deuil général parmi les habitants de la province du Berry. Ceux de Saint-Amand en furent profondément affligés, et quand cette nouvelle arriva à Meillant, les boutiques furent spontanément fermées et les travaux suspendus. Ce grand citoyen était mort le 5 brumaire an IX (27 octobre 1800), victime de sa charité.

Maire du dixième arrondissement de Paris, il alla visiter l'Institution des sourds-muets, dont il était administrateur et où la petite vérole exerçait ses ravages, il fut atteint par l'épidémie et succomba. La capitale du Berry, où le duc de Chârost s'était signalé par tant de bienfaits, fit élever, deux ans après, un monument à sa mémoire dans le jardin de l'Archevêché, avec cette inscription :

OPTIMO CIVI
ARM[d] J[h] BETHUNE CHAROST
GRATI BITURIGENCES
ANNO X REP. FUND.

Ce monument fut restauré en 1852 par Mme la duchesse de Mortemart, avec cette inscription :

AUX GRANDES VERTUS CIVIQUES
DE BÉTHUNE DE CHAROST LE BERRY RECONNAISSANT
L'AN X DE LA RÉPUBLIQUE.

Les restes mortels du duc de Charost ont été déposés dans la chapelle du château de Meillant. Il avait eu la douleur de voir la tête de son fils unique tomber sous la hache révolutionnaire le 9 floréal an II (28 mars 1794) de la République ; ce malheureux jeune homme avait épousé sa cousine Henriette de Bethune-Sully et ne laissa pas de postérité.

Voici quelle est l'épitaphe du duc de Charost gravée sur la dalle funéraire du château de Meillant :

CI-GIT
ARMAND JOSEPH DE BÉTHUNE,
DUC DE CHAROST
DERNIER DE SON NOM.
NÉ LE 1er JUILLET MDCCXXXVIII.
MORT LE XXVII OCTOBRE MDCCC
SOLDAT OU CITOYEN
IL FIT BÉNIR SON NOM, ADMIRER SON COURAGE.
MAGISTRAT, GRAND-SEIGNEUR, EN TOUS LIEUX, A TOUT AGE,
IL NE FIT QUE DU BIEN.

En vertu de la constitution de l'an VIII, le Sénat fut nommé par les Consuls : il se composait de soixante membres qui élurent le Tribunat et le Corps législatif. Le département du Cher fut représenté à cette assemblée par M. TROTTIER, de Bourges, savant et intègre magistrat, et par un homme non moins honorable, magistrat comme lui, M. Fouquet, ancien maire de Saint-Amand, qui mourut en 1812, laissant par testament à la ville une somme de quatre cents francs pour continuer les plantations des grandes et des petites promenades (Place du Centre et Cours Desjobert).

Après le régime de la Terreur, après la chute du Directoire, la France s'était jetée dans les bras du vainqueur de l'Italie. Le coup d'Etat du 18 brumaire avait préparé l'avènement de l'Empire. Le 22 floréal an XI (18 mai 1804), un sénatus-consulte apprit à la nation que le gouvernement de la République était confié à un Empereur et que Napoléon Bonaparte, premier consul, devenait Empereur des Français.

Napoléon voulait renouer la chaîne du temps, en relevant, au profit de sa famille, l'antique Monarchie ; il fit l'énorme faute, en rétablissant l'ordre et en fondant une dynastie nouvelle, de confisquer, au lieu de les réglementer sous l'égide des lois, toutes les libertés d'un grand peuple...

La ville de Saint-Amand prit beaucoup de développement sous l'Empire ; on s'occupa, en 1810, d'en faire dresser un plan général qui n'était pas encore terminé en 1813 : ce plan occasionna une dépense de trois mille francs et fut rectifié en 1828 ; on s'en servit, quoiqu'il fût défectueux pour donner les alignements des nouvelles constructions, mais la ville, en 1845, fit avec M. Delouche, géomètre attaché au cadastre, un traité pour un nouveau plan, qui fut approuvé par le Conseil d'État et qui reçoit tous les jours son application légale : il coûta pareille somme de trois mille francs.

Des réparations importantes furent ordonnées au collège

communal afin d'en assurer la prospérité et d'en accroître les études ; les vieilles maisons du Moyen Age commencèrent à disparaître ; elles étaient remplacées par des constructions soumises à un alignement qui donna à nos rues plus de régularité, aussi sentit-on bientôt la nécessité de faire le relevé de tous leurs noms et d'ordonner, par un arrêté municipal pris en 1811, le numérotage de chaque maison.

Le mariage de l'Empereur avec l'Archiduchesse d'Autriche Marie-Louise, en 1810, donna lieu dans notre cité, à des fêtes, à des repas, à des illuminations et des feux de joie, qui se renouvelèrent le 9 juin 1811, à la naissance du roi de Rome, qui devait mourir duc de Reichstadt.

C'était peu de temps avant qu'avait eu lieu l'organisation des tribunaux de première instance ; Saint-Amand était devenu le siège du tribunal du troisième arrondissement du département du Cher (1).

L'année 1811 devait être remarquable par l'abondance prodigieuse et la qualité supérieure de vins qui furent récoltés en France ; une comète à chevelure immense resta pendant trois mois visible sur notre hémisphère, nos populations y voyaient des signes infaillibles de prospérité et de gloire ! Dieu, disait-on, après tant d'orages allait donner au monde des jours meilleurs ; la gloire de nos armes, la naissance du roi de Rome consolideraient le vaste empire du nouveau Charlemagne, l'espérance était dans tous les cœurs.

Mais la disette, qui avait sévi en 1802, revint en 1812, avec son cortège obligé de navrantes souffrances. La municipalité fit planter de tilleuls la nouvelle place du Centre (*arrachés en 1875, ils ont été remplacés par des platanes*) et créa un atelier de charité : un impôt de trois mille francs fut levé sur les plus riches contribuables et transformé, pour partie, en prestations

(1) Voir aux pièces justificatives la liste des Présidents du siège de Saint-Amand.

en nature q'uon employa sur le chemin des Petits Fromenteaux... et disons bien qu'au milieu de ces calamités l'État nous vint largement en aide. Un pont en bois reposant sur des bases en maçonnerie, d'une construction à la fois élégante et solide, fut établi sur la rivière du Cher, dans la commune d'Orval, à l'extrémité de la rue de l'hospice : la première pierre en avait été solennellement posée le 10 août 1810 : d'immenses travaux de terrassement aux deux abords de ce pont, donnèrent, en 1811 et 1812, de l'ouvrage à tous ceux qui souffraient de la faim, aux hommes de toutes les professions.

Le nom de l'Empereur était acclamé de toutes parts : il était devenu le bienfaiteur de la contrée dans un moment où, sur le marché de notre ville, le prix du froment s'élevait à quarante-neuf et cinquante francs l'hectolitre (1).

Bientôt après, les sanglants désastres de la campagne de Russie devaient achever l'épuisement de la France en argent et en hommes valides ;... Saint-Amand offrit à l'Empereur, le 22 janvier 1813, deux chasseurs armés, équipés et montés, qui allèrent rejoindre nos troupes affaiblies par d'incessants revers. Cette dépense s'éleva à 2400 francs qui furent payés, au moyen d'une répartition proportionnelle par les trois cent sept plus imposés de la commune ; son budget était alors si modeste : 5978 francs de recettes annuelles ! Précédemment, ses finances avaient été plus prospères : elle avait eu en 1810, 8192 francs de recettes ; mais les calamités publiques avaient pesé sur toutes les fortunes communales ou privées.

1813-1814. — Quelles terribles années !

La conscription avait cessé de suffire aux besoins de l'armée ; le contingent se composait de tous les jeunes gens valides ; on ne voyait partout que des familles en deuil, leurs enfants

(1) Au 1er décembre 1894 le prix de l'hectolitre est de 12 francs 50.

avaient péri sur des champs de bataille devenus célèbres par nos triomphes ou par nos défaites ; il ne restait plus, dans la cité, que quelques conscrits des années précédentes qui avaient été réformés. On les enrôla dans la légion des gardes d'honneur. Beaucoup succombèrent au delà du Rhin ou sur le sol de la patrie dans la fameuse campagne de 1814 : quelques-uns devaient assister à la chute de l'Empire.

Lorsque la nouvelle de l'abdication de Napoléon, signée à Fontainebleau le 11 avril 1814 et celle du retour des Bourbons se répandirent dans notre ville, la consternation fut générale. On avait oublié jusqu'aux noms des princes qui venaient de rentrer avec les armées étrangères. La nation se sentit humiliée de sa défaite et de la monarchie que les sabres de ses vainqueurs lui imposaient ; elle protesta contre les actes du gouvernement de Louis XVII, et surtout contre les manifestations rétrogrades des prêtres et des émigrés qui réclamaient audacieusement le rétablissement de l'ancien régime avec les abus et les privilèges que la révolution de 1789 avait à jamais balayés du sol français.

C'est dans ces circonstances que Napoléon quitta l'île d'Elbe et arriva, le 20 mars 1815, à Paris, acclamé depuis Cannes jusqu'au palais des Tuileries, par le peuple qui avait foi dans son étoile, dans la vaste étendue de son génie et dans les promesses de paix et de liberté qui accompagnaient son retour de l'exil.

L'enthousiasme fut immense à Saint-Amand : l'Empereur, qui personnifiait la haine de la nation contre l'étranger, n'avait-il pas donné du travail et du pain à ses habitants pendant la disette de 1812 ?... Et puis, il déclarait abjurer les fautes du passé et les fatales déceptions d'une ambition qui avait été sans bornes ; il voulait régner désormais sur un peuple libre : « Notre but, disait-il, n'est plus que d'accroître la prospérité de la France par l'affermissement de la liberté publique. »

Confiante dans ces paroles, notre ville s'arma et se fédéra pour la défense du territoire. Cette confédération s'était formée en Bretagne.« Composée de la génération née de la Révolution, « élevée dans les principes libéraux parfaitement en état de « distinguer la liberté de la licence et dont la haine pour les anciens privilèges n'est point équivoque (1). » Elle s'étendit rapidement dans les grands centres et Saint-Amand imita résolument l'exemple qui lui était donné par les villes les plus importantes de France.

De fréquentes réunions avaient lieu rue du Petit-Vougon, à la salle de spectacle : on y était aux aguets des nouvelles politiques, des actes de l'Assemblée du champ de mai, qui se tint à Paris le 1er juin 1815, et de la réunion de la Chambre des Représentants, dont la séance eut lieu le 3 du même mois.

En réponse à l'adresse des Représentants, l'Empereur avait annoncé qu'il partait, dans la nuit du 11, pour se mettre à la tête de la Grande Armée... Mais le 18 juin, la sanglante bataille de Waterloo avait ouvert les portes de Paris aux Anglais et aux Prussiens. C'en était fait une seconde fois de l'Empire et de son fondateur.

Le canal de Berry.

Ce canal avait été projeté depuis le XVIIe siècle, sous le règne du roi Henri IV ; il en avait même été question, en 1484,

(1) *Moniteur* de 1815.

aux Etats Généraux assemblés à Tours. Sully et Colbert s'en étaient occupés et en marge des mémoires écrits sur cet objet, on voit écrit de la main de Sully : « *Ne se peut faute de fonds.* »

M. le duc de Charost étudia aussi cette question ; il proposa, en 1772, d'unir la haute Loire à la basse Loire, au moyen d'un canal passant par Bourges : elle fut enfin examinée avec le plus grand soin, en 1780, par l'Assemblée provinciale de Berry.

Un décret du 16 novembre 1807 ordonna que le Cher serait rendu navigable au moyen de dérivations jusqu'à son embouchure dans la Loire, mais la direction du Canal de Berry n'a été définitivement fixée que par la loi du 14 août 1822. Les fouilles, déblais et terrassements n'en furent pas moins commencés sous l'Empire en 1809, et le premier coup de pioche fut donné par des prisonniers de guerre espagnols. Peu de temps après, un camp était établi à Vallon, mais le tiphus qui s'y déclara jeta la perturbation dans les travaux : on allait jusqu'à dire que c'était la fièvre jaune... Quoi qu'il en ait été, les malheureux prisonniers furent décimés ; ils tombaient frappés de mort sur les chantiers, dans les chemins, et la mortalité s'étendit bientôt aux habitants des communes voisines : c'était un affreux spectacle.

Plus tard et sous les règnes du roi Louis XVIII et Charles X, des camps d'ouvriers militaires employés aux terrassements du canal furent dressés successivement à la Perche, à Drevant, à Charenton et dans la plaine de Varisson, commune d'Augy. Ils étaient composés des soldats réfractaires de notre armée et de ceux qui, par infraction à la discipline avaient à subir des condamnations afflictives et temporaires.

Mais les fièvres paludéennes suscitées par le déblaiement et les fouilles des terres humides de nos vallées devinrent si intenses et si pernicieuses à Saint-Amand, à Charenton et dans les plaines d'Augy, que force fut, en 1827, de dissoudre le camp de Varisson, à la grande satisfaction des soldats et des habitants qui avaient vu succomber de nombreuses victimes.

Le canal de Berry est devenu un des principaux moyens de transport et d'écoulement de notre richesse industrielle et territoriale ; il avait été projeté comme canal de grande section, mais les travaux n'étaient pas conduits jusqu'au pont de la Tranchasse sur le Cher, que M. l'ingénieur en chef Dutan, fit adopter par l'État cette fatale décision qui réduisait les dimensions de la voie et rendait alors impossible l'accès des grands bateaux des autres canaux dans le canal du Berry.

M. Dutan avait pensé, non sans raison, que les rivières du Cher, de la Marmande, de l'Auron et de l'Aubois seraient insuffisantes à l'approvisionnement d'un canal de grande section. Mais combien cette réduction n'est-elle pas regrettable depuis la création des réservoirs de Montluçon, d'Isle et de Goule, alors surtout que de puissantes machines à vapeur — 1877 — vont emprunter à l'Allier une énorme masse d'eaux qui sont déversées dans les bassins du canal de Berry.

Ce canal se dirige de Montluçon par Saint-Amand jusqu'à La Fontblisse, où se trouve un bief de partage. La navigation a été établie, dans l'hiver de 1834, entre Saint-Amand et Montluçon. La branche de Vernais à Marseille-les-Aubigny, sur un parcours de quarante kilomètres, par Sancoins et la vallée de l'Aubois, a été livrée à la navigation le 5 décembre 1838. L'inauguration du canal latéral à la Loire date du 6 août de la même année, et ce n'est qu'en 1840 qu'a été ouverte l'autre branche de notre canal qui, par la vallée de l'Auron, Dun-le-Roi et Bourges, aboutit dans notre département à Vierzon.

La distance de Saint-Amand au canal latéral à la Loire est de 69 kilomètres 245 mètres, et celle de Saint-Amand à Montluçon de 48 kilomètres. La longueur totale du canal de Berry est de trois cent vingt-deux kilomètres,dont cent quatre-vingt. quatorze dans le département du Cher ; le mouillage normal est de un mètre cinquante centimètres.

Le réservoir d'Isle-Marmande contient trois millions sept cent vingt-cinq mille mètres cubes d'eau ; celui de Valigny-Auron, trois millions sept cent vingt-quatre mille, et celui des Étourneaux-Montluçon un million de mètres cubes.

Depuis un temps immémorial et jusqu'au jour où le canal de Berry fut livré à la navigation, les eaux de la rivière du Cher, de Montluçon à Vierzon, avaient été utilisées, pour l'expédition à douves perdues, des merrains destinés aux besoins du commerce de la basse Loire, et c'est plus particulièrement à Saint-Amand que se préparaient, tous les ans, ces belles flottaisons d'énormes pièces de marine qui étaient dirigées sur Nantes. Quelques bateaux, chargés de marchandises, remontaient aussi de la Loire à Saint-Amand.

CHAPITRE XXXII

LA RESTAURATION. — L'OCTROI ET LE BUDGET DE LA VILLE DE SAINT-AMAND.

Le Roi Louis XVIII fit son entrée solennelle aux Tuileries le 9 juillet 1815. Les nobles et glorieux débris de notre armée qui comptait encore 80.000 hommes, avaient reçu l'ordre de se retirer au delà de la Loire, et le maréchal Mac-Donald, duc de Tarente, fut chargé d'en opérer le licenciement. Il commandait la place de Bourges, vers laquelle toutes nos troupes furent dirigées, puis, de là, en grande partie, évacuées sur Saint-Amand. Elles y séjournaient momentanément ou traversaient la ville pour gagner Montluçon. Ce fut une occasion d'encombrements, d'embarras et de charges extrêmement lourdes pour notre population ; les canons, obusiers, chariots, chevaux et bagages stationnaient sur nos places, sur nos promenades et dans nos rues.

De nombreux régiments d'infanterie et de cavalerie se succédaient incessamment : l'artillerie, les chasseurs, les hussards de la garde impériale défilaient tristement escortés jusque dans la campagne par les habitants qui leur avaient fait un accueil cordial et sympathique.

Pour subvenir à tant de besoins la Mairie mettait tout en réquisition : fourrages, blés, avoines, farines, pains, pailles, bois et literies : elle était envahie, débordée, à bout de ressources ; les habitations des citoyens étaient remplies de soldats qu'il fallait loger. Ce fut une rude tâche, pour les fonctionnaires de la municipalité, d'avoir à donner satisfaction à des militaires qui avaient été accoutumés à parler en maîtres dans toutes les villes de l'Europe, et qui, irrités, aigris et exigeants, oubliaient quelquefois qu'ils n'étaient plus en pays étranger.

Quelle époque, quels émouvants souvenirs ! Avec quelle avidité étaient recueillis de la bouche de ces braves les moindres détails sur les épisodes de nos grandes guerres !... Nous eûmes, nous, nos parents et nos amis, l'honneur de compter parmi nos hôtes les généraux Excelmans, Pajol, l'infortuné Labédoyère, le colonel Clary et une foule d'officiers, qui gardèrent des habitants de notre ville un vif sentiment d'estime et d'affection.

Le parti ultra-royaliste ayant triomphé dans les conseils de la Couronne, les chefs de la fédération furent partout inquiétés, frappés de proscription et d'honorables fonctionnaires durent expier le tort impardonnable d'être restés fidèles à leurs convictions politiques.

Un certain comte Moru avait été envoyé à Bourges avec le titre de commissaire du Roi ; on y dressa une liste de tous les hommes qui avaient le plus marqué dans le parti de l'opposition, et plusieurs de nos concitoyens les plus honorables eurent à endurer les tourments de l'exil. M. Mater, avocat distingué, qui devint, à la Révolution de 1830, premier président de la Cour royale de Bourges, fut une des premières victimes. Mon parent M. Bonnet des Maisons fut interné à Aix ; le maire de Saint-Amand, M. Josset-Vougon, qui avait été emprisonné, en 1793, comme suspect de modérantisme, et mon père, son premier adjoint, furent révoqués.

L'espionnage devint à l'ordre du jour ; les dénonciations atteignirent les familles les plus respectables ; les relations de société et même de parenté furent rompues ; chacun se tenait dans sa demeure, évitant non pas seulement les réunions publiques, mais la rencontre de ses meilleurs amis, le commerce de ses plus proches parents... Nous étions sous la terreur blanche flanquée de ses cours prévôtales.

La cour prévôtale de Bourges avait été établie le 21 mars 1815, à l'effet de juger sommairement ceux qui entreprendraient d'attaquer le trône, soit par paroles, soit par actions et de renverser le gouvernement établi. Elle était présidée par un magistrat d'une volonté énergique, mais très justement considéré, M. Séguin, qui occupa longtemps la présidence du tribunal de première instance de Bourges.

Ce n'était pas assez des terribles événements politiques qui avaient soumis notre chère patrie à de si cruelles épreuves ; un hiver d'une grande rigueur sévit en France du 1er novembre 1815 au 31 mars suivant avec des alternatives de pluies et de frimas.

La terre était profondément gelée et couverte de neiges, quand un convoi de prisonniers bavarois passa à Saint-Amand ; ils retournaient dans leur patrie, plus heureux que nos prisonniers si impitoyablement décimés par les mauvais traitements et les souffrances de toutes sortes que la politique barbare de l'Angleterre et de la Russie avait eu la cruauté de leur infliger.

Ces Bavarois avaient été abrités dans la caserne de la rue du Pont-du-Cher, anciennes casernes du petit Montrond, et ils exigèrent avec arrogance qu'on les traitât en vainqueurs, menaçant de se révolter, de piller et d'incendier la ville. Le Maire fit aussitôt battre la générale : la population entière, hommes, femmes et enfants, armés de fusils, de pelles, de fourches de fer, de piques et de faulx, cerna la caserne dans une attitude tellement menaçante et résolue qu'on eut peine ensuite à la contenir et à la convaincre que les prisonniers, mieux éclairés sur leur position, avaient fait soumission pleine et entière aux ordres de l'autorité.

En cette année, le 3 septembre 1816, mourut à l'âge de cinquante ans, un brave et loyal militaire, le général de division Augier, né à Bourges en 1769, fils du doyen de la faculté de droit de cette ville. Jean-Baptiste Augier était parti comme volontaire à la Révolution. Il commandait le fort de Bitche, lors de l'attaque que les Prussieus dirigèrent contre cette forteresse en 1793 ; il sauva cette place par sa prudence, sa présence d'esprit et son courage, et ce beau fait d'armes lui valut, le 27 janvier 1791, à l'âge de vingt-quatre ans, le grade de général de brigade. Il avait reçu, pendant le combat une blessure dont la gravité le contraignit de quitter le service actif. Il fut élu, en 1815, député du Cher par le collège électoral de Saint-Amand dont le Roi lui avait confié la présidence. Il avait acquis d'autant plus de considération, qu'il se fit constamment distinguer par l'urbanité de son caractère et par son zèle officieux envers tous ceux qui avaient eu besoin de son appui dans ces temps difficiles. Il avait épousé la fille du marquis de Bigny, décapité en 1793.

Nous touchons à cette désastreuse année 1817, si fatale par la disette qui s'étendit sur toute la France. Douze mois de pluies incessantes en 1816 avaient inondé les prairies ; les récoltes furent avariées par les eaux et n'arrivèrent pas à maturité ; les vendanges se firent au mois de novembre, les raisins s'emportaient dans des sacs... On organisa des souscriptions, des bureaux de charité, des fonds de secours. Le gouvernement dépensa, à cet effet, trente millions ; quarante mille francs furent envoyés par le duc de Berry, pour être répartis dans le département du Cher ; le prix du blé s'était élevé de neuf à douze francs le double décalitre.

Ce fut une tâche difficile de contenir les esprits irrités par les grandes souffrances que devaient amener la faim et la misère.

Le 18 mars 1817, le maire de Saint-Amand reconnaissant que les circonstances exigeaient des dispositions de police particulières, ordonna que les grains destinés à l'approvisionnement du marché seraient vendus sur le terrain du plan de foire à la Chaume-Billeron.

La garde nationale à cheval, organisée dans le département et composée des plus riches propriétaires, nobles et bourgeois, dévoués au gouvernement de la Restauration, se transportait par compagnie, dans chaque ville, les jours de foires et marchés ; elle y stationnait avec la gendarmerie pour maintenir l'ordre et la tranquillité publique. La Chaume-Billeron, qui n'était pas comme aujourd'hui plantée d'arbres, permettait, en cas de troubles, toutes manœuvres à la force armée contre les perturbateurs ; on ne laissait d'ailleurs, pénétrer dans l'enceinte du marché que ceux qui justifiaient du besoin de s'y approvisionner.

De son côté, la cour prévôtale se rendait sur les lieux qui avaient été le théâtre de désordres et prononçait immédiatement ses sentences. Cependant les années suivantes, l'agitation politique des esprits finit par se calmer, on éprouvait de toutes parts le besoin d'éviter de nouvelles secousses sociales ; on comptait sur la sagesse du Roi Louis XVIII, sur son vif désir, en consolidant le trône, de cicatriser les plaies de notre malheureuse patrie. La charte qu'il avait octroyé à la nation devait avoir pour corollaires des lois constitutionnelles, on en attendait avec impatience la promulgation.

Les hommes sages, amis de leur pays, le vrai parti libéral, avaient accepté franchement le gouvernement de la Restauration, à l'ombre de lois protectrices de la liberté du travail et de l'ordre public. La France avait foi dans la politique conseillée par les Camille Jordan, Royer-Collard, De Cazes et de Martignac. Mais les partis extrêmes devaient soutenir contre le programme de ces hommes d'État une lutte acharnée qui dura quinze années ; et les réactionnaires ultra-royalistes, composés des débris de l'émigration, de tous ceux qui n'avaient rien appris de ce qui s'était produit depuis 1789 et qui n'avaient rien oublié des exorbitants privilèges attachés à leur caste, amenèrent avec la chute du trône du Roi Charles X, la révolution ou plutôt le soulèvement de 1830.

Que de calamités notre pays se serait épargnées s'il avait eu la sagesse de demander et même d'exiger de larges réformes, tout en maintenant le principe tutélaire d'une monarchie constitutionnelle avec la dynastie séculaire de saint Louis et de Henri IV... C'était, hélas ! bien difficile, après les sanglantes représailles de 1815 et de 1816, dont le souvenir, si vivace en France, pronostiquait fatalement l'heure de la vengeance.

La ville de Saint-Amand prit part à toutes ces agitations. Animée d'une énergique indépendance, elle s'associa aux manifestations patriotiques et libérales de cette époque, en choisissant avec persévérance parmi les membres de l'opposition ses députés au corps législatif (1).

Notre cité, pendant les années 1825 et 1826, fut cruellement décimée par les fièvres intermittentes et inflammatoires ; les décès y furent considérables. L'été de 1825 avait été long ; les chaleurs extrêmes des mois de juillet et août maintinrent presque continuellement le thermomètre à trente-deux de-

(1) Après la mort du général Augier, M. Devaux, avocat à Bourges, fut le député de l'arrondissement de Saint-Amand. Jurisconsulte éminent, il devint en 1830, procureur général près la cour de Bourges et fut élevé aux fonctions de conseiller d'État. M. Devaux avait été maire de Bourges, où il naquit en 1769 : il y est mort le 11 octobre 1838 ; il siégea comme député du Cher, depuis 1819 jusqu'en 1837 dans nos assemblées législatives.

grés Réaumur, et les travaux de déblais exécutés pour la confection du canal du Berry, à Saint-Amand et sur toute la ligne de la vallée de Saint-Pierre, contribuèrent à l'exhalaison de miasmes putrides qui portèrent de graves atteintes à la santé générale.

On agita, à cette époque, la question de l'insalubrité des eaux des puits incontestablement démontrée et celle du rouissage du chanvre dans les cours d'eau.

Un arrêté du préfet du Cher du 28 thermider an X (15 août 1802) avait fait défense à tous citoyens de mettre rouir du chanvre dans les rivières, mares ou fossés avoisinant les villes, bourgs et villages, jusqu'à ce que les grandes chaleurs eurent cessé. Le maire de Saint-Amand crut devoir, en l'an XI, prendre une décision à cet égard, mais elle donna lieu à d'incessantes réclamations. Il fallait concilier les intérêts agricoles avec ceux bien supérieurs de la santé publique : on alla jusqu'à prétendre que des eaux altérées ou corrompues par le rouissage n'avaient aucune action délétère, que conséquemment elles ne pouvaient produire aucune maladie épidémique. Ce n'était pas l'opinion de la municipalité de l'an XI. Un autre arrêté du onze juillet 1831 interdit le rouissage du chanvre sur la Marmande dans toute l'étendue de la commune.

Cependant l'administration municipale, par des arrêtés subséquents,se contenta d'interdire le rouissage des chanvres dans les eaux de la Marmande, à partir seulement du pont de Charenton jusqu'au pont de Bourges. Mais aujourd'hui et depuis 1848, par une tolérance déplorable, le cours de la Marmande est obstrué à partir du moulin des Forges jusqu'au moulin de Billeron. Le seul espace laissé libre de chanvre commence au dessous des Grands Moulins et finit un peu en aval de l'ancien moulin Tintard, dont il ne reste plus que quelques débris.

En mettant de côté la question controversée, paraît-il, de

salubrité publique, il ne résulte pas moins de cet état de choses qu'une odeur infecte, contre laquelle les habitants d'une ville de huit mille âmes sont en droit de protester, fait de notre charmante cité un séjour peu agréable pendant deux mois de l'année et à l'époque des grandes chaleurs.

M. de La Cour, qui mourut en 1827, avait été maire de Saint-Amand depuis 1816 (1). La nouvelle administration municipale qui le remplaça et à la tête de laquelle fut mis un homme d'une intelligence remarquable et d'une popularité justement acquise par les services gratuits qu'il sut rendre, en sa qualité de docteur en médecine, aux malheureux, M. Bernard Rey, voulut entrer dans la voie des réformes et des améliorations qui n'en sont pas toujours la conséquence.

M. Rey, dont la famille est originaire de la Bourgogne était le gendre du vénérable M. Geoffrenet des Beauxpleins et habitait notre ville depuis l'année 1812. Il pensa que Saint-Amand avait besoin, pour faire face à des dépenses devenues urgentes, de recourir à un emprunt extraordinaire et d'assurer désormais le service des charges annuelles de la cité par la création d'un octroi. Une somme de trente mille francs fut reconnue nécessaire, on en vota donc l'emprunt en 1827, emprunt qui fut admis avec quelques modifications l'année suivante.

On s'occupa alors du nouveau pavage de la Place du Marché et de l'ouverture de la rue d'Austerlitz jusqu'à la rue Lamarque seulement ; il fallut aussi relever l'égout qui, de la rue du faubourg Saint-Martin (Benjamin-Constant) conduit

(1) M. de la Cour était un homme de bien et de profonde érudition. Il s'était acquis l'estime générale de ses concitoyens ; ses grands talents et ses hautes qualités, son urbanité, sa science universelle et son extrême modestie faisaient rechercher sa conversation. Son tour d'esprit original savait donner du prix aux sujets les plus frivoles en apparence. Il avait vécu en homme de bien et il mourut en chrétien, laissant sa famille, le peuple et toutes les notabilités de Saint-Amand inconsolables de sa perte.

souterrainement les eaux par la rue Nationale à la Marmande, réparer l'eglise paroissiale, enfin établir un nouveau cimetière et un abattoir (1) ; c'est alors qu'on en vint à discuter la question de l'octroi.

L'octroi et le budget de la commune de Saint-Amand.

Cette grave question fut agitée, pour la première fois depuis 1789, au sein du conseil municipal, les cinq janvier et vingt trois février 1810. On y décida que ce nouveau genre d'impôt ne porterait que sur les bestiaux de boucherie, mais il ne fut pas donné suite à ce projet qui, sans plus de succès, fut reproduit en 1822 et 1825.

Il paraît cependant qu'il aurait existé en 1706, un octroi qui produisit à la ville seize cents livres, mais on ignore sur quelle nature de denrées il était perçu (2).

(1) Toutes ces dépenses s'élevèrent à la somme de vingt-trois mille francs.

(2) A propos de l'organisation municipale de Saint-Amand, dit Chevalier, je ferai remarquer en passant que cette ville était administrée en 1706 par un syndic, échevin perpétuel. Cette perpétuité de fonctions municipales vendue à beaux deniers comptants n'eut point de suite, mais on ne sera peut-être pas fâché de savoir que le syndic perpétuel de la ville de Saint-Amand se nommait Pierre Marchand, ainsi qu'il résulte du bail de la moitié des octrois de cette ville adjugé à François Messant moyennant huit cent livres le 14 octobre 1706, ce qui portait alors le produit présumé de cet octroi à seize cents livres par an.

Ajoutons qu'en 1730, François Rollet, marchand droguiste, était receveur des octrois de cette ville et que cet octroi subsistait encore en 1789, ainsi que le constate le cahier des doléances des habitants reproduit aux pièces justificatives.

On se hasarda timidement, vers la fin de 1825, à entrer dans cette nouvelle voie, à la condition que la perception de cet octroi cesserait au bout de dix ans ; mais une fois créés, il est bien rare que les impôts disparaissent.

Un travail plus complet fut préparé en 1829, on dressa un règlement qui soumettait, dans le périmètre de la ville, à des droits d'octrois déterminés, les bestiaux de boucherie, les vins, alcools et liqueurs, les comestibles, les fourrages, les combustibles et certains bois, fers et autres matériaux ; et le premier décembre 1829 les revenus du nouvel octroi furent donnés à bail pour une durée de dix ans. Mais, à la suite de difficultés entre la ville et les fermiers, ceux-ci consentirent à la résiliation de leur bail, et, depuis le 29 décembre 1833, l'octroi mis en régie est placé sous la surveillance d'un préposé en chef.

Les règlements de cet impôt furent révisés en 1833, 1839, 1852, 1878 et en 1885 par le conseil municipal, et toujours pour donner une plus grande extension à sa perception ; la ville s'est créé tant de charges et elle a si peu de revenus d'une autre sorte.

L'octroi de la ville de Saint-Amand produisait, en 1841, vingt-deux mille quatre cent trente-et-un francs ; en 1848 vingt-deux mille francs ; en 1874, trente-six mille francs ; en 1875 trente-huit mille francs ; sur lesquelles sommes il faut déduire les frais de perception, d'employés et autres accessoires, qui se sont élevés, cette même année, à huit mille sept cent quarante-cinq francs. L'année 1881 a donné un rendement de quarante-trois mille francs, mais les frais, s'étant élevés à neuf mille trois cent soixante-quinze francs, il en résulte que l'octroi, en y ajoutant le montant des amendes, a produit une recette nette de trente-trois mille cent vingt-cinq francs. Enfin en 1884, produit brut quarante-et-un mille francs ; frais neuf mille deux cent soixante-dix-neuf francs, produit net avec celui des amendes trente-et-un mille huit cent vingt-et-un francs.

Nous avons vu que, sous le premier Empire, le budget de la commune s'était élevé, en recettes, à la somme de huit mille cent quatre-vingt-douze francs et qu'en 1813, il n'était plus que de cinq mille neuf cent soixante-dix-huit francs.

Aujourd'hui (1881), ses recettes ordinaires et extraordinaires, qu'il serait trop long de détailler sont de cent neuf mille deux cent cinquante-sept francs, quatre-vingt-un-centimes, somme énorme, mais qui sera bientôt insuffisante pour couvrir des dépenses qu'on semble prendre à plaisir d'accroître démesurément.

PLANCHE VIII

G. MAILARD, DEL.

LITHO. LALANNE, S^TAMAND

Ruines de Montrond vers 1740 d'après un dessin annexe à un terrier de cette époque

CHAPITRE XXXIII

LA RÉVOLUTION DE 1830

La population bonapartiste de Saint-Amand accueillit chaleureusement le renversement du trône du Roi Charles X. Elle avait, d'ailleurs et constamment protesté, par le choix de son député, l'honorable M. Devaux, contre cet esprit obstiné d'absolutisme rétrograde qui entraîna le Monarque à violer le pacte constitutionnel sous l'égide duquel son auguste frère avait abrité les libertés publiques (1).

Mais qu'ils sont navrants pour les nations ces jours de fièvre révolutionnaire qui désorganisent les services publics, où les populations effarées semblables à des essaims d'abeilles troublées dans leurs paisibles travaux, se répandent en bourdonnant dans les rues et sur les places. Les ateliers sont vides d'ouvriers, le peuple désœuvré s'exalte au bruit des tambours et des armes, aux chants patriotiques entonnés dans les carre-

(1) Le 27 juillet 1834, un banquet patriotique de cinq cents couverts eut lieu sur le Cours Desjobert pour célébrer l'anniversaire de cette Révolution. Un autre fut organisé en 1835. Mais ces repas populaires n'eurent pas plus de succès que les bals nationaux. Un seul bal fut donné dans la salle du théâtre, et quel bal !

refours et les cabarets. Cette vie nouvelle et délirante surexcitée par des manifestations qui se reproduisent aux moindres commotions politiques, répand dans les masses l'inquiétude et l'effroi, le crédit est ébranlé ; les capitaux sont retirés de la circulation, la gêne, la misère pénètrent au foyer domestique, et l'on ne voit bientôt plus que des gens qui mendient, les uns, un travail sans fatigue et sans profit dans des ateliers nationaux, les autres non moins paresseux, mais plus avides, des emplois qu'ils sont incapables de remplir et dont ils veulent dépouiller, à tous les degrés de l'échelle sociale, les honorables fonctionnaires qui les occupent.

Aussitôt que le Roi Louis Philippe eut été élevé sur le pavois, tous les hommes du prétendu parti libéral, qui n'avaient pas pu obtenir des places, se jetèrent de nouveau dans l'opposition, le nombre des mécontents dut bientôt s'accroître par suite de la résolution que prirent les légitimistes de se déclarer systématiquement hostiles à la monarchie de la branche d'Orléans.

De toutes parts, les ennemis de cette nouvelle dynastie s'empressèrent de saisir le moindre prétexte pour ébranler le gouvernement parlementaire que les Casimir-Périer, les Guizot et les Molé auraient voulu fonder sur d'impérissables bases. Mais la presse, les émeutes, de fréquents et criminels attentats et la lutte incessante des hommes d'État qui se disputaient le pouvoir, amenèrent, avec la chute du régime constitutionnel, la proclamation de la deuxième République.

Dieu me garde de raconter ici les démonstrations si diverses des partis, au sein de notre cité, depuis la révolution de 1830 jusqu'à l'avènement de la République du 24 février 1848 et jusqu'au jour où l'Empire a été relevé le 10 décembre 1852, à la suite du coup d'État de Napoléon III : le récit de faits contemporains est si rarement impartial, quelque honnêtes que soient les intentions de celui qui les rapporte.

Sous le gouvernement constitutionnel de Louis Philippe, qui fut acclamé et soutenu par tous les amis de l'ordre public et d'une sage liberté, pendant les dix-huit ans du règne d'un roi que l'histoire glorifira et « qui nous a donné, comme l'a écrit Jules Janin, une sécurité bien heureuse au péril même de sa couronne, » les électeurs censitaires de l'arrondissement de Saint-Amand avaient élu pour leur député au corps législatif un homme qui rendit d'immenses services à notre département et à notre cité, M. le comte Jaubert, devenu plus tard Ministre des travaux publics et Pair de France (1).

Nous eumes, en 1830, un nouveau Maire, M. Tiphanat, ancien notaire, qui continua l'œuvre de son honorable prédécesseur. La ville fut éclairée au moyen de quinquets à l'huile et pourvue d'une pompe à incendie: le grand égout de la Blouse fut construit à neuf le long de la rue des Fossés (2).

Il fallut procéder à l'organisation de la garde nationale, que l'on divisa en cinq compagnies avec un effectif de 870 hommes, un crédit d'urgence de 6.000 francs avait été accordé à cet effet au Maire, mais cette somme était insuffisante pour atteindre le but proposé. Ses cadres étaient à peine formés que cette nouvelle milice se transportait à Issoudun, afin d'y compri-

(1) Ce généreux citoyen, membre de l'Institut, d'un savoir et d'un mérite incontestables et surtout d'un grand courage civique s'est présenté aux élections générales, en 1866, comme candidat de notre arrondissement, il n'a obtenu que 4,000 voix. On peut dire que le suffrage universel s'est montré, à son égard, aussi ingrat que peu intelligent. Mais, en 1876, M. Jaubert a été appelé à l'assemblée nationale dans le département du Cher, dégagé de la honteuse opression des candidatures officielles, par 50,928 suffrages. Il a eu la douleur de voir son fils assassiné par les Prussiens dans le département de la Sarthe, où il habitait. M. Jaubert est mort, âgé de 76 ans, à Montpellier, le 5 décembre 1874.

(2) La ville dépensa pour achat, pose et frais accessoires de vingt réverbères à l'huile, qui furent portés ensuite à vingt-quatre, une somme de trois mille sept-cent cinquante francs; pour l'égout de la Blouse neuf cent trente-deux francs. Et trois mille francs pour l'achat avec accessoires de la pompe à incendie.

mer une émeute qui avait éclaté dans cette ville le douze octobre 1830, au sujet de la perception des droits indirects sur les vins (1).

La garde nationale de Saint-Amand fut inspectée à son retour par le lieutenant-général Petit, commandant la division militaire de Bourges, le compagnon d'armes de l'Empereur Napoléon, qui l'avait embrassé, le 20 avril 1814, dans la cour du château de Fontainebleau, en faisant ces adieux historiques et si touchants à sa vieille garde. Le général assista, avec son état-major, à un repas patriotique qui lui fut offert dans l'église des Carmes par les gardes nationaux de cette ville, qui eurent aussi, le 27 juin 1832, l'honneur d'être passés en revue par son Altesse le duc d'Orléans, aux cris mille fois répétés de « *Vive le Roi, vive la Charte, vive la liberté.* » Ce prince si sympathique qui devait périr d'une manière déplorable, le 13 juillet 1842, fut chaleureusement acclamé, et la population protesta, en criant : *Vive l'ordre public*, contre la conduite de misérables fous qui, dans la nuit du 20 mai 1832, avaient brisé les croix élevées par des mains pieuses dans nos campagnes et nos carrefours.

Un homme profondément versé dans la science du droit et des affaires, M. Florimond Robertet, le descendant du ministre d'État du Roi Charles VII, avocat distingué du barreau de Saint-Amand, fut placé, à partir du mois de septembre 1831, à la tête de l'édilité de notre ville, et il se dévoua, avec une opiniâtre résolution et pendant près de dix-sept ans, aux intérêts de notre pays, en y sacrifiant ceux de sa propre fortune.

M. Robertet était à peine installé dans ses fonctions qu'en

(1) La population d'Issoudun avait chassé les autorités, occupait tous les postes de la ville et était en pleine insurrection ; elle demandait la suppression des droits sur les vins et criait : *A bas la Révolution, à bas les commis, ou il n'y a rien de fait.* Entourée de troupes de toutes parts, elle mit bas les armes avant le commencement des hostilités.

l'année 1832, le choléra-morbus vint jeter la désolation parmi les peuples de l'Europe, la France fut cruellement décimée ; dans le Berry, Issoudun et Châteauroux comptèrent de nombreuses victimes, et le fléau dévastateur sévit avec force sur les bords du Cher, à Châteauneuf. Des mesures préventives furent prises par la municipalité, qui fit acheter cent cinquante kilogrammes de chlorure de chaux et un appareil pour en fabriquer à prix réduit. Les ruelles, les égouts, les maisons, les quartiers les plus malsains furent désinfectés : Dieu voulut que nous fussions épargnés.

Depuis longtemps la misère était grande et les travaux rares et peu rétribués ; des ateliers de charité avaient été créés dès 1831. On fit niveler et macadamiser les rues Nationale, de la Victoire, d'Austerlitz et Lamarque. Un magnifique champ de foire, planté d'arbres qui couvrent de leurs ombrages les personnes que le commerce agricole attire à la Chaume-Billeron, fut établi et inauguré le 23 mai 1832. Le gouvernement avait contribué, par des fonds de secours, à cette création, et c'est ainsi que nous eûmes deux belles places ; la place de Juillet et la place d'Armes. A la même époque, M. Robertet faisait planter à ses frais, tout le long du mur de l'hospice, le cours qui porte le nom de cet habile administrateur.

L'année suivante, fut mis à exécution le projet d'assainissement du quartier des *Trois Sabots*, de cette rue de l'Aige (aqua) du 13e siècle. Leurs communications étaient pour ainsi dire interceptées entre ce quartier *aux pieds de boue* et celui des Grands Villages.

Pour se diriger dans ces ravines entrecoupées de distance en distance par des trous perfides et de larges flaques d'eau, il fallait sauter avec agilité d'une pierre ou d'un petit tertre à l'autre ; pendant l'hiver et même aux jours les plus secs de l'été, ce n'étaient que fondrières profondes et étroites où deux voitures attelées ne pouvaient pas circuler à la fois en sens opposé (1).

On fit au carrefour de la Croix Lévêque un canal de dérivation qui conduisit dans la Marmande les eaux abondantes provenant des côtés du bois de Meillant ; le sol fut nivelé, égoutté, macadamisé : jamais travail aussi utile ne fut mieux sanctionné par l'opinion publique.

Il n'en fut pas de même, lorsqu'il devint nécessaire de remplacer le pont de bois, dit Pont Pasquier, qui datait de 1792 et qu'une crue extraordinaire enleva le 4 mai 1836. Il aurait suffi, sur ce cours d'eau, d'un simple pilier en pierres avec un tablier en bois supporté par des poutres en fer qu'on aurait appuyées sur deux fortes culées. Mais il semble qu'on ait voulu obstruer le lit déjà si étroit de la rivière en y entassant matériaux sur matériaux. Le quai et ce nouveau pont coûtèrent à la ville la somme énorme de dix-neuf mille quarante-quatre francs et furent livrés à la circulation en 1838.

Deux ans avant, dans un terrain désigné sous le nom de pré des Carmes, un nouveau et vaste quartier avait été ouvert. C'est là que, grâce aux libéralités de la famille de Coulogne, les frères Maristes ont été mis en possession dans l'année 1879, d'un vaste établissement construit spécialement pour y tenir une école libre congréganiste, qui est en pleine voie de succès. M. Charles de Coulogne a mis aussi, en 1884, dans le même quartier, un bâtiment à la disposition des frères pour y tenir une école primaire et gratuite. Des rues furent percées entre cette promenade et la rue Marceau, qui dut perdre son vieux nom de Ruelle des Soupirs.

(1) On appelait, en 1745, rue Creusée, le chemin creux qui allait aux Grands Villages, et rue de l'Aige, celle qui, du pont Pasquier aboutissait à la rue Creusée ; elles étaient à la suite l'une de l'autre. La rue Creusée, c'était l'ancien chemin de Saint-Amand à Dun-le-Roi, la rue de l'Aige aboutissait à la rue Baclet.

C'est aussi dans les années 1834, 1835 et 1836 que furent créés la bibliothèque communale, le comice agricole et la caisse d'épargne. La bibliothèque fut placée dans une des salles de la Mairie, où des ouvrages utiles et précieux sont à la disposition des lecteurs, parmi lesquels nous citerons, d'abord les très curieux missels donnés par le prince de Condé Henri II aux RR. Pères Carmes, ornés de dessins à la plume, les deux grands ouvrages sur les expéditions des armées françaises en Égypte et en Morée, les documents pour servir à l'histoire de France, les classiques latins, donnés par le roi Louis Philippe à la ville sur la demande de M. le comte Jaubert, etc.

Le comice agricole, dont les statuts avaient été arrêtés le douze mai 1836, rendit alors des services incontestables à l'agriculture si arriérée de notre pays et les bulletins qui furent imprimés témoignent du zèle des fondateurs.

Le conseil municipal décida, en 1845, qu'il serait construit une salle de comédie dans le bâtiment de l'église des Carmes, que le rez-de-chaussée de cet ancien temple serait employé à recevoir les marchands pendant les foires d'Orval et servirait de halle au blé dans l'année. Mais ce projet fut abandonné, et une société s'organisa qui obtint de la ville la concession d'un terrain sur la place du centre à l'effet d'y élever un théâtre destiné à remplacer la grange qui, dans la rue du Petit Vougon, avait longtemps servi de salle de spectacle. Un arrêté préfectoral du 26 août 1839 approuva le traité intervenu entre la ville et les actionnaires ; la première pierre fut posée le 27 avril 1840, et l'édifice, construit par M. Hazé, architecte, fut inauguré le 13 octobre 1842.

Il y eut de grands froids dans l'hiver de 1829 à 1830, et de longues souffrances allégées par les sacrifices que la ville et les classes aisées surent largement s'imposer pour atténuer les maux qui accablèrent tant de ménages. Vinrent ensuite l'hiver de 1837 à 1838, qui avait couvert la terre d'une immense quantité de neige, et de nouvelles calamités pour les malheureux, le froid s'était abaissé à 19 degrés.

En ces temps, nos rivières sortirent fréquemment de leurs lits : la Marmande (1832) coulait par le canal du Berry avec une effrayante impétuosité, et tout le quartier de la rue du Cheval Blanc eut été submergé, si les habitants, pour rejeter ces eaux dans le Cher, n'avaient pas fait de nombreuses tranchées aux berges du canal. C'est à cette époque et afin d'éviter le retour de tels événements que l'administration a établi deux déversoirs sur le canal, l'un au chemin de la Roche et l'autre à la Ravoie. Celui-ci a reçu, à la fin du règne de Napoléon III, une pelle de fond pour envoyer dans la Marmande le trop plein des eaux.

Ses digues avaient été enlevées de nouveau, sur plusieurs points, en décembre 1835 et mai 1836, par les débordements du Cher et de la Marmande, dont les crues furent très fortes ; enfin, en 1839, les eaux du Cher s'élevèrent en aval du pont d'Orval, à 4 mètres 20 centimètres. Les inondations qui se produisent au printemps et en été sont extrêmement préjudiciables aux prairies et aux récoltes de nos vallées, nous devons citer, comme une des plus désastreuses, celle de 1856.

Le Cher et la Marmande avaient grossi d'une manière effrayante, les rues de la ville étaient inondées et les communications interceptées sur les routes de Charenton, de Bourges et de Lignières ; le petit ruisseau de Bouzais refluait vers l'étang d'Orval, et un affouillement considérable produit aux abords du pont du Cher, sur la droite de cette rivière, faillit entraîner la chute de la culée du pont. D'immenses quantités de moëllons furent rapidement englouties dans ce gouffre, et, grâce au concours de toute la population, les eaux furent refoulées sans accident.

On a aussi conservé le souvenir de grandes pertes occasionnées, dans le département du Cher, par de fréquents orages accompagnés de grêle, qui éclatèrent le 1er juillet 1834 et les 8, 15 et 18 juin 1839. Dix mille francs de secours furent distribués par l'État aux cultivateurs en 1834 et vingt-cinq mille francs en 1839.

De semblables calamités se reproduisirent le 27 mai 1841, beaucoup de communes de l'arrondissement de Saint-Amand virent leurs récoltes détruites par la grêle et les inondations ; et, dans la nuit du 5 juillet, trois secousses de tremblement de terre jetèrent un instant de surprise et d'inquiétude parmi nos populations.

Un an avant, la détresse de la classe ouvrière causée par le manque d'ouvrage et par la cherté des subsistances fut profonde et affligeante. Le 13 avril 1840, jour de foire à Lignières, M. Taillandier, vieillard respectable et maire de cette ville, vit sa maison envahie et pillée de fond en comble par une bande affamée de paysans qui le maltraitèrent. On eut beaucoup de peine à rétablir l'ordre et à rappeler des esprits irrités et égarés au respect des lois et de la propriété. M. Taillandier, qui avait tenu tête à l'émeute, fut décoré, et quinze émeutiers, pris parmi les plus coupables, ont été jugés et condamnés par la cour d'assises du Cher. De grands désordres eurent aussi lieu à Châteaumeillant, le 1er mai suivant, jour du marché. L'autorité y fut méconnue et la force armée débordée pendant un certain temps.

Une histoire locale ne serait pas complète si l'on omettait d'y relever tous ces détails qui ont eu, à leur heure, de la gravité dans la vie d'un peuple. Les générations qui nous ont précédées ont été soumises à de cruelles épreuves, nous avons les nôtres et souvent de terribles... Mais que de choses ont été créées dont nous avons recueilli les bienfaits et qui leur eussent épargné de grandes souffrances ; combien leurs douleurs eussent été amoindries si elles avaient pris leur part de ce bien-être général qui, de 1820 à 1870, s'est peu à peu répandu dans toutes les classes de la société.

Comptons, au nombre des immenses bienfaits dont nous jouissons, les avantages que nous a procurés la loi de 1830, sur les chemins vicinaux. Ce sera un éternel honneur pour le gouvernement libéral du Roi Louis Philippe, d'avoir ouvert sur tous les points du Royaume, ces routes départementales, ces chemins de grande communication et de vicinalité qui ont vivifié le pays et donné à la propriété territoriale la haute valeur qu'elle a désormais acquise (1). Il faut avoir péniblement parcouru ces profonds bourbiers qui nous isolaient de Lignières, de Charenton, de Dun-le-Roi et même des villages qui sont aux portes de Saint-Amand, pour apprécier la haute importance et le bienfait de la viabilité actuelle. M. le comte Jaubert, député et membre du conseil général du Cher, a contribué dans une large mesure, à l'établissement de ces belles voies de circulation qui sillonnent notre département. Renouvelons-lui ici l'expression de notre reconnaissance.

Mais nous manquerions à notre devoir d'historien, si nous n'énoncions pas ici les efforts soutenus et couronnés de succès que fit à son tour, le gouvernement impérial de 1852, pour continuer l'œuvre commencée en 1836, et si nous ne signalions pas que l'Empereur sut encourager, par de puissantes allocations de fonds et par la création d'une caisse spéciale des chemins vicinaux, nos grandes entreprises de voirie rurale.

Avant de quitter ce sujet, constatons que la commune de Saint-Amand n'a pas, aujourd'hui (1884), le moindre chemin vicinal qui ne soit en parfait état de viabilité, grâce aux per-

(1) Pour apprécier cette valeur d'une manière exacte, voir dans le premier volume de l'*Agriculture de l'Ouest*, publié en 1840, par Jules Rieffel, un travail intitulé : Statistique agricole de Saint-Amand-Montrond, par M. Victor Mallard. Toutes les questions de notre richesse territoriale, qui prend tous les jours de nouveaux et si grands développements, y ont été traitées avec un soin minutieux et des détails infinis. (G. M.)

sévérants efforts des conseillers de la municipalité et à la surveillance aussi active qu'intelligente de M. le docteur Vallet, qui présida à ces travaux depuis 1836 jusqu'en 1875 (1).

On donna de l'extension à l'éclairage de nos rues ; une proposition de les éclairer au gaz fut faite en 1845 et le premier essai d'un gazomètre date de 1846.

De 1840 à 1846, la compagnie des sapeurs pompiers avait été organisée ; sa création avait été projetée dès 1829. On acheta une deuxième pompe et des seaux ; un local fut approprié pour abriter son matériel.

Une horloge nouvelle fut posée à l'église des Carmes ; on acheva de niveler la place du marché ; une maison fut démolie qui nuisait à sa régularité, un puits garni d'une pompe y fut creusé, et l'on ouvrit une rue débouchant sur les rues de Lafayette et du Petit-Vougon.

Dans ce laps de temps, des démarches furent encore tentées pour l'établissement d'un pont sur la Marmande, à l'extrémité de la rue Nationale : la ville alla jusqu'à offrir dix-neuf mille huit cents francs à l'administration des Ponts et chaussées, qui ne crut pas devoir les accepter. Le maire reçut l'autorisation d'emprunter quinze mille francs pour la construction d'une école communale et l'on procéda au nivellement et au pavage de toutes les rues de la ville, en vertu d'un arrêté du 22 juillet 1844, qui mettait cette dépense à la charge des habitants.

La municipalité avait demandé à l'État, en 1844, qu'un nouveau pont sur le Cher remplaçât le pont de bois qui avait été établi en 1811 ; faisant droit aux besoins de notre pays, l'administration des Ponts et Chaussées construisit, dans les années 1847 et 1848, sur les anciennes culées, le pont en pierre qui subsiste actuellement.

(1) Le docteur Vallet, chevalier de la légion d'honneur, membre du conseil municipal de la ville de Saint-Amand pendant 40 ans, homme très populaire, est décédé à la fin de 1882, dans sa quatre-vingtième année.

Le collège et les écoles primaires.

Le conseil de la commune s'occupa aussi, avec une attention toute spéciale, du collège et de deux écoles où les enfants des deux sexes et de toutes les classes de la société devaient recevoir une instruction primaire aussi large que possible.

L'école mutuelle de la cité avait été fondée en 1819, un cours d'adultes y fut annexé en 1830. Cette institution s'est longtemps servie de bâtiments dont la ville payait location. Son entretien annuel coûtait déjà, en 1849, une somme de deux mille neuf cents francs.

L'école des filles créée en 1834, possède, dans la rue du Cygne (quartier du Vieux-Château), de vastes bâtiments qui n'ont été achetés qu'en 1846 (1). Cet établissement, qui fut dirigé jusqu'en 1880 par des sœurs de Charité, portait le nom de *Maison de la Providence* et avait été divisé en une salle d'asile et une école primaire ; les frais d'entretien s'élevaient, en 1849, à deux mille cinq cents francs.

Le conseil municipal, après avoir décrété, en 1872, la gratuité de l'éducation, a créé à la Chaume-Billeron, une école laïque dans les bâtiments de la caserne du petit Montrond, qui avait été acheté en 1741. Mais ces écoles ayant paru insuffisantes aux besoins de la population, la ville, au moyen d'une acquisition dont le prix ne s'élève pas à moins de vingt mille quatre cents francs, est devenue propriétaire, en 1878, sur la rue du Pont-du-Cher, de l'ancienne maison Baudet (hôtel du Bœuf) et a fait, en 1880-1881, établir une école de filles dans

(1) Le collège de Saint-Amand existait déjà en 1640. Thénevin Gille en était le principal en 1641 ; Il était en même temps, Tabellion de Son Altesse au bailliage de Saint-Amand.

les bâtiments de la caserne avec une école maternelle dans ceux de sa nouvelle acquisition.

La grande impulsion donnée par M. le Maire Robertet aux travaux d'embellissement et d'utilité publique avait dû se ralentir en présence de l'affreuse disette qui s'étendit sur l'Europe entière dans la lugubre année 1846.

La commune, pour secourir ses indigents, fit un emprunt de vingt mille francs et nomma une commission des subsistances : des bons gratuits de pain, de farine et même de viande furent distribués aux pauvres invalides, en dehors des secours ordinaires du bureau de charité, qui continua de fonctionner. Des bons de dégrèvement d'impôts avaient été accordés aux ouvriers nécessiteux, aux familles dont les ressources étaient insuffisantes au moment où les dépenses de la vie étaient devenues si onéreuses. Des ateliers de charité furent organisés pour lesquels on dépensa une somme de six mille francs, et cette longue période de calamités put enfin être traversée sans émeutes dans nos localités, laissant dans les caisses de la ville une somme libre de cinq mille deux cents vingt-neuf francs, sur l'emprunt qu'elle avait contracté. Cet élan tout fraternel s'était étendu aux communes de tout le canton, qui s'approvisionnèrent à notre marché.

Mais nous devions bientôt être témoins de plus graves et plus tristes événements : le 24 février ramena dans notre belle France, avec la République, les sanglantes journées de juin, et, avec l'Empire, qui la renversa, des catastrophes incessantes dont nous ressentons depuis 1870 les désastreuses conséquences.

CHAPITRE XXXV

LA RÉPUBLIQUE DE 1848 ET L'EMPIRE.

Le gouvernement du Roi Louis Philippe avait eu pour adversaires, comme nous l'avons dit, le parti légitimiste et ultramontain, les anciens bonapartistes, les membres de l'opposition dynastique dirigée par MM. Thiers, Odilon Barrot, Duvergier de Hauranne, etc., et les révolutionnaires, à la tête desquels s'étaient placés Ledru-Rollin, Blanqui, Barbès, Raspail et autres, flanqués de cette tourbe immonde d'agitateurs qui devaient être les membres de la commune de Paris en 1871.

Le trône tomba aux cris de *Vive la réforme*, à la suite des fameux banquets organisés par tous ces opposants. On avait résolu de tenir le pays en état permanent de surexcitation, en demandant au gouvernement l'extension des droits électoraux, et, c'est dans ce but, que le député Duvergier de Hauranne vint à Saint-Amand se mettre en rapport avec les chefs d'opposition que comptait notre ville.

Quelle ne fut pas la surprise de ces esprits remuants et brouillons, lorsqu'ils virent acclamer la République, eux qui ne voulaient imposer que des réformes au pouvoir monarchique, ou, pour parler plus exactement, qui ne voulaient que des places pour eux et leurs amis, en occupant les postes ministériels, seul objet de leur ambition.

Il nous fallut donc entrer de nouveau dans l'ère fatale des révolutions, et notre municipalité organisa la garde nationale en sept compagnies, ce qui occasionna, en pure perte, une dépense de trois mille quatre cent quatre-vingt francs, dont les nombreux pauvres de la cité auraient si bien fait leur profit.

Mais ce nouveau gouvernement implanté dans notre vieille France monarchique pouvait-il compter sur une existence durable, alors que des sectaires aveugles et criminels attaquaient sans relâche, dans la presse et dans les clubs, la religion, la famille et la propriété ?

Le seul moyen de rassurer les populations effrayées d'autant d'audace, eut été d'appeler le général Cavaignac à la présidence de la République et de lui confier les rènes de l'État. Le loyal général aurait peut-être pu fonder en France une République conservatrice et populaire. Tout au contraire, et il faut le dire à la honte des partis, les révolutionnaires portèrent leurs voix sur Ledru-Rollin, les légitimistes, se ralliant aux bonapartistes, commirent l'incroyable faute d'élever sur le pavois l'ancien prisonnier de Ham, le prince Louis Napoléon Bonaparte !... L'Empire était fait.

Le parti républicain avait d'assez puissantes assises dans notre ville : des sociétés secrètes s'y étaient organisées et les commissions mixtes créées par le gouvernement du prince Napoléon y firent de nombreuses victimes. En 1628 le président Molé avait fait formuler par le Parlement qu' « aucun sujet « du Roi, de quelque qualité et condition qu'il soit, ne pou- « vait être traité criminellement que selon les formes pres- « crites par les lois du Royaume et non par commissaires et « juges choisis. » Richelieu et Napoléon III ont arbitrairement foulé aux pieds cette garantie tutélaire de la liberté du peuple français. Des arrestations illégales, des proscriptions arbitraires jetèrent la consternation et le deuil dans la classe de nos artisans, de nos vignerons, parmi d'honorables familles de Saint-Amand et de notre arrondissement. La nouvelle du *coup d'Etat* provoqua même une tentative d'émeute dans la cité, et, au milieu de l'effervescence qui en fut la suite, un ouvrier tailleur de pierres, nommé *Boileau*, fut mortellement atteint d'une balle, dans la cour de la sous-préfecture, par le commissaire de police cherchant à se dégager de gens qui voulaient lui faire un mauvais parti. Ce coup de pistolet faillit amener un soulèvement de toute la population et il devint urgent de mettre la troupe et la garde nationale sous les armes pour dissiper les attroupements... Telle fut une des causes de la haine de nos concitoyens contre l'Empire, et s'il était nécessaire de le démontrer, il suffirait de rechercher à quels hommes dans les comices ils ont donné leurs suffrages depuis la chute du gouvernement du 10 décembre 1852.

Cependant la crainte de nouvelles secousses démagogiques devait rallier le parti de l'ordre à l'Empire, qui nous promettait la paix, promesses si douces à recueillir, si rassurantes pour les populations, mais qui furent suivies de cruelles déceptions. La longue et sanglante guerre de Crimée, qui devait nous enlever nos plus braves soldats, nos meilleurs officiers, en même temps que l'alliance de l'Empire russe ; les combats contre l'Autriche sur le territoire italien, combats glorieux sans doute pour notre armée, mais qui eurent pour résultat de créer sur notre frontière du sud-est un puissant État au préjudice de nos intérêts ; la terrible campagne du Mexique, avec ses funestes revers et ses victoires sans profit ; tous ces événements devaient fatalement aboutir à une guerre imprudemment déclarée à la puissante Allemagne et se terminer par un des plus immenses désastres qu'ait jamais éprouvés la nation française !

M. Adolphe Dubreuil avait été mis, le 17 mai 1848, à la tête de l'administration municipale de notre ville, et M. Robertet ne pouvait pas être plus dignement remplacé. Plein de zèle, d'activité et de dévouement pour les intérêts de ses concitoyens, M. Dubreuil continua avec ardeur l'œuvre de son honorable prédécesseur, prenant à tâche, avec une persévérance qui fut couronnée de succès, de mener à fin tous les grands projets conçus et étudiés au sein des conseils de la commune.

Les aspirations du gouvernement napoléonien pour la mise à exécution d'œuvres gigantesques devaient être favorables à ceux que notre édilité se proposait de réaliser dans un court délai ; un décret autorisa, en 1852, la construction de l'école communale sur le Cours Fleurus, ainsi que l'impôt de vingt-cinq mille francs qui avait été voté à cet effet en 1849 : les travaux de cette nouvelle propriété de la ville étaient terminés en 1853.

On entreprit ensuite, dans un terrain qui confine à la rivière de la Marmande, au delà du pont de pierre de la vieille route de Bourges, l'édification d'un abattoir, sur un emplacement dont les larges proportions devront suffire aux besoins d'une population susceptible d'accroissement. Cet établissement d'une utilité incontestable, au point de vue de la salubrité publique, fut ouvert dans l'année 1862, et la dépense couverte par un impôt de centimes additionnels, qui, après avoir éteint les frais de cette construction, reçut pendant assez longtemps une autre destination.

Cet entraînement à réaliser des créations, que la population sanctionnait d'une unanime approbation, préoccupa cependant l'administration supérieure, et, le 25 juillet 1853, M. le Préfet du Cher déclara « qu'il ne pouvait se dispenser d'appe-« ler sérieusement l'attention du maire et celle du conseil « municipal sur la situation financière de la ville qui, le

« remarquait-il avec regret, tend à devenir de plus en plus « fâcheuse, par suite de la trop grande facilité de la munici- « palité à faire des dépenses en dehors des revenus libres et « même en dehors des crédits ouverts aux budgets... »

Mais nous étions lancés, malgré nous, dans les voix exigeantes du progrès : et que pouvaient la parcimonie et les conseils de la prudence devant les impérieuses transformations qu'il nous reste à achever et qui ont, en quelque sorte, changé la face de notre pays ?

Dans l'année 1858, le gouvernement fit jeter sur la Marmande, à l'extrémité de la rue Nationale, ce pont si souvent réclamé et qui aurait à desservir les routes de Bourges, de Montluçon, de Dun-le-Roi et de Charenton. L'ouverture de trois de ces nouvelles lignes a donné à notre cité de vastes emplacements qui se couvrent tous les jours de constructions, et pour embellir toute cette partie de faubourgs qui se développent gracieusement au delà du pont, la municipalité pensa avec raison qu'il était avantageux d'annexer au prolongement de la route de Dun-le-Roi une promenade, le *Cours Dubreuil*, qu'elle fit planter d'une double allée de marronniers. C'était justice de donner à cette promenade le nom du maire dont le zèle pour les intérêts qui lui avaient été confiés était vraiment infatigable. Aussi ne saurions-nous protester avec assez d'énergie contre la conduite du conseil municipal qui, en juin 1885, aveuglé par la passion politique et perdant tout souvenir des services rendus, décida que le Cours Dubreuil s'appellerait désormais boulevard de la République ; l'esprit honnête de notre population a de suite apprécié comme elle le méritait cette manière d'agir, et pour ceux qui se souviennent, le Cours Dubreuil n'a pas changé de nom.

Les terrains qu'il fallut acquérir occasionnèrent néanmoins une lourde dépense ; et ces travaux étaient à peine terminés, quand surgit la question des chemin de fer, qui devait nous mettre en communication avec Bourges et Montluçon. Malgré de pressants efforts et d'incessantes démarches, il ne fut pas possible à la ville de Saint-Amand d'obtenir que cette voie ferrée traversât son territoire, et la gare ayant été élevée dans la commune d'Orval, il fallut aviser au moyen d'ouvrir une rue qui, partant de la rue Lamarque, irait aboutir à celle des Trois-Perdrix, nouveau surcroît de dépenses inévitables qui reçurent leur exécution immédiate.

Peu de temps avant, dans l'année 1858, avait été mis à l'étude le projet d'une halle aux grains ; c'était, dans le pays, une question fort agitée : une halle était-elle d'une absolue nécessité ? Les marchés n'avaient-ils pas perdu de leur importance depuis que les grains étaient livrés au commerce dans les greniers des vendeurs ? D'un autre côté, enlever le marché aux habitants de la place, n'était-ce pas froisser des droits acquis et frapper de non-valeur les bâtiments qu'ils avaient édifiés à grands frais en vue d'entreprises commerciales que favorisait la situation du marché aux blés ?

Le moyen de concilier tous ces intérêts eût été d'élever la nouvelle halle sur cette place ; l'espace parut insuffisant. On examina aussi si l'on ne pouvait pas utiliser à cet effet le bâtiment de l'église des Carmes. Mais le Conseil municipal décida que la halle serait bâtie dans un emplacement limité, d'un côté par la rue Manuel, de l'autre par le Cours Fleurus. Les travaux de cette construction n'étaient pas encore terminés en 1863, au moment où la mort enleva M. Dubreuil à ses concitoyens.

Toutes les grandes dépenses que nous venons d'énumérer avaient, depuis longtemps, excédé les ressources budgétaires de la commune, et pour l'édification de la halle, la ville avait eu recours à la caisse du Crédit Foncier, auquel nos arrière-neveux auront à payer, pendant bien des années, des intérêts composés qui finiront par éteindre une dette d'autant plus lourde qu'elle est loin d'être couverte par la perception des droits de place, le produit brut de ces droits n'étant que de six à sept mille francs environ.

La direction de l'administration municipale passa, après la mort de M. Dubreuil, en plusieurs mains, et M. Charles Gangneron, avoué près le tribunal de notre arrondissement, était à la tête de la mairie, au moment des affreux désastres qui suivirent la guerre déclarée par l Empereur Napoléon III aux Prussiens, avec autant de légèreté que d'imprévoyance.

Hélas, le sang si généreusement versé par nos enfants fut impuissant à refouler l'étranger ! En vain nos braves mobiles du Cher firent-ils des prodiges de valeur dans les plaines de la Beauce, au glorieux combat de Juranville et dans l'Est, de nouveaux barbares, conduits par un autre Attila, couvrirent de ruines à la fin du XIXe siècle, comme au temps de la décadence romaine, nos plus belles provinces ! Paris affamé dut livrer ses forts à un ennemi qui ne parvint pas à abattre son courage, et notre pays eut à décider dans ses comices, s'il ne devait pas subir une paix douloureuse et la perte de l'Alsace de la Lorraine, plutôt que de continuer une guerre qui n'aurait abouti qu'à la dévastation complète de notre malheureuse patrie. A tant de calamités devait succéder la discorde civile.

Mais à quoi servirait-il de raviver le pénible souvenir de tous les événements qui s'abattirent successivement sur notre pays ? Ne vaut-il pas mieux laisser au temps, ce grand médecin des âmes et des corps, le soin de faire son œuvre d'apaisement ?...

***

On ne peut pas dire que l'effervescence de ces tristes jours n'ait pas perdu de son intensité, mais y a-t-il vraiment lieu d'être complètement rassuré sur l'avenir ?

Que Dieu protège la France, je crois qu'elle a plus que jamais besoin de sa toute-puissante intervention !

M. Casimir Périer, dans une circulaire qu'il adressait aux préfets, comme ministre de l'intérieur en octobre 1875, disait : « *Peu importent les noms et les formes du gouverne-* « *ment, pouvu que triomphent les principes fondamentaux de* « *toute morale, de toute justice et de toute liberté !* »

Dieu veuille qu'il en soit ainsi sous la République! Pour moi, m'appropriant les termes de l'admirable lettre qu'écrivait à son lit de mort l'amiral Touchard au président de la Chambre des députés, je dis en terminant : Je n'ai que des sentiments de paix et de conciliation, mais je garde pour la Monarchie constitutionnelle un inébranlable attachement.

Saint-Amand, janvier 1879.

FIN DE LA SECONDE PARTIE

TROISIÈME PARTIE

Histoire des Châtellenies de Bruère, d'Orval, d'Épineuil et de Meillant.

CHAPITRE XXXV

LA CHATELLENIE DE BRUÈRE ET L'ABBAYE DE NOIRLAC

Bruère, *territorium Briorie*, désignée dans de vieux titres sous le nom de *Bruières* ou Bruyères-sur-Cher, faisait, avec Orval, Épineuil, Meillant et Saint-Amand, partie de la seigneurie de Charenton-sur-Marmande appartenant aux Ebbe de Déols-Charenton.

De la châtellenie de Bruère dépendait la ville et faubourg de Bruère, partie de la paroisse de la Celle-Bruère, la paroisse d'Allichamps, celle de Saint-Loup-des-Chaumes, partie de la paroisse de Chavannes, la paroisse d'Uzay et Venon, celle de Nozières, les justices de Bigny, Vallenay, Cresançay, Farges, Rousson et Coudron (1).

(1) *Recherches sur plusieurs monuments celtiques et romains.* Paris, Dentu, 1806,

Bruère n'a jamais dû être une ville très importante. C'était une cité d'origine gallo-romaine entourée d'une muraille flanquée de tours dont on voit encore des restes. Ses portes étaient fortifiées, et l'on remarque aujourd'hui celle qui communiquait avec le pont jeté sur le Cher.

Ce pont était à deux fins : pour la sûreté de la ville et pour le passage de la rivière. C'était une espèce de pont-levis défendu par deux tours à droite et à gauche, qui étaient à la portée du trait. Les ruines de l'une se voient encore ; il ne reste que l'emplacement de la seconde. Elle était sur une hauteur que l'on nomme les *Champs Chodiaux*, sur le plateau duquel on jouit d'un assez vaste horizon.

Bruère avait son amphithéâtre : on en reconnaissait les ruines par l'enceinte demi-circulaire des monticules et des décombres ; elle avait aussi un château-fort dont les murailles et les tours subsistent encore.

Cette forteresse, qui était certainement l'œuvre des temps féodaux, aura été détruite et brûlée par les Anglais, sous le règne de Philippe-Auguste en 1356, soit au plus tard en 1412, date sanglante du sac du château et de la ville d'Orval, et des affreux ravages commis par ces étrangers dans le Berry. C'est à la même époque que, sous le Roi Charles VII, furent brûlés par les Anglais les faubourgs de la ville de Dun-le-Roi.

On a prétendu que cette dévastation datait seulement du temps des guerres de Montrond, parce que Bruère faisait alors partie des terres seigneuriales du Prince de Condé ; mais c'est une erreur et le contraire résulte d'un document qui constate que, lorsque le duc de Sully fit l'acquisition des terres d'Orval,

par Barailon. Il existe, dit cet auteur, près de la porte fortifiée, une ancienne chapelle, *jacella*, d'abord dédiée aux dieux mânes par Caracalla, après le meurtre de son frère Géta, ensuite à saint Janvier, enfin à saint Mathurin. C'est aujourd'hui la demeure d'un vigneron.

Bruère et Epineuil, il ne restait plus au château de Bruère, situé au milieu d'un petit village de quinze à vingt maisons qu'une vieille enceinte de murailles toute en ruines.

Après la destruction de Bruère, qui possédait un archidiaconé d'où dépendaient les archiprêtrés de Charenton sur-Marmande et de Dun-le-Roi, la paroisse aura été transférée à la Celle, qui devait être alors un faubourg de cette cité.

L'église de la Celle, dédiée à saint Blaise, est extrêmement remarquable : elle proviendrait, suivant M. Barailon, d'un couvent de bénédictins anciennement détruit ; aucun document n'est produit à l'appui de cette assertion. L'opinion générale est que c'était l'église du prieuré de la Celle qui existait déjà en 1187 et qui relevait encore en 1505 de l'abbaye de Déols.

Cependant, de son côté, M. Pierquin de Gembloux affirme qu'il existait à la Celle un monastère qui fut ruiné par les Normands avant 936, et qu'un Archevêque de Bourges y fonda, en 1145, un couvent des Augustins, qui fut réuni en 1611 à la Congrégation des Feuillants.

« L'église de la Celle, dit Mérinnée, figure en plein une croix « latine avec une abside à l'extrémité de chacune de ses trois « nefs. Les collatéraux se distinguent par leur hauteur, remar- « quable dans un édifice bysantin et surtout par leur peu de « largeur. Les voûtes et les arcades sont toutes en plein cintre, « les premières percées à leur naissance d'œils-de-bœuf, au « lieu de fenêtres, offrent une disposition assez rare pour être « notée.

« On observe une grande variété dans l'exécution des cha- « piteaux, ceux de la nef étant extrêmement grossiers et pres- « que dépourvus d'ornements, tandis que ceux du chœur « ont toute la richesse que comporte le style byzantin « fleuri.

« La façade n'a qu'une porte en plein cintre, entourée de « quelques moulures et surmontée d'une corniche saillante ; « le tout, compris entre deux puissants contre-forts, se détache « sur le nu de la muraille. Au-dessus, trois fenêtres sans or- « nements, puis un fronton aigu dont un cordon de billettes « dessine les rampants. A droite et à gauche de la porte, quel- « ques bas-reliefs incrustés dans l'appareil m'ont paru des frag- « ments provenant d'un édifice plus ancien et que l'on a voulu « conserver. Ce sont à droite deux têtes de chevaux très mal « sculptées, à gauche, un taureau posant un pied sur une « boule, puis deux hommes revêtus de courtes tuniques et « luttant l'un contre l'autre : sur le dos de l'un deux on voit « un grand carquois ou plutôt une espèce de hotte. Si l'on en « croit une tradition du pays, ce bas-relief conserverait le sou- « venir d'une querelle sanglante survenue entre deux ven- « dangeurs et ce que porte cette figure serait une hotte à ven- « danger. Inutile de dire que le travail est très barbare et d'un « style en apparence fort ancien. »

Il y avait une maladrerie à Bruère ; la Celle avait jadis une église protestante ; Bruère, des Templiers et des Juifs : tous ces souvenirs de tristes dissensions sont aujourd'hui effacés.

Anne Merlin, en religion sœur Vincent, de l'ordre hospitalier de sainte Camille, est née dans le village de la Celle : cette sœur et une autre du même ordre s'étaient rendues en Espagne avec les médecins français lors de la fièvre jaune en 1821, et notre compatriote Antoine Gaulmier leur a dédié un poème intitulé : *Le Dévouement des Médecins français et des Sœurs de sainte Camille*, qui a obtenu en 1822 une récompense de l'Académie française.

Bruère avait autrefois un notaire attaché à sa châtellenie et deux foires fondées sur des lettres patentes. On en demanda le rétablissement au duc de Sully, qui répondit de sa propre main, en marge d'un mémoire « *qu'il en ordonnerait.* » Mais il n'a jamais été fait droit à cette juste supplique (1).

Nous ne pouvons pas parler de la Celle, *Cella Briorie,* sans indiquer et ses riches carrières de pierre calcaire employée dans nos constructions comme pierre de taille, et l'aisance que leur exploitation a répandu, de longue date, dans la contrée. On sait que toutes les pierres de taille, employées à l'extérieur de la vaste et magnifique cathédrale de Bourges, proviennent des carrieres de Saint-Florent, et que celles de l'intérieur de ce monument ont été extraites des carrières de la Celle-Bruère et de Meillant ; toutes les parties sculptées sont en pierres de Charly.

Il n'est plus question depuis bien longtemps, des mines d'argent qu'on aurait trouvées dans les environs de la Celle-Bruère, ainsi que l'a prétendu Lemonnier, dans un mémoire présenté en 1739 à l'Académie des sciences.

Non loin de là, au fond d'une vallée, entre la Celle et la Châtelette, se trouve la chapelle de Saint-Sylvain, qu'il serait encore possible de ne pas laisser tomber en ruines, modeste monument du Moyen Age où se voit le tombeau du Saint, au pied duquel de nombreux fidèles viennent se prosterner le 23 septembre de chaque année. On aperçoit encore, sur les murs humides et salpêtrés de l'intérieur, des fresques grossières qui reproduisent quelques épisodes de la vie de saint Sylvain. L'arrivée de Zachée à Levroux (*Gabattum*) y est peinte dans un grand tableau, au-dessus de la porte d'entrée de la chapelle.

Nous devons aussi indiquer une source thermale, eau légèrement tiède, dans un champ situé près de la gare de Bruère ; la fontaine Sainte-Claire, qui dépose un léger limon se pétrifiant sur les objets qui y séjournent, et entre la Celle et Meillant,

(1) Voy. aux pièces justificatives la copie de ce mémoire, conservé dans les archives de la famille Mallard.

au village de Saint-Romble (Sanctus Romulus), une chapelle en ruines qui avait été élevée en l'honneur de ce saint.

Il existe trois terriers de la châtellenie de Bruère faits en 1517, 1545 et 1578. Ce dernier, qui contient trente rôles sur parchemin, a été commencé le 29 août 1510 et fini en avril 1579, par Baugard, notaire à Saint-Amand ; il rapporte les cens, rentes, bourgeoisie, aunages et autres droits et devoirs dus à la seigneurie de Bruère par les habitants de Bruyère, Allichamps, La Celette, Nozières, Farges, Chavannes, Rousson, Barantiôme, Cresançay, Chambon, Saint-Symphorien, Saint-Julien, Le Venon et Uzay.

Mentionnons ici que le seigneur de Rousson ne pouvait passer sur son bateau aucun étranger au préjudice du port de Bruyères, rivière du Cher : en 1551, le seigneur d'Orval, duc de Nevers, était en possession de ce droit, ainsi que de celui de rouage sur le moulin du seigneur de Rousson.

Nous avons dit que du bailliage de Bruère dépendait une partie seulement de la paroisse de la Celle ; l'autre partie de la paroisse et justice de la Celle-Bruyères-sur-Cher appartenait au Prieur dudit lieu, était tenue en fief du Roi, et ressortissait au siège de Dun-le-Roi.

On remarque à Bruère le pont suspendu qui a été jeté sur le Cher : créé par une société d'actionnaires, il a été béni le 2 septembre 1842, par Mgr Du Pont, cardinal-archevêque de Bourges ; il eut pour parrain M. le duc de Mortemart et pour marraine Mme Aubertot de Bigny. Le tablier de ce pont a été enlevé en 1856, par les eaux débordées du Cher et rétabli dans l'année 1858. Soumis à la perception d'un droit de péage, ce pont a été acheté par l'administration départementale du Cher en 1884 et, depuis cette époque, la circulation en a été livrée au public dégagée de toute redevance.

Allichamps

Non loin de Bruère, où se trouvent, comme nous l'avons dit, des restes de constructions d'origine gallo-romaine et un certain nombre de bâtiments qui datent du Moyen-Age, existait une autre cité, qui n'était peut-être pas au rang des villes pendant l'occupation romaine, mais qu'on ne doit pas considérer comme un des faubourgs de Bruère : nous voulons parler d'Allichamps, *Elysii* ou *Allii campus*, qui a, depuis longtemps et à si juste titre, fixé l'attention des archéologues, l'ancienne *Alvea* de la carte de Peutinger.

C'est à l'abbé Pajonnet, dernier prieur d'Allichamps, que revient l'honneur des découvertes dont de Caylus a enrichi son ouvrage. Les fouilles que cet excellent prêtre a faites en 1758, dans le *Champ de la bataille*, et dans celui du *Grand cimetière*, ont mis à jour des pierres gravées, des débris de sculpture, des médailles romaines du Haut et du Bas Empire, des urnes cinéraires, des bagues, des fragments considérables de vases de terre et de verre, ainsi que de nombreux tombeaux en monolithe de la Celle (1). Deux de ces tombes avaient été creusées dans des pierres qui servaient aux Romains de bornes milliaires. Sur l'une d'elles sont gravés ces mots :

(1) Nous avons dit ailleurs (*Hist. de Saint-Amand-sous-Montrond*) que les champs dits *de la bataille* de Bouzais et d'Allichamps nous reportaient aux luttes engagées contre les Anglais par Philippe-Auguste, ou lors du sac de la ville d'Orval et de celles de Bruère et d'Allichamps. Nous avons soutenu que ces villes ne furent détruites qu'après d'opiniâtres résistances de la part de leurs habitants : mais nous n'en reconnaissons pas moins que, sur ce même terrain d'Allichamps, d'autres plus anciennes et plus sanglantes batailles prennent leur date à l'époque de l'envahissement des Gaules par les bandes d'Alaric et d'Attila.

FELICI. AUG. TRIB. P. C OS III
P. P. PROC. OS. AVAR L XIIII
MEDI XII NERI XXV.

C'est-à-dire : « Heureux, Auguste, Tribun, Consul pour la « troisième fois, Père de la Patrie, Proconsul, lieues 14 de « Bourges, 12 de Châteaumeillant et 25 de Néris. »

Cette colonne a été placée par les ordres de l'administration du canton en 1796, aux frais de M. le duc de Charost, au milieu du nouveau bourg de Bruère, sur la route de Bourges à Saint-Amand. Elle indique les distances d'Allichamps à Bourges, *Avaricum*, d'Allichamps à Châteaumeillant, *Castrum Mediolanum* et d'Allichamps à Néris, *Neriomagus*, *Aquæ Neri* de la carte de Peutinger, par Drevant. Elle a 6 pieds de longueur et 1 pied 9 pouces de largeur.

Sur la seconde colonne qui porte le numéro 2, on n'a pu lire que ces mots : A v r . l XIII, c'est-à-dire Avaricum leucas XIII.

Les Romains élevaient donc sur leurs routes, de lieue en lieue, des colonnes milliaires. La lieue gauloise était de 1500 pas ; Allichamps servait de station ou de point de départ de différentes voies romaines. De Caylus estime que la colonne n° 1 n'est pas antérieure au règne de Commode, quoique le nom de l'empereur auquel elle a été dédiée ait disparu. Mais c'est seulement à cette époque que le titre de *Felix* a été donné aux empereurs.

On voit encore à Allichamps, sur un espace assez considérable, les restes de l'ancienne chaussée de Néris à Bourges : on l'appelle aujourd'hui la *Chaussée* ou la *Levée de César*, et M. le Prieur Pajonnet s'est convaincu, par les fouilles qu'il a fait faire, que la construction de ce chemin est absolument romaine.

La voie romaine d'Allichamps à Châteaumeillant conduisait à Limoges ; celle d'Argenton à Néris traversait Châteaumeillant. Non loin de cette dernière ville, près du bois de Grandmont, à peu de distance de la voie romaine, on a trouvé, en 1836, plus de deux cents médailles en bronze et en argent datant du IIIe siècle (1).

On pense qu'il y avait à Montalon, commune d'Ardenais, une station romaine entre Bruère et Châteaumeillant ; un grand nombre de médailles y ont été trouvées ; les vignes y recouvrent des antiquités romaines et des débris de tuiles à rebords, de poteries ornées de fleurs, des tuyaux de plomb, etc.

L'église d'Allichamps, *ecclesia de Aliis campis*, en très grande partie détruite, présente un assemblage de gothique et de romain et contient plusieurs caveaux dont l'un serait du XIIe siècle : dans l'un d'eux il existait des carreaux de première origine et un ouvrage en très belle marqueterie. Barailon, auquel nous empruntons ces détails, pense que cette église aurait été construite aux dépens d'un temple élevé par Claude II.

On a signalé dans la commune d'Allichamps, sur le versant d'une colline, au bois de la Beaume, une grotte appelée *la Loutonnière*. C'est une excavation, en partie comblée, sous laquelle on pénètre difficilement ; elle a été visitée par de nombreux curieux qui ont, pour la plupart, laissé leurs noms inscrits sur le rocher servant de voûte naturelle à cette grotte. Il me semble bien prétentieux de supposer, comme on l'a écrit, qu'elle aurait été consacrée aux cérémonies des druides.

A propos du champ de la bataille et du grand cimetière

(1) Châteaumeillant avait une magnifique tour carrée de vingt-quatre mètres de hauteur sur seize de largeur ; les murailles avaient cinq pieds d'épaisseur ; cette tour faisait anciennement partie d'une forteresse féodale et n'a été détruite que dans les premières années de ce siècle. Elle était surmontée d'un buste de femme terminé en serpent, hiéroglyphe de la fée Mélusine, parce que le château avait appartenu à la famille de Lusignan. (*Voy. Hist. et notes archéol.* de M. E. Chénon sur Châteaumeillant, XIe vol. *des Mémoires de la Société des Antiq. du Centre*. 1884.) Cette tour carrée, dont les ruines étaient encore majestueuses dans les dix premières années de ce siècle, ne daterait que du XIIe, suivant M. Chénon.

d'Allichamps, nous terminons en rappelant que lors de la confection de la route de Bruère à Châteauneuf, vers la fin du règne de Napoléon III, plusieurs petits puits étroits et muraillés en pierres sèches, ressemblant à des drainages verticaux, ont été découverts çà et là, et ont donné lieu à des conjectures sans fin et sans solution.

Ne serait-ce pas autant de puits funéraires gallo-romains semblables à ceux qui ont été décrits par M. l'abbé Baudry (*Magasin Pittoresque*, 1878, p. 7), dans un ouvrage intitulé : *Puits funéraires gallo-romains du Bernard, Vendée (la Roche-sur-Yon, 1813)* ?

Maintenant, avant de parler des arrières-fiefs de la châtellenie de Bruère, restons encore sur le *territorium Briorie*, où se trouve assis le monastère de Noirlac dont nous avons rédigé la monographie.

Il est peut-être aussi nécessaire de faire connaître au point de vue administratif que, depuis 1884, les circonscriptions territoriales de Bruère, d'Allichamps et de la Celle ont été transformées en deux communes, dont l'une, sous le nom de commune de la Celle, comprend tout ce qui, sur la droite de la route de Saint-Amand à Bruère, se compose d'habitations, de l'église, des carrières et du rural ; et que l'autre, sous le nom de Bruère-Allichamps, englobe sur le côté gauche de cette même route, Noirlac, la ville de Bruère et le bourg d'Allichamps avec leurs dépendances.

L'Abbaye de Noirlac.

L'histoire de cette abbaye se rattache à la fondation de la ville de Saint-Amand-le-Chastel.

Les plus anciens monastères de nos contrées sont :

Notre-Dame de Charenton-sur-Marmande, Jouy et Saint-Amand fondés par Théodulfe. Plus tard, la belle abbaye d'Orsan, située paroisse de Maisonnais, non loin du Châtelet en Berry, fut établie en 1100, avec le concours et grâce aux générosités des seigneurs de Charost, d'Alard de Guillebaud et d'Agnès, sa femme, de Raoul l'Ancien, prince de Déols et de Léger, archevêque de Bourges, par Robert d'Arbrissel qui y mourut en l'année 1117.

Le couvent des religieuses du prieuré d'Orsan avait ses armoiries : d'azur à trois lys de jardin au naturel, appointés et mouvants d'une touffe d'épines d'or. Celles du prieuré d'Orsan étaient d'argent à une bande de gueules chargés d'un ours d'or.

Celles de l'abbaye de Notre-Dame de Charenton étaient d'argent à un lion de sable; l'abbaye de Puy-Ferrand portait d'azur à un chevron d'or, accompagnée en chef de deux étoiles de même et en pointe d'un croissant d'argent.

Pendant les guerres de religion, Orsan fut livrée aux flammes par les troupes du duc des Deux-Ponts, ainsi que la maison abbatiale de Puy-Ferrand et beaucoup de nos plus humbles églises de campagne.

L'abbaye de Puy-Ferrand a été fondée en 1145, et, par charte de 1242, Renoul II de Culant avait fait don aux chanoines réguliers de cette abbaye, d'une partie du bois Coursier. Celle de Buxières, près Panserolles, eut pour fondateur, en 1159, Ebbe V de Charenton et sa femme. Enfin la fondation de l'abbaye des Pierres par Raoul l'Ancien date de l'an 1100. Non loin de ce monastère, se trouvait le château de la Roche, implanté sur une masse de rochers isolée et pendante vers les eaux torrentueuses de l'Arnon qui le ronge, château caché au creux d'une gorge sauvage couronnée de bois, ceinte de landes désertes.

L'abbaye de Noirlac, *Conventus de Nigro lacu Bituricencis*, ainsi dénommée dans un arrêt rendu par le roi Philippe V en l'année 1319, fut particulièrement gratifiée de riches donations par Ebbe V, Agnès, sa femme, et leur fils Ebbe VI, seigneurs de Charenton, par Guillaume de Culant, premier du nom et ses enfants.

Créée en 1136 suivant certains chroniqueurs ou seulement en 1150, suivant d'autres, d'abord comme un lieu de refuge où l'on recevait gratuitement les voyageurs et les malades, cette maison hospitalière fut transformée en monastère de l'ordre des Bernardins de Clairvaux (1).

Saint Bernard ,qui avait fondé Clairvaux en 1115, visita l'abbaye de la Maison-Dieu des bords du Cher, si pauvre, au début de sa fondation, qu'il écrivit à Suger, ministre du roi Louis-le-Jeune en 1149, que les pères de cette maison manquaient de pain (2).

Mais la pauvreté des Bernardins de Noirlac ne fut pas de longue durée. Il leur avait été fait don, par Fouchier, en 1188, de la moitié des bois de Soudrains ; en 1189, par Ebbe de Charenton, du domaine de Fleuret, non loin de Coudron, et en 1193, d'une partie de la forêt de Chevronne, paroisse de Marçais, par Etienne de Morlac. Ils étaient en possession de l'autre partie de cette forêt au moment de la fondation de leur couvent.

(1) CHEVALIER. La *Gallia Christiana* place la fondation de Noirlac en 1150 ; mais le véritable fondateur fut Ebbe V de Charenton, qui ne vivait plus en 1147.

(2) DE RAYNAL. *Histoire du Berry*.

C'était, au dire des moines eux-mêmes « une ancienne dotation de terres incultes, vaines et vagues, en bois et buissons « qu'ils défrichèrent et arrosèrent de leurs sueurs et de leur « sang. »

Ils ajoutent, dans le manuscrit que j'ai sous les yeux, « que « l'abbaye a joui et fait jouir par ses mains le bien de Chevronne, depuis 1100, jusqu'en 1400 qu'elle a accensé ce « bien à différents particuliers suivant le goût de ce temps-« là. »

Au surplus les archives du Cher nous apprennent que de nombreuses donations ont dû promptement les enrichir. Ils possédaient, en 1208, en dehors de la ville de Saint-Amand-le-Chastel, l'Hôtel de Saint-Vic (rue Saint-Vitte), qui devait être transformé, après la Révolution de 1789, en une maison d'arrêt et dans lequel un monastère de la Congrégation de Notre-Dame fut établi en 1629 (1).

En 1208, Martin, fils d'Itier de Saint-Amand, et Marie, sa femme, abandonnent aux moines de Noirlac le droit qu'ils ont sur une terre de Saint-Amand (Charte de Guillaume, archevêque de Bourges).

En 1737, Robert de Saint-Loup, Asseline, sa femme, leur fils aîné et sa femme Jeanne, bourgeois de Saint-Amand, donnent pour le salut de leurs âmes à Robert II et à ses religieux de Noirlac, un clos de vigne (Charte de Jacques, archiprêtre de Châteauneuf).

Evrault de Saint-Amand, chapelain de Montermoyen de Bourges, fait don, en 1229, à l'abbaye de Noirlac, de divers objets et de sa propre personne.

Saint Bernard, en invoquant des secours pour les moines de sa fondation, avait donc exagéré leur état de pénurie. Aussi

(1) Ce couvent, comme nous l'avons dit ailleurs, fut transféré à Bourges en 1653.

bien, pour enrichir son ordre, promettait-il cent arpents dans le ciel à qui lui en donnerait dix sur la terre.

Par l'arrêt de 1319 que nous avons cité, le roi Philippe V avait placé le couvent de Noirlac sous la garde du seigneur de Seuly et de ses descendants et le couvent de Charenton sous la garde et protection du comte de Sancerre.

Le monastère de Noirlac dont le premier abbé fut Robert, neveu de saint Bernard, était situé en la paroisse de la Celle-Bruère, non loin de la voie romaine qui, de Bourges à Allichamps, conduisait à Néris, en suivant la rive droite du Cher, et ne prit le nom de Noirlac qu'après la mort accidentelle d'Ebbe VII dans les *eaux mortes* qui se trouvaient en amont du couvent.

Ces eaux que, de nos jours seulement, on appelle *eaux mortes*, ne provenaient pas, comme on l'a dit par erreur, de quelque portion du lit du Cher abandonné par le courant : ce n'était pas non plus l'ancien lit de la Marmande dont le cours, en se prolongeant à travers le val de Virlay, prenait son embouchure dans le Cher non loin et en amont du couvent; mais, et ceci ne saurait être mis en doute, c'était un canal creusé de mains d'hommes.

En effet, dans l'acte de donation d'Ebbe de Charenton et d'Agnès sa femme aux moines de Clairvaux du lieu appelé *Domus Dei in Brioria* il leur est accordé « *par un canal* » la permission de faire venir l'eau, à leur nouvelle abbaye, des moulins d'un nommé Humbert. Ces moulins étaient assis sur la Marmande au-dessous des moulins de la Pastelle, aujourd'hui moulin de Billeron (1), et c'est cette rivière qui alimenta

(1) Dans une charte de 1250 (archives de Bourges) il est question des moulins appelés de la Pastelle situés sur la Marmande : à cette époque, les moulins Bourguignon existaient en amont de Saint-Amand et le moulin de la Cornière, établi à l'extrémité de l'étang de ce nom, était contigu à la chaussée du bief de ces moulins.

de ses eaux le canal qu'avaient fait creuser ces bons pères et dont il est encore facile de trouver l'emplacement (1).

Henri II, sire de Seuly, confirma en 1253 « tous les dons et « bienfaits qu'Ebbe de Charenton avait donnés à l'abbaye de « Noirlac, leur donna l'eau de certains moulins, (Moulins « Humbert) avec les écluses dans sa terre et châtellenie d'Or- « val, et leur accorda encore l'usage du bois de Drulon « (bois de Bornac) à bâtir et brûler pour tous les lieux « qu'ils avaient avec le pacage et le pâturage de leurs bestiaux (2). »

Les moines se firent donner aussi par Louis de Seuly, en 1374, la permission d'établir une garenne à lapins au lieu de l'Ombray, sur la rive gauche du Cher, à une faible distance en amont de leur abbaye et de chasser à cor et à cri dans les bois de ce seigneur. Et quand, plus tard, ils agrandirent leurs possessions, en y annexant de vastes et magnifiques domaines, tels que Chalais, la belle et riche terre de Villaines et des Etangs de la paroisse d'Orcenais, ils ne manquèrent alors, pour bannir l'abstinence, ni de pain, comme au temps de saint Bernard, ni de poisson, ni de gibier.

Nous avons rapporté, dans l'histoire de Saint-Amand-le-Chastel, que Guillaume de Saint-Amand et Hervé son fils, furent aussi au nombre des bienfaiteurs de la Maison-Dieu, et l'on place les largesses qu'ils lui distribuèrent à l'époque où Guillaume alla à Noirlac, c'est-à-dire en 1180.

Enfin, le Roi Philippe III avait donné à cette abbaye, par une charte, le droit d'acquérir des biens sur ses terres (*in feodis domini Regis*). Le bailly de Bourges crut, en 1272, devoir saisir les biens qu'ils y avaient achetés, mais le Roi voulut et or-

(1) Il y a dans Virlay les eaux mortes et la vieille rivière ; les eaux mortes c'est le canal creusé par les religieux, la vieille rivière, c'est l'ancien lit de la Marmande rongé par le Cher.

(2) LA THAUMASSIÈRE.

donna que l'abbé et le couvent ne fussent pas troublés dans la jouissance de leurs propriétés.

Les monastères de Noirlac et de Charenton furent visités par le Pape Alexandre III, lorsque ce pontife vint réclamer la protection du roi Louis VII, contre l'antipape Victor et l'Empereur Frédéric dit Barberousse.

Il n'y avait pas encore un siècle que les religieux de Noirlac étaient en possession de leur couvent lorsqu'ils crurent avoir découvert en leurs terres une mine d'argent au Puy d'Abert, dans la paroisse de Nozières ; on renonce difficilement aux richesses de ce monde, même quand on a fait vœu de pauvreté.

Les moines allaient donc exploiter à leur singulier profit le sol argentifère qu'ils considéraient comme leur propriété. Mais Rainaud II, seigneur de Charenton et de Montfaucon, leur fit savoir, par une charte donnée *Anno Domini* 1234, *die veneris post festum beati Dionisii*, qu'il entendait participer par moitié au bénéfice que produirait cette mine. L'illusion ne dut pas être de longue durée pour le seigneur et les abbés. Cette riche trouvaille ne consistait sans doute qu'en quelques pyrites de cuivre ; *on n'en entendit oncques parler au pays de Nozières*.

Les Anglais s'emparèrent de Noirlac en 1361 ; plus tard, et après la bataille d'Azincourt, le Berry ayant été de nouveau envahi par ces étrangers, les religieux de cette abbaye, pour la mettre à l'abri de nouvelles exactions, obtinrent des sires d'Albret, par un acte du 15 décembre 1423, la permission de bâtir un fort et d'élire un capitaine à vingt-cinq livres parisis de *gage-honoraire* et *appointement*.

Noirlac reçut les dépouilles mortelles des seigneurs de Charenton. C'est dans le chapitre et dans le cloître de cet antique monastère que reposent les restes de ces hauts et puissants barons, dont la domination s'étendit sur une grande partie du Berry. Leur nom est mêlé à l'histoire de toutes les contrées qui nous environnent : ils ont couvert de leurs rameaux le pays entier entre le Cher et l'Allier, les territoires de Sagonne, Sancoins, Germigny, Mareuil, Châteauneuf, Ainay-le-Vieil. Ce n'est pas seulement par leur piété et leur munificence envers l'Église qu'ils se rendirent recommandables ; ils s'illustrèrent dans les armées et on les voit figurer avec éclat dans les guerres. Certains d'entre eux prirent la croix, jetèrent les fondations de plusieurs de nos cités et opérèrent l'affranchissement des populations qui habitaient leurs seigneuries.

Dans l'église de Noirlac, auprès du grand autel, se trouvait l'effigie couchée d'un archevêque de Bourges, Henri d'Avaugour, dont la tombe en pierre de Charly a été transportée au musée de Bourges (1). Sur son tombeau on lisait cette inscription : « *Hic jacet defunctus bonæ memoriæ Dominus Henricus d'Avaugour, quondam bituricensis Archiepiscopus, Aquitaniæ princeps, qui obiit die XIII mensis octobris anno Domini* 1446 ; » C'est ce vénérable Prélat qui reçut sur les fonts baptismaux le roi Louis XI, né dans la capitale du Berry.

Près de cette tombe était déposé le cœur de Constance de Saluces, veuve de Geoffroy le Meingre de Boucicaut, dont le père et le frère furent Maréchaux de France au XVe siècle.

Dom Martenne, savant bénédictin de la congrégation de Saint-Maur, visita l'abbaye de Noirlac en 1708. Elle conservait

(1) Dans le chapitre de l'abbaye, on lisait les inscriptions suivantes : *Hic jacet Ebo junior, filius Ebonis de Carentonio : anima ejus requiescat in pace.* A côté, cette autre épitaphe : *Hic jacet nobilis Agnes uxor domini Ebonis de Carentonio : anima ejus requiescat in pace.* Sur une autre, *Hic jacet nobilis Mathildis quondam domina de Carentonio* ; et sur une autre : *Hic jacet nobilis Reginaldus de Monte falconio junior.*

Dans les cloîtres de l'abbaye se lisaient les épitaphes des seigneurs de la Châtre de la maison des Ebbe de Charenton : *Hic jacet nobilis persona Rodulphus de Castra miles senior et Domina Oda ejus uxor. Anima eorum requiescant in pace : Hic jacet nobilis persona Rodulphus de Castra junior qui obiit anno Domini 1200, anima ejus requiescat in pace.* (LA THAUMASSIÈRE).

à cette époque des restes de son ancienne splendeur : il s'exprime ainsi : « Les cloîtres, le chapitre, le parloir, le no-« viciat, le réfectoire, la cuisine, marquent quelque chose de « grand. L'église est encore toute entière, les chaires du chœur « se ressentent de la simplicité du temps de saint Bernard. Je « n'en ai vu que fort peu de semblables. »

Mérimée est entré dans plus de détails : c'est ainsi qu'il s'exprime : « L'église de l'abbaye de Noirlac a tous les caractères de l'époque de transition. Les arcades en ogive émoussée s'appuient à de forts piliers flanquées de colonnes tronquées en console dans la grande nef. Dépourvus d'ornements pour la plupart, les chapiteaux montrent la simplicité un peu mesquine de la première époque gothique. »

« Sur la façade subsistent quelques restes d'une décoration bysantine ; mais cette partie de l'édifice a plus souffert que le reste et d'ailleurs ne peut donner lieu à aucune observation. Des cuisines et un grand réfectoire, voûtés l'un et l'autre et divisés par des piliers isolés que reçoivent les retombées, sont avec l'église les parties les plus anciennes de l'abbaye, en apparence terminées dans le cours du XIIIe siècle. »

« Le cloître presque intact est plus moderne ; commencé dans le XIVe siècle, la construction se continua sans doute jusqu'au milieu du siècle suivant. Les détails en sont gracieux et simples et ses arcades se font remarquer par leur légèreté et la forme élégante de leurs ogives. »

Noirlac était entouré de bois et de domaines qui appartenaient à l'abbaye, ainsi que cette partie de la riche vallée du Cher, connue sous le nom de Virlay. Ce ténement de terre, à partir du *Pilori* jusqu'au dessous du bois de la *Baume*, se composait de riches prairies et de vastes pacages boisés, couverts de ronces, d'épines, de touffes de taillis et de belles futaies, de chênes épars çà et là, végétant avec une grande puissance sur un terrain d'alluvion, en partie vierge de culture.

Le couvent et ses dépendances ont été vendus par l'Etat à la Révolution de 1789. Devenus, en 1818, la propriété de spéculateurs connus vulgairement sous la dénomination de la *bande noire*, les terres ont été vendues en détail et livrées aux bras courageux des vignerons de Saint-Amand. Les bâtiments, ce superbe monument religieux objet de la vénération de nos ancêtres, ont été abandonnés à l'industrie ; l'église, appropriée à sa nouvelle transformation, sert, ainsi que les cloîtres, depuis 1822, à la fabrication de la porcelaine ; rien ne fait donc supposer qu'elle doive être rendue au culte et à de nouveaux moines. — Cependant, il ne se fabrique plus de porcelaine à Noirlac ; l'établissement industriel a été fermé en 1880, et peut-être un jour pourrons-nous voir la restauration de cette antique abbaye !

Les arrière-fiefs de la Châtellenie de Bruère.

Nous avons longuement parlé de cette antique et honorable famille de Bigny dans la première partie de notre histoire.

La justice haute, moyenne et basse du lieu de Bigny était tenue de Bruyères-sur-Cher, ainsi que cela résulte d'anciens aveux et dénombrements.

Un sieur de Bigny ayant refusé de faire un nouvel aveu à son seigneur suzerain, le duc de Sully, auquel il en fut référé, répondit de sa main en ces termes : « *Il faut régler l'adveu de M. de Bigny comme les anciens et désire gratifier le dit en ce qui se pourra, recevant ses adveux avec la haute justice pour son fief de Bigny ; il n'y a ni sujets, ni vassaux* (1).

(1) V ir ce mémoire aux pièces justificatives.

Le sieur de Bigny à cause de ce fief était bien tenu de faire aveu à son seigneur suzerain de la châtellenie de Bruère, mais il ne lui devait aucun aveu à raison de la justice haute qu'il possédait, en vertu de cette maxime du droit coutumier que « *peut être juridiction et ressort à un, et fief à autre.* »

Le château de Bigny passa par mariage dans la maison de Chevenon, qui en prit les armes et le nom. Ce fut Jean de Chevenon ou Chavenon, écuyer, appartenant à la noblesse du Nivernais, qui épousa l'héritière de la maison de Bigny, il vivait en 1402.

Jean de Chevenon, devenu seigneur de Bigny acheta, en 1317, le château du Bois, situé entre Dun-le-Roi et Levet. Un de ses fils eut en partage, en 1337, l'hôtel de *Bosco domini Amelii* d'où l'on a fait *Bois-sire-Ameil* et par corruption Bois-sire-Amé. Des Chevenon, le château du Bois a passé à la famille Trousseau.

Les de Bigny comptent au nombre de leurs aïeux : Henri de Bigny, chevalier, seigneur de Bigny qui avait épousé Eléonore Charlotte de Gamache, un grand écuyer de France au milieu du xve siècle, un gouverneur de la Bastille, de nombreux officiers supérieurs, des chevaliers de Malte, des Ordres du Roi, et des titulaires de charges importantes à la cour depuis le roi Charles V.

La terre de Bigny a passé dans les mains de la famille Augier, par le mariage de M. le général baron Augier avec la fille de Mme la Marquise de Bigny, dont le mari a été décapité pendant la Révolution. A la suite d'un partage entre leurs enfants, le château de Bigny est resté en la possession de Mme veuve Aubertot leur fille, et, depuis le décès de cette dame en 1883, Mme veuve Anatole de Bigny, qui habite le château d'Ainay-le-Vieil, est devenue propriétaire au moyen d'arrangements de famille, de la terre de Bigny, qui ne sortira pas de cette noble maison. Un des gendres de

Mme de Bigny, le comte de Villefranche, a été autorisé à ajouter à son nom celui de *de Bigny.*

Les forges de Bigny et la forêt de Bornac ont été détachées de cette grande et belle propriété par le général Augier et vendues à M. Corroyon des Tillères, et à la suite de ventes successives, il ne reste plus de cette immense possession terrienne, que le manoir et les domaines qui l'entourent.

Coudron.

Nous avons dit que Codron ou Coudron était un fief qui relevait de Bruère ; il avait une certaine importance et s'étendait sur Chavannes et Barantiôme.

Etienne Pilorde, dont les descendants ont été seigneurs de Coulogne, Ourouer, etc., le reçut en arrière-fief par charte du mois de mars 1250. Il appartenait à Jean de Valcob, seigneur de Coudron et ambassadeur en 1575 auprès de Maximilien II, empereur d'Allemagne.

Antoine de Valcob, autre seigneur de Coudron, fut, pendant les guerres de religion, fait prisonnier dans son château par le parti protestant et conduit prisonnier de guerre à la Charité; ses biens furent mis au pillage. Ce fief a été aussi la possession des Gamache, seigneurs de Châteaumeillant (Voyez la THAUMASSIÈRE).

Le Breuil.

Jeanne Dubois, veuve de Guillaume de Sigli, faisait aveu de son chézeau ou hôtel du Breuil, en l'année 1340, à Madame de Seuly (1).

Une des plus anciennes familles de notre contrée, la famille Lelarge, possédait en 1494 l'hôtel et métairie du Breuil, situé commune d'Allichamps, ainsi que le constate un acte de foi et hommage de Guillaume Lelarge, bourgeois de Bruère (2). Ce fief appartenait en 1579 à Jean Lelarge et à sa sœur. Un sieur Germain Lelarge était, en 1609, procureur fiscal de la Baronnie de Châteauneuf et seigneur du Trihant; Nicolas Louis Lelarge occupait ce même emploi en 1622.

Paul Lelarge, né en 1582, mourut en 1642, après avoir été avocat de la ville de Bourges pendant vingt-trois ans. Son fils, Claude Lelarge, sieur de Guilly et du Breuil, avocat au parlement et des affaires communes de la ville de Bourges, était élu échevin de cette ville en 1621; enfin Paul Lelarge, échevin de Bourges, se qualifiait, en 1663, de seigneur de Cresançay, puis sieur du Trihant, et en 1766, de sire de la Coudre, écuyer et faisant foi et hommage à M. le duc de Charost.

Cette famille, dont les derniers descendants ont habité la ville de Saint-Amand, s'est éteinte dans les premières années de ce siècle, et le fief du Breuil est devenu un beau et fertile domaine qui appartient au descendant du notaire royal de la vieille ville de Saint-Amand-le-Chastel, à M. Constant-Au-

(1) Cet aveu et dénombrement est conservé aux archives de la famille Mallard.

(2) Cet acte existe aux mêmes archives.

clerc, un des plus habiles agriculteurs de notre département.

M. Henri Jongleux a publié, en 1880, sous le titre de *Chroniques berrichonnes*, un journal qui a été laissé par les Lelarge de Bourges ; je pense que toute cette famille est originaire de Bruère, ainsi que les Lelarge de la Coudre.

Sous-fiefs de Bruère.

Le fief de Rousson a appartenu à la famille de L'Aubespine.

La Châtelette était un fief accensé de Bruère.

Le Sauzay, situé commune de Saint-Loup-des-Chaumes, était bien et seigneurie, ainsi que le constate un aveu et dénombrement rendu au duc de Sully, par Nicolas Gibaut, sieur du Breuil, le 10 mai 1611.

Le Sauzay dépend aujourd'hui de la terre de Prégiraut, appartenant à la famille Robin de Coulogne, dont un des membres se qualifiait Robin du Sauzay, vicomte de Coulogne et seigneur du Breuil, le Sauzay et Château-fer. La famille le Fer est la branche maternelle des Robin de Coulogne. Charles de Bégu de Chiry, écuyer sieur du Guet et autres lieux, était l'époux de Jeanne du Sauzay décédée en 1778 à l'âge de quatre-vingt-cinq ans. Les de Bégu possédaient, en 1766, le fief de la Grange-Orcenais.

La terre de la Brosse, située commune de Farges-Allichamps, avait été détachée du fief de Bigny. Elle était, en 1638, la propriété de la famille de Longueval. Charlotte de Longueval avait épousé Messire Philippe de Bigny, chevalier, seigneur de Bigny, Vallenay et Cresançay.

En 1654 messire Charles de Longueval était seigneur de la Brosse ; plus tard ce fief a passé dans la maison de Tillier.

Il appartenait en 1741 à Mme la Comtesse de Tillier et a été possédé par la famille du baron Bonnaire, ancien Préfet de l'Empire sous Napoléon Ier.

Cette terre est devenue, depuis 1848, la propriété de M. Gardye de la Chapelle, et l'on admire aujourd'hui le magnifique château que son fils, M. Georges Gardye de la Chapelle, a fait construire à la Brosse.

Il existait, au chef-lieu de la commune de Farges, une commanderie de Malte (1). On y voit l'antique castel de la famille de Bonneval, près duquel M. le comte de Jouffroy Gonsans, descendant de cette illustre famille, a fait élever récemment une construction nouvelle d'un style à la fois grandiose et sévère. Sur un mamelon, non loin de cette habitation, apparaît encore un vieux pan de mur qui pourrait bien être le dernier débris de la Commanderie.

(1) Les commanderies étaient des bénéfices administrés par des chevaliers comptables, qui, après avoir pris ce qui était nécessaire pour leur subsistance, devaient faire passer le reste aux chevaliers de Malte chargés de cette administration.

En 1243, les commandeurs sont désignés sous les noms de *Hospitali de Fargis.*

CHAPITRE XXXVI

LA SIRIE D'ORVAL ET SES ARRIÈRES-FIEFS.

Les seigneurs de Seuly et d'Albret

Orval prend-il son nom de celui de son fondateur *Héribaldus* ou du latin *aurea vallis* à cause de sa position dans la belle vallée de Saint-Pierre et de la fertilité de son territoire ? Nous pencherions pour la première de ces origines, parce que les anciens noms de lieux' dérivent presque toujours de noms plus ou moins altérés.

Mais il est à remarquer que, dans les dialectes gaulois, *or-* veut dire hauteur, colline ; que Dun, *Dunus* a la même signification : qu'ainsi, Orval signifierait colline du Val du Cher, de même que Dun-le-Roi, colline du val d'Auron.

Les terres d'Orval, Bruère et Épineuil furent distraites de la châtellenie de Charenton, de même que celle de Meillant, ainsi que nous l'avons vu, en 1250. Orval échut à Henri II, sire de Seuly, fils de Henri Ier et de Marie de Dampierre de Bourbon, dame de Vierzon. On attribue à la maison de Seuly une origine normande; elle paraît avoir possédé les Aix dès le xe siècle.

Henri II, sire de Seuly, des Aix, de la Chapelle, d'Argent et de Boibelle, transmit la terre d'Orval à Henri III son fils, issu de son mariage avec Perronnelle de Joigny, veuve en premières noces de Pierre de Courtenay, il mourut en 1269, en Italie, au service du roi de Sicile Charles Ier de France.

Henri III, mort en Aragon et enterré en 1285, dans l'église des Cordeliers à Bourges, serait, d'après la Thaumassière, le premier seigneur de la maison de Seuly qui ajouta à ses titres nobiliaires la seigneurie de Montrond, mais nous avons relevé ailleurs cette erreur évidente.

Les terres d'Orval, Bruières et Epineuil, demeurèrent dans la *mouvance* du duc de Bourbonnais ; il n'en fut pas de même des seigneuries de Meillant et de Charenton, dont les fiefs cessèrent, après 1250, de relever de ce duché.

Le duc de cette province voulut, en 1409, exiger qu'il lui fut fait hommage, mais la Chambre des comptes de Moulins, donna, le 13 mai 1409, main-levée de la saisie que le duc avait fait faire des terres de Charenton et de Meillant, comme étant du fief d'Orval appartenant à Messire Charles d'Albret, seigneur de Seuly, connétable de France, à cause de Madame de Seuly, sa femme, ressort et souveraineté du dit seigneur d'Albret.

Les sires d'Orval étaient donc devenus les seigneurs suzerains des châtellenies de Meillant et Charenton, ainsi d'ailleurs qu'il résulte de la collation d'une pièce de 1264, faite le 8 avril 1440 par le notaire du scel de la châtellenie de Saint-Amand.

On y mentionne qu'un accord fut fait en 1264, entre Louis comte de Sancerre et Henri II, seigneur de Seuly, son cousin, par lequel le dit seigneur de Sancerre reconnaît tenir et tiendra désormais Charenton et Meillant du dit seigneur de Seuly, à un hommage seul, sauf *en cas qu'ils se départent à l'avenir*, auquel cas serait fait deux hommages, l'un de Meillant, et l'autre de Charenton, et en réformation de ce et pour le bien de la paix, il a été cédé au dit seigneur de Seuly le fief Jaunet de Barre. Par suite et postérieurement, Messieurs Charles d'Amboise, Antoine de la Rochefoucault d'Antraigues et de Béthune Charost ont reconnu tenir en fief Charenton et Meillant du seigneur d'Orval.

Henri III, bouteiller de France, marié à Marguerite de Bommez, dame de Châteaumeillant, laissa sa succession à Henri IV, qui eut un fils, Jean II, de son mariage avec Jeanne de Vendôme, et une fille Jeanne épouse de Jean III de Rochechouart.

Henri IV était bouteiller de France, seigneur de Châteaumeillant, souverain président des comtes et capitaine de la ville de Bourges, il mourut en 1335.

Louis, fils de Jean II et de Marguerite de Bourbon, fit foi et hommage au duc de Bourbonnais, le 29 août 1371, des terres d'Orval, Bruère, Epineuil, il les possédait encore en 1374, le 14 mars, le jour où, comme nous l'avons vu, il permettait aux religieux de Noirlac d'établir leur garenne de lapins à l'Ombray et de chasser à cor et à cri à toutes bêtes dans tous ses bois, excepté ceux de Seuly et de Droulon, cette permission fut délivrée du château de Montrond qui, néanmoins, n'a appartenu qu'après 1580 à la maison de Seuly.

De Louis, sire de Seuly, qui mourut sans enfant mâle en 1381, cette terre passa à Marie-Henriette sa fille, comme nous l'avons exposé dans la seconde partie de cette histoire ; Louis avait épousé Isabeau de Craon.

Les armes des Seuly étaient d'azur semé de molettes d'or à un lion de même brochant sur le tout (Planche 2).

Orval possédait un chastel avec tours et fossés, dont les ruines existaient encore au 15 mars 1517, un four banal assis sur la basse-cour du château, un moulin banal à draps et à farine, auquel les habitants de la paroisse étaient tenus d'aller faire fouler leurs draps et moudre leurs blés, sous peine d'amende et confiscation, et une garenne à connils, appelée du Gros Moreau.

Le château d'Orval était lourd, solide, simple, mais très fortifié. La Loubière ou ruisseau de Bouzais, après avoir traversé l'étang d'Orval se jette dans le Cher en aval de l'ancien moulin à foulon ; et sur un autre point de la commune, à proximité de la gare actuelle du chemin de fer d'Orléans les eaux du déversoir de cette petite rivière vont s'écouler dans le Cher. C'est de l'autre côté, sur la rive gauche, que se trouve la belle fontaine d'Orval.

La chapelle de Sainte-Marie-Madeleine, fondée par les anciens seigneurs, n'avait sans doute pas été épargnée lors du sac et de l'incendie d'Orval en 1412, car, comme nous l'avons déjà dit ailleurs, une autre chapelle, et c'est celle qui sert aujourd'hui d'église paroissiale, fut élevée sous un vocable différent, par la mère de Jean d'Albret, Isabeau de la Tour. Elle avait un chapelain dont les seigneurs s'étaient réservés la nomination, et c'est en usant de ce droit que Jean d'Albret pourvut de cet office, en 1498, Messire Giles Adam, prêtre.

La modeste église de la paroisse d'Orval n'a pas de presbytère. M. Nicolas Bonnet, curé d'Orval, fit construire peu de temps avant 1789, auprès de l'ancienne chapelle des d'Albret, une maison qui devait recevoir cette destination. Elle était attenante au vaste enclos qui appartient en ce moment à la famille Bouille.

On remarque, parmi les objets du culte une croix en vermeil, qui aurait été donnée au seigneur de cette sirie par le Roi Saint Louis (1) ; c'est du moins l'origine indiquée dans une inscription gravée sur le pied de cette croix en 1651. Le

(1) Saint Louis avait apporté de Palestine la Sainte Couronne d'épines, une grande portion de la Vraie Croix, la Robe de Notre-Seigneur, le Fer, la Lance, l'Éponge et autres instruments de la Passion.

duc d'Enghien l'aurait fait alors restaurer et placer sur une base d'argent.

Sur la face principale, on voit cinq petites châsses en cristal ; la figure du Christ est mobile et couvre une autre relique. Au revers sont quatre petits reliefs en argent niellé, un cinquième qui est au milieu contient l'Hostie.

La hampe est ornée d'une fleur de lys d'or sur un fond bleu ; aux extrémités du croisillon, on a ciselé un château-fort sur un fond rouge. Il se trouve sur cette croix quatre petits reliquaires derrière l'un desquels on lit cette inscription, *De lacte beatæ Virginis* de *Spinis Coronæ Domini.*

Les foires d'Orval et celles de Saint-Amand-Montrond.

La sirie d'Orval possédait, de temps immémorial, une foire qui, dans le principe, ainsi que le constate le terrier de 1517, ne durait que deux jours, lundi et mardi avant la Saint Luc, et attirait un nombreux concours de marchands et d'étrangers, ce qui détermina à en prolonger la durée pendant une semaine entière.

Les grandes foires avaient, au temps de la féodalité, une importance considérable qu'elles n'ont pas dû conserver à mesure que les communications sont devenues plus faciles par la création des routes, des canaux, des chemins de fer et surtout à raison de l'extension du commerce jusque dans les plus petites bourgades du territoire.

On y pratiquait simplement, mais avec largesse, les devoirs

de l'hospitalité. C'était le rendez-vous de tous les membres de la famille, dispersés dans les villes et les campagnes des contrées circonvoisines. On venait se grouper au milieu des fêtes, des longs repas et des plaisirs de la foire, autour des vieux parents ; on s'approvisionnait de denrées de toutes sortes pour les longs jours de l'hiver ; on s'y pourvoyait d'objets de toilette, d'ameublements et de luxe. Aussi les marchands de draps de soie, de bijoux et d'orfèvrerie y faisaient-ils des affaires considérables.

Les populations des campagnes et des villes de la Marche, du Nivernais, du Limousin, du Bourbonnais, du Berry et de l'Auvergne arrivaient à la foire d'Orval pour le négoce et le trafic des bestiaux qui y était énorme, à raison des riches vallées de cette partie de l'arrondissement de Saint-Amand où l'on se livrait alors et presque exclusivement à l'élevage et à l'engraissement des bêtes à cornes, des bêtes ovines et des porcs, ainsi qu'à la reproduction des chevaux.

Ces sortes de bazars agricoles et industriels, soumis à des droits de place et à des tributs onéreux prélevés sur chaque marchandise étalée, constituaient un des revenus les plus positifs de chaque seigneurie qui avaient su les fonder (1).

Après le sac d'Orval, le connétable fixa à la Chaume-Billeron, lieu qui dépendait de cette seigneurie, le nouveau champ de cette foire, qui occupe aujourd'hui le même emplacement et qui a toujours conservé son nom de foire d'Orval.

« Il existait à la Chaume-Billeron une très grande halle « avec trois rangs de boutiques, dans laquelle, le jour des « foires ordinaires, se mettaient les petits mercerets et les « marchands de la ville, et les jours de la foire d'Orval d'assez « gros marchands. Près de cette halle se trouvait un grand

(1) Voyez aux pièces justificatives l'acte de franchise de la ville de Saint-Amand-le-Chastel.

« bâtiment où se vendait le blé les jours de foire (1). »

La halle dont il est question ici appartenait au seigneur ; elle a été aliénée vers 1810 et transformée en granges et habitations.

Le seigneur d'Orval et de Saint-Amand-sous-Montrond avait droit de voirie, d'aulnage, mesurage en ladite ville, marchés deux jours la semaine, les mercredi et samedi, et six foires par an, non compris celle d'Orval. La première, le lundi après la Chandeleur ; la deuxième, le lundi des Brandons ; la troisième, le deuxième lundi après Pâques ; la quatrième, le lundi avant la nativité de saint Jean-Baptiste, la cinquième, le lundi après Notre-Dame de septembre appelée la foire des cercles, et la sixième le lundi avant la saint André. Les dates de ces foires ont subi plusieurs changements.

On eut pendant la Révolution la malencontreuse idée d'abandonner le champ de foire de la Chaume-Billeron. Le 1er floréal an III, les foires tenaient dans la ville de Saint-Amand rue Contrescarpe-du-Midi, route de Montluçon et Cours Fleurus, qui ne portait pas ce nom historique. C'est en cette année, le 4 prairial, qu'un arrêté du Directoire créa une foire nouvelle au 2 août, on l'a reportée au 3 du même mois.

La municipalité fit démolir, le 2 vendémaire an IV, le mur du cimetière, du côté du levant (aujourd'hui place du Centre). La foire dite d'Orval s'y tint le 27 vendémaire, pour la première fois, et un arrêté du 5 vendémaire an V, pris par le Conseil municipal décida, malgré les énergiques réclamations qui s'étaient produites à ce sujet, que le champ de foire serait maintenu sur l'emplacement du cimetière. Il fut aussi pris un autre arrêté portant que les marchands seraient placés,

(1) BONNET DE SARZAY. *Manuscrit.*

pendant la durée des foires d'Orval, dans l'église des Carmes à partir du 8 floréal an V (28 avril 1797).

C'est encore dans cet ancien temple, transformé en halle, que se tiennent depuis cette époque les marchands qui y viennent déballer, attirés par l'appât du gain que procurent de grandes réunions ; mais depuis longtemps déjà, et plus que jamais, les déballages ont perdu toute leur ancienne importance.

On sentit bientôt tous les inconvénients et même les dangers que présentaient des foires établies au centre même de la cité, et le 8 novembre 1811, le maire ordonna que désormais elles tiendraient, comme autrefois, à la Chaume-Billeron. C'était aussi afin de transformer le cimetière en une promenade publique qui fut appelée place du Centre, puis place Napoléon, puis place Carrée.

Le terrain sur lequel le seigneur d'Orval avait construit ses halles dépendait du fief d'Orval, inutile d'ajouter que les foires d'Orval et les marchés dont nous venons de parler se tenaient en dehors de la justice seigneuriale de Saint-Amand-le-Chastel, dont les seigneurs avaient obtenu des rois Henri II et Louis XIII la création de quatre foires et qui avaient leurs marchés distincts. Ils s'étaient efforcés, mais en vain, d'attirer et de maintenir sur leurs terres le trafic et le négoce que le seigneur d'Orval, de Montrond et de Saint-Amand-sous-Montrond sut accaparer à son profit.

Nous pouvons relever, comme arrière-fief de la sirie d'Orval, Varennes, Bouzais et l'Étang.

La justice haute, moyenne et basse de Bouzais, joutait celle d'Orval, de l'Étang et d'Orcenais.

Le fief de l'Étang appartenait, en 1608, au sieur *Jean de Vignolles* qui se qualifiait seigneur de l'Étang, de la Grange, du Breuil, Orcenais, Rateau, Saint-Georges et la grange Bernon.

Ce fief a été en la possession de Balthazar de Vignolles, sieur de la Barre, demeurant à Orcenais.

Le fief de Bonnault était aussi dans la mouvance d'Orval ; il appartenait à Antoine de Boutillat, seigneur d'Apremont. A sa mort, la tutelle de ses enfants fut confiée à Philippe Babou, seigneur de la Bourdoisière qui acheta ce fief et en prit possession en 1527.

CHAPITRE XXXVII

LA CHATELLENIE D'ÉPINEUIL

Le château seigneurial d'Épineuil avait été élevé sur une motte de cent quatre-vingts mètres de pourtour sur onze mètres de hauteur, entourée de larges fossés ; il n'existe plus depuis longtemps. Les Anglais s'en emparèrent après la bataille de Poitiers et le détruisirent.

Au temps du duc de Sully, « il ne restait plus que cette « motte de terre, partie assez haute, qui contenait dix à douze « toises, environnée de fossés assez larges, pleins d'eaux de « l'égoût des terres. » Les fossés et les terres furent arrentés.

Épineuil, ou, comme on écrivait au XIIe siècle, *Épinel*, en latin *Spinolaium* et *Espinolium*, avait le four banal inhérent à toute seigneurie, un prieuré qui dépendait de l'abbaye de Déols et des anciens marchés qui furent établis par les ordres du duc de Sully.

Les habitants des paroisses d'Épineuil, Vallon en partie, Saint-Vitte, Chazemay, les Reinats, Maulne, La Perche, la Celette, Saulzais-le-Potier en partie, Ainay-le-Vieil, Arcomps en partie, Loye en partie, Saint-Georges et Beau-Chézal, Soye-l'Église, Faverdines et Orcenais étaient tenus de tous cens et rentes et autres droits et devoirs envers le seigneur d'Épineuil, et, comme tels, ils reconnaissaient et confessaient être guétables au château d'Épineuil, charroyables ou manœuvrables, selon la coutume des Bourbonnais. (Terrier de 1545).

La grande dîme d'Orcenais était perçue par la châtellenie d'Épineuil, ainsi que le constate un aveu et dénombrement qui en fut donné le 2 novembre 1534, par Etienne Boytière, bourgeois et marchand à Saint-Amand.

Du baillage d'Épineuil dépendaient la paroisse de ce nom ; celles de Vallon et de Saint-Vicq en pleine justice, et par appel, onze petites justices, à savoir celles de Maulne, Saulzais-le-Potier, Loye, Arcomps, Ainay-le-Vieil, Saint-Georges, Faverdines, Orcenais, Pousieux, la Tourate et le Chezeau et les Chapiteaux (*Terrier* de 1755). Loye avait dépendu primitivement du bailliage de Culant.

La ville franche de la Perche, bâtie par Ebbe de Charenton, relevait de la baronnie d'Épineuil, de même que Saulzais, qui avait un prieuré. On sait que Maulne dépendait de la terre d'Ainay-le-Vieil, et que, pour ces deux terres, les seigneurs qui les possédaient rendaient foi et hommage aux seigneurs de la châtellenie d'Épineuil.

La maison de Fougières, à qui appartient le château du Creux, sur les bords de l'Aumance et qui possédait, en 1789, la châtellenie d'Épineuil, avait droit de sépulture dans l'église de Vallon et de faire apposer aux quatre piliers principaux et entrées de l'église, ses noms, armes et écussons.

Ce droit lui appartenait, en vertu de la fondation d'une chapelle dans l'église de Vallon, et fut consacré par un jugement du bailly d'Épineuil du 16 mars 1609.

François de Fougières était alors seigneur du Creux.

Les sous fiefs d'Épineuil

Le fief de Souligny a appartenu à Gilbert Fradet, écuyer, sieur de Souligny et de Saint-Vit, qui en fit foi et hommage, le 12 mars 1768, devant Debize, notaire à Épineuil, à Mgr le duc de Charost, à cause de la baronnie de ce lieu.

Le fief de Fougerolles était tenu par Imbault, écuyer, sieur de Fougerolles. Il en fit aveu et dénombrement, à cause de son hôtel de Fougerolles, et étang, aux dates des 14 avril 1424 et 25 avril 1423, à la châtellenie d'Épineuil. Il appartenait, en 1545, à Pierre de Lézeau, écuyer et passa ensuite à la famille de Buchepot.

Le fief de Cornançais existait à la même époque en 1433 et le 18 juin 1450, Odin de Cornançais, écuyer, fait aveu et dénombrement au sire d'Albret à cause de la châtellenie d'Épineuil, de son hôtel et chezal de Cornançais. Ce fief passait, le 10 juillet 1458, dans la famille d'Antoine de Buchepot, écuyer, seigneur de Cornançais, comme époux de Mathilde de Cornançais. Marie de Villiers, veuve de Pierre de Buchepot, en faisait aveu le 8 février 1494, comme tutrice de ses enfants mineurs. Le 20 juillet 1579 un sieur René de Buchepot le possédait encore, mais le 13 août 1729 il avait passé dans les mains du sieur Pierre Magnard, qui en faisait foi et hommage à Mlle de Vermandois.

Les fiefs de la Lande, de la Charnée, de Beuvron, et de Mazières dépendaient aussi de la châtellenie d'Épineuil. La Lande-Saulzais a appartenu en 1635 à la famille Le Groin. Antérieurement, les de Moussy ont possédé, non seulement La Lande-Saulzais, mais encore Saint-Georges, l'Étang, la Motte-Marçais,

Villemore, le Danger, Molay et le grand Sizières. Ils étaient alliés aux de la Châtre du Vernay du Chesne.

En 1545, messire René de Moussy se qualifiait baron de Saint-Martin, la Lande-Puy-Bouillard, maître d'hôtel ordinaire du Roi, gouverneur et sénéchal. A la même époque, Guillaume de la Garde, écuyer, était seigneur de la Charnée et Gilbert de Barbarin, écuyer, seigneur de Beuvron.

Le fief de la Grange-Orcenais, mouvant d'Épineuil, était possédé, en 1377, par Odo de Montaux, noble homme, chevalier de la seigneurie de la Grange-Orcenais. Ce fief a successivement appartenu en 1388 et 1395, pour moitié à Jean Raymond, écuyer, puis en 1447 et 1494 à Jean et à Hugues de Savary.

Il était tenu, en 1608, par Jean de Vignolles, écuyer, sieur de la Barre et de Besses près Châteaumeillant, qui fut seigneur de Coust.

C'est de Jean de Vignolles qu'est descendu François de Vignolles, sieur de Mautour et de Boueix, gouverneur pour M. le prince des châteaux de Montrond, Saint-Amand, le Châtelet, Culant, la Roche-Guilbaud et la forêt Grailly.

Le fief de la Grange-Orcenais était possédé en 1766 par Henri de Bégu de Chéré, puis il passa dans la famille de la Cour, ainsi que le constate un acte de foi et hommage fait à M. le duc de Charost le 31 juillet 1768, par Claude de la Cour, écuyer, seigneur de la Grange.

Le fief de Loye a aussi appartenu à la famille de la Cour. En 1545, René et Jean de la Cour, demeurant à la Barre, paroisse de Morlac, étaient chevaliers, seigneurs de Loye et lès Coust : Jean Claude de la Cour leur succéda.

Les fiefs du Bouchet, d'Arcomps et de la Tourate faisaient partie de la châtellenie d'Épineuil.

Guillaume de la Roche-Dragon fait foi et hommage, en 1494, à Messire d'Albret pour la moitié de la justice d'Arcomps et à cause de la maison noble du Bouchet. Gilles de la Roche-Dragon, écuyer, la possédait en 1544. Jean de la Mothe a possédé le Bouchet, ainsi que les Dassy et les Magnac. Marguerite de Magnac avait épousé Hugues Dassy ; le domaine de Villemoret dépendait du Bouchet.

Isabeau de Meurat, veuve de Martin de la Roche-Dragon, était dame de la Tourate. Elle fit avec Messire d'Albret, le 4 novembre 1420, une transaction par laquelle il fut convenu que dans le cas où les hommes du seigneur d'Orval viendraient à s'établir dans la justice de la Tourate, ladite dame les tiendra de la condition qu'ils y étaient en arrivant de chez mon dit seigneur, et que ceux de la justice de la Tourate qui iraient se fixer dans les châtellenies du seigneur lui appartiendraient.

Claude de Buchepot, sieur de Cornançais, marié à Marguerite de Chassy, possédait la Tourate en 1758.

Gabriel le Borgne du Lac, était seigneur de la Tourate, Varennes, le Bouchet, Champroud, Arcomps haute justice et du Vernay du Chesne. Il en faisait foi et hommage, le 16 septembre 1766, à M. le duc de Charost.

Le fief de la Tourate avait appartenu aux Dassy, écuyers, alliés aux Du Peyroux et aux de Buchepôt.

A la mort de la veuve de M. le Borgne du Lac, la terre de la Tourate a passé dans la famille de Louan de Coursays.

Une dame Marie de Meurat était veuve de Charles de Louan de Persat, demeurant au Cabot, paroisse de Fleuriel en Bourbonnais et dame Hélène le Groin, veuve de Balthazar Tiburce de Louan, tutrice de leurs enfants demeurant aux Granges.

De la châtellenie d'Épineuil dépendaient aussi les fiefs de Champmatoin et de Fontelin. Fontelin, sis en la paroisse de Faverdines, avait droit d'usage dans le bois de Drulon, bâtir, chauffer et clore les blés et à pâturer pour les bêtes du dit hôtel de Fontelin en pacage et hors pacages.

En 1619, Antoine Boityère, chirurgien, possédait Fontelin, au lieu de François Dassy, écuyer, sieur de Chaudenay.

Les seigneurs Dassy sont enterrés dans l'église de Faverdines ; un sieur Hugues Dassy avait pour nièce Charlotte de Buchepot, qui avait été fiancée à Louis de Limanges.

En 1641, Gilbert Du Peyroux, sieur de Mazières, épousait Jeanne Dassy, fille de Joseph Dassy, écuyer, sieur de la Tourate et en deuxièmes noces, la veuve de Henri Dassy, écuyer, sieur de Chaudenay.

Citons aussi la terre, seigneurie et justice de Montrevaux et le fief de Vaux qui, dans les années 1380 et 1390, appartenait à Guillaume de Vaux, damoiseau, et en 1545 à François de la Vigne, écuyer, sieur de Vaux et de la Celette.

Mentionnons enfin le fief de Poisieux, qui était la propriété des de Thiange, seigneurs du Creuzet, ainsi que le constatent plusieurs inscriptions qui existent encore dans le vieux manoir féodal. On lit sur la cheminée d'une grande pièce qui était sans doute la salle des réceptions :

« *Fait faire par noble dame Marguerite de Guillaumot de Marcy, veuve de Pierre de Thiange, écuyer, seigneur du Creuzet Coust, Varennes et ce lieux.* »

Et sur la même cheminée « *cet écu sol a été fait sous la minorité de noble Élisabeth de Thiange, demoiselle de Pouzieux et en partie de Saint-Georges, la Celette, Zauzay, Faverdines.* »

Au premier étage de l'escalier de la tour carrée donnant sur le jardin, on lit : *Fait l'an de Jésus cinq, nombre d'or 1447 révol.*

La fille de Pierre de Thiange, seigneur de Pouzieux, Marguerite, est décédée en 1744 ; Pierre, mort en 1740, se qualifiait chevalier, seigneur de Pouzieux, ancien seigneur de Coust et du Creuzet ; il a été inhumé dans l'église de Saint-Georges, en présence de Claude de Thiange, chevalier et seigneur de Coust, du Creuzet, Bord et autres ses terres, et de Roger le Borgne du Lacq, seigneur de la Tourate.

La deuxième fille de Pierre, Élisabeth de Thiange, épousa, en 1768, messire Gilbert de Châlus, seigneur de Prondines, fils de Pierre et de Marie-Anne de la Roche-Aymon, du diocèse de Clermont-Ferrand.

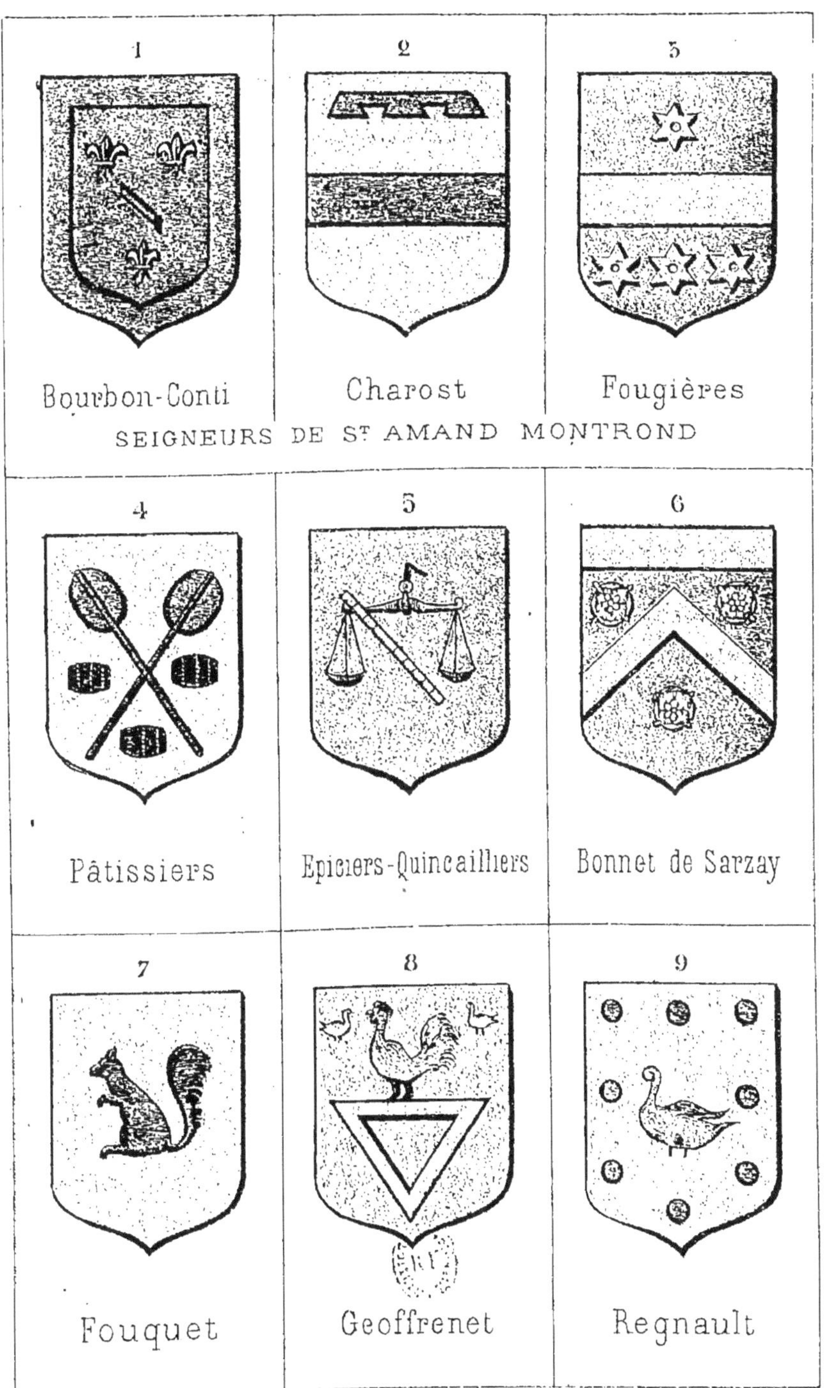

COMMUNAUTÉS; ANCIENNES FAMILLES DE S^T AMAND

CHAPITRE XXXVIII

LA CHATELLENIE DE MEILLANT

La châtellenie de Meillant faisait partie de la grande baronnie de Charenton ; c'est à Meillant, dans le manoir d'Ebbe VI, que se rendit saint Bernard, lorsqu'il alla visiter la Maison-Dieu de Noirlac. Lors du partage de la baronnie de Charenton, Meillant, qui fut attribué à Guillaume II, sire de Chauvigny, avait appartenu précédemment à la fille d'Ebbe VI qui l'avait recueilli dans la succession de son père ; elle avait épousé Guillaume Ier du nom, comte de Sancerre.

La châtellenie de Meillant était de faible étendue, circonscrite qu'elle était par les possessions féodales qui l'entouraient, c'est-à-dire : Dun-le-Roi, Bruère, Orval, Saint-Amand-le-Chastel et Charenton. Lorsque de la Maison de Chauvigny elle fit retour à celle de Charenton, elle reprit au contraire une grande importance, ainsi qu'on peut en juger par le tableau chronologique des barons qui ont possédé ces deux châtellenies parfois disjointes et définitivement annexées.

Ce tableau est en quelque sorte le résumé de l'histoire des deux villes de Saint-Amand ; nous n'avons donc pas à entrer dans de nouveaux détails, si ce n'est pour dire que le vieux castel féodal de Meillant a disparu depuis longtemps ; qu'il existe encore, non loin du magnifique château élevé par le cardinal d'Amboise pour son neveu Charles II d'Amboise, des ruines de l'ancien manoir qui, probablement, avait, pour le plus solide appui de sa défense, la facilité d'être entouré d'eaux abondantes et sans cesse renouvelées.

Chronologie des barons de Charenton et Meillant

Ebbe I de Déols, chef de la branche des Ebbe de Charenton, tué devant Châteauneuf-sur-Cher en 1037.

Ebbe II, qui contribua à la fondation de l'abbaye des Pierres.

Ebbe III, qui vivait en 1078.

Ebbe IV, qui fut le contemporain de Guillaume Ier, de Saint-Amand-le-Chastel, vivait en 1109 et 1112.

Ebbe V, fils d'Ebbe IV. Il eut d'Agnès, sa femme : 1° Agnès de Charenton, que quelques-uns, dit La Thaumassière, font femme de Raoul VII, sire de Déols, qui avait reçu en dot la châtellenie de Meillant ; 2° Luce de Charenton, mariée à Gilon, sire de Seuly et 3° Ebbe VI, qui épousa Guiberge, fille d'Archambaud VI, sire de Bourbon.

Ebbe VII, dernier du nom, se noya à Noirlac.

Marie, sa sœur, épousa Guillaume Ier, comte de Sancerre, qui devint, par sa femme, seigneur de Meillant.

Guillaume était fils de Etienne Ier, comte de Sancerre, fils de Thibault-le-Grand, comte de Blois et de Champagne.

L'autre fille d'Ebbe VI, Mahaut ou Mathilde, dame de Charenton, fut mariée à Rainaud II, sire de Montfaucon.

Rainaud II, seigneur de Charenton, eut pour lui succéder son fils.

Rainaud III, qui épousa Isabelle de Courtenay et mourut sans enfant.

La sœur de Rainaud II, Guillerme de Montfaucon, mariée à Anséric de Tocy-Bazerne, laissa un fils, Rainaud de Tocy et une fille, Agnès de Tocy, mariée en premières noces à Guillaume de Culant, qui recueillit la seigneurie de Charenton ; elle épousa en deuxièmes noces Guillaume de Courtenay, à qui elle laissa cette même seigneurie.

La châtellenie de Charenton fut donc encore, pendant un certain temps, séparée de celle de Meillant.

Louis Ier, comte de Sancerre, fils de Marie de Charenton, devint, après la mort de Guillaume, son père, seigneur de Meillant. Il y amena la terre de Charenton, au moyen de l'acquisition par échange qu'il en fit à Guillaume de Courtenay en 1266, et c'est ainsi que les baronnies de Charenton et de Meillant se trouvèrent de nouveau réunies entre les mains d'un même seigneur.

Louis Ier avait épousé, en 1220, Blanche de Courtenay, Jean Ier du nom recueillit les terres de Meillant et de Charenton de Louis Ier, son père, qui, en deuxièmes noces, avait épousé Isabelle de Mayenne. De son mariage avec Marie de Vierzon, Jean avait eu deux fils : Etienne II et Jean II.

Etienne II se maria en 1288 et réunit dans ses mains ces deux châtellenies. Il mourut sans avoir eu de postérité de Marie de la Marche, son épouse. Jean II, son frère, se qualifiait comte de Sancerre, seigneur de Charenton, Meillant et Pondis.

En succédant à Etienne II, Jean accorda pour douaire à

Marie de la Marche, sa belle-sœur, la jouissance des châteaux et des terres de Meillant, de Charenton et du *Pondis,* à la charge de parfaire les bâtiments qu'Etienne, son mari, avait commencés à Meillant.

Louis II de Sancerre, seigneur de Meillant et de Charenton, naquit du mariage de Jean II avec Joyé de Beaumetz de Picardie : il fut tué à la bataille de Crécy en 1346. Louis avait épousé Béatrix de Roncy, qui donna le jour à Louis de Sancerre, celui-ci devint maréchal le 26 juin 1368 et connétable de France le 22 septembre 1397. Il se qualifiait comte de Sancerre, seigneur de Charenton, Meillant, Bomès, Sagonne, Jouy, Condé, etc. ; frère d'armes de Du Guesclin, il était avec lui au siège de Sainte-Sévère ; il mourut le 6 février 1402, et fut enterré à Saint-Denis.

Jean III lui succéda : il était conseiller et chambellan du Roi Charles VI et commandait, en 1383, la compagnie des gens d'armes du duc de Berry. Elle était composée du comte, chevalier banneret, de vingt-sept chevaliers-bacheliers et *de sept vingt dix neuf escuyers.*

De son mariage avec Marguerite, Dame de Marmande, en Anjou, naquit une fille, Marguerite, comtesse de Sancerre, Dame de Marmande, Charenton, Meillant et autres lieux.

Béraud II, dauphin d'Auvergne, comte de Clermont, épousa Marguerite, qui lui porta la ville, châtellenie et baronnie de Charenton.

Béraud III, leur fils, devint propriétaire des seigneuries de Meillant, Sagonne et Charenton. Il épousa, en 1409, Jeanne de la Tour d'Auvergne et en deuxièmes noces Marguerite de Chauvigny, fille de Guy de Chauvigny, baron de Châteauroux.

Marguerite n'eut pas d'enfant, et son mari lui laissa pour douaire la jouissance des terres de Charenton et de Meillant.

Jeanne, dauphine d'Auvergne, comtesse de Sancerre, fille de Béraud III et de Jeanne de la Tour, se maria avec Louis de

Bourbon, comte de Montpensier et mourut sans enfant. Elle laissa l'usufruit de tous ses biens à son mari.

Après la mort de Jeanne, le comté de Sancerre entra dans la Maison de Bueil.

Du mariage de Béraud II, dauphin d'Auvergne, comte de Clermont, baron de Mercœur avec Marguerite, comtesse de Sancerre, était née une fille, Marguerite, laquelle avait épousé Jean II, sire de Bueil, grand-maître des Arbalestriers de France. Ils eurent plusieurs enfants, entr'autres Jean, sire de Bueil, IVe du nom, comte de Sancerre, amiral de France, qui mourut en 1475, et Anne de Bueil, mariée à Pierre d'Amboise, seigneu[r] de Chaumont, qui devint, par cette alliance, seigneur de Charenton et de Meillant ; c'est de Pierre qu'est descendue toute la Maison d'Amboise.

Pierre d'Amboise, chambellan du Roi Charles VIII à Rome, fut seigneur de Sagonne, Preuilly, Meillant et Charenton. Il mourut au château de Meillant en 1475, laissant neuf fils et huit filles.

L'un d'eux, Charles Ier d'Amboise, se maria avec Catherine de Chauvigny et fut, sous le Roi Louis XI, gouverneur de l'Isle de France, de Champagne et de Bourgogne.

De ce mariage sont issus : Louis d'Amboise, cardinal-évêque d'Autun, Charles d'Amboise, IIe du nom, Guy d'Amboise et Catherine d'Amboise.

Charles II d'Amboise, seigneur de Chaumont, fut grand-maître, maréchal, amiral de France et gouverneur du Milanais sous le Roi Louis XII, il posséda Meillant, Sagonne et Charenton. Grand capitaine, il commanda l'avant-garde de l'armée du Roi à la bataille d'Agnadel, et mourut en 1511, à Corrège, à l'âge de trente-huit ans.

Son oncle, le cardinal d'Amboise, archevêque de Rouen et ministre d'État sous Louis XII, était mort peu de temps avant ; il était fils de Pierre d'Amboise et de Anne de Bueil.

Le château de Meillant, si remarquable par son architecture et restauré avec une munificence royale par M. le duc de Mortemart, est l'œuvre du cardinal d'Amboise, qui en aurait fait présent à Charles II, son neveu.

Charles II, sieur de Chaumont et de Sagonne, chevalier de l'ordre de Saint-Michel, fut aussi gouverneur de la ville de Paris, de la seigneurie de Gênes et de la province de Normandie. Il prit plusieurs places aux Vénitiens, assista à l'entrée que fit à Gênes le Roi Louis XII, le 26 août 1502, et cette ville s'étant révoltée en 1507, il contribua énergiquement à la soumettre.

Charles II avait épousé Jeanne de Graville, Dame de Marcoussis, de laquelle il eut un fils, Georges d'Amboise, seigneur de Chaumont et de Meillant, qui fut tué à l'âge de vingt-deux ans, à la bataille de Pavie, le 24 février 1525, ainsi que Louis d'Ars et Louis de la Trémouille, né à Bomiers en 1460, dit le *Chevalier sans peur*.

La sœur de Charles II, Catherine d'Amboise, avait épousé Philibert de Beaujeu, baron de Lignières (1), qui, à la mort de

(1) Le remarquable château de Lignières, qui a été restauré par M. le comte de Bourbon, sous les règnes des Rois Louis XVIII et Charles X, a été bâti par Jérôme de Nouveau. La terre de Lignières avait été adjugée sur M. de Nouveau à la princesse Anne de Gonzague de Clèves, veuve d'Edouard, comte palatin du Rhin, laquelle l'a vendue à Colbert, qui possédait déjà dans notre pays Châteauneuf et Bois-Sire-Amé.

Jérôme de Nouveau a été, de 1650 à 1653, sous-intendant-général des postes.

La terre de Lignières passa à Joseph Marie, comte de Lordat, baron de Bram, près Castelnaudary, par son mariage avec Marguerite-Louise Colbert de Seignelay, fille de Charles-Éléonor Colbert, marquis de Seignelay et de Renée de Gontaut Biron; son fils, le comte de Lordat, marié à Mlle de Tilly, n'eut qu'une fille, qui épousa le vicomte de Bourbon-Busset; et c'est ainsi que la terre de Lignières fut transférée de la famille Colbert en celle des de Bourbon-Busset. Elle appartient en ce moment à la branche des Bourbon, comtes de Lignières.

Georges d'Amboise, devint par sa femme seigneur de Chaumont, Meillant et Charenton.

Guy d'Amboise, frère de Charles II, fut seigneur de Lignières, Thevet et Rezay ; il avait eu une fille, Antoinette, qui recueillit la succession de sa tante, décédée veuve de Louis de Clèves.

Antoinette avait épousé en premières noces Jacques d'Amboise, seigneur de Bussy, son cousin, elle épousa, en secondes noces, Antoine de la Rochefoucault, baron de Barbezieux, grand sénéchal de Guienne, général des galères du Roi de France, lieutenant-général au gouvernement de Paris et de l'Isle de France, qui fut fait prisonnier à la bataille de Pavie.

Charles de la Rochefoucault, fils d'Antoinette d'Amboise et d'Antoine de la Rochefoucault, seigneur de Barbezieux et de Lignières, eut en patrimoine les terres de Meillant, Charenton, le Pontdy, Chandeuil, Rezay, Thevet, Lignières, Preuilly et le Blanc ; il fut nommé, en 1560, lieutenant-général du Berry.

De son mariage avec Françoise Chabot, Charles ne laissa que trois filles : Antoine de Brichanteau, seigneur de Beauvais-Nangis, colonel du régiment des gardes, ambassadeur en Portugal, épousa l'une d'elles, Antoinette de la Rochefoucault, qui lui porta les baronnies de Meillant, Lignières, ainsi que Thevet et Rezay.

Nicolas de Brichanteau, son fils, continua la postérité : il était baron de Charenton, Meillant, Chandeuil et le Pontdy et s'allia avec Edmée-Françoise de Rochefort, fille d'Anne de Rochefort, seigneur de Mareuil et de la Creuzette. C'est ainsi que les seigneuries de Mareuil de la Creuzette passèrent dans les mains des seigneurs de Meillant et de Charenton.

Alphonse de Brichanteau, leur fils, qui les recueillit, les transmit à Louis de Brichanteau et la famille de Brichanteau s'en dessaisit pour les transmettre aux d'Entraigues de Roize.

Louis-Armand, Pierre-César et Madeleine-Louise de Brichanteau, fille de ce dernier, vendirent, le 12 septembre 1710, à Pierre Gorge d'Entraigues, propriétaire de la terre d'Entraigues, près Valençay, les terres de Mareuil, Charenton, Meillant, la Croisette (Creuzette) et bois Jaffier.

Toutes ces propriétés passèrent sur la tête de Julie-Christine Régine Gorge d'Entraigues, sa fille, qui épousa Paul-François de Béthune-Charost, marquis d'Ancenis, en l'an 1709.

François-Joseph de Béthune-Charost, leur fils, duc d'Ancenis, les recueillit à leur mort : il avait épousé Marthe-Elisabeth de Roye de la Rochefoucault de Raincy et mourut en 1739.

Il laissa, pour lui succéder, un fils, Armand-Joseph de Béthune, duc d'Ancenis, duc de Charost, né en 1738, qui devint seigneur de Saint-Amand en 1766.

De son mariage, en 1760, avec Louise-Suzanne-Edmée de Fontaine-Martel, il avait eu un fils qui périt, en 1794, sur l'échafaud révolutionnaire. Le duc de Charost avait épousé, en 1783, en secondes noces, Henriette-Adélaïde-Joséphine de Bouchet de Sourches de Tourzel et mourut en 1800, sans laisser de postérité.

Sa veuve, qu'il avait instituée sa légataire universelle en toute propriété, par son testament olographe en date, à Meillant, du quinze prairial an VI, devint ainsi propriétaire des terres de Meillant, Charenton et Mareuil.

Elle les transmit, à sa nièce, Mme de Sainte-Aldegonde, épouse de M. le duc de Mortemart, mort le 1er janvier 1875 à l'âge de quatre-vingt-huit ans. Sa veuve, décédée en 1878, âgée de quatre-vingt-cinq ans, a laissé son immense fortune à de nombreux enfants et petits-enfants.

Par suite de partage le château de Meillant avec ses dépendances appartient aujourd'hui (1895), à Mme la duchesse de Mortemart, née de Sainte-Aldegonde, veuve de

M. François-Marie-Victurnien de Rochechouart-Mortemart, prince de Tonnay-Charente, décédé le 22 mai 1893.

Les bois et terres de Charenton appartiennent aux héritiers de Mme la princesse de Beauveau et la terre de Mareuil à ceux de Mme la comtesse de Guébriant.

APPENDICE

RECHERCHES GÉNÉALOGIQUES SUR QUELQUES ANCIENNES FAMILLES BOURGEOISES DE SAINT-AMAND

Famille Auclerc.

En 1637, Gilbert Auclerc, conseiller du Roi, lieutenant général à l'élection de Saint-Amand, sieur de la Grange, tenait un enfant sur les fonts baptismaux avec dame Suzanne Devenas, femme de noble Antoine Bonnet.

Il avait eu de dame Claude Millet, sa femme, en 1631, une fille Catherine ; en 1634, une autre fille, Marie ; en 1639, une troisième fille Jeanne, et deux fils Jean et Gilbert.

En 1644, Marie avait épousé Michel Grangeron, sieur de Chanteloup, substitut du procureur du Roi à l'élection de Saint-Amand. Devenue veuve, elle épouse en 1658, Gabriel Pallienne, sieur de la Pras, en présence de Jacques Pallienne son frère et de Gabriel Bonnet.

Jean Auclerc était, en 1663, lieutenant à l'élection de Saint-Amand et l'époux de Marie Thévenin, fille d'Antoine Thévenin, qui fut échevin à Saint-Amand, et de Marguerite Grangeron, dont le père était en 1649, un des capitaines de la Ville.

Gilbert Auclerc, sieur de l'Osme, épousa, en 1667, Élisabeth de la Maille, dont le père Jean de la Maille, sieur de Saint-Romble, bourgeois de Saint-Amand, était l'époux de Louise Pezant, sœur de Nicolas Pezant, procureur à Saint-Amand, et l'époux de Marie Geoffrenet.

Les époux Gilbert Auclerc eurent pour enfants : Gilbert, Louise, Jeanne, Élisabeth et Nicolas, et, en 1679, Gilbert Auclerc, sieur de l'Osme, prit une nouvelle alliance avec Gabrielle Boityère, d'où naquit un fils, Pierre Auclerc.

Plus tard, Jean Auclerc, époux de Marie-Anne Dupin, était notaire royal à St-Amand. En 1736, les époux Auclerc-Dupin marièrent leur fils, Jean-Baptiste Auclerc, notaire royal, avec Catherine Gavault, fille de Jean Gavault, employé dans les Aydes, et de Marguerite Dupin, de la paroisse du Vieux-Château. Ils eurent deux enfants :

1° Pierre Auclerc, bourgeois, qui a épousé en 1767, Madeleine-Suzanne Chantellat, fille de Louis Chantellat, bourgeois d'Allichamps, et de dame Françoise de Montagu des Garneaux ;

2° Jean-Louis Auclerc, ancien bailly de Farges-Allichamps et procureur au bailliage de Saint-Amand qui, en 1771, âgé de quarante ans, a épousé Marie Leroy, âgée de vingt-ans, fille de François Leroy, fermier et de D^lle^ Solange Chantellat, d'Étrechy (Cher).

D'où Constant Laurian Auclerc, chevalier de la Légion d'honneur, époux de D^lle^ Dessois, du Châtelet, d'où Constant Auclerc, époux de D^lle^ Gravet, et leurs trois enfants, Mesdames Bure, de la Chapelle et Georges, marié à Mlle Pestel de Saint-Chartier. Jean-Louis Auclerc a eu aussi une fille, qui est devenue l'épouse de M. Floquet.

Famille Badin

Au commencement du XVIIe siècle, un sieur Mathieu Badin était huissier en la ville de St-Amand; ilavait de son mariage avec D[lle] Pérade, une fille, en 1639, du nom de Catherine et un fils Pierre.

Pierre Badin, époux de Marie Rombert, était, en 1661, maire de Saint-Amand et contrôleur au grenier à sel; il maria une de ses filles, Anne, en 1655, à Balthazar Damon, tanneur.

Une autre de ses filles, Marie, épousa, en 1677, Jacques Thévenin, sieur du Chezal et de Meslon, fils de Denis et de Jeanne Béquas. Les époux Jacques Thévenin-Béquas eurent une fille, Agnès, mariée à Charles de Bauquayre, chevalier, seigneur de Liénesse et de Saint-Aignan.

Pierre Badin eut une autre fille, Gabrielle-Marie, qui, en 1688, avait pour époux Messire Gilbert Le Borgne du Lacq, seigneur du Lacq, du Vernay du Chesne et de la Touratte.

Le 25 mars 1688 Pierre Badin, son gendre Le Borgne du Lac et son épouse Gabrielle vendent aux R. P. Carmes, moyennant douze cents livres, une maison attenant à leur couvent et à l'hôtel Saint-Vic.

On trouve encore sur les registres de l'état-civil de la paroisse de Saint-Amand une autre Marie Badin, épouse, en 1654, de Jean Rousset, notaire, mort en 1675, laissant une fille qui devint, en 1690, l'épouse de Gabrielle de Thiange, chevalier, seigneur du Creuzet et de Coust.

Au commencement du XVIe siècle vivait également un sieur René Badin, qui avait épousé Guillemette Guesdon, fille de Pierre Guesdon, marchand à Saint-Amand, époux de Marie Regnault.

René Badin eut un fils, Guillaume, qui épousa Marie Chevalier, fille de Jean Chevalier et de Martine Henry ; c'est de cette souche que descend Pierre-Jean Chevalier (de Saint-Amand) auteur des *Recherches Historiques* sur cette ville, où il est né le 24 octobre 1782.

De Guillaume Badin naquit Jacques : il était, en 1679, greffier au bailliage et avait épousé Marie Heurtault ; il se qualifiait sieur du Chailloux et de Puy-Ferrand. Il eut deux filles : l'une, Claude, mariée, en 1654, à Antoine Defoulnay, huissier audiencier en l'élection de Saint-Amand ; et l'autre, Catherine, qui, en 1652, épousa Thomas de la Thaumassière, l'auteur de l'*Histoire du Berry*.

Chevalier de Saint-Amand ne se doutait pas que sa famille était alliée à celle de la Thaumassière qu'il a cherché à plusieurs reprises à tourner en ridicule au sujet de ses prétentions nobiliaires.

La Thaumassière épousa deux dames de Saint-Amand : Catherine Badin, et en deuxièmes noces, Marie Bengy, fille de Henry Bengy, écuyer, sieur du Patureaux, et de Geneviève Gougnon.

Famille Béguin

Cette famille est originaire du Châtelet : on trouve sur les registres de l'état-civil de cette ville :

En 1608, Anne-Marie Béguin, fille de Jean et de Françoise Longchamp. Son frère, Jean Béguin est, en 1610, lieutenant au bailliage du Châtelet, et leur sœur Gabrielle épouse Pierre Mignet, lieutenant au Châtelet, en 1608.

En 1626, Jean Béguin est notaire au Châtelet.

En 1644, Joseph Béguin est l'époux de dame Rougier; puis il épouse, en secondes noces, en 1657, Jeanne Iverneau, dont il a plusieurs enfants.

En 1664, Laurent Béguin, licencié-ès-lois, avocat au Parlement, lieutenant au Châtelet, sieur de Bagneux, fils de Charles Béguin, est l'époux de Françoise Tavarin, il meurt en 1704; Laurent Béguin et Françoise Tavarin, ont un fils, François, sieur de Bagneux, qui est, en 1704, l'époux de Marguerite Deminitroux.

En 1661, Pierre Béguin était receveur de M. l'abbé de Noirlac et l'époux de Marie Bonnet.

A la même époque, habitait à Saint-Amand, François Béguin, lieutenant à l'élection de cette ville, l'époux de Marguerite Deminitroux ci-dessus dénommés. Ils eurent deux fils : Gabriel, François et Pierre-François, et deux filles : Élisabeth et Marguerite ; elles épousèrent : Élisabeth, Louis Robinet d'Ozanes, garde-du-corps du Roi, et Marguerite Jean-Gabriel Geoffrenet des Beauxplains.

Gabriel-François Béguin, sieur de Vandalon, avait épousé en 1728, Françoise Ragon, fille d'Étienne Ragon du Coussat et de Anne Josset. Devenu veuf l'année suivante, il se maria avec Jeanne Magnard, d'où quatre filles mariées :

La première à M. Luylier du Plaix ; la seconde à M. Peyroux du Châtelet ; la troisième à M. Bergeron de Charon, notaire au Châtelet ; la quatrième, Catherine, à M. Louis-Charles Boityère de Saint-Georges ; elle mourut en 1814, âgée de quatre-vingts ans ; et un fils, Pierre-Gabriel Béguin de Vandalon.

Pierre-François Béguin, frère de Gabriel-François Béguin, conseiller du Roi, lieutenant à l'élection de Saint-Amand, mourut en 1825, à l'âge de quatre-vingt-onze ans, juge de paix du canton de Saint-Amand. Il avait épousé Marie Berthomier de la Villette, dont il eut quatre enfants :

1. Marie, qui épousa, en 1786, Antoine Gilberton, sieur du Fresne, lieutenant général de police de la ville de Cérilly; d'où Mme Viardin de Marcellange, et son fils Théophile, mort sans postérité ;

2. Un fils, Pierre-Gabriel Béguin, décédé en 1817, âgé de cinquante-cinq ans, président du tribunal de Saint-Amand, ancien membre du Conseil des cinq cents. Il avait épousé Marie-Mélanie Christo de Bourges et en eut une fille, Mme Dufour des Simons, d'Hérisson, d'où Mme de Brugeas, d'où Mme du Bouis ;

3. Une fille, Catherine, religieuse ;

4. Une autre fille, Anne, épouse de François-Xavier Robin Massé, d'où M. Gabriel Robin Massé, et ses deux sœurs, Mme Eugène Berchon des Essards et Mme Victor Mallard.

Famille Bonnet

C'est sans contredit la plus ancienne famille bourgeoise de Saint-Amand.

En 1416, Guillaume Bonnet, habitant de Saint-Amand, refuse de contribuer aux réparations du chastel de cette ville.

En 1426, ce même Guillaume Bonnet était notaire à Orval et recevait un compromis entre Guillaume d'Albret, Robert de Boizé et dame Belleasse de Sully son épouse, Jacques de Thianges, Jean de Thianges, écuyer, et ses enfants, tous les deux seigneurs de Coust et du Creuzet.

En 1545 Gilbert Bonnet était notaire à Saint-Amand.

En 1609 Martin Bonnet, notaire à Saint-Amand, était un des commissaires chargés de la confection de son terrier, et en cette qualité dressait minute du terrier de Montrond, Saint-Amand, Orval, Épineuil et Bruyères. Il exerçait encore ces fonctions en 1621, et, à ce titre, il rédigeait le procès-verbal de la construction du pont en pierres jeté sur le Cher, à Orval, par les ordres et des deniers du duc de Sully. Enfin, en 1624, il recevait acte d'arrentement des fossés du vieux château Saint-Amand, consenti par Jean de Bigny.

Son fils, Pierre Bonnet, était notaire à Saint-Amand en 1633 et en 1645 ; il mourait dans l'exercice de ces fonctions en 1658. Il avait eu de sa femme, Marguerite Marnier, cinq enfants :

1. Marie, qui épousait, en 1656, Jean Stévenin, régent, maître-ès-arts ;

2. Luce, épouse de Jean Bignon, procureur ;

3. Madeleine, mariée, en 1671, à Jean Thaurin ;

4. Un fils, Jean Bonnet ;

5. Un autre fils, Nicolas Bonnet, qui fut aussi notaire royal à Saint-Amand et greffier au grenier à sel ; il eut de Madeleine Manneby, son épouse, une fille, Marie. Nicolas étant mort, sa veuve épousa, en 1672, Jean Stévenin, maître-ès-arts, qui était lui-même veuf de Marie Bonnet.

Martin Bonnet, dont il est plus haut parlé, avait un frère, Gilbert Bonnet, sieur de Vougon (propriété sise près d'Ainay-le-Château), qui fut président au grenier à sel de Saint-Amand. Il était en 1610, l'époux de Marguerite Morin ; il mourut en 1647.

Martin et Gilbert Bonnet avaient une sœur, Marie-Catherine, mariée à Jacques Theurault, docteur en médecine, d'où, en 1624, une fille, Anne.

Gilbert Bonnet, sieur de Vougon, eut un fils, Antoine Bonnet, qui était, en 1630, président au grenier à sel à Saint-

Amand, maire de cette ville en 1651, et l'époux de Charlotte Damon.

« *Charlotte Damon*, dit le registre des actes de l'Etat-« civil de Saint-Amand, *femme à M. le Président de Vou-« gon, trépassa*, le 24 octobre 1663, de mort subite, au « chasteau de Vougon et fut enterrée en la chapelle des « Bonnet au *grand cimetière.* »

Le vénérable curé Damon appartenait à cette famille.

Le président Antoine Bonnet eut de Charlotte Damon plusieurs enfants :

1. Louis, qui fut tenu, en 1651, sur les fonts baptismaux, par M. de Baas, major de Persan, gouverneur du château de Montrond et de la ville de Saint-Amand, frère aîné de Charles, dit d'Artagnan « *l'immortel mousquetaire* », et par Louise Combault, fille de M. le comte d'Auteuil, gouverneur de Mgr le duc d'Enghien ;

2. Claude, fille, qui eut pour parrain Claude de Barbarin, écuyer, seigneur de Meslon ;

3. Anne, qui épousa, en 1669, Nicolas Violette, sieur de Villemore ;

4. Marguerite, qui devint, en 1670, l'épouse de Hugues Beraud des Billers, premier élu à l'élection de Saint-Amand ;

5. Antoine, qui fut, après son père, sieur de Vougon, président du grenier à sel et de l'élection à Saint-Amand. Il avait épousé en premières noces Charlotte Le Brasseur, et en secondes noces Gilberte Debize, fille de Pierre Debize, sieur de la Pérelle, dont il eut, en 1665, une fille, Marguerite.

Martin Bonnet, notaire en 1609, en outre de Gilbert, avait eu deux autres frères :

1. Antoine Bonnet, qui, en 1612, était lieutenant général au bailliage d'Orval et ville de Saint-Amand et qui fut, à ce titre, avec De Berne, bailly de Saint-Amand et autres, mandataire

des habitants de cette ville, pour soutenir procès contre le duc de Sully ; il fut aussi, en 1621, le premier maire que possédа la ville de Saint-Amand-sous-Montrond ;

2. Nicolas Bonnet, avocat au Parlement, époux de Marguerite-Gabrielle Grangeron, qui devint, en 1633, procureur du Roi à l'élection et, en 1534, conseiller du Roi, lieutenant général civil et criminel au bailliage de Dun-le-Roi ; il mourut le 25 mars 1658 et fut enterré en sa chapelle du cimetière. Son fils, Philippe Bonnet, sieur de Sarzay épousa Marie Béquas, dont il eut plusieurs enfants : Louis en 1670, Nicolas en 1672, Marie en 1673 et Antoine Philippe en 1674.

Nicolas Bonnet, sieur de Sarzay, né le 12 avril 1672, et mort en 1743, était, en 1694 échevin de la ville de Saint-Amand, et l'époux en premières noces de Catherine Marchand, fille de Charles, sieur de Gasteau, de laquelle il eut deux enfants, Marie et Pierre. Devenu veuf, Nicolas Bonnet épousa Marie Bourdaloue, fille de Jean, sieur des Préaux, lieutenant général au bailliage de Mehun. De ce second mariage naquirent :

1. Antoine, avocat au Parlement, bailly et subdélégué de l'intendance du Berry, demeurant à Lignières, mort en 1776 ;

2. Marie, morte en 1778, âgée de soixante ans, épouse de Jean-Pierre Regnault de Champdeuil ;

3. Françoise, épouse de Jacques Chénuat.

Pierre Bonnet, fils de Nicolas et de Catherine Marchand, sieur de Sarzay, bailly et juge ordinaire d'Orval-Saint-Amand, mourut en 1780, âgé de quatre-vingt-dix ans, il avait épousé Marguerite Pallienne, fille de Jean, sieur de la Pras, et de Madeleine Ragot, laquelle était elle-même fille de Charles Ragot, avocat au Parlement, maître des eaux et forêts de Saint-Amand et d'Élisabeth Béguin.

De Pierre Bonnet de Sarzay et de Marguerite Pallienne sont issus :

1. Louis-Pierre Bonnet de la Praas, avocat au Parlement, bailly d'Orval, décédé le 10 novembre 1808, sans postérité, époux de Marthe Madeleine de Langeron, de Vierzon ; il était juge au tribunal de l'arrondissement de Saint-Amand ;

2. Marguerite-Françoise ;

3. Nicolas, curé d'Orval ;

4. Pierre Bonnet des Maisons, mort le 9 octobre 1808, âgé de soixante-quinze ans, époux de Anne Martin de Saint-Priez ; de ce mariage sont issus deux enfants : 1. Marthe-Madeleine, qui épousa son cousin Louis-Pierre-Nicolas Bonnet ; 2. Jules Bonnet des Maison, avocat, ancien juge en Algérie, mort sans enfant ;

5. Nicolas-Jean-Baptiste, Maire de la ville de Saint-Amand, ancien secrétaire d'ambassade en Russie, conseiller du Roi, président au grenier à sel à Saint-Amand, marié, le 14 février 1775, avec D^lle^ Louise-Victoire Bardon de Pantigny, demeurant au château d'Ars, près la Châtre, membre du conseil des Cinq cents, sous le Directoire ; et une autre sœur, Louise-Antoinette, épousa Jean Ragon, écuyer, mort en 1809.

De Nicolas-Jean-Baptiste, décédé le 13 mai 1808, âgé de quatre-vingt-cinq ans sont issus :

1. Louis-Pierre-Nicolas Bonnet de Sarzay, né le 23 janvier 1776, ancien président du tribunal civil de Saint-Amand, chevalier de la Légion d'honneur, conseiller aux cours d'appel de Bourges et de Riom ; marié en premières noces à Marthe-Madeleine Bonnet des Maisons, décédé en 1713, d'où Louis-Pierre-Adrien Bonnet, mort en 1848 sans postérité, chevalier de la Légion d'honneur, Préfet des départements de l'Ain, de l'Indre et de la Manche ; et en secondes noces à demoiselle Cathol du Deffant, de Riom, d'où Eudoxie Bonnet, décédée sans postérité.

Louis-Pierre-Nicolas Bonnet, à l'âge de dix-huit ans, était, en 1793, secrétaire particulier du capitaine de vaisseau qui commandait notre belle possession de l'Ile-de-France. Le bâtiment qui le ramenait dans sa patrie, en 1795, fut capturé en mer par un navire anglais et tous les prisonniers jetés à fond de cale allaient être conduits sur les pontons, où périrent tant de nos compatriotes. Mais dans le trajet, nos braves marins se révoltèrent ; un terrible combat s'engagea la nuit sur le pont du navire, et, après une lutte héroïque et sanglante, les Anglais vaincus et, désarmés étaient ramenés en France. (*Victoires et conquêtes des Français.*)

2. Louise-Aimée-Gabrielle, née le 8 octobre 1779, décédée le 14 mars 1826, mariée, le 30 germinal an VIII, à François Mallard, ancien capitaine d'infanterie, d'où sont issus : Louise-Aimée, veuve du Rhône, puis veuve Bonnet, décédée sans postérité ; Claude-Nicolas-Victor Mallard, époux de Marie-Françoise Robin Massé, et Louis-Eugène, époux de Céline Robertet. (Voy. *Famille Mallard*).

Cette famille a glorieusement servi son pays depuis plus de quatre siècles, ses armes sont rapportées 6, Planche IX.

Famille Boityère.

En 1639, François Boityère, procureur fiscal, notaire à Saint-Amand, devint juge civil de la justice de Saint-Christophe des Indes Orientales, un de ses enfants, Adrien, vivait en 1634.

Un sieur Jean Boityère était, en 1638, maître apothicaire et chirurgien à Saint-Amand, et mari de Antoinette Pasquier ; ils avaient un fils, Antoine, chirurgien, qui était, en 1665, l'époux de Marie Pouillard, et une fille, Charlotte, mariée au sieur de la Garde, archer des gabelles.

Les époux Boityère-Pouillard eurent un fils, Antoine, en 1666, et une fille Marguerite, qui épousa, en 1616, Jean-Baptiste Libault, sieur de la Chapelle,docteur en médecine à Saint-Amand. Antoine ne semble pas avoir eu de postérité.

Une autre branche a pour chef Jean Boityère, qui, époux de Madeleine Joint, est, en 1632, secrétaire des finances de Mgr le duc d'Orléans, frère du Roi. Il devint, en 1636, contrôleur au grenier à sel de Saint-Amand et se qualifiait sieur de la Motte-Saint-Georges.

Jean mourut en 1662, laissant un fils Jean-Baptiste Boityère, sieur de la Motte-Saint-Georges, qui fut l'époux de Marie Chasseray et eut lui-même un fils Gilbert Boityère de Saint-Georges, élu à l'élection de Saint-Amand, qui avait épousé, en 1726, Marie-Françoise Duret, fille de Jean Duret, bourgeois, et de Jeanne Bignon.

Un autre Gilbert Boityère épousa Françoise Guignace de Bourges ; ils eurent un fils, Charles Boityère de Saint-Georges qui, en 1756, épousa Catherine Béguin, fille de Gabriel-François Béguin de Vandalon et de Jeanne Magnard.

Du mariage de Louis-Charles Boityère avec Catherine Béguin, sont issus :

1. L'abbé Boityère, curé de Riom ;
2. Mme Bureau ;
3. Mlle Boityère ;
4. Mlle de Saint-Georges ;

(2 à 4 : sans postérité)

5. M. Boityère de Saint-Georges, époux de Dlle Magnard de Durlon, sous-préfet de Saint-Amand sous le premier Empire ; d'où : 1° Mme de Bonnault, qui a laissé postérité ;

et 2° Pierre-Gustave Boityère de Saint-Georges, dont la fille a épousé M. de la Jame de Belleville;

6. Jean-Gabriel Boityère, capitaine de cuirassiers, chevalier de la Légion d'honneur, né à Saint-Amand en 1766, mort le 18 juillet 1833, époux de Dlle Élisabeth Charlotte Kiestalter, de Pont-à-Mousson, d'où :

1. Jean-Gabriel Boityère, né à Saverne le 26 mars 1795, chevalier de la Légion d'honneur, capitaine de cavalerie, époux de Dlle Catherine-Virginie Wuatrain, d'où une fille, Jehanne-Charlotte, mariée à M. Ferret, chef de bataillon d'infanterie, et leur postérité.

2. Michel-Émile Boityère né en 1802, à Pont-à-Mousson, procureur du Roi à Saint-Amand, avocat, décédé en 1868, ayant épousé, le 3 octobre 1856, Dlle Anne-Caroline Thévenard Guérin, d'où Berthe Boityère, épouse de Florestan Bidaut, avocat à Saint-Amand, sans postérité.

Famille Denise.

Cette famille est originaire de Paris.

En 1680, Nicolas Denise est marchand à Paris et épouse, le 6 avril 1684, Madeleine Rousseau, décédée le 10 février 1627, lui-même meurt en décembre 1713, ayant eu quatre enfants : Anne-Madeleine, Marin Nicolas, Marie-Madeleine et Thómas-Jacques Denise, qui épouse, le 10 février 1715, Marie-Élisabeth Moze, fille de Philippe Moze, marchand bourgeois de Paris et Renée-Angélique Rozier; de ce mariage sont issus six enfants :

1. Françoise-Julie, épouse de Charles Goumeteau, contrôleur au grenier à sel de Saint-Amand, Maire de cette ville de 1787 à 1790 ; 2° Jean-Désiré Denise de Vitry, lieutenant au régiment de Hainault, époux, le 16 octobre 1763, à Culan, d'Élisabeth Desjobert, décédé le 27 mars 1803, sans postérité ; 3° Louis-Étienne Denise de Mareuil, capitaine au régiment de Hainault, sans postérité ; 4° Marie-Jeanne-Virginie, mariée, le 15 juillet 1745, à Pierre Geoffrenet de Rodais, fils de Pierre Geoffrenet de Rodais, conseiller du Roi, élu en l'élection de Saint-Amand, et de Marguerite Fouquet ; 5° Agnès-Élisabeth, mariée le 14 octobre 1742 à Louis-Gilbert Bord de Grandfond, garde-du-corps du Roi ; 6° Auguste-Thomas-Nicolas Denise de la Pacaudière, né le 8 janvier 1727, receveur des tailles, en l'élection de Saint-Amand, marié le 31 janvier 1764, à Anne Decencière, fille d'Étienne Decencière, procureur fiscal des justices de Jars, Boucard et dépendances, et d'Anne Paulmier, d'où :

1. Alexis-Auguste Denise, secrétaire du ministère de la marine en l'an IX, membre de l'Institut de France ; 2. Marguerite-Françoise-Marie, épouse de Jean-Louis Bureau Devarenne, vérificateur des poids et mesures à Saint-Amand ; 3° Julie-Anne, mariée à Jacques Rose, commissaire des guerres sous le premier Empire.

Du mariage de Marguerite-Françoise-Marie Denise avec Jean-Louis Bureau Devarenne sont issus deux enfants : 1° Émile-Auguste Bureau Devarenne, président du tribunal civil de Sancerre, époux de Gabrielle-Henriette MacNab, décédés sans postérité ; 2° Virginie-Euphémie Bureau Devarenne, née le 16 juillet 1799, mariée le 18 mars 1827, à M. Augustin Thévenard Guérin, président du tribunal de Saint-Amand, chevalier de la Légion d'honneur, décédé le 25 février 1863, d'où quatre enfants :

1° Charles-Marie-Jules, né le 13 février 1832, époux de Dlle Rachel Jombert et leurs deux fils Pierre et Augustin ; 2° Euphémie-Rose-Jeanne, née le 28 octobre 1832, épouse M. Auguste Duchiez de Jupille, décédé sans postérité ; 3° Augustine-Marie-Anne-Émilie, née le 3 juin 1837, épouse de M. Anatole Robin-Massé, et leur descendance rapportée à la généalogie de la famille Robin de la Font ; 4° Émile-Marie-Julie, née le 11 avril 1841.

M. Augustin Thévenard Guerin avait eu une fille, Aurélie, d'un premier mariage avec Mlle Porcheron, de Bourges.

Famille Fouquet.

En 1609, Pierre Fouquet était procureur fiscal à Saint-Amand.

En 1611, Gabriel Fouquet épouse Jeanne Berthomier, d'où Marguerite, et Jeanne née en 1622, qui épouse, en 1643, Mathurin Sabardin, meunier du moulin de Billeron pour Mgr le prince de Condé.

En 1633, Gabrielle Fouquet épousait Daniel Pezant, et à la même époque Jacques Fouquet épousait Simonne Thénevin.

En 1658, mourait Gilbert Fouquet, ancien officier de la maréchaussée de Saint-Amand, bailly de Mareuil, marié à Jeanne Cloppin, et vers le même temps vivaient : Jean-Baptiste Fouquet, du Sauzay, Jean Fouquet de Saint-Aoûst, Fouquet des Raboins, Fouquet de Villardeau et Jean-François Fouquet de Prégirant.

Étienne Fouquet, bourgeois de Saint-Amand, était, en 1622, greffier au grenier à sel, il avait épousé Antoinette des Roches ; son frère, François Fouquet, était sergent aux tailles en 1634. En 1642, il se qualifiait sieur de la Malle, était greffier au grenier à sel et l'époux de Madeleine Ragot, d'où un fils Michel Fouquet de la Malle, qui fut à son tour, en 1665, greffier au grenier à sel.

L'autre frère d'Étienne, François Fouquet l'aîné, était l'époux de Marie Pérade.

Jean Fouquet, fils d'Étienne Fouquet des Roches, était, en 1654, sieur du Chaillou et grenetier au grenier à sel de Saint-Amand ; il se qualifia ensuite de sieur des Mouillons ; en 1692 il était bailly de Saint-Amand, Orval, etc., et épousait, en 1660, Madeleine Ragot ; d'où :

1. Marie Fouquet, épouse de Paul Lelarge, écuyer, sieur des Saules, fils de Paul Lelarge et de Marie Béquas ;

2. Élisabeth Fouquet, épouse, en 1693, de Henri Godaire, écuyer, sieur de la Grande Porte, receveur des tailles à l'élection, fils de Gabriel Godaire, receveur au grenier à sel, et de Henriette de Rocquemont.

3. Pierre Fouquet, sieur de Rodais, conseiller du roi, élu à l'élection, époux de Marguerite Huguet.

4. Antoine Fouquet, sieur de la Preugne, qui devint, en 1696, président au grenier à sel, époux de Marie Berthomier ; d'où Jean Fouquet, sieur des Roches et de la Ferolle, décédé en 1773, greffier en chef à l'élection et notaire royal, époux de Catherine le Rasle.

Les époux Jean Fouquet-le-Rasle eurent un fils : Antoine Fouquet des Roches, décédé en 1799, marié à Élisabeth Collas ; de ce mariage sont issus :

1. Catherine-Élisabeth Fouquet, épouse de Jean-Étienne Bonnelat de Meillant, d'où un fils, Joseph Bonnelat, père de Mme Domin, de Mme Violette et de leurs deux sœurs, et

une fille Clémentine, mariée à Bon Amable Petit, d'Hérisson, dont un fils, Édouard, marié à D[lle] Léonie Lepetit ;

2 Jeanne-Marie Fouquet, épouse de Claude Luylier, d'où Mme Amédée Godin et leur fils Léon Godin d'Igny et ses enfants, et MM. Charles et Hippolyte Luylier;

3. Catherine Fouquet, qui épousa, le 7 janvier, Pierre Chevalier, bailly, juge civil et criminel de Châteauneuf, d'où Pierre Chevalier, né le 24 octobre 1782, Chevalier (de Saint-Amand) décédé bibliothécaire de la ville de Bourges en 1865, et Antoine-Auguste, né en 1784, décédé en 1824, garde-du-corps du Roi ;

4. Jean-Baptiste Fouquet, régisseur des terres de Meillant, marié, en 1769, à Marie-Jeanne Vincent de Mareuil, d'où une fille, Justine, mariée à Étienne Josset d'Asnières.

Les époux Fouquet de la Preugne, eurent un fils, Amand Fouquet de la Preugne, sieur de Malvaux, décédé en 1763, âgé de soixante ans, laissant :

1. Marie-Louise, décédée en 1817, épouse de Jean-Baptiste Geoffrenet de Fontblain ;

2. Agnès Fouquet, morte en 1796, épouse de Jean-Baptiste Ragot, sieur de Crouron, procureur du Roi au grenier à sel;

3. Louis Fouquet, époux de Gabrielle Thévenard ;

Les époux Fouquet Berthomier eurent quatre filles :

1. Marguerite, mariée à Gilbert Bord des Moreaux, Maire de Saint-Amand;

2. Élisabeth, épouse de Pierre Geoffrenet de la Bluise et de Rodais ;

3 Élisabeth, morte en 1781, épouse de François Rollet, droguiste.

4. Anne, épouse en 1726, d'Amand Godin, procureur fiscal, lieutenant de Charenton, d'où Élisabeth Godin des Odonais, qui épousa Jean-Baptiste Soumard de la Cour, fils de Philibert Soumard de Pigny et de Catherine Robin.

Autre branche de la famille Fouquet

En 1669, Louis Fouquet, procureur du Roi et notaire royal à Saint-Amand, avait pour femme Élisabeth Biesse, fille de Pierre, sieur de Nonant; d'où Jean-Louis Fouquet, sieur du Treuil, qui épousa, en 1714, Marie Vauvret, décédée en 1774; ils eurent pour enfants :

1. Anne-Françoise Fouquet, morte en 1783, épouse de Pierre Bignon, notaire royal à Saint-Amand, décédé en 1769;

2. Marie-Marguerite Fouquet, morte en 1784, épouse de Pierre Chédutault, bourgeois;

3. Louis-Antoine Fouquet des Babillots, décédé en 1796, procureur du Roi au grenier à sel, époux de Thérèse Thomas de la Rivelière, décédée en 1792, d'où :

Louis-Antoine Fouquet, écuyer, sieur de Pontcharaud, Maire de Saint-Amand en 1793, membre du corps législatif, juge au tribunal civil, décédé en 1812, époux de Françoise-Élisabeth Bouchet de Saint-Domingue, ayant eu pour enfant :

Marie-Aglaé Fouquet, mariée, en 1811, à Pierre Beraud des Rondards, député de Moulins sous la Restauration, d'où une fille mariée à M. de Champfeu du Bourbonnais. Armes de la famille Fouquet (7. Planche IX) *d'argent à un écureuil de gueules.*

Famille Geoffrenet

En 1655, Pierre Geoffrenet, huissier des tailles à l'élection de Saint-Amand, habitait la rue Fradet et épousait, en 1663, Françoise Pezant, fille du procureur fiscal ; de ce mariage naquirent :

1. Françoise, qui, en 1381, était l'épouse de Jean Veauvret, sieur de la Chaume, lieutenant de la maréchaussée ;
2. Marguerite, sans postérité ;
3. Pierre Geoffrenet, sieur de Champdavid, Maire de Saint-Amand en 1696, et époux, en 1710, de Marguerite de Villantroys, il devint bailly de Saint-Amand et maria, en 1721, son fils Pierre Geoffrenet à Marguerite Fouquet, fille de Pierre Fouquet, sieur de Rodais, et de Marguerite Huguet : Pierre Geoffrenet, est la souche des Geoffrenet de Champdavid.

Les époux Geoffrenet-Villantroys eurent un autre fils, Jean Gilbert, sieur des Beauxpleins, qui épousa, en 1724, Marguerite Béguin, fille de François Béguin, sieur de Baigneux et de Marguerite Deminitroux, d'où la branche des Geoffrenet des Beauxpleins.

Branche des Geoffrenet de Champdavid

Pierre Geoffrenet, frères de Jean-Gilbert, se qualifiait sieur de la Bluise et de Rodais, il était élu à l'élection de Saint-

Amand, d'un premier mariage, en 1721, avec Marguerite Fouquet, fille de Fouquet de Rodais et de Marguerite Huguet, il eut quatre enfants :

1. Pierre-François Geoffrenet de Champdavid, brigadier des gardes-du-corps du Roi, chevalier de Saint-Louis, marié dans l'église du Hencet, près Corbie, à Marie-Louise Lefort du Quesnel, décédé sans postérité ;

2. Pierre Geoffrenet de Rodais, receveur des tailles à Saint-Amand, décédé en 1793, époux de Marie-Jeanne-Virginie Denise, d'où un fils, Pierre-André Geoffrenet de Rodais, général attaché à la cour du roi de Suède Bernadotte, marié à Frédérig-Éléonora Otliliana de Kurch, mort sans postérité, et une fille, Marie-Madeleine-Marguerite, épouse de Jean-Charles Josset de Vougon, maire de Saint-Amand ; trois filles nées de cette union épousent MM. Villatte, Ybertis et Hathon de la Goupillière (Voy. famille Josset) ;

3. Pierre André Geoffrenet, sieur du Suchet, époux de Madeleine Huguet du Lys, mort sans enfant ;

4. Madeleine Geoffrenet de Champdavid, mariée en 1740 à Jacques Auger, d'Issoudun. D'un second mariage, en 1745, avec Élisabeth Fouquet, d'une autre branche de cette famille, Pierre Geoffrenet eut encore :

5. Jean-Baptiste Geoffrenet de Fontblain, garde-du-corps du Roi, époux de Marie-Louise Fouquet, décédé sans postérité ;

6. Charles Geoffrenet de Champdavid, chevalier de Saint-Louis, garde-du-corps du Roi, élu à l'élection, ancien capitaine de la gendarmerie du Cher, mort en 1835. De son mariage avec Marguerite-Hélène Villatte, fille de Louis-Nicolas Villatte du Peux et de Jeanne Luylier, Charles Geoffrenet de Champdavid a eu trois enfants :

1. Pierre-Charles Geoffrenet de Champdavid, époux de D^{lle} Brunet, de Saint-Jeanvrin, d'où un fils, Léon, marié à Agasta Peron, et leur fille, Mme Gaudefroy ; et un autre fils,

Charles Géoffrenet de Champdavid, né en 1813, mort en 1885, chevalier de la Légion d'honneur, conseiller à la cour d'appel de Bourges, vice-président de la Société d'agriculture du Cher ; il avait épousé sa cousine, Mathilde Auger, et a eu deux filles, Angeline, mariée à Ernest Toubeau de Maisonneuve, et Louise, épouse de M. Georges Lasné du Colombier, officier de marine ; elles ont toutes deux postérité ;

2. Jacques Geoffrenet de Fontblain, époux de Dlle Hersilie Boucheron des Côtes, conseiller à la cour d'appel de Bourges, d'où un fils Alfred, marié à Dlle Coiffard de la Châtre ; les époux de Fontblain-Coiffard ont eu une fille, Juliette Geoffrenet de Fontblain, mariée à Frédéric Peyret Pommeroux, décédés l'un et l'autre en laissant trois enfants, Alfred, Georges et Gustave Peyret-Pommeroux ;

3. Jacques Geoffrenet de Fontblain a eu une fille, Delphine, mariée à M. Jean Toubeau de Maisonneuve, juge au tribunal civil de Bourges, d'où un fils Ernest Toubeau de Maisonneuve et ses enfants, une fille décédée, Dame du Sacré-Cœur, et une autre fille Anna, épouse d'Octave Busson de la Vévre et leur postérité ;

3. Mélanie Geoffrenet de Champdavid, née en 1793, décédée en 1866, épouse de Jacques-Louis Regnault, décédé en 1849, membre du conseil général du Cher ; et leurs trois enfants : Zénaïde, mariée à M. Charles Charbonnier de Clermorin, Emmeran, époux de Dlle Emmeline Godin, et Théogène, décédé sans postérité. (Voy. famille Regnault).

La famille Geoffrenet porte *de sinople à un coq d'argent*. (8. Planche IX).

Branche des Geoffrenet des Beauxpleins

Jean-Baptiste-Gilbert Geoffrenet, sieur des Beauxpleins, bailly du Vieux-Château de Saint-Amand, et Marguerite Béguin sa femme, eurent plusieurs enfants ;

1. Catherine, mariée, en 1753, à Jean-Baptiste Desjobert, bailly de Culant ;

2. Jean-Gilbert Geoffrenet, écuyer, garde-du-corps du Roi, et conseiller rapporteur du Point d'Honneur, marié à Marie Berry, fille de Jean Berry, sieur de la Ferranderie, et de Marguerite Marchand, mort en 1792 sans postérité ;

3. Pierre Geoffrenet des Beauxpleins, bourgeois, avocat au Parlement, bailly et maître des eaux et forêts de Meillant et de Charenton, époux de D^lle Ursule de Bon, d'où, en 1749, un fils, Pierre-François, mort sans postérité, et, en 1750, un autre fils Gabriel.

Gabriel, conseiller du Roi, son avocat au bureau des finances de Bourges, a épousé, en 1784, Catherine le Blanc, veuve de Jean-François Rousseau, bourgeois de Levroux, d'où une fille, Marguerite Geoffrenet des Beauxpleins, mariée, en 1812, à M. Bernard Rey, d'Autun, docteur en médecine, Maire de Saint-Amand, mort en 1871.

De ce mariage est né M. Bernard Rey, époux de D^lle Daussigny d'Issoudun, mort sans postérité, et une fille mariée à M. Abel Corbin de Mangoux, décédée en 1884, laissant des descendants.

Famille Godin

Très ancienne famille de Saint-Amand.

Jean Godin, né en 1643, mort en 1739, était notaire à Saint-Amand ; il était fils de Jean et de Jeanne Beaugard et l'époux de Marguerite Béquas : son fils Amand, procureur fiscal, lieutenant de Charenton, sieur des Odonais, épousa, en 1703, Anne Fouquet et en eut de nombreux enfants, parmi lesquels :

1. Jean-Baptiste Godin des Odonais, né en 1713, décédé en 1792, sans postérité. Il passa une partie de sa vie en Amérique et y épousa dona Isabella y Bruno de Grandmaison, née au Pérou ; décédée à Saint-Amand en 1792, âgée de soixante-quatre ans. Mme Godin des Odonais a traversé les déserts de l'Amérique à la recherche de son mari, et les péripéties de son voyage, les souffrances qui en furent le résultat sont demeurées célèbres, elles sont relatées dans une lettre écrite par M. Godin, à son retour, à M. de la Condamine.

2. Élisabeth Godin des Odonais, mariée à Jean-Baptiste Soumard de la Cour ;

3 Marie-Anne, épouse de Pierre Piaud de Villers, président du grenier à sel ;

4. Antoine-Amand, époux de Marguerite Duchet, fille de Jean Duchet, greffier en chef au grenier à sel. Antoine-Amand eut lui-même trois enfants : 1° Anne-Agathe, mariée à François-Antoine Regnault ; 2° Charles-Antoine, curé de Maillet (Allier), guillotiné en 1793 et 3° Amand-François-Xavier, décédé en 1785, époux de Marie-Sylvie Rollet. De cette union sont issus :

1° Une fille Sylvie, mariée à Jean-Baptiste Souchois, décédé sans enfant ;

24

2. Pierre Godin, dont le fils Edmond a été inspecteur d'académie ;

3. Marguerite-Élisabeth, mariée à Pierre Trémeau, avocat, procureur fiscal décédé, sous le gouvernement du Roi Louis Philippe, juge de paix du canton de Saint-Amand ;

4. Amand-François, notaire à Vierzon, qui avait épousé Anne-Victoire Ragueau et mourut en 1823.

Amand-François Godin et Victoire Ragueau ont eu trois enfants :

1. Amand-Nicolas, notaire à Saint Amand, mort en 1835, époux de Dlle Marie-Louise-Sylvie Trémeau, sa cousine germaine, fille de Pierre Trémeau et de Marguerite-Élisabeth Godin, d'où : 1° Anne-Élisabeth, épouse de Edme-Louis Lemoine, chevalier de la Légion d'honneur, membre du Conseil général du Cher, lesquels ont eu pour fils Albert, marié à Dlle Louise Morand et leurs trois enfants, Marie-Louise, épouse de Louis de Laplanche, René et Louis ; et 2° Louise Emmeline, épouse de Jean-Léonard-Emmeran-Regnault et leur postérité (Voy. famille Regnault) ;

2. Pierre-Amédée Godin, époux de Madeleine Zoé Luylier, fille de Claude Luylier et de Jeanne-Marie Fouquet ;

3. Louise-Mélanie Godin, mariée à Hippolyte Luylier, frère de Madeleine Zoé.

Les époux Amédée Godin-Luylier ont eu un fils, Amand Hippolyte, décédé à l'âge de dix-huit ans en 1836, et un autre fils Léon, marié à Octavie Thonier, d'où Jeanne-Marie-Berthe, épouse de Jules Luylier du Plaix, et Victoire-Madeleine-Noémi, mariée à Henri Lepellerin de Beauvais, toutes deux ayant descendance.

Les époux Hippolyte Luylier-Godin ont eu une fille, Hermance, mariée à Gilbert-Augustin Dumas-Primbault, d'où un fils, Georges, marié à Dlle Marie Guerin de Vaux et leurs enfants.

Famille Josset

On trouve sur les registres de l'état-civil de Saint-Amand en 1633, Madeleine et Claude Josset, Daniel Josset, Isabelle Josset, femme de François Pezant.

Claude Josset était, en 1636, greffier au grenier à sel, et l'époux de Dlle Fouquet ; son frère Jacques Josset, marchand tanneur, eut de sa femme, Jeanne Bazin, un fils et épousa en secondes noces, en 1650, Marguerite Manneby ; d'où Claude Josset, qui épousa Madeleine Stévenin, fille de Jean et de Marie Bonnet en 1673. Les époux Josset Stévenin, eurent une fille, Anne Josset, qui fut tenue sur les fonts baptismaux par Gaspard-Joseph de Montmorin, chevalier, marquis de Saint-Hérem, seigneur de Saint-Amand Vieux-Château, Changy et Maulne, et par Marthe-Françoise de Bigny, comtesse d'Ainay. Anne Josset épousa, en 1697, Étienne Ragon, sieur de Coursat. Claude Josset, notaire royal en 1654, était bailly de Saint-Amand en 1697 ; il avait une sœur, Madeleine, mariée à François Nodot, chirurgien en 1622 ; c'est de lui que part la branche des Josset de Vougon.

En 1656, Antoine Josset était l'époux de Jeanne Martinat. En 1662 Michel Josset, sieur de Jariolles et de Faverdine, épousait Madeleine Masson, dont l'aïeul, Michel Masson était, en 1611, greffier et notaire royal à Saint-Amand. Les époux Michel Josset-Masson eurent une fille Madeleine, qui épousa en 1700, Pierre Regnault, fils de Pierre Regnault, procureur, et de Jeanne Biault ; ils eurent une fille Marie, qui épousa Claude Josset en 1706.

Louise-Marie Josset était, en 1734, épouse de Jean-Baptiste Regnault de Saint-Martin.

Charles Josset, sieur d'Asnières, et Marie Louise-Daujon, sa femme décédée en 1770, ont eu un fils, Etienne Josset d'Asnières, qui a épousé, en 1792, Marguerite Justine-Fouquet, fille de Jean-Baptiste et de Marie Vincent, de Mareuil.

Branche des Josset de Vougon.

Claude Josset, dont le père, Claude, époux de Madeleine Stévenin, était, en 1653, président à l'élection de Saint-Amand, naquit en 1654 et mourut en 1740, il fut aussi président à l'élection et épousa Madeleine Ragon, d'où un fils Jean-Baptiste Josset, sieur de Beauregard, président à l'élection et époux de Marguerite Ragon, née en 1677 ; de ce mariage naquirent :

1. Étienne Josset, sieur des Roys, Président à l'Election, décédé en 1786 ;

2. Gilbert-Claude ;

3. Charles Josset, tous les deux commandeurs de l'Ordre de Malte ;

4. Charles Josset, sieur de Vougon, Maire de Saint-Amand, décédé en 1781. Il avait épousé, en 1751, Anne-Marguerite Villate, décédée en 1789, fille de Nicolas Villate du Peux et de Marie Libault, morte en 1762, et en avait eu :

1. Marguerite, mariée en 1783 à François Bujon, sieur des Brosses, d'où les enfants Vaillant ;

2. Marie-Anne, épouse de François-Denis-Joseph-Vincent, receveur au grenier à sel ;

3. Étienne Josset des Roziers, époux de D[lle] Grillon d'Auvault, d'où Mme de Montagu, et la comtesse Esmoingt ;

4. Jean-Baptiste Josset des Bruères, commandeur de Malte ;

5. Jean-Charles Josset de Vougon, ancien gendarme de la gendarmerie du Roi, Maire de Saint-Amand sous Napoléon 1er, époux, en 1779, de Marie-Madeleine-Marguerite Geoffrenet de Rodais, fille de Pierre Geoffrenet de Rodais et de Marie-Jeanne-Virginie-Denise ; de ce mariage sont nés :

1° Jean-Baptiste Josset ; 2° Pierre-André Josset, décédés l'un et l'autre sans postérité ; 3° Marie-Jeanne-Virginie, mariée à Louis Villatte, médecin à Lignières et leurs enfants ; 4° Marguerite-Zoé, épouse de Pierre-François-Louis Ybertis, chevalier des Ordres de St-Louis et de la Légion d'honneur, ancien capitaine de la garde impériale, sans postérité ; 5° Anne Josset, épouse de M. Louis Haton de la Goupillière, conservateur des hypothèques à Saint-Amand et leur postérité, c'est-à-dire :

1. Charles Haton de la Goupillière, né le 13 avril 1804, décédé le 25 octobre 1853, président de chambre honoraire à la Cour d'appel de Paris, officier de la Légion d'honneur, marié le 10 septembre 1832, à Bourges, à Rose-Claire-Eugénie Petit, fille du général Petit, d'où Julien-Napoléon Haton de la Goupillière, membre de l'Institut de France, commandeur de la Légion d'honneur, directeur de l'École des Mines à Paris, époux, le 7 juin 1862, de Noémi-Adrienne Goupil, morte le 14 octobre 1879, et, en secondes noces, le 28 octobre 1880, de Jeanne-Marie-Caroline de Lélée ; du premier mariage sont nés : 1° Adrienne-Joséphine ; 2° Charles-Edouard ; 3° Marcelle Geneviève. Du second : 1° Xavier ; 2° Suzanne ; 3° Emmanuel-Eugène ;

2. Marie-Arsène-Haton de la Goupillière, née le 30 mai 1804 ; décédée le 28 août 1837, épouse de François Lemoine, colonel du génie sans postérité.

Famille Mallard

Cette famille est originaire de Châteauroux, où ses membres occupaient des emplois honorables dès le XVe siècle. On lit en effet dans un bail des revenus de l'abbaye de Déols, du 7 octobre 1596 : « Fut présent honorable homme, M. Pierre Mallard, conseiller du Roi, élu au siège de l'élection de Châteauroux, etc. »

Pierre Mallard est le grand-père de Jean Mallard, seigneur de Villejauvet, greffier en chef au présidial du duché-pairie de Châteauroux, en 1680 ; Jean exerce encore ces fonctions en 1688, lors de l'adjudication du fief de la Motte-Marçais au profit de M. Jacques Regnault de Bonnefond, propriété saisie contre la succession vacante de noble Jean de Moussy, écuyer, sieur de la Motte ; ce procès-verbal est signé *Mallard* avec paraphe (*sic*).

En 1672 vivait Pierre Mallard, qui sans doute est le père de Jean ; il avait épousé Jacquette Georget, veuve de Michel Crublier, sieur de Fages.

En 1696, Dame Suzanne Mallard était sous-gouvernante de la maison de charité de Châteauroux, qui fut érigée en Hôtel-Dieu, en 1699, par le Roi Louis XIV, elle était fille de Jean Mallard. Parmi les bienfaiteurs de cet Hôtel-Dieu figurent en 1740, Pierre-François Mallard, frère de Suzanne, et le sieur Basset, qui était l'époux d'une autre sœur de Pierre-François et de Suzanne et procureur au bailliage de Châteauroux.

Le 5 février 1753 des notables de cette ville procèdent à l'élection d'un maire, le procès-verbal qui constate cette nomination mentionne la présence de Pierre-François Mallard et du sieur Basset-Mallard. Pierre-François Mallard eut pour fils Joseph Mallard, bourgeois, seigneur de Villejauvet, de la Salle, etc., gendarme de la gendarmerie du Roi, ou de Lunéville, corps d'élite qui avait la droite sur tous les régiments de cavalerie de France, époux, en 1757, de Marie-Louise Cuisinier de Touchay, décédée le 5 juillet 1802, fille de Claude Cuisinier et de Marie de Pruchon, qui avaient aussi pour fils Claude Cuisinier, ancien chanoine décédé à Lignières vers 1848, âgé de cent quatre ans.

Les époux Mallard de Villejauvet-Cuisinier ont eu pour enfants :

1. Joseph Mallard, sous-lieutenant d'infanterie, tué, le 11 thermidor an IV (30 juillet 1795), à la bataille de la Corona (Italie) sans postérité ;

2. Marie-Louise Mallard, mariée à François Duval, docteur en médecine, chirurgien en chef des hôpitaux militaires d'Orléans ; d'où : 1° Joseph Duval, décédé sans enfants, époux de Dlle Nadaud de Valette ; 2° Gustave Duval, mort en 1828, époux Dlle de Hacquart, ayant eu pour fils Ferdinand Duval, né en 1827, préfet de Bordeaux en 1871, préfet de la Seine en 1875, officier de la Légion d'honneur, conseiller municipal de la Ville de Paris, marié deux fois sans avoir de postérité ; 3° Louise-Marie Duval, épouse de M. Peyret-Pommeroux d'où Frédéric Peyret-Pommeroux, marié à Alexandrine Gallerand, qui eut pour enfant Frédéric Peyret-Pommeroux, époux de Juliette Geoffrenet de Fontblain, et leur descendance (Voy. famille Geoffrenet de Champdavid) ;

3. François-Joseph Mallard de Villejauvet, de la Salle, né le 22 avril 1770, capitaine d'infanterie de la quatorzième demi-brigade, adjoint au Maire de Saint-Amand de 1802 à 1815, époux en premières noces sans enfant de Madeleine-Sophie Maréchal et en secondes noces de Louise-Aimée Gabriel Bonnet de Sarzay, fille de Nicolas-Jean-Baptiste Bonnet de Sarzay, ancien secrétaire d'ambassade auprès de la Grande

Catherine, Impératrice de toutes les Russies, et de Jean-Jérôme Bardon de Pantiguy, écuyer, conseiller-secrétaire du Roi, seigneur d'Ars, près la Châtre.

Les époux Mallard-Bonnet ont eu trois enfants :

1. Louise-Aimée Mallard, née le 6 avril 1800, décédée sans postérité en 1842, veuve en premières noces de Joseph Constant du Rhône, officier de gendarmerie, chevalier de la Légion d'honneur, et en secondes noces de Pierre Bonnet de Challans ;

2. Victor-Claude-Nicolas Mallard, né le 15 mars 1803, décédé le 9 décembre 1886, président honoraire du tribunal de Saint-Amand, chevalier de la Légion d'honneur, ancien membre du conseil municipal, époux de Marie-Françoise Robin Massé, décédée le 14 janvier 1871 ; de ce mariage sont issus ; 1° Anne-Victorine-Octavie, née le 3 mars 1830, veuve, sans enfants, de Joseph-Édouard Delouche, décédé le 2 octobre 1872, inspecteur d'académie à Châteauroux, licencié ès-lettres, officier de l'Instruction publique ; 2° Amélie, morte enfant ; 3° Charles-Louis-Gustave, né le 24 septembre 1843, ancien magistrat, avocat, marié le 8 novembre 1875 à Louise-Marie-Bathilde Courroux, fille de M. Jacques Courroux, ingénieur, directeur des usines de la compagnie Chatillon et Commentry, et de D^lle Elise Prieur, de Moulins ; de ce mariage sont nés cinq enfants : 1° Élise, rappelée à Dieu le 23 août 1888, âgée de onze ans ; 2° Françoise-Marie-Bathilde ; 3° Marie-Jean-Baptiste-Victor ; 4° Emmanuelle-Marie ; 5° Anne-Marie-Josèphe-Solange ;

3. Louis-Eugène Mallard, né le 23 septembre 1808, avoué à Saint-Amand, décédé le 15 mai 1890, veuf de D^lle Céline Robertet, fille de M. Florimond Robertet, ancien Maire de Saint-Amand et de D^lle Constance Moreau, née le 10 mars 1811, décédée le 28 novembre 1878. Les époux Mallard-Robertet ont eu pour enfants : 1° François-Ernest Mallard, né le 4 février 1833 à Châteauneuf, décédé sans postérité le 6 juillet 1894,

inspecteur général des Mines, membre de l'Institut, officier de la Légion d'honneur ; 2° Marie, veuve de Adrien Lebon, docteur en médecine, ayant deux enfants : Henri Lebon, docteur en médecine à Paris, et Louise, mariée à Maurice Valet capitaine d'infanterie, ils ont une fille, Solange. 3° Constant-Eugène, ancien juge de paix à Vierzon, avoué près le tribunal de Saint-Amand, marié à Louise Vinot, ayant eu trois enfants : Paul, décédé le 18 juin 1893, âgée de seize ans, Henri et Marie-Louise.

Famille Neiret

En 1613, Étienne Neiret était contrôleur au grenier à sel à Saint-Amand ; élu par le Roi à l'élection de cette ville ; il épousa Madeleine Gozard. En 1621 il possédait le fief de la Salle-Coulombier. Étienne Neiret devint bailly des terres d'Orval, Saint-Amand, Bruières, Montrond et Épineuil.

En 1618, Jean Neiret était greffier au grenier à sel de Saint-Amand.

En 1627, Gilbert Neiret était lieutenant à l'élection de Saint-Amand, il se qualifiait écuyer, sieur de la Ravoie ; il avait épousé D[lle] Marguerite Le Noble, de laquelle il eut une fille Suzanne Neiret, qui, en 1683, épousait René de la Tripière, écuyer, sieur de Pierry et de Charly, sénéchal de Saint-Amand en 1704.

En 1642, Étienne Neiret était conseiller du Roi, élu en l'élection de Saint-Amand et l'époux d'Antoinette des Roches.

En 1662, Jacques Neiret se qualifiait écuyer, sieur de la

Brande et, en 1683, Jean-François Neiret, écuyer, était vice sénéchal à Saint-Amand.

Un autre Charles Neiret était écuyer, président et trésorier général de France.

Les descendants de cette famille se sont alliés aux Yel de Culan, aux Souchois et aux Séjournet de Châteauneuf.

Famille Piaud de Villers

En 1394, Jean Piaud et Péronnelle Barbarin, figuraient parmi les bourgeois de Saint-Amand-le-Chastel.

Gilbert-François Piaud, sieur de Villers, était, en 1616, président au grenier à sel de Saint-Amand ; il avait épousé Marguerite Péron, dont les ancêtres avaient érigé sur un des côtés de la Place du Marché, qui était un cimetière, une chapelle appelée chapelle Péron.

En 1747, Pierre Piaud de Villers, fils de Gilbert-François était président du grenier à sel et époux de Marie-Anne Godin, ils avaient un fils qui occupa les mêmes fonctions.

Les Piaud se qualifiaient sieurs de Villers, des Bruyères et de Maupas. Cette famille s'est éteinte vers la fin du XVIIIe siècle.

Famille Ragon

Elle est originaire du Châtelet.

En 1609, Pierre Ragon était marchand et bourgeois dans cette ville, et sa sœur Claude épousait, cette même année, François Nicolas, chirurgien.

En 1613, Gilbert Ragon, époux de Jeanne Boursault, est greffier, puis notaire tabellion au Châtelet ; les époux Ragon-Boursault eurent deux fils :

1. Jean Ragon, sieur de la Borde, époux, en 1660, de Claude Gallerand, fermier de la seigneurie du Châtelet ;
2. Lami Gabriel Ragon, huissier des requêtes du palais de Paris, décédé en 1680.

En 1661, Marie Ragon épouse Hubert de Bonnefame et, en 1662, Marguerite Ragon épouse François Moreau-le-Jeune, dont la sœur épousa Jacques Robin, qui est la souche de la famille Robin-Massé. — On trouve aussi, en 1663, Charles Ragon sieur de la Preugne, et Gabrielle Petitjean, qui marient leur fille à Jean Heinicy.

Si nous nous reportons maintenant aux registres de l'état civil de Saint-Amand nous trouvons les membres de cette famille prenant alliance avec celles de notre contrée.

En 1614, Jean Ragon est l'époux de Marie Yel, fille de Jacques et de Marie Roy ; Marie Yel meurt en 1688, âgée de cent cinq ans.

En 1668, Jean-Baptiste Ragon, huissier aux requêtes du Parlement de Paris, vint se fixer à Saint-Amand ; il se qualifiait sieur de Soye-l'Église, propriété qui est encore dans la famille de ses descendants Robin de Coulogne ; il fut receveur de S. A. Mgr le prince de Condé et était l'époux de Mlle Agnès de

Tiremoy. Son frère, Charles Ragon, bourgeois de Paris, était, en 1661, fermier des terres de Saint-Amand, Montrond, Bruère, etc. Il y fit une rapide fortune.

En 1666, Gilbert Ragon, sieur de Beauregard, époux de Catherine Perrinet, fille de Jean Perrinet, procureur fiscal, est procureur du Roi au bailliage du Châtelet; il devient président à l'élection de Saint-Amand et conseiller du Roi, il portait *d'azur à un mouton d'argent entouré d'un serpent d'or aiguillonné de sable*. Ils eurent deux fils; Gilbert, époux de Marguerite Ragon, décédée en 1706, d'où Marie Ragon, mariée à Jean Dejeau, receveur au grenier à sel de Saint-Amand, et Étienne Ragon, sieur du Coursat. Celui-ci épousa en 1697, Anne Josset, fille de Claude Josset, bailly de Saint-Amand et de Madeleine Stévenin, les époux Ragon-Josset habitaient en la paroisse de Bessais-le-Fromental, et possédaient, en 1662, le château du Grand-Besse, près Châteaumeillant; Gilbert Ragon, frère d'Étienne, était commandeur de l'ordre de Malte.

Étienne Ragon sieur du Coursat et de Vernais et Anne Josset eurent trois enfants:

1. Marguerite, décédée en 1750, épouse de Louis-François-Benoît Thévenin, chevalier, seigneur du Chezal-Meslon, président-trésorier de France de la généralité de Bourges, d'où une fille, Marie, qui, en 1752, a épousé Joseph Moreau, chevalier, seigneur de la Porte etc., veuf de Jeanne de Rolland.

2. Françoise, mariée, en 1728, à Gabriel-François Beguin de Vandalon.

3. Charles Ragon, écuyer, seigneur des Barres et de la Rivière, conseiller du Roi près la cour des Monnaies de Lyon; époux, en 1718, de Madeleine Pallienne, dont la sœur Marguerite épousait, en 1722, Pierre Bonnet de Sarzay, bailly d'Orval-Saint-Amand. Les époux Ragon des Barres-Pallienne ont eu trois enfants:

1. Gilbert Ragon, commandeur de Malte, décédé en 1786;

2. Claude Ragon, écuyer, sieur des Barres, né en 1722, mort en 1797, époux de Marguerite de Grésillemont, d'où sont issus : Marguerite-Madeleine, mariée, en 1780, à François-Marie de Coudert, chevalier,seigneur de la Vau-Blanche, et Marie-Rose, qui épousa, en 1783, François de Bonneval, chevalier, seigneur du Riault, capitaine d'infanterie, fils d'Armand de Bonneval, chevalier, seigneur de Sizières, etc., et de Mlle Marie-Anne-Martin de Marolles.

François de Bonneval et Marie-Rose Ragon, ont eu deux enfants : le général marquis de Bonneval, aide de camp de l'Empereur Napoléon Ier, Pair de France sous la Restauration, décédé sans postérité ; et Charles de Bonneval, colonel de cavalerie, décédé également sans postérité.

3. Jean Ragon, né en 1733, écuyer, chevalier de Saint-Louis, capitaine au régiment de Hainaut, décédé en 1809, marié en premières noces à Marie-Rose Béraud de Poincy, décédée en 1781, et en secondes noces, en 1783, à Louise-Antoinette Bardon de Chantollier, décédée avec postérité en 1786, sœur de Victoire Bardon de Pantigny épouse de Nicolas-Jean-Baptiste Bonnet de Sarzay.

Du mariage de Jean Ragon avec Marie Rose-Béraud,sont nés :

1. Charles Ragon, chevalier, sieur des Barres, guillotiné en 1793, âgé de vingt ans ;

2. Mlle Ragon-Soye, morte sans postérité ;

3. Madeleine Ragon, mariée en 1794, à Charles de la Cour, fils de Jean Claude de la Cour et de Marie Riglet, décédé, en 1828, Maire de la ville de Saint-Amand. Charles de la Cour et Madeleine Ragon ont eu :

1. Hermès de la Cour, décédé, sans postérité ;

2. Ève de la Cour, mariée en 1828 à Jules Robin vicomte de Coulogne, ancien garde-du-corps du Roi Charles X, d'où : Blanche, Marie-Thérèse et Antoine de Coulogne, décédés sans postérité, Ève, mariée à M. le comte de Simony, colonel de

cavalerie ; Charles, marié en premières noces à Mlle Henriette de la Cropte de Chantérac et, en secondes noces, à Louise de Chantérac, et leurs enfants : et Constance de Coulogne, mariée au comte Anatole de Cousin de la Tour-Fondue, et leurs enfants.

Famille Regnault

Cette famille, originaire du Dauphiné, appartenait à la religion réformée. Ses membres seraient venus en Berry au moment des guerres de religion et abjurèrent successivement.

On trouve sur les registres de l'état-civil de Saint-Amand, en 1609, messire Jean Regnault, prêtre.

En 1621, Nicolas Regnault ; en 1628, Benjamin Regnault, marchand, et Louise Thierry, sa femme, tous les deux protestants ; Louise Thierry et Marie Regnault, sa fille, abjurent en 1685 ; une autre fille des époux Regnault-Thierry, Marguerite, née en 1646, épousa Martin Defoullenay, archer à la gendarmerie de la Généralité de Bourges.

Pierre Regnault et Madeleine Lemyre, protestants, ont un fils, Pierre, procureur fiscal, époux, en 1661, de Jeanne Biault, d'où un fils, qui épouse, en 1700, Madeleine Josset.

En 1635, Jacques Regnault épouse Marguerite Boityère.

Jean-Baptiste Regnault de Saint-Martin abjure en 1729 ; il avait épousé Marie Josset d'Asnières, d'où Élisabeth Regnault, épouse de Silvain Goutasson.

M. de Raynal signale dans l'*Histoire du Berry* (tome IV, page 406), les rigueurs indignes exercées à Issoudun, le 11 décembre 1690, par ordre du lieutenant criminel sur le cadavre d'Anne Prévost, femme de Samuel Regnault, laquelle, après avoir abjuré, déclara mourir dans la religion protestante.

En 1647, Jacques Regnault, sieur du Parc, fils de Jacques et de Rachel Danchais, épouse Anne Bignon, dont il a cinq enfants : Pierre, Catherine, Daniel, Suzanne et Jacques. Daniel Regnault, sieur de Chamatoin et de Villemore, docteur en médecine, Pierre et Catherine sont décédés sans postérité. Suzanne Regnault épouse le sieur Bézard de la Maindrie, qui avait fait construire et habitait la maison située à Saint-Amand à l'angle de la rue de la Porte-Moutin et de la rue de l'Équerre. Les époux Bézard-Regnault étaient protestants, ils eurent un fils qui se retira à Berlin pour y exercer librement sa religion.

Jacques Regnault, sieur de Bonnefond, était directeur des Aydes à Issoudun et portait *d'argent à une merlette de sinople, accompagnée de huit tourteaux de gueules posés en orle* ; il se rendit acquéreur par adjudication au présidial du duché-pairie de Châteauroux, en 1688, du fief de la Motte et Molais, saisi sur la succession vacante de Jean de Moussy. Il épousa Marie Périsse des Tourailles, dont il eut quatre enfants, trois sont morts sans postérité, le quatrième Jean-Baptiste Regnault de la Motte, décédé en 1770, abjura en 1715, en l'église de Saint-Amand. Il épousa en premières noces, en 1713, Madeleine Leddet, de Blois, dont il eut sept enfants :

1. Jacques-François, né en 1716, mort sans postérité ;

2. Jean-Pierre Regnault de Champdeuil, né en 1718, lieutenant au bailliage d'Orval-Saint-Amand, époux d'Anne-Marie Bonnet de Sarzay, d'où l'alliance entre les familles Bonnet et Regnault. De ce mariage est issue une fille mariée à Jean-Hélie Tabouet, d'où une fille, Clotilde, mariée à Charles Rollet, et leur descendance rapportée plus bas ;

3. Philibert, né en 1719, époux de Anne Libault, d'où trois enfants, Claude, Élisabeth et Louise, morts sans postérité, et un quatrième, Pierre, époux de Marie Yel de la Cour. De cette

union est né, en 1788, Jacques-Louis, qui de son mariage avec Mélanie Geoffrenet de Champdavid, a eu trois enfants : 1. Jénaïde, mariée à Charles Charbonnier de Clermorin, garde-du-corps du Roi Charles X, d'où Jules, mort sans postérité et Noémi, mariée au comte de Mordant de Massiac, lieutenant aux Guides de la Garde de Napoléon III, lesquels ont une fille, Marie, épouse de Henry Petitjean de Maransange et leur postérité ; 2. Emmeran, marié à Louise-Emmeline Godin, d'où un fils Théogène, époux de Madeleine-Marie-Antoinette de Fontanges et leurs trois enfants, Louis, Madeleine et Jacques ; et 3. Théogène, mort sans postérité ;

4. Jean-Baptiste, né en 1720, décédé curé de Villeneuve-sur-Cher ;

5. Marie-Madeleine, née en 1721, épouse en premières noces de François Mercier, conseiller du roi, prévôt de la ville du Chatelet, mort sans enfant, et en secondes noces de Philippe Trumeau, sieur de Chatoule, d'où un fils, Jean-Charles, époux de Mlle Jallerat et leurs descendants ;

6. Jean-Louis, né en 1722, époux de Mlle Béguin, mort sans postérité ;

7. François, né en 1724, époux d'Agathe Godin, d'où Christine, mariée à Jacques Regnault, son cousin, et Antoine, marié à Anne Mousse, d'où Agathe, épouse de François-Ferréol-Vincent, et Louis-Hyppolyte, docteur en médecine, époux de Clotilde Schneitzhoeffer.

Jean-Baptiste Regnault de la Motte épousa en secondes noces Catherine Rollet, dont il eut cinq enfants :

1. Antoine, né en 1728, marié à Anne Vallet, d'où trois enfants morts sans postérité ;

2. Roger, né en 1734, époux de Marie-Louise Dantigny, d'où quatre enfants morts sans postérité, et un cinquième, époux de Christine Regnault, qui a eu un fils, Antoine Amand, mort en 1824 à Saint-Amand sans descendance ;

3. Marie-Catherine, née en 1735, et

4. Anne, née en 1736, habitant ensemble à Lignières, où elles sont mortes sans postérité ;

5. Louise, née en 1739, mariée à Barthélemy-François Rollet, d'où quatre enfants, dont deux morts sans postérité, un fils, Louis, époux de D^lle^ Mijeonnet, lesquels eurent une fille, Louise, mariée à un magistrat de Limoges, M. Baraudon, et leur postérité; et un autre fils, Charles, époux de Clotilde Tabouet; ils ont eu cinq enfants : 1° Clotilde, mariée à M. Leboys des Gays, sans descendance ; 2° Eugène, marié à Amélie Bontemps, et leur descendance ; 3° Louis, époux de D^lle^ Huart, et leurs enfants ; 4° Gustave, marié à Sara Godinat et leurs enfants; 5° un fils mort sans postérité. (Voy. armoiries 9, planche IX).

Famille Robin

Cette famille est originaire du Châtelet et se rattache aux familles Robin des Iles, du Vernet, de la Ronde, de la Cotardière, de Scévole, de Coulogne, du Sauzay et de Villeneuve.

En 1609, Pierre Robin épouse Marie Rougier, dont le père était procureur au Châtelet; d'où Julien Robin, qui épouse D^lle^ Boursault, dont le père était lieutenant au bailliage de Châteaumeillant.

En 1631, Jean Robin est greffier au Châtelet, il devient, en 1658, procureur et notaire dans cette ville.

En 1663, Pierre Robin est greffier, il devint notaire au Châtelet en 1665.

En 1664, Louis Robin, sieur de la Chaume, épouse Françoise Boursault.

En 1666, Jean Robin le jeune, chirurgien, est marié à Léonarde Grangeron.

En 1674, Pierre Robin, procureur, et Marie Moreau, son épouse, décédée en 1701, ont plusieurs enfants :

1. Gabrielle Robin, mariée, en 1688, à Étienne Boucher, maître des eaux et forêts ;

2. Catherine, mariée, en 1696, à Philibert Soumard, receveur des tailles à Saint-Amand, fils de Vincent Soumard, sieur de Pigny, et de Catherine Tabouet d'Issoudun, d'où Jean-Baptiste Soumard de la Cour, marié, en 1752, avec D[lle] Godin des Odonais, fille d'Amand Godin des Odonais et d'Anne Fouquet ;

3. Jean Robin, bailly de la terre et justice du Châtelet, époux de Marie Roux ;

4. Jean Robin le jeune ;

5. Louis Robin, époux de Marie Secondat ;

6. Jacques Robin, bourgeois, époux de Jeanne Moreau, dont le frère François avait épousé Marguerite Ragon.

Branche des Robin de la Font et des Massé

Du mariage de Jacques Robin et de Jeanne Moreau sont issus :

1. Marie Robin, épouse de Gabriel Faucheron, bourgeois au Châtelet ;

2. Jean-Baptiste Robin de la petite Praas ;

3. Jean Robin, sieur de Chevronne et de la Font, décédé en 1770, Procureur du roi à l'élection de Saint-Amand, marié le 18 juillet 1826 à Marie Bujon des Brosses, (d'Ainay-le-Château) veuve en premières noces de Pierre Martin des Raffinats ; les époux Robin-Bujon ont eu :

1. Marie-Jeanne Robin, mariée, le 1er février 1763, à Jean Baptiste Bussière, originaire de la Creuse, conseiller du Roi, élu à l'élection de Saint-Amand ; d'où deux fils dont la postérité est représentée actuellement par MM. Edmond et Auguste Bussière, imprimeurs à Saint-Amand, la famille Prial-Bussière de Lyon-Genève et la famille Ancillon de Bourges d'une part, et de l'autre par M. Ernest Maisonneuve, ancien contrôleur des contributions directes, et Dlle Thérèse Bussière, épouse de M. Jules Chabrier, avoué près le Tribunal de Saint-Amand ;

2. Jean-Gabriel Robin, conseiller et procureur du Roi à l'élection de Saint-Amand, maire de cette ville en 1793, membre du Conseil des anciens ; décédé en 1808 à 75 ans, époux de Marguerite Bord, décédée en 1776, fille de Gilbert Bord des Moreaux, sieur de la Vallée, grainetier au grenier à sel de Saint-Amand et de Marguerite Fouquet.

Les époux Robin-Bord ont eu cinq enfants :

1. Marie Robin, épouse de M. Grangier de Boisdechamp, décédée sans descendance ;

2. Amand-Gabriel Robin, prêtre ;

3. Marguerite Robin, sans postérité ;

4. Marie-Rose Robin, épouse de M. Legrand, d'où : 1° Cécile Legrand, mariée à Poisle-Desgranges, représentant du peuple ; 2° Frédéric Legrand, mort sans postérité et 3° Philippe-Auguste Legrand, notaire à Saint-Amand, marié à Dlle Moubaut de Culan, d'où Félix Legrand, avocat à Bourges, marié à Dlle Gabard et leurs enfants, Ernest Legrand, Maître de

conférences à la Faculté des Lettres de Lyon, et Jeanne Legrand ;

5. Pierre-François-Xavier Robin-Massé, époux d'Anne Béguin, d'où :

1. Jean-Gabriel Robin-Massé, docteur en médecine, né le 13 février 1801, ancien adjoint au maire de la ville de Saint-Amand, membre fondateur de la Société géologique de France, décédé le 23 janvier 1881, époux d'Élisabeth Péan de Saint-Denis-les-Ponts (Eure-et-Loir), et leurs enfants : 1° Anatole Robin-Massé, avocat à Saint-Amand, ancien suppléant de la justice de paix, époux de D[lle] Augustine Thévenard-Guérin, et leurs enfants : Auguste, Marie, Anna, Paul, Louise, Euphémie, Jeanne, Marie-Thérèse et Henry ; 2° Élisabeth Robin-Massé, décédée sans postérité ; 3° Arthur Robin-Massé, docteur en médecine à Béville-le-Comte (Eure-et-Loir) époux d'Elvina Grosset, et leurs enfants, Mathilde, epouse de Alphonse Pfaff, et Gustave Robin-Massé;

2. Mathilde Robin-Massé, décédée en 1866, épouse d'Eugène Berchon des Essards, ancien notaire, et leur fils Émile Berchon des Essards, officier instructeur à l'école militaire de Saint-Cyr, décédé en 1872, époux de D[lle] Pouret des Gauds et leur descendance ;

3. Marie-Françoise-Octavie Robin-Massé, décédée le 14 janvier 1871, épouse de Claude-Nicolas-Victor Mallard, chevalier de la Légion d'honneur, et leur postérité rapportée dans la généalogie de la famille Mallard.

Famille Rollet

En 1694, Antoine Rollet, marchand droguiste, fils de Florize Rollet et de Jeanne Moreau, vint du Roussillon s'établir à Saint-Amand, où il épouse Jeanne Beaugard, fille de Daniel et de François Masson, et il a :

1. Barthélemy Rollet, né en 1697, docteur en médecine, mort en 1780 (il avait, aidé de M. Dubois, notaire à Saint-Amand, dressé un inventaire des papiers de la ville, inventaire et papiers ont malheureusement disparu) ;

2. Catherine Rollet, épouse de Jean Regnault, sieur de la Motte;

3. Anne Rollet, épouse de Pierre Vallet, chirurgien, né en 1675, veuf de Jeanne Barbarin, d'où une fille, mariée à Antoine Regnault, fils de Jean Regnault de la Motte.

4. François Rollet, époux, en 1728, d'Élisabeth Fouquet, fille de Jean-Louis Fouquet du Treuil et de Gabrielle Thévenard ; François Rollet était, en 1730, marchand droguiste et *receveur des octrois* de la ville de Saint-Amand.

Du mariage de François Rollet avec Élisabeth Fouquet sont issus :

1. Marie-Sylvie Rollet, née en 1735, décédée en 1810, épouse, en 1757, d'Amand-François-Xavier Godin ;

2. François-Barthélemy Rollet, sieur de la Châtelette, époux en 1767 de Louise Regnault, fille de Jean Regnault de la Motte, et de Catherine Rollet, d'où :

1. Roger-Jean Rollet, dit la Chaume, époux de Louise-Charlotte Poulain (de Charleville) ;

2. Louis Rollet, d'où la famille Baraudon ;

3. Pierre-Charles Rollet, époux de Anne-Agathe-Clotilde Tabouet, qui ont eu pour descendance :

1. Clotilde Rollet, épouse de M. Leboy des Gays, décédés sans postérité ;

2. Eugène Rollet, époux de D[lle] Amélie Bontemps, et leur fille Eugénie décédée, épouse de M. Anthoine, ingénieur et leur postérité ;

3. Louis Rollet, époux de D[lle] Huard, et leur fille mariée à M. Brody de la Motte, et leur descendance.

4. Gustave Rollet, époux de D[lle] Sara Godinat et leurs trois filles : 1° Jeanne, mariée à Ernest Bailly ; 2° Louise, épouse de M. Gourbeyre, magistrat ; et 3° Marguerite, épouse de M. Coutureau, officier d'infanterie, toutes ont descendance.

Famille Vallet

On trouve sur les registres de l'état-civil de Saint-Amand :

En 1615, Michel Vallet, apothicaire, époux de Marguerite Fouquet ;

En 1658, Nicolas Vallet, marchand poëlier, Daniel Vallet, marchand ;

En 1661, Jeanne Vallet, épouse de Guillaume de Grandchamp, *capitaine des Gabellous* ;

En 1669, Jeanne Vallet, femme de Pierre Bergeron ;

En 1670, Jean-Baptiste Vallet était chirurgien-accoucheur juré de la ville de Saint-Amand.

Pierre Vallet, chirurgien, épouse en premières noces Jeanne

Barbarin, et en secondes noces Anne Rollet, décédée en 1773; elle était fille d'Antoine Rollet, et de Jeanne Beaugard.

Les époux Pierre Vallet-Rollet ont une fille, Jeanne Vallet, décédée en 1814, et un fils, Louis Vallet, sieur de Mouant, proe cureur fiscal, marié en 1732 à Jeanne Rollet, fille de Barthélemy Rollet, docteur en médecine :

Les époux Louis Vallet-Rollet ont eu pour descendance :

1. Barthélemy Vallet, arpenteur, marié, en 1766, en premières noces à Marie Bignon, décédée en 1770, fille de Bignon, notaire à Saint-Amand, et d'Anne Fouquet, et en secondes noces, à François Grangier de Boisdechamp;

2. Jean-Baptiste Vallet, greffier du grenier à sel, époux en premières noces de Anne Salins et en secondes noces, en 1744, de Marie-Aymée ; Jean-Baptiste Vallet était, en 1753, capitaine de la milice bourgeoise ; de son premier mariage il a eu deux filles, Jeanne, mariée à Gatien Souchois (de Châteauneuf) en 1759, et Marie-Jeanne avec Jean-François Cacadier, secrétaire de l'administration municipale du canton de Saint-Amand pendant la Révolution, d'où Joseph Cacadier, juge de paix du canton de Saulzais et sa descendance;

Et de son second mariage : 1° Pierre Vallet, époux en premières noces de Jeanne-Madeleine Bouvet, fille de Jean Bouvet, marchand de drap de soie à Saint-Amand, et en secondes noces, en 1770, de Scholastique Ragot, fille de Jean-Baptiste-Charles Ragot, et d'Agnès Fouquet, et 2° Jeanne-Madeleine Vallet, épouse de Pierre Coffin, marchand orfèvre à Saint-Amand;

3. Anne Vallet, mariée à Antoine Regnault, fils de Jean Regnault de la Motte.

De Pierre Vallet et de Jeanne-Madeleine Bouvet, sont issus :

1. Jean-Baptiste Vallet, marié le 26 thermidor an VI avec Madeleine Aurry, d'où Paul Vallet, docteur en médecine,

époux de D[lle] Testé, d'où une fille, Corinne, mariée à M. le docteur Mazerat et leur fille Gabrielle, veuve sans postérité de M. Boiron (de Moulins).

2. Jean-Baptiste-Gatien Vallet, colonel aux armées de Napoléon Ier, ayant fait partie de l'expédition d'Égypte.

APPENDICE II

NOTICE BIOGRAPHIQUE SUR QUELQUES-UNS DE NOS CONCITOYENS

Indépendamment des membres de plusieurs anciennes familles dont les noms se retrouvent fréquemment dans l'histoire de notre ville, comme les Bonnet de Sarzay, les Geoffrenet, les Fouquet, les Josset, etc., Saint-Amand a donné le jour plus récemment à un certain nombre d'hommes qui se sont distingués par leur mérite et qui ont occupé dans le monde scientifique et littéraire, le clergé et la magistrature de hautes positions ; nous avons cru ne pouvoir terminer cette histoire sans leur consacrer au moins quelques lignes.

Philibert Audebrand.

Au numéro 13 de la rue de la Porte-Moutin naquit, le 31 décembre 1815, Audebrand Philibert, de Edme Audebrand, négociant, et de D[lle] Françoise Villepelet. Après avoir commencé ses études au collège de sa ville natale, et les avoir terminées au Petit Séminaire de Bourges, le jeune Audebrand se destina au barreau, mais bientôt entraîné vers la carrière littéraire par des aptitudes toutes spéciales, il abandonna le droit pour se faire attacher comme chroniqueur à divers journaux, et de 1842 à 1848, il rédigea ces compte-rendus des séances de nos chambres politiques. Après la Révolution de février, il donna un plus grand essor à son talent dans la « *Physionomie de l'Assemblée Nationale*, écrite pour le CORSAIRE, et depuis cette époque il n'a cessé d'écrire un nombre incalculable de *causeries*, de *mémoires*, d'*analyses*, de *portraits politiques ou littéraires*, dont le style finement spirituel et légèrement caustique n'a pas tardé de mettre son nom au premier rang de nos chroniqueurs.

Philibert Audebrand est certainement un de nos contemporains qui a le plus travaillé et le plus produit. Ses œuvres se distinguent par un grand fonds de conscience et de moralité littéraires, un esprit sûr et élégant qui donnait un charme inexprimable aux intéressantes causeries du *Courrier de Paris* publiées dans l'*Illustration*.

Parmi les nombreux volumes de roman, d'histoires et de fantaisies diverses dues à la plume de notre éminent compatriote, nous pouvons citer : *Les Mariages d'aujourd'hui*; *la Sérénade de Don Juan*; *Histoire de la Révolution du* 18 *mars*; *Souvenir de la tribune des Journalistes*; *Les Fredaines de Jehan de Cérilly*; *Nos Révolutionnaires*; *Petits Mémoires du* XIXe *siècle*; *Les mariages manqués* et une pièce de théâtre, *le Panier de Pêches* tirée d'un de ses meilleurs romans, etc.

Philibert Audebrand a été, comme vice-président de la Société des gens de lettres, nommé chevalier de la Légion d'honneur le 13 juillet 1885. Il a un fils qui suit brillamment la carrière des armes ; ancien élève de l'École Polytechnique, il commande une batterie d'artillerie dans une de nos forteresses du sud-est, il est chevalier de la Légion d'honneur.

Philibert Audebrand n'a pas oublié son pays natal, il prend le plus grand intérêt à tout ce qui touche ses compatriotes et ceux-ci ne prononcent pas son nom sans un sentiment de satisfaction bien légitime.

Bonnin (abbé)

Jean-Baptiste-Michel Bonnin est né à Saint-Amand, le 10 janvier 1802, de Silvain et de Marie-Thérèse Germain, dans une famille d'honorables commerçants ; après de très bonnes études, faites au collège de notre ville, il entra au Petit Séminaire de Bourges, où il achevait sa rhétorique à l'âge de seize ans et demi, ayant constamment remporté les premiers prix de sa classe. Il entra de suite au Grand-Séminaire, et, après une année de philosophie, ses aptitudes exceptionnelles à l'étude et la maturité de son jugement inspirèrent une telle confiance à ses supérieurs qu'ils ne craignirent pas de l'envoyer comme professeur au Petit-Séminaire de Saint-Gaultier (Indre). Il professa successivement dans cet établissement la sixième, la cinquième et la quatrième, et rappelé au Grand-Séminaire en octobre 1824, il fut ordonné prêtre par Mgr de Villèle, archevêque de Bourges, le 29 juin 1826.

Après quelques années passées de nouveau dans le professorat, pendant lesquelles ses éminentes qualités n'avaient cessé d'attirer l'attention sur lui, l'abbé Bonnin fut désigné par le conseil archiépiscopal pour les hautes fonctions de vicaire général, et, le 11 juillet 1829, il recevait ses lettres officielles de nomination ; il n'avait encore que vingt-sept ans.

Il serait impossible de rapporter tous les traits édifiants de la vie de cet homme de bien, dont chaque jour était marqué par un acte de dévouement ou de charité, il nous suffira d'en citer quelques-uns pour faire juger de l'élévation de ses sentiments et de la grandeur de son amour pour ses semblables.

Peu de temps après sa promotion au vicariat général, une malheureuse femme, convaincue d'un crime capital, allait porter sa tête sur l'échafaud : l'aumônier de la prison était jeune et redoutait singulièrement d'assister la condamnée. M. Bonnin avait le droit d'imposer ce pénible office à tout autre prêtre du diocèse ; il aima mieux le prendre pour lui-même. La population de Bourges fut vivement touchée à la vue du premier vicaire général, traversant les rues de la ville sur la fatale charrette, un crucifix à la main, exhortant au repentir et à la confiance cette triste victime qui, dans un instant, allait passer du tribunal des hommes au tribunal de Dieu !

Pendant l'été de 1832, le choléra, qui avait fait tant de victimes à Paris, éclata avec violence dans la ville de Châteauroux. M. l'abbé Molat, curé d'une paroisse de cette ville, malade lui-même, demanda du secours à Mgr de Villèle. Celui-ci appela son vicaire général pour avoir son avis sur le prêtre qu'il convenait de choisir en cette douloureuse circonstance ; l'abbé Bonnin répondit simplement que ce serait lui qui irait, et en effet après un court débat, Monseigneur, plein d'admiration pour tant de dévouement, donna son consentement : l'abbé Bonnin partit aussitôt, accompagné d'un jeune prêtre, M. l'abbé Imbert, et, à peine arrivé sur le théâtre de l'épidémie, se fit tout à tous, prenant toujours pour lui les soins les plus pénibles, demeurant sur pied jour et nuit pour ne laisser mourir aucun malade sans la consolation des derniers sacrements, et cela pendant un mois, sans cesse en face de la mort qui faisait chaque jour une dizaine de victimes. Quand l'épidémie fut terminée, les habitants de la ville de Châteauroux, justement émus d'admiration et de reconnaissance pour une telle charité, offrirent à l'abbé Bonnin une médaille de bronze magnifiquement gravée portant d'un côté cette légende : *A M. l'abbé Bonnin, la ville de Châteauroux reconnaissante*, et de l'autre côté les armes de la ville.

Le cœur d'un tel prêtre s'ouvrait largement à la compassion et au soulagement de toutes les misères : pendant son séjour à Châteauroux, l'abbé Bonnin, se rendant à Déols, rencontre un mendiant vieux, infirme et à peine vêtu ; n'ayant rien à lui donner, il se retire dans un champ voisin et revient un instant après offrir au mendiant la chemise dont il venait de se dépouiller et ses souliers qu'il échangea contre ceux du malheureux ! Que pourrions-nous ajouter de plus !

L'abbé Bonnin quitta les fonctions de vicaire général pour prendre, en 1862, celles de supérieur au Petit Séminaire de Bourges qu'il conserva jusqu'à sa mort survenue le 11 mars 1866; il repose dans le jardin de cet établissement où sa mémoire est à jamais vénérée.

L'abbé Bonnin n'était pas seulement un digne et saint prêtre, c'était un savant : il était versé dans la connaissance des Pères de l'Église grecque et avait occupé dans divers Séminaires de l'éminente compagnie de Saint-Sulpice la chaire d'Écriture sainte ; il avait une aptitude remarquable pour les langues vivantes, aussi bien que pour les langues anciennes, et consacrait les heures de repos que pouvaient lui laisser ses occupations à l'étude de l'astronomie, de la géologie, et de la botanique, science pour laquelle il avait une prédilection toute particulière.

Chevalier de St-Amand.

Le 7 janvier 1782, Pierre Chevalier, bailly, juge civil et criminel de Châteauneuf-sur-Cher, fils de Antoine Chevalier, bourgeois de la ville de Clermont-Ferrand, et de feue D[lle] Françoise Cohade, épousait à Saint-Amand Catherine Fouquet ; c'est de cette union que naquit en notre ville, le 24 octobre de la même année, Pierre Chevalier, plus connu sous le nom de Chevalier de Saint-Amand. Par son père il appartient à la famille Badin, dans laquelle le célèbre historien du Berry, Thaumas de la Thaumassière était venu, en 1652, prendre femme, et par sa mère à la famille Fouquet, une des plus honorables de notre ville.

Chevalier était un homme d'une profonde érudition, d'un commerce des plus agréables, et c'est à lui que nous devons le premier travail sérieux qui ait été fait sur les origines de Saint-Amand ; il fut un de ceux qui ont le plus fouillé dans les vieux titres de notre histoire provinciale, et il a publié sur ce sujet divers opuscules dans l'*Annuaire du Berry* de 1836 à 1840 sous le titre de *Tablettes berruyères*. Ses *Recherches historiques* écrites en 1844, ont jeté un jour nouveau sur les premiers temps de nos deux villes de Saint-Amand, notamment sur celle de Saint-Amand-le-Chastel, qu'avait absolument ignorée La Thaumassière, et dont il nous a révélé l'existence ; on ne peut que regretter seulement qu'il ait borné son œuvre à une brochure de quelques pages et qu'il ne lui ait pas donné plus d'étendue.

Chevalier est mort bibliothécaire de la ville de Bourges en 1865 ; il était âgé de quatre-vingt-trois ans.

Antony Gaulmier.

Antony-Eugène Gaulmier est né à Saint-Amand le 6 janvier 1795 : son père y exerçait les fonctions de préposé aux recettes et aux dépenses publiques de l'arrondissement (receveur particulier des finances). Dès ses premières années, il fut aisé de reconnaître en lui le germe de précieuses qualités qui, se développant avec l'âge, répandirent sur son caractère un charme particulier. Toutefois sa constitution excessivement délicate inspirait de sérieuses inquiétudes à ses parents, qui ne se déterminèrent à le mettre au collège de Bourges qu'après de longues hésitations, et les succès qu'il y obtint ne leur causèrent pas moins de surprise que de joie. Ses études finies, il entra dans l'Instruction publique et vint, en 1812, débuter dans le professorat au collège de Saint-Amand. Mais, entraîné par les excitations d'une imagination ardente, il abandonna bientôt la carrière de l'instruction et essaya d'étudier la médecine ; puis, au mois de janvier 1816, il entra au séminaire de Saint-Sulpice, où il ne fit qu'un assez court séjour et qu'il quitta pour se laisser aller définitivement à cette vocation qui l'appelait d'une façon irrésistible vers la poésie. Il rentra donc dans l'instruction et fut appelé en 1818 à professer la rhétorique à Nevers, puis à Reims en 1819, et enfin à Bourges, dans ce collège où il avait fait de si brillantes études ; c'est là qu'il fut atteint du mal qui ne devait pas lui pardonner, et qu'il succomba le 23 septembre, âgé de trente-quatre ans.

Les œuvres d'Antony-Eugène Gaulmier ont été, après sa mort, recueillies par les soins de sa famille et publiées en l'année 1830 ; elles sont empreintes de cette mélancolie douce et profondément touchante qui était le fond de son caractère et qui le rendait si sympathique à tous ceux qui l'ont connu. Ses vers, pleins d'accents passionnés, de tendres délicatesses et de nobles sentiments, ont valu à leur auteur plusieurs distinctions de l'Académie française à un âge et dans des conditions qui les rendent exceptionnellement flatteuses. On peut dire que Gaulmier serait parvenu à une grande célébrité si la faiblesse de son tempérament n'eût abrégé la durée de son existence.

Parmi ses poésies les plus remarquables on cite : l'*Ode sur le Dévouement de Malesherbes*, qui fut couronnée par l'Académie ; *La Première Communion, La Jeune Mère mourante*, dont tous les vers font couler des larmes ; *Le Dévouement des Médecins français et des Sœurs de Sainte Camille ; L'Abolition de la traite des nègres*, morceaux qui furent lus à l'Académie et vivement applaudis ; *L'Épître à M. Anot*, un de ses collègues de Reims avec lequel il était lié d'une étroite amitié ; une traduction du poète latin Tibulle, regardée à juste titre comme une œuvre du plus grand mérite, et enfin plusieurs discours en prose, qui sont des modèles de style, d'élégance et d'élévation des idées.

Godin des Odonais

Jean Baptiste Godin des Odonais naquit à Saint-Amand en 1713 ; il appartient par son père, Amand Godin, sieur des Odonais, et sa mère Anne Fouquet, à deux des plus honorables familles bourgeoises de notre cité. Il passa une grande partie de sa vie en Amérique, où il accompagna, comme ingénieur hydrographe, l'illustre professeur Bouguer, et le célèbre navigateur La Condamine, chargés par le gouvernement, en 1736, d'aller à l'Équateur déterminer la grandeur et la figure de la terre. Ce voyage, au cours duquel les voyageurs parcoururent toute l'Amérique du Sud, dura dix ans, et ils ne revinrent qu'après avoir supporté des fatigues inouïes et des dangers constants. Pendant un séjour qu'il fit au Pérou, Godin épousa une charmante personne de ce pays, dona Isabella de Grand-Maison y Bruno, fille du gouverneur de la province de Quito, avec laquelle il ne resta que peu de temps, obligé qu'il fut de rejoindre ses compagnons de voyage. Mme Godin, ne recevant plus de nouvelles de son mari, n'écoutant que son courage, entreprit d'aller à sa recherche. Elle partit avec une suite peu nombreuse qui fut rapidement décimée par les maladies de toutes sortes, et ce ne fut qu'après une longue série de fatigues héroïquement supportées, de dangers sans cesse renaissants et d'obstacles insurmontables dont son incroyable énergie vint cependant à bout, qu'elle put enfin se réunir à son mari. Le récit des aventures de Mme Godin à travers les forêts vierges de l'Amérique est une des histoires les plus émouvantes qu'on puisse lire et se trouve relaté dans une lettre qu'écrivit à son retour M. Godin à M. de la Condamine ; les péripéties de ce voyage sont également rapportées dans l'histoire de l'Amérique par Robertson.

M. et Mme Godin des Odonais sont morts à Saint-Amand, sans postérité, en 1792 ; un frère de Mme Godin la suivit à Saint-Amand, il s'y maria, et un de ses petits-fils, le docteur de Grand-Maison, a exercé la médecine dans une localité voisine de notre ville.

Haton de la Goupillière

Charles Haton de la Goupillière est né à Saint-Amand, le 23 germinal an XII (13 avril 1802); son père, Louis Haton de la Goupillière y était receveur de l'Enregistrement, et y devint plus tard Conservateur des hypothèques; sa mère, Anne Josset, appartenait à une très ancienne et très honorable famille de notre ville.

Haton embrassa la carrière de la magistrature et s'y fit de suite remarquer par des qualités exceptionnelles qui devaient lui procurer un rapide et brillant avancement. Étant procureur du Roi à Bourges, il épousa, dans cette ville, le 10 septembre 1832, Mlle Rose-Claire-Eugénie Petit, fille du général baron Petit, qui commandait la garde impériale lors de l'abdication de Napoléon Ier et des célèbres adieux de Fontainebleau. Charles Haton fut ensuite appelé dans le ressort de la Cour de Paris, et il occupa les hautes fonctions de Président de Chambre, avec la dignité d'officier de la Légion d'honneur. D'une inflexible assiduité au travail pendant tout le cours de sa carrière, Haton se classa rapidement parmi les magistrats les plus intègres et les plus éclairés de cette Cour, qui en comptait cependant de si distingués et il en fut une des lumières. L'austérité de sa vie privée, son attitude calme et sérieuse aux audiences inspiraient un tel respect de sa personne que les jeunes avocats ne prenaient jamais la parole devant ce magistrat sans une appréhension que les paroles bienveillantes qu'il leur adressait parvenaient seules à dissiper.

Atteint par la limite d'âge et déjà souffrant d'une cruelle affection que les fonctions qu'il occupait ont le triste privilège de développer et d'aggraver, M. Haton prit sa retraite après avoir été nommé Président de Chambre honoraire et revint se fixer dans cette ville de Saint-Amand où il était né, où s'était écoulée son enfance, où il revenait souvent prendre de courts instants de délassement à ses fatigues et où il devait finir ses jours ; il y mourut le 25 octobre 1873, laissant un fils, héritier de son nom et de ses traditions d'honneur et de patriotisme.

M. Julien-Napoléon Haton de la Goupillière, élève de l'École Polytechnique, d'où il est sorti le premier, examinanateur d'entrée à cette même école, inspecteur général des Mines, est actuellement directeur de l'École supérieure des Mines, membre de l'Institut et commandeur de la Légion d'honneur. Il est presque notre concitoyen par la naissance, il l'est tout à fait par la famille et par le cœur, et notre ville a le droit de le revendiquer comme un de ses enfants.

Ernest Mallard

François-Ernest Mallard, quoique n'ayant pas reçu le jour dans notre ville, puisqu'il est né le 4 février 1833 à Châteauneuf, lui appartient cependant par sa famille qui y est depuis longtemps fixée ; son père, M. Eugène Mallard, a été avoué près notre tribunal, et il est le petit-fils de M. Florimond Robertet, qui a été à la tête de notre municipalité.

Mallard, après de fortes études au collège de Saint-Amand et au lycée de Bourges, fut reçu en 1851 à l'École Polytechnique, d'où il sortit pour aller en 1853 à l'École des

Mines. Il fut ensuite chargé des fonctions d'ingénieur des Mines à Guéret et, pendant son séjour dans cette ville, il dressa la carte géologique des départements de la Creuse et de la Haute-Vienne, carte qui figura à l'exposition de 1867 et qui valut à son auteur d'être nommé professeur à l'École des mines de Saint-Etienne. Là il fut chargé par le gouvernement brésilien de différentes recherches scientifiques et reçut à cette occasion la décoration de l'Ordre de la Rose du Brésil. Il venait de recevoir une mission pour le Chili quand éclata la guerre de 1870 ; son œuvre scientifique rapidement terminée, il rentra à la hâte en France, et prenant à peine le temps de revoir sa famille, il se mit à la disposition du Gouvernement de la Défense Nationale, qui le mit à la tête du génie civil de l'armée de l'Ouest.

Après l'entrée de notre armée en Suisse, Mallard fut appelé à l'Ecole des Mines de Paris comme professeur de l'une des premières chaires, celle de la Minéralogie, et pendant vingt-deux ans sut y former de nombreuses promotions d'ingénieurs, y attirer le public éclairé et y faire connaître les admirables théories par lesquelles il a renouvelé la face de cette belle et difficile science. Il avait successivement, pendant ce laps de temps, conquis les plus hautes fonctions que pouvaient lui permettre d'atteindre son mérite et un travail opiniâtre et incessant ; il avait reçu la croix de chevalier, puis la rosette d'officier de la Légion d'honneur; il était devenu ingénieur en chef, inspecteur général des mines et l'Institut de France lui avait ouvert ses portes.

A une science profonde, Ernest Mallard joignait une modestie qui n'avait d'égale que son mérite, et l'affabilité de son caractère lui attirait les sympathies de tous ceux qui le connaissaient. Indépendamment de découvertes dans le domaine scientifique qui le classent au premier rang, il s'était adonné avec ardeur et persévérance à l'amélioration de la lampe des mineurs et, grâce aux perfectionnements qu'il y a apportés, Ernest Mallard comptera parmi les bienfaiteurs de l'humanité. Il a été enlevé le 6 juillet 1894, d'une façon soudaine et imprévue, à l'affection de sa famille, de ses amis, à la science, à cette école dont il a été tour à tour l'un des élèves les plus distingués, l'un des professeurs les plus aimés, et dont il restera une des *gloires* suivant l'expression d'un ami, d'un collègue autorisé pour l'apprécier ; il repose au milieu des siens dans le cimetière de notre cité, qui peut à juste titre être fière de lui.

Raoul Rochette

En l'année 1879, a été démolie, dans la Grande Rue de Saint-Amand, une maison de modeste apparence (magasin Montalescot) où naquit, le 9 mars 1790, un des hommes les plus instruits de notre siècle; Désiré-Raoul Rochette. Il était le fils aîné de Paul-Gilbert Rochette, docteur en médecine, et de dame Rose Meillet ; il eut une sœur enlevée prématurément à l'affection des siens au moment où elle venait d'être fiancée à un jeune homme ami de sa famille, et un frère, Paul, décédé professeur d'histoire au collège de Bastia.

Les parents de Raoul n'étaient pas très fortunés, et il fut élevé en grande partie par une sœur de sa mère, Mme Anne Meillet, qui, veuve sans enfant d'un sieur Gaspard Pervet, épousa, en secondes noces, Jean-Baptiste-Grégoire, qui exerçait dans la maison de la Grande Rue, la profession de maître orfèvre, avec une probité et une loyauté que tous ses concitoyens se plaisaient à reconnaître. Avec de tels exemples sous les yeux, Raoul Rochette ne put que se convaincre de bonne heure de la nécessité du travail et de la régularité dans la vie, il se mit courageusement à l'œuvre. C'est dans ces conditions d'aptitude et de persévérance studieuse que notre compatriote devint professeur au lycée Louis-le-Grand ; lauréat de l'Institut, maître de conférences à l'École Normale supérieure, et plus tard archéologue distingué. Il fut appelé, à ce titre, en 1828, à faire partie de la commission scientifique qui fut envoyée en Morée, et il était, en 1838, membre et secrétaire perpétuel de l'Académie des Beaux-Arts.

Raoul Rochette a laissé une œuvre assez considérable : *Histoire des colonies grecques* ; *Monuments inédits d'antiquité figurée,* un cours d'archéologie, *Peintures antiques nédites,* de nombreux ouvrages sur la littérature ancienne et moderne et de nombreuses et intéressantes notices sur plusieurs membres de l'académie des Beaux-Arts. Il devint conservateur du cabinet des Médailles, des pierres gravées et des antiques de la Bibliothèque nationale à Paris, et secrétaire perpétuel de l'Académie des Sciences ; il était officier de la Légion d'honneur.

Le nom de Désiré-Raoul Rochette appartient à l'histoire scientifique de ce temps, par la valeur incontestée des écrits qu'il a publiés et qui devraient occuper un des premiers rangs de la bibliothèque de notre cité. Il est mort à Paris le 5 juillet 1854, entouré d'estime et d'honneurs ; il avait une fille, qui épousa le célèbre graveur Calamatta, décédé en 1869, et les époux Calamatta-Rochette ont eu une fille, qui est actuellement l'épouse du baron Maurice Du Devant, le fils bien connu dans le monde des lettres de l'illustre auteur berrichon George Sand.

Monseigneur Rousselet

Charles-Frédéric Rousselet est né le 27 brumaire an IV (20 décembre 1795) à Saint-Amand, où habitaient son père, M. Nicolas-Frédéric, et sa mère, Mme Françoise Barbarin. Aussitôt qu'il eut la force de faire un soldat, il s'engagea et quitta le service militaire en 1816, lors du licenciement de l'armée de la Loire. Il entra alors au Grand Séminaire de Bourges, y devint, après avoir reçu les ordres, professeur de théologie ; alla en la même qualité aux Grands Séminaires de Bayeux et d'Angers et fut distingué par Mgr l'Évêque d'Autun, qui se l'attacha en qualité de vicaire général ; il fut de là élevé à la dignité d'Évêque du diocèse de Séez (Orne). Après quarante années d'épiscopat, il mourut dans cette ville le 1er décembre 1881, emportant les regrets de tous ceux qui à Saint-Amand ou dans son diocèse l'ont connu : le gouvernement lui avait conféré la croix de chevalier, puis celle d'officier de la Légion d'honneur, le Saint Père lui avait donné les titres de comte romain et de prélat assistant au Trône Pontifical.

Mgr Rousselet était connu par son affabilité, sa simplicité et en même temps sa grande érudition ; il avait un frère, Charles-Martin, également né à Saint-Amand, qui fut garde-du-corps sous la Restauration, et ensuite avocat au barreau de notre ville du 1er septembre 1832 au 5 septembre 1839. Sous le nom de Paul Vermond, il a publié un ouvrage en deux volumes intitulé : *Chronique du Berry*.

Vicomte de Coulogne

Nous ne pouvons terminer cette courte notice sans parler d'un homme qui a pris droit de cité dans notre ville, par son alliance avec une de ses plus anciennes familles et par les services qu'il y a rendus : M. Jules Robin vicomte de Coulogne.

Né dans la Champagne, M. de Coulogne était officier de cavalerie sous le gouvernement de la Restauration : inébranlable dans ses opinions politiques, il brisa son épée à la chute du trône du Roi Charles X et se fixa dans nos contrées, où il avait été attiré, en 1828, par son mariage avec Mlle Ève De la Cour, fille de l'ancien maire de Saint-Amand.

Il serait difficile de dire tout le bien que M. de Coulogne a fait autour de lui : philantrope éclairé, distribuant d'abondantes aumônes aux indigents, il aidait de sa bourse, jusqu'à l'épuiser, les familles tombées dans la gêne qui n'ont jamais invoqué en vain son inépuisable charité. Il fut pendant plus de vingt années représentant du canton de Saint-Amand au Conseil Général du Cher, et, pendant ce temps, il n'a jamais cessé de soutenir de toute son énergie les intérêts qui lui étaient confiés.

Pour déférer au vœu d'une de ses filles, Mlle Marie-Thérèse, qu'une inexorable maladie lui avait enlevée, M. de Coulogne a fondé dans notre ville, rue Hoche, en l'année 1879, le vaste établissement d'éducation dirigé par des Frères Maristes, qui n'a cessé de prospérer depuis sa création ; il est mort en 1881, emportant les regrets de tous ceux qui l'ont connu.

En 1884, M. Charles de Coulogne, son fils, s'est rendu acquéreur d'un immeuble situé Desaix, et y a installé, sous la même direction des Frères Maristes, une école libre gratuite, où les familles peu aisées peuvent envoyer leurs enfants.

PIÈCES JUSTIFICATIVES

ET

DOCUMENTS INÉDITS

N° I. — CHAPITRE VI.

—

CHARTE DE FRANCHISE DE SAINT-AMAND

A tous ceux qui ces présentes lettres verront :

Michel Barbier, prètre, garde du scel de la châtellenie de Saint-Amand-le-Chastel, salut en N. S.

Savoir faisons que nous avons vu, tenu, touché et fait transcrire de mot à mot par messire Pierre Pelerin, prètre, notaire juré dudit scel et notre lieutenant en cette partie, certaines lettres patentes en bonne forme, faites sous le scel de la prévôté de Dun-le-Roi, dont elles sont munies, non effacées, corrompues, ni altérées en quoi que ce soit, mais sans altération ni suspicion aucune : desquelles lettres écrites en latin s'ensuit la forme et teneur :

Pelerin Brice, garde du scel royal en la prévôté de Dun-le-Roi, salut en N. S.

Sachez que pardevant maître Jean Lebrun, chanoine de Dun, notaire royal juré procédant en notre place et sous notre autorité, en vertu du pouvoir spécial dont nous l'avons investi :

Furent présents noble homme monseigneur Renoul, chevalier, seigneur de Culant, de Châteauneuf et de Saint-Amand-le-Châstel ; certain, prudent, et bien conseillé comme il disait, d'une part :

Et les bourgeois de Saint-Amand, cités et convoqués à do-

N° I. — CHAPITRE VI.

—

TEXTE ORIGINAL

Pièce existant autrefois aux archives de la ville de Saint-Amand.

Universis presentes litteras inspecturis,

Michaël Barbitonsoris, presbiter, custos sigilli castellaniæ de Castro Sancti Amandi, salutem in Domino.

Notum facimus quod nos vidimus, tenuimus, palpavimus et de verbo ad verbum transcribsisse fecimus, per dominum Petrum Pelerinum, presbiterum, dicti sigilli juratum et notarium loco nostri, cui ad hoc commisimus vices nostras, quasdam pactentes litteras autentiquas, sub sigillo preposิture Duni Regis confectas et sigillatas, non rasas, non corruptas nec in aliquo viciatas, sed omni vicio et suspicione carentes; quarum litterarum tenor talis est in verbis latinis modo et forma que sequitur :

Universis presentes litteras inspecturis,

Pelerinus Bricii, custos sigilli regis in prepositura Duni Regis, salutem in Domino.

Noveritis quod presentes coram magistro Johanne Bruni, canonico Dunensi, jurato regis notario, vice et auctoritate nostra et a nobis habente mandatum super hoc speciale :

Nobilis vir dominus Renulphus, dominus de Cullento et de Castro Novo et Castri Sancti Amandi, miles, certus, prudens et consultus, ut dicebat, ex unâ parte ;

Et burgenses de Sancto Amando, vocati et citati ostiatim

micile par le sergent du lieu et par cri public fait convenablement, en la manière accoutumée, tous d'accord et d'un sentiment unanime, comme ils disaient, d'autre part ;

Lesquels ont reconnu publiquement et juridiquement avoir tenu et observé les règlements, statuts, accords et conventions ci-après écrits, et mutuellement établis, de l'avis des prud'hommes, en la manière qui s'ensuit,

C'est à savoir que mondit seigneur, jaloux de marcher sur les respectables traces de ses ancêtres et prédécesseurs, a ratifié, approuvé et confirmé, comme seigneur actuel, les libertés, privilèges, garanties, coutumes et confirmations d'icelles, accordées aux bourgeois de Saint-Amand-le-Chastel, par feu monseigneur Humbert de Prahas, chevalier, et ses prédécesseurs, seigneurs de Saint-Amand-le-Chastel, ainsi qu'il est porté aux lettres du dit seigneur Humbert, scellées de son scel et de son contre-scel, ainsi qu'il apparaissait à la première vue, la teneur des dites lettres est telle :

« Je, Humbert de Prahas, chevalier, seigneur de Saint-Amand-le-Chastel, à tous ceux qui ces présentes verront, fais savoir que de même que monseigneur Ebbe de Charenton a fondé la ville franche de Saint-Amand ; de même encore que monseigneur Renaud de Montfaucon, un de ses successeurs, a confirmé la franchise de ladite ville ; ainsi je la confirme, à mon tour, de la manière qui sera exprimée ci-après.

« Le fondateur s'est réservé les fours, en sorte qu'il faille payer un denier pour la cuisson d'un setier de blé, non compris le bois et le salaire du fournier. Il s'est réservé pareillement la leude (droit) sur le blé et sur le sel, à la coutume de Souvigny.

« Chaque boucher donnera, par an, une cuisse de vache, ou six deniers. — Chaque cordonnier, une paire de souliers, ou six deniers. — Chaque pelletier (tanneur, corroyeur ou mégissier) quatre deniers. — Chaque boulanger, deux deniers.

per servientem loci juratum et per clamorem factum sollempniter et decenter, ut moris est, ut dicebant, et ante ecclesiam Castri Sancti Amandi, unanimes et in unam sentenciam et concordiam existentes, ut dicebant (ex altera parte) ;

Publice et in jure recognoverunt dictas presentes ordinaciones, statuta, composiciones et convenciones subtus scriptas, habuisse, firmasse et factas amicabiliter de bonorum consilio concordasse in hunc modum ,

Videlicet, quod idem dominus piis parentum et predecessorum suorum vestigiis cupiens inherere insequi, libertates, privilegia, munimenta, consuetudines et confirmaciones burgensibus dicti Castri Sancti Amandi concessas, seu donatas, a nobili viro domino Humberto de Praellis, milite deffuncto, et ab antecessoribus dominis Castri Sancti Amandi, prout idem miles confirmavit et sigillavit in quibusdam litteris, et quas litteras dictus juratus affirmat se vidisse, valuit et concessit idem dominus Renulphus, laudavit et auctoritate sua, tanquam dominus c onfirmavit, prout eisdem litteris dicti domini Humberti, sigillo suo et contrasigillo sigillatis, prout prima facie apparebat, continetur; quarum litterarum tenor sequitur in hæc verba ;

« Ego, Humbertus de Praellis, miles, dominus de Castro Sancti Amandi, notum facio omnibus has visuris quod, cum dominus Ebo de Carentonio edificaverit villam francham de Sancto Amando, et dominus Regnaudus de Montefalconis, successor suus, dictam franchisiam dicte ville confirmaverit, ego similiter dictam franchisiam confirmo, sicut inferius est expressa.

« Furnos sibi retinuit, ut sextarius annone coquetur pro uno denario, exceptis lignis et mercede funerii. Et lesda annone et salis, more Silviniarensi.

« Unusquisque macellarius dabit semel in anno cœxam vacche, vel sex denarios ; — Quisque suctor, sotulares, vel sex

« Le seigneur s'est réservé les comptoirs des changeurs et les étaux de bouchers, ainsi que le toulieu du marché (droit de place perçu sur les acheteurs et sur les vendeurs). Les droits de justice sur les voleurs, les émissaires de fausse monnaie, les adultères et les homicides ont été pareillement compris dans les droits seigneuriaux réservés.

« On paiera pour chaque cheval, deux deniers ; pour un âne, un denier ; — pour un bœuf ou une vache, un denier ; — pour un porc valant douze deniers et plus, une obole (1/2 denier) ; — de six brebis, une obole ; — de six cochons de lait, une obole ; — d'une charge de fer, un denier ; — de chaque ballot de marchandise déballée, quatre deniers, — de chaque cheval attelé à une charrette, quatre deniers. — Chaque mercier (ou colporteur) paiera quatre deniers par an ; — chaque brasseur, quatre deniers ; — chaque portèfaix qui fréquentera le marché, quatre deniers.

« Une charretée de vin rendue au cabaret devra un demi setier de vin : — la charge d'un cheval de la même denrée est taxée à une obole.

« Tout cordonnier étranger paiera six deniers ; — tout boulanger dans le même cas quatre deniers ; — chaque forgeron, (taillandier, maréchal ou serrurier), quatre deniers ; — chaque boucher étranger, six deniers ; — chaque marchand de cuirs ou peaux, également étranger à la commune, quatre deniers. Celui qui aura fraudé la leude paiera trois sols, sans préjudice de l'acquit dudit droit.

« Quiconque aura frappé du poing un de ses co-bourgeois devra trois sols, si plainte en est portée devant le seigneur ; et le plaignant aura droit à des dommages. Si le coup a fait couler le sang, l'amende sera de sept sols et demi ; elle sera double, si le sang est sorti par la bouche du navré.

« Dans le cas où la plainte aurait été portée devant les bourgeois, et que ceux-ci fussent parvenus à la pacifier avant

denarios. Quisque pellifex, quatuor denarios. — Quisque panifex, duos denarios.

« Mensas nummulariorum et macellariorum et omnium emencium atque vendencium retinuit sibi et latrones, et falsam monetam portantes, et adulteros, et homicidas.

« Et de unoquoque caballo, quatuor denarios.— Et de asino, unum denarium. — De bove vel vaccâ, unum denarium. — De porco, precii de duodecim denariis vel ampliùs, obolum. — De sex ovibus, obolum. — De sex coucionibus, obolum. — De unaquaque somma ferri, unum denarium. — De unoquoque trossello dissoluto, quatuor denarios.— De unoquoque caballo qui erit ad carretam, quatuor denarios. — De unoquoque mercerio, semel in anno, quatuor denarios. — De unoquoque cervisiario, quatuor denarios. — Quisque fardellarius qui forum frequentaverit, quatuor denarios.

« De unâ quarretâ vini quod erit ad tabernam, medium sextarium vini. — De sommâ vini, obolum.

« Quisque suctor extraneus, sex denarios. — Panifices extranei, quatuor denarios.— Macellarius extraneus, sex denarios. — Pellifices extranei, quatuor denarios. — Qui lesdam furto surripuerit dabit tres solidos et le chatal.

Qui alium pugno percusserit, si clamor ante dominum venerit, dabit tres solidos, et percussus suum rectum (habebit). Qui sanguinem extraxerit, septem solidos et dimidium ; si per os exierit, quindecim solidos.

« Si clamor priùs ante burgenses quam ante dominum venerit et pacificari per eos poterit, nihil habet ibi dominus.

« Qui gladium ad litem iratus portaverit, quindecim solidos.

« Burgenses libere ville non debunt peages in totâ terrâ suâ, si li peages fuerit domini. Quisquid ibi vendiderint non dabunt lesdam nisi sale.

« Non hospitabitur ibi. Non habebit ibi reciedensam. Neque

qu'elle fut déférée au seigneur, le seigneur n'en aura rien.

« Celui qui, dans sa colère, se présentera en armes au plaid, l'amendera de quinze sols.

« Les bourgeois de la ville libre seront exempts dans tout leur territoire des droits de péage perçus par le seigneur. Ils ne lui devront rien pour aucun objet dont ils trafiquent, si ce n'est pour le sel.

« Le dit seigneur ne pourra prétendre dans leur ville ni repas, ni gîte. Il ne pourra les enrôler dans sa milice que de leur libre consentement ; enfin, il n'aura pas plus d'autorité sur leurs personnes qu'un voyageur qui passe chemin.

« Si un bourgeois a reçu un gage de quelque étranger, il doit le garder quinze jours ; si, au bout de ce terme, le gage n'est pas retiré, le bourgeois peut le vendre, et se payer sur son produit de ce qui lui est dû, il remettra le surplus à son débiteur.

« Si quelque étranger à la ville, chevalier ou paysan, doit de l'argent à un bourgeois et ne le paye pas, ou se refuse à faire régler sa dette en justice, le créancier pourra, s'il trouve son débiteur dans la ville, l'obliger bon gré mal gré à donner gage suffisant.

« Ni chevalier, ni homme de sa suite, ne pourra s'établir à Saint-Amand (sans le consentement du seigneur de la commune) ni en être gouverneur.

« Les cens de la ville et des terres cultivées par ses habitants seront acquittés dans la ville même, ainsi que les autres coutumes (ou redevances).

« Monseigneur Ebbe (VI) de Charenton a fondé la ville libre de Saint-Amand ; quiconque voudra venir s'y établir avec son argent, y vienne librement, et s'en retourne quand bon lui semblera.

« Tout seigneur, depuis le fondateur, doit, s'il veut posséder la seigneurie de la ville, s'engager envers les habitants à res-

cogerit burgenses quod eant in suo exercitu, nisi sponte suâ. Neque faciet illis vim plusquam alter peregrinus.

« Si pignus ab aliquo extraneo burgensis habuerit, tenebit illud quindecim diebus ; ultrà, nisi redimatur, vendiderit burgensis pignus, et retinebit suum capitale, et reliquum reddet debitori.

« Si quis extraneus, sive miles, sive rusticus, illis pecuniam debuerit et reddere noluerit, vel rectum facere, si invenerit (inventus erit ?) infra villam, pignorabit eum, sive velit, sive nolit.

» Miles vel cliens non habet ibi stare, nec esse pretor.

« Census ville et terrarum quas homines ville colent, reddentur in ipsâ villâ cum aliis consuetudinibus.

« Ædificavit dominus Ebo de Charentonio villam francham Sancti-Amandi ; qui autem ad villam cum pecuniâ suâ venerit, liberè veniat, et redeat si voluerit.

« Dominus autem qui post eum venerit, qui dominus ville esse voluerit, hos conventus faciat cum hominibus ville ; quod si non fecerit, non habeat partem in villâ.

« In omnibus nemoribus suis dedit eis lor chalfar et lor bastir, exceptâ la forest de Gros-Boc ; eo pacto, quo burgenses Silviniacenses se deffendunt, deffendent se cum his consuetudinibus. Juravit dominus Ebo et Gaste-Glœre.

« Et has omnes consuetudines juravit dominus Ebo et Guillelmus Gastegloyre ; et dominus Hunbertus, dominus de Castro Sancti-Amandi, confirmavit. Juraverunt dictus Hunbertus de Praellis predictus cum duobus aliis militibus suis.

« Datum anno Domini M° CC° sexagesimo sexto mense novembris. »

Item, cum dictus dominus Renulphus peteret à dictis burgensibus questam de triannio in triannium ad voluntatem suam, super dictâ questâ fuit, inter dictum dominum Renulphum et dictus burgenses, amicabiliter compositum et con-

pecter leurs franchises ; sinon il n'aura aucun droit sur la dite ville.

«Le fondateur a donné aux habitants le droit de prendre leur bois à bâtir dans toutes ses forêts, si ce n'est dans celle du Gros-Boc ; droit qu'ils feront valoir selon la coutume de Souvigny. Ainsi signé : Ebbe et Gaste-Gloire.

« Tous les articles précédents, jurés par monseigneur Ebbe et Guillaume Gaste-Gloire ont été confirmés par monseigneur Humbert, seigneur de Saint-Amand-le-Chastel. Ledit Humbert de Prahas les a jurés avec deux de ses chevaliers.

» Donné au mois de novembre de l'an de N.-S. 1266. »

Outre plus, sur la demande formée par mondit seigneur Renoul (de Culant) afin d'être autorisé à lever une taille de trois en trois ans, à sa volonté, il a été réglé par amiable composition entre mondit seigneur et les bourgeois de Saint-Amand que ceux-ci paieront dès à présent et à l'avenir, au lieu de la dite taille triennale, une somme annuelle de vingt livres tournois, exigible à la fête de la Toussaint.

Et ledit seigneur a disposé et accordé que tous les bourgeois de la baronnie de Charenton, qui sont tels par leur domicile réel ou par toute autre considération, pourront, en adhérant aux mêmes conditions que les bourgeois de Saint-Amand, jouir des franchises, coutumes et privilèges des bourgeois de cette ville franche. Le seigneur s'engage, tant pour lui que pour ses successeurs, à ne recevoir dans la dite franchise ni homme ni femme qui ne soit réellement taillable ou ne se fasse pas admettre au rang des bourgeois. Le nouveau venu aura un an pour se déterminer à rester serf ou à acquérir la bourgeoisie ; si l'année se passe sans qu'il ait fait son choix, il demeurera serf du seigneur à perpétuité.

Sur la réclamation dudit seigneur d'une taille pour sa promotion à l'ordre de chevalerie, qu'il s'attribuait le droit d'exiger des bourgeois, il a été réglé, d'un commun accord, entre

cordatum quod dicti burgenses solvent et solvere tenebuntur dicto domino Castri Sancti-Amandi, ex nunc et in perpetuum, racione illius queste de triannio in triannium, vigenti libras turonenses annuatìm, tantùmmodo ad festum Omnium Sancum, annis singulis.

Et voluit idem dominus, et concessit quod omnes convencionarii de baroniâ de Charentonio sint de aspectu, seu agart, et statu burgensie aliorum burgensium Castri Sancti-Amandi, et quod illi se possint gaudere de franchisiâ et costumâ aliorum burgensium dicte franchisie, sicut continetur in privilegio. Et promisit dictus dominus quod, à modo seu de cetero, non recipiet hominem nec feminam nisi tantummodo in burgensiâ, vel hominem tailliabilem sine fraude. Et hoc erit in voluntate illius, qui voluerit esse burgensis, vel servus ; et poterit eligere hoc, vel choesir, infra annum : et exinde anno dou choesir transacto, si non eligerit franchisiam infra annum, remanebit servus domino in perpetuum.

Item, cum dictus dominus peteret a dictis burgensibus questam racione sue milicie quam habebat super eos, ut dicebat, ordinatum et compositum inter dictum dominum et burgenses predictos, extiti in hunc modum, videlicet, quod ratione queste pro miliciâ, ipsi burgenses redderent unâ vice, seu semel, dicto domino, tempore suo, cum dominus ville erit novus miles, trigenta libras turonenses ; nec ramanebit perpetuò predictas vigenti libras turonenses,annui redditûs, quos debent dicti burgenses, ex suâ confirmacione ; et salvis dicto domino Castri Sancti Amandi, minâ avene et octo denariis turonensibus, quam avenam et dictos octo denarios, annuatìm ad festum sancti Michaëlis, solvere tenebitur domino predicto quisque tenens focum et locum, masculus et femella, in baroniâ predictâ ; salvâ dictis burgensibus paretâ (1) prout antiquitùs ab ipsis et cum ipsis est hactenus observata.

(1) Pareta *prandium*, *cœna*. *Du Cange*,

les parties, que l'impôt réclamé se réduirait au paiement pour une seule fois de la somme de trente livres tournois, que la ville compterait au seigneur et à sa première réquisition, lorsqu'il recevrait l'ordre de chevalerie, sans préjudice de vingt-livres tournois de rente annuelle que les bourgeois lui doivent de leur aveu, pour la confirmation de leurs franchises, et en ce non compris les huit deniers tournois et la mine d'avoine, que doivent chaque année au dit seigneur de Saint-Amand pour le terme de Saint-Michel, suivant l'usage de la baronnie de Charenton, les habitants des deux sexes ayant feu et lieu ; sauf aux bourgeois le droit à un repas, tel qu'il s'est exercé de toute antiquité et jusqu'à ce jour par eux et avec eux.

Il est à savoir que les vingt livres de rente dues par les bourgeois au seigneur, et les trente livres payables au cas ci-dessus déterminé, seront assises par quatre jurés élus, chaque année, par la commune, lesquels choisiront deux collecteurs qui remettront aux quatre jurés le montant de leur recette, à quoi faire les contraindra le seigneur, sur la réclamation des bourgeois. La commune doit faire connaître les quatre jurés élus par elle au seigneur, au châtelain ou au prévôt, quinze jours avant la Toussaint. Faute de ce faire elle ne sera pas moins contrainte au payement de la rente de vingt livres au terme ci-dessus fixé.

Il faut encore savoir, que lesdits bourgeois pourront disposer ainsi qu'ils l'entendront de tous leurs biens meubles et immeubles, par donation, vente ou testament et tout autre mode d'aliénation ou transmission d'héritages ; qu'ils pourront se marier en toute liberté, eux, leurs fils et leurs filles, et fixer leur demeure partout où bon leur semblera, sauf le droit du seigneur à son revenu annuel de vingt livres et à la taille de trente livres, le cas échéant ; au paiement desquelles sommes, les dits bourgeois se sont engagés, ainsi que tous leurs biens présents et à venir. Et a ledit seigneur juré sur les saints

Et sciendum est quòd dicte vigenti libre quas dicti burgenses debent dicto domino annuatìm et dicte trigenta libre, cum casus evenerit, erunt pregniate (1) et assignate per quatuor juratos quos communitas eliget annuatìm ; et illi quatuor eligent super communitatem duos qui pregniabunt la gan (2) illis quatuor, et ad hoc faciendum dominus illos compellet ad requisicionem burgensium : et communitas debet realiter tradere dicto domino, vel castellano suo, vel preposito, dictos juratos, per quindecim dies ante festum Omnium Sanctorum · et nisi hoc fecerint, dominus poterit eos compellere ad reddendum dictas vigenti libras ad terminum supradictum.

Et sciendum est quòd dicti burgenses poterunt de omnibus bonis suis mobilibus et immobilibus, in morte et in vitâ, suam facere voluntatem, cuique voluerint dare, vendere, alienare et plenam facere voluntatem ; et se poterunt mariare liberè ipsosmet et liberos suos masculos et femellas : et facere mansionem ubicunque voluerint ; salvâ et retentâ dicto et domino obligatione suâ de dictis vigenti libris redditualibus, et de trigenta, quum casus evenerit super eos et super omnibus bonis suis presentibus et futuris ; quia sic voluerunt dicti burgenses ; et confessus fuit dictus dominus se jurasse ad sancta Dei evangelia se servaturum omnia superiùs nominata.

Et voluit idem dominus quòd, quicunque erit dominus Castri Sancti-Amandi teneatur semel jurare, præsentibus burgensibus, se teneri, cum militibus, ad tenendum et servandum privilegia et costumas, unâ vice tempore suo. Et omnes alie lictere quas dominus et burgenses habent, nullius sint valoris, que tangunt dominum et burgenses super jure burgensie et super premissis ; salvâ domino jurisdictione suâ et salvis burgensibus privilegiis suis et contentis in eisdem in quantum jus dabit. Et ad observanciam premissorum, dominus prædictus obliga-

(1) Pregniare, du roman *preigner*, percevoir.

(2) Recette.

évangiles l'observation de tous les articles ci-dessus rapportés.

Le même seigneur a ordonné que tous les seigneurs de Saint-Amand-le-Chastel seraient tenus de jurer, quand ils parviendraient à la seigneurie, avec leurs chevaliers, en présence des bourgeois, qu'ils garderaient et observeraient les privilèges et coutumes portés aux présentes ; toutes les autres lettres touchant au seigneur et aux bourgeois demeurent nulles et non avenues, en ce qu'elles concernent le droit de bourgeoisie et les autres points auxquels il est pourvu par celles-ci ; réservés la juridiction du seigneur et les privilèges des bourgeois, contenus auxdites lettres et fondés en droit.

Mon dit seigneur s'est obligé, lui et ses héritiers, et a obligé tous ses biens meubles et immeubles, présents et à venir, qu'il a soumis pour cet effet à la juridiction dudit scel.

Donné, à la relation du juré susnommé, en qui nous avons toute confiance, et scellé du susdit scel, le vendredi après Pasques de l'an du Seigneur 1292.

En témoignage de ce que nous avons vu les lettres ci-dessus mentionnées et les dispositions tant générales que particulières qu'elles renferment, nous avons fait apposer aux présentes le scel de la châtellenie de Saint-Amand-le-Chastel, le lundi après la Trinité, 13 juin 1389.

Signé : P. Pellerin, prêtre.

vit se et heredes suos et omnia bona sua, mobilia et immobilia, presentia cum futuris, jurisdictioni dicti sigilli supponendo.

Datum ad relacionem dicti jurati, cui credimus, sigillo predicto sigillatum, anno Dni M° CC° nonagesimo secundo die veneris post Pascha :

In cujus visionis et rerum omnium et singularum supradictarum testimonium sigillum predicte castellanie Castri Sancti Amandi presentibus licteris duximus apponendum, die Lune post festum Trinitatis Dni xiiij[a] die mensis junii anno Dni millissimo ccc° octuagesimo nono.

P. Pellerini, presb.

N° 2. — CHAPITRE VIII-XVII

—

MÉMOIRE

PRÉSENTÉ PAR LES OFFICIERS DE SAINT-AMAND A M. LE DUC DE SULLY, ET PAR LUI APOSTILLÉ.

Archives Mallard — (*Inédit*).

Présenté le 7 juillet 1608.

Mémoire dressé et presenté à Monseigneur pour l'informer de ce qu'a esté xecuté, et pour avoir ses commandements sur ce qui reste a faire en ses terres d'Orual.

SUR LE MÉMOIRE DE L'AN 1606.

I

Il faut travailler en diligence et sans aucune discontinuation à ce qui reste à faire de ces deux articles de quoy mon procureur est spécialement chargé.

Il sera donc adverty, que sur les I et II articles du mesmoire prœscité, et respondu en l'an 1606 concernant le bornage des terres terragières, et retranchement des derniers arrentements, on a commencé de faire le contenu aux dits articles, et la dernière main y sera mise en travaillant au terrier nouveau. Le surplus dudit mesmoire a esté satisfait suivant les ordonnances de Mon dit seigneur.

SUR LE MÉMOIRE DE L'AN 1607

II

Il faut *faire* un estat abrege de tous ceux qui ont fait leurs fois et hommage auquel estat soit spécifié le nom et surnom du gentilhomme ou autre qui tient le *fief* la valeur diceluy par estimation la paroisse ou il est situé et a quelles distances de Montrond.

Sur les I et II articles du memoire presenté et respondu en l'an 1607 concernant l'ouverture des fiefs de ses terres, Monseigneur en peult veoir si luy plaist deux cayers grossys des actes de foy et hommage rendus par ses vassaulx. On trauaille maintenant aux blasmes des dénombrements qui sont fournys par sesdits vassaulx.

III

Il faut poursuivre les commissaires et leur faire rendre compte afin de contraindre les propriétaires de faire leur debuoir.

Il est vray, qu'il y en a encore quelqu'uns qui dorment, A raison de quoy leurs fiefs sont saisis, et régis par commissaires et les fruits seront gaignes dès et puis les saisies, jusqu'à ce que les dits vassaulx se soient présentés et mis en debuoir.

IIII

Il faut continuer les saisies des choses qui n'ont esté comprises dans les hommages et faire les fruits miens jusques a ce que ils ayent fait leur dueoir.

Entre lesdits vassaulx, qui sont en cette demeure, il y a Monsieur de Beauvais qui conteste et excepte des fiefs de Meillant et Charenton, les justices censifves, de francs alleus des dits lieux : et sur ce point a esté dressé memoire particulier hors ces présentes instructif de la contestation, et du moyen par lesquels ledit sieur de Beauvais n'est pas fondé en son exception, et qu'il doibt advoué les dites

Justices et censifves tout ainsy comme ont fait Messieurs d'Amboyse ses prédécesseurs seig[rs] desdits Meillant et Charenton.

V

Il faut faire prendre garde quand il y aura desertion d'apel et les poursuivre et au cas qu'il releve son appel faut faire evoquer a la chambre de l'édit à Paris.

Le sieur d'Aynay aussi conteste à Monseig[r] le fief du dixme de vin situé en la terre et justice de Changy ; et le mérite de ce débat est tel, que ledit dixme ayant été saisy sur le s[r] de Meslon propriétaire, a faulte de foy, s'y serait ledit s[r] de Meslon opposé ; et en son opposition aurait esté garanty par ledit s[r] d'Aynay se prétendant en estre seig[r] féodal. Et comme on, a pensé naistre l'opposition, ledit s[r] d'Aynay n'a voulu proceder pardevant les juges d'Orval, et a demandé son renvoi ou pardavant son baillif de Changy, ou pardavant le Senechal de Bourbonnoys, dont il a été débouté. Il en est appellant ; Mais il n'a pas encore relevé, ce que s'il fait, Monseigneur pourra faire evoquer la cause a la chambre de l'Edict, afin d'y avoir meilleure, plus brefve et favorable justice, qu'à Molins, où l'appel sera relevé ; Cependant néantmoins le dixme demeure en saisie.

VI

Faut faire juger les blasmes et puis user de saisies des choses omises.

Ledit s[r] d'Aynay a fourny ses dénombrements des fiefs d'Aynay, Maulne, La Souchère et la Grenouillère, lesquels sont blasmables tant sur ce qu'il a faict plusieurs obmissions, que par ce qu'il n'a declaré, ce qu'il dénombre, par situation et confins ainsy qu'il est requis.

VII

Il faut faire cette poursuite sous le nom de léritier et traiter auparavant avec luy.

Ledict s[r] d'Aynay tient un dixme par engagement démembré du fief des Granges, pour III c[s] l[s], qui vault néantmoins de mil a XII c[s] l[s]. L'engagement est dès l'an 1530, et l'héritier de ceulx, qui l'ont engagé, a fourny les titres par lesquels il appert d'iceluy, et offre de prester son nom pour poursuivre led. s[r] d'Aynay a fin de luy rendre le susdit dixme moyennant le remboursement de lad. som[s] de IIIes l[s], et après en accomoder Monseig[r], ainsy qu'il luy plaira, s'il approuve ce que dessus.

VIII

Il faut regler l'adveu de M. de Bigny comme les anciens et desire gratifier ledit s[r] en ce qui se pourra recevant ses adveux avec la haute justice pour son fief de Bigny où il n'y a sujets ni vassaux.

Le sieur de Bigny prétend aussy coucher en son dénombrement, la justice haulte, moyenne et basse de son lieu de Bigny : sur quoy on l'a adverty qu'il serait blasmé a cet esgard, par ce qu'il usurpe cela sur la justice de Bruyères sur Cher, et tous les dénombrements anciens du fief de Bigny ne portent rien de la dite justice, un seul qui est le dernier fourny par ledit s[r] de Bigny a feu Monseigneur de Nevers en faict mention :

Mais il n'y a point esté valablement receu, et quand cela serait, telles erreurs se doibvent reformer sur les premiers et plus anciens dénombrements.

IX

En me le demandant je suis prest de les en gratifier.

Monseigneur declairera, si luy plaist, sa volonté sur le guain des fruicts d'aulcuns petits fiefs saisis à faulte de foy et hommage, estant le guain de peu de valeur, par ce que les vassaulx se sont aussy tost mis en debuoir, sauf lesdicts s[rs] de Beauvais et d'Aynay, au respect des contestations cy dauant représentées.

X

Il faut retirer toutes ces aliénations ou on recognoistra qu'il y aura profit et que le revenu annuel vaudra a raison du denier quinze et au dessous.

Declairera encores, si luy plaist, si l'on retiendra pas droit feudal les fiefs qui s'ensuifvent, sur le prix des alienations qui en ont été faictes, Premièrement le fief de la Motte et terres de la Perche, avec le dixme et terrage Picard, que M. Gilbert Bergeron tient par engagement du feu sieur de St Avit pour cent livres tour. Plus le dixme des Margueriats n'aguerres acquis par M. Claude Davril du s[r] de la Charnée d'Espineuil avec une terre de huit boisselées le tout pour 105 livres, et vault ledit dixme communément la somme de six livres t. de revenu annuel.

XI

Idem.

Plus un dixme du petit Saulzay naguerres acquis par Jehanne Tremeau de Gilbert Paysant avec la moytié d'un pré contenant a croistre au total neuf charretées de foin, dont le revenu peult aussy communément valoir la somme de vingt cinq liures par an.

XII

Je desire gratifié ces gentilshommes et partant ne veux rien profiter sur eux.

Plus le fief et lieu de Varennes en Arcomps sur l'adiudication par decret qui en a esté faicte à Molins ou s^r de Meslon pour la somme de 1500 livres, valant néantmoins la somme de 3000 livres t. Sur quoy mondit seigneur sera adverty que pour ladite somme de 3000 livres il auroit esté vendu par ledit s^r de Meslon au s^r de Rochefolle, et depuys a faulte de payement, saisy, decreté et estroussé sur ledit s^r de Rochefolle, audit s^r de Meslon pour ladite somme de 1500 livres t. Mais depuys ils ont heu telle intelligence l'un avec l'autre, que ledit s^r de Meslon a quitté son estrousse audit s^r de Rochefolle moyennant la somme de 150 livres pour les frays, et encores que le premier d ubt de 3000 livres subsisterait; nonobstant laquelle intelligence il y a lieu de retenir sur le prix de ladite estrousse, s'il plaist à mondit seigneur.

XIII

Il faut un peu mieux esclaircir ceste affaire et en traiter auec celuy

Le proceds cy dauant intenté contre le s^r de la Roche Othon pour le port et passage de Vallon est jugé au proffit de Mondit seigneur et est en ba a ferme a raison de quatre setiers soigle mesure d'Espineuil, et trente six livres t. par an.

XIV

dem.

Ledit s[r] de la Roche prétend une charge de quatre s. soigle mesure susdite sur ledit port, et s'en est rendu demandeur contre Mondit seigneur, mais il n'en a encore produit aulcun titre valable.

XV

Il faut traiter ceste affaire avec ceux qui y ont intérêt lesquels feront tout ce que je voudray mais il faut prendre mes seuretés en rendant eschange raisonnable.

Mond seigneur dira si luy plaist qu'on recherche madame Dabyn pour l'acquisition des dixmes de vins du prioré de Drevant, par ce que luy ayant esté escript cy dauant sur ce subiet par le commandement de Mond-seigneur, elle n'a point faict de response, bien qu'elle mesme auparavant aist offert d'en accomoder Mond-seigneur.

XVI

Je ne veux rien achepter qui ne releve du roy ou de moy.

S'il entend, qu'on parle de l'achapt du lieu de la Salle-Coulombier valant de 4 a 5 cents livres de ferme ; d'aultant qu'il est situé dans la terre du s[r] d'Aynay, et touteffoys a distance de deux lieues seulement de la ville de Saint-Amand.

XVII

Je ne veux point achepter de terres qui ne relevent entièrement du roy ou de moy.

Pour le regard de la terre de l'Isle Savary en Bourbonnois que le s[r] de la Lande a proposé de vendre a Monseigneur ; il sera adverty, qu'elle est située en la justice de Linières et en releve pour la plupart sauf quelques dixmes non terragiers, qui tiennent du fief du Chastellet: ladite terre est engagée pour 1200 livres, et vault mil livres de ferme, et ne s'en peult faire l'acquisition asseurée, qu'à la charge du decret, tant à cause des hypothèques, que pour ce que le droit dudit s[r] de la Lande est disputé.

XVIII

Il faut escrire a Renouard pour le en faire souvenir.

Il plaira a Monseigneur se ressouvenir de faire commander a son procureur à Paris la poursuite du proceds de Poulzieulx, qui est pendant au Parlement, parce qu'on n'a encores rien sceu comment y travaille le s[r] de Beauzamys, qui en a receu toutes les pièces, et ne se peult resoudre l'acquisition ny le decret, qu'on a proposé de faire dudit lieu, qu'après que ledit proceds sera ruidé.

XIX

Il faut voier la commodité et lincommodité.

On avait ci davant proposé à Monseigneur qu'il lui pleust entendre à la reunion des Justices, sur quoy il auroit ordonné que les subiets justiciables seroient ouys ; mais il croira si luy plaist que nul desdits subiets n'y vouldra prester consentement, quant aux forains : et que cette réunion depend de l'autorité de Roy seul, et de la sienne.

XX

Cela ne se peut.

Le semblable sera faict si luy plaist, pour

le ressort du Châtellet, suiuant ce que Monseigneur a promis d'en résoudre sur les lieux.

XXI

Il faut voier le memoire dresse sur ce subjet et terminer le differend les parties ouies.

Désirent lesdits officiers de Monseigneur estre reigles avec le sieur Billard prévost pour l'exercice de leurs charges et la justice, a quelle fin ils ont dressé mémoire hors ces dites présentes, qu'il plaires a Monseigneur veoir et en ordonner.

XXII

Faut recouvrer les lettres patentes des dites foires et puis j'en ordonneray.

Monseigneur sera adverty, qu'il y a deux foires à Bruyères sur Cher, et qu'aulcuns en ont les lettres patentes. Mais si on les restablissoit, on estime que cela fairait préiudice aux foires de Saint-Amand, attandu la proximité des lieux.

XXIII

Il n'y a rien a dire sur cet article.

Quant aux marchés d'Espineuil, ils sont restablys de nouvel, ayant esté auparavant deserts et negligés par plus de vingt ans et il estoit bien à propos de remettre lesdits marchés, parce qu'Espineuil est distant de cette ville de Saint-Amand de cinq lieues.

XXIIII

Il faut faire des lettres de

Mondit seigneur déclairera, si luy plaist, s'il entend que soubs l'autorité de ses faveurs

moy audit prieur du Montet et y envoier homme expres et en faut parler au s[r] Forget qui est en ce lieu.

on requeste le sieur Prieur du Montet aux Moynes, de consentir la translation de l'Eglise paroissiale du château Saint-Amand, ou elle est située, en la ville de Saint-Amand au dedans de la terre et justice de Monseigneur.

XXV

Est accordé soufrance pour un mois.

Mondit seigneur déclairera encore, si luy plaist sa volonté sur les souffrances requises par les officiers du Commandeur de Farges et procureur du s[r] de Couldron ; par ce que ledit Commandeur est a Malte pour le service de son ordre ; et ledit s[r] de Couldron à Rome en la compagnï de Monsr d'Alyncourt Ambassadeur pour le Roy.

Etat des affaires de mes terres dorual apostilles de ma main le 7 juillet 1608.

N° 3. — CHAPITRE XII

Accord entre le seigneur d'Albret, fils du Connétable, et les habitants et bourgeois de la ville de Saint-Amand pour pourvoir à son édification et fortification.

Analyse d'après M. Bonnet des Maisons

Archives Mallard. — (*Inédit*)

Art. 1er. Le seigneur d'Albret sollicitera auprès du Roi la levée d'une maille sur le pain qui se vendra en détail dans les châtellenies d'Orval, Bruyères-sur-Cher, Épineuil et ressort d'icelles, pour en appliquer le produit, pendant dix ans, aux fortifications de la ville de Saint-Amand.

—

Art. 2. Détail des impositions à lever sur les charriots, chevaux et bestiaux passant sur les dites châtellenies et ressort d'icelles pendant le même espace de temps, par la permission du Roi.

—

Art. 3. Les aydes et fouages qui seront accordés au Roi ou au duc de Bourbonnais, pendant les dites années dans l'étendue des dites seigneuries d'Orval et autres, appartiendront aux bourgeois et habitants de Saint-Amand, moyennant que le seigneur prendra le tiers des fouages pendant le tems susdit.

—

Art. 4. Les bourgeois et habitants de la ville et faubourg de Saint-Amand seront exemptés des subsides et aydes que les dits habitants des dites châtellenies accorderaient au seigneur d'Albret pour quelques cas que ce fut pendant le terme des dites dix années.

—

Art. 5. Le seigneur promet d'obtenir du Roi pour les habitants de la ville de Saint-Amand la dixme du huitième sur le vin vendu en détail dans la ville et faubourg pendant les dites dix années, et fait l'abandon, le dit seigneur, du droit qu'il y avait en la petite mesure de vin qui se vendra dans la ville et faubourg, pour être le produit de ce droit appliqué aux fortifications de la ville.

Art. 6. Les habitants prendront dans les bois du seigneur tout le bois nécessaire pour l'édification de la ville.

—

Art. 7. Il en sera ainsi pour les pierres de taille et autres dans toute l'étendue de la terre du seigneur.

—

Art. 8. Les habitants et bourgeois de Saint-Amand sont affranchis à perpétuité de la fermeture des portes et de l'arrière-guet du château de Montrond, appartenant audit seigneur, excepté du guet du jour, auquel ils seront soumis lorsque la ville sera en défense.

—

Art. 9. Concernant les manœuvres ou corvées.

—

Art. 10. Un individu sera élu à l'effet de contraindre les rebelles à l'édification de la ville.

—

Art. 11. Les habitants auront le profit des fossés (pour les mettre en culture), à compter du jour où ils seront finis, pendant 10 ans.

—

Art. 12. Le seigneur promet de faire bâtir des halles et s'en réserve les profits ; les habitants jouiront des places jusqu'à ce que les halles soient terminées.

—

Art. 13. Le seigneur s'oblige de faire ôter le cimetière du lieu où il est et de fournir un autre emplacement à ses dépens.

—

Art. 14. Il abandonne tous les profits des places du cimetière, les habitants pourront les accenser pour leur compte.

—

Art. 15. Les habitants paieront 300 livres par an aussitôt que les fortifications seront commencées.

—

Art. 17. Fixant l'époque où l'on devra payer ces 300 livres et jouir des droits abandonnés ;

—

Art. 18. On remettra les foires et marchés en la ville de Saint-Amand, toutes et quantes fois bien semblera et quand cela sera possible.

—

Art. 19. Le seigneur se fait certaines réserves.

Dix-huit habitants s'engagent, tant pour eux que pour les autres habitants et ont signé cet accord.

—

N° 4. — CHAPITRE XII

LES MURS D'ENCEINTE DE LA VILLE DE SAINT AMAND

Extrait d'un mémoire manuscrit sur le Berry, par le colonel BRANGER, *de Vierzon.*

« Le pied extérieur des murailles était défendu par un fossé à fond de cuve assez profond, mais d'une largeur médiocre (4 m. environ) ; elles étaient simples, sans terrassement, banquettes ni terre-plein, ni parapet. Elles étaient surmontées, à la hauteur de 35 ou 30 pieds, par des créneaux, des machicoulis auxquels on communiquait par une galerie continue ; faite en charpente, couverte de tuiles, large de trois à quatre pieds et appuyée au mur sur des arceaux ou voussoirs de 12 à 18 pouces de saillie.

« Les grands côtés à peu près parallèles du fossé communiquaient par leur extrémité nord avec les eaux de la Marmande et facilitaient ainsi tous les égoûts de la ville.

« Ces murailles formaient, pour ainsi dire, les courtines de trois à quatre tours carrées de 14 à 15 pieds de face établies presqu'en demi-saillie sur chacun des grands côtés *est* et *ouest* de la place.

« C'est par les issues pratiquées intérieurement au pied de ces tours que l'on montait à la galerie supérieure. Les murs avaient deux portes : la porte Moutin et celle de la vieille route de Bourges. Les autres ouvertures n'ont été faites que beaucoup plus tard par des brèches pratiquées dans le mur primitif.

« Chaque porte garnie de herse à l'extérieur était fortifiée par deux petites tours rondes, surmontées et élevées comme la totalité de la muraille, dont les quatre angles saillants étaient arrondis en forme de tourelles, selon les moyens d'attaque et de défense connus et fréquemment employés dans un tems de désolation. Tel fut le système de fortification adapté à la ville de Saint-Amand. »

N° 5. — CHAPITRE XVI

INSCRIPTION DANS L'ÉGLISE DE SOYE

DAME LOVISE COMPAIN Vve DE FE^{u} Me MICHEL GRANGERON & JEAN GRANGERON CON^{er} DU ROI ESLEU EN LESLETION St AMAND LEUR FILZ ONT PAR CHARITÉ & DEV^{on} & A LAUGMENTA^{on} DE LA GLOIRE DE DIEV & DE LA Ste VIERGE SA MÈRE F^{t} REDIFIER ET REBATIR LEGLIZE DE CEANS APP^{le} LEGLIZE DE LA PAR^{sse} DE SOYE QUI AVAIT ESTE BRUSLEE PAR LES GENS DE LARMÉE DU DUC DES DEUS PONTS.

DONÉ AUSSY UNE CLOCHE DU POIX DE 61^{l} 61° BAPTISÉE SOUBS LES NOMS FRAN PASTUREAU & MARG^{e} GRANGERON ANSY QU'IL EST ESCRIT EN CARRACTÈRE SUR LA DITE CLOCHE.

FAICT HORNER DE TABLEAU & HORNEMENZ L'HOTEL QUILS ONT FAICT BASTIR EN LA DITE ESGLIZE & DEDIE EN L'HONNEUR DE LA Ste VIERGE MÈRE DE DIEV. LE TOUT AINSY QU'IL EST PLUS AMP^{ent} MENT^{ne} EN LACTE DRESSÉ PAR Me NAULDE ARCHID^{re}. D'AOUST 1639 ET POUR SERV^{ir} DE MEM^{re} A LEUR POST^{te} ONT FAICT METTRE ET POSER CES PRÉSENTES.

N° 6. — CHAPITRE XVII

Estat, consistance et valleur des terres d'Orual, Bruières et Espineuil et choses principalles qui étaient en icelles lorsqu'elles furent vendues par M. de Nevers à M. le duc de Sully.

(*Archives Mallard — Inédit.*)

Orual. — Premièrement le chasteau d'Orual situé sur une petite mothe en partie ronde circuie de petits méchants fossés en un tiers d'icelles et sans aucuns fossés des deux autres où il ne reste plus que de vieilles ruines et masures du tout inutille avoisinés des terres des païsans jusques sur le pied d'icelles.

Bruières. — Plus le chasteau de Bruières situé au meilleu d'un petit village de quinze ou vingt maisons où il reste une vieille enceinte de murailles toutes en ruine, avec un méchant petit fossé d'un côté et rien des trois autres et sans aucuns flancs le tout inutille.

Espineuil. — Plus le chasteau d'Espineuil consistant en une motte de terre portée asses haute, qui contient quelques dix ou douze toises de diamètre en son sommet, environnée de fossés assez larges pleins d'eau de l'esgoût des terres, le tout inutile.

Mont-Rond. — Plus le chasteau de Monrond, consistant en une petite montagne toute de roc fort dur en son sommet, sur lequel il y a une enceinte de murailles d'une petite ville qui peut contenir quelque..... toises de long et de largeur qui est partout inégale d'autant qu'elle vient comme en pointe aux deux bouts quelque vingt toises au plus large; lesdites murailles garnies de tours qui n'ont jamais été couvertes ni habitables y ayant seulement deux voûtes qui ont de diamètre..... toises ; toutes lesdites tours et murailles dégradées, corompues, pourries et démolies en leurs faces, empiétements, voûtes et parapets et corridors et pour lesquels rempréter, renformer et restablir et empescher la tottale ruine, il faudra, plus de vingt mille livres ; ladite enceinte de murailles, cernée de fossés peu larges et peu profonds d'un côté seulement et pour lesquels achever, comme il appartient, il faudra plus de quarante mille livres, attendu la dureté du roc.

Plus, à un des bouts de ladite enceinte de muraille, il y a une grosse tour, fort belle et en assez bon estat fors que les parapets et parements des voustes sont en ruine, et la charpenterie de la couverture toute brullée et corrumpue, qui n'est couverte que de tuille et bardeau n'yant en icelle tour qu'une seule petite chambre qui se puisse habiter et pour remettre ladite tour comme il convient,fault au moins quatre mille livres.

Plus audit chasteau, il y a un corps de logis assez bien basti de belles architectures et enrichissements, mais fort incommode et peu logeable pour sa grandeur et structure y ayant plusieurs ruines en icelui en telle sorte qu'il est quasi inhabitable d'autant qu'il n'y a plancher, portes fenestres ny charpenterie qui vaille, les murailles en plusieurs lieux pouries, démolies et corumpues à cause des pluies qui ont coulé dedans par les noues et goutières et conduits d'eaux dont il y a une grande quantité subjets à grandes réparations et entretenements, mesme une des tours n'est pas achevée et n'est couverte que de tuiles et bardeaux ; pour le restablissement et réparation duquel corps de logis, ensemble pour ces plomberies toutes ruinées et pour achever la tour comme il apartient et rendre ledit cors de logis habitable pour un seigneur de qualité, il fault au moins quarante mille livres.

Plus audit chasteau, il y a de fort beaux offices voustés avec un beau puis, mais d'autant qu'ils avaient été bastis en terrasse sans couverts et que le parement n'avait pas été bien cimenté, les voûtes et saillies de pierre estaient toutes pouries et corumpues, en sorte que l'on avait été contraint pour en éviter la ruine totale de les couvrir à la haste d'une meschante charpente en forme de halle avec du bardeau et tuile dessus qui défiguroit toute la maison et mesme était preste à tumber aux premiers grands vents, pour l'accommodement et restablissement convenable desdits offices et reffaire à neuf toutes les cheminées, tours et une grande salle dessus et l'aparier au reste du chasteau, fault au moins vingt cinq mille livres.

Plus est à noter que pour rendre le chasteau accessible à chariots carosses charettes et chevaux et le rendre deffensable et empescher qu'il ne soit facillement surpris comme autrefois, il a esté nécessaire d'y construire plusieurs grandes terrasses rondes, quarées et triangulaires et icelles remplir de terre, pour la construction desquelles il a cousté plus de cent cinquante mille livres et pour y tailler de beaux fossés dans les rocs attendu la dureté d'iceux fault plus de cinquante mille livres dont le menu s'en suit.

Plus pour donner quelque accommodement et embellissement de parc, jardins vergers canaux estang, fontaines allées promenoirs plants et pallissades et pour les clostures et revestemens des canaux et parc et pour l'achapt des terres et ruisseaux qu'il y convient amener et pour la conduite d'iceux il faudra plus de cent mille livres dont le menu s'ensuit.

Plus d'aultant que les advenues des environs du chasteau et ville Saint-Amand étoient toutes effondrées, inaccessibles et comme sans passage il a esté nécessaire de construire une vintaine de ponts de pierre et entre autres le grand pont de la rivière de Cher et plus de cent mille toises de levées et pavés pour tous lesquels ouvrages font plus de trois cent mille livres.

Plus il y a la ville de Saint-Amand qui contient quelque... toises de diamètre où il y a une enceinte de petites et basses murailles avec une seule tour, le reste flanqué de meschantes guarites et cerné de petits fossés la plus part remplis : la ville habitée de pauvres gens peu marchands ny fréquentée avoisinée de trente pas d'une autre ville apartenant à un autre seigneur en laquelle est la paroisse.

Plus, pour mettre en valleur les foires et marchés, les fours, moulins, greffes, préuostés et tabellionages, il a fallu avoir plusieurs procès, d'aultant que tous ces droits estaient contencieux et sont encore en partie ; et aussi pour l'exercice de la justice, il a fallu achepter et bastir, plusieurs moulins, fours, halles et un grand auditoire toutes lesquelles choses ensemble les aquisitions des terres pour tenir les foires et marchés ont cousté plus de soixante à quatre vingts mille livres dont le menu s'en suit.

Plus, pour bonifier la ville de Saint-Amand et augmenter les fruits et revenus des terres tant du seigneur que des particuliers à la faveur et par le crédit de M. de Sully, il a été mis à Saint-Amand une élection et bureau de recepte des tailles, un grenier à sel et recepte d'icelui et une vi-sénéchaussée, par le moyen desquelles des résidences de M. de Sully à Monrond et des grands deniers qu'il a despendus sur les lieux montants à près de trois cent mille livres par an, plusieurs notables officiers bourgeois marchands artisans et maneuvres sont venus résider en ladite ville y ont construit plusieurs maisons et augmenté de moitié les habitants, en sorte que le pris des héritages des fruits et revenus des terres tant du seigneur que des subjets sont accreus de plus d'un tiers.

Plus, à cause qu'il n'y avait point quasi de prairies en toutes les trois seigneuries et peu de terres propres d'elles-mêmes à mettre en solle de prés, il a fallu faire plusieurs levées, chaussées canaux et rigolles par le moïen desquelles et pour l'acquisition d'aucunes terres et l'arrosement de celles qui estoient du tout stérilles, il a été faict quatre cens chartées de foing et ont cousté tous ces ouvrages et achapts plus de quinze mille livres.

Plus, les terres sont assez seigneurialles pour les tenures féodales et y a quantité de vassaux, mais d'autant qu'ils ne donnent aucuns debvoir ni à vente ni à succession, toutes ces tenures féodalles sont plus tost à charge que d'aucune utilité.

Plus, l'estendue de la justice desdites terres est assez grande, mais raporte fort peu de profit et est à grande charge et frais et ne se trouvera point que de dix années une commune sur ce déduit les frais, il soit revenu cinquante livres par an.....

Plus il y a grande quantité de bois taillis et de haulte fustaie ès-dites seigneuries, mais d'autant qu'en la plus part, les subjets ont ou prétendent droit de bâtissage, bouchage, chaufage, usage et passage et que tout le païs est tellement garny de bois que chacun en a pour soy et n'en achepte point, il ne se faict aucunes ventes de bois gros et menu, et ne se trouvera point qu'en faisant recepte de dix années l'une commune non compris les glandées et arrérages, il soit provenu cinquante livres par an de toutes les forêts.

Plus est à notter que encore qu'il y ait fort grande quantité de terre aux trois seigneuries, que néantmoins elles rapportent fort peu de profit, tant à cause que la plus part sont fort maigres et stériles que pour ce que le païs n'est pas peuplé pour les cultiver, tellement que qui veult les laboure à droit de terrage païant la dixiesme ou la douziesme gerbe et puis les laisse reposer trois quatre et cinq ans sans rien païer.

Plus est à notter que lors de l'achapt des terres, réserve les greffes, il n'y avait article de récepte, ou toutes les terres qui valent cent cinquante livres parisis, mais se consistent en tant de menues parcelles qu'il y a autant de frais à les recueillir, qu'ils peuvent à moitié valoir, ainsi qu'il se vérifiera par le menu.

N° 7. — CHAPITRE XVII

LETTRE

ADRESSÉE PAR LES HABITANTS DE SAINT-AMAND A M. LE DUC DE SULLY LE 16 NOVEMBRE 1612

A Mon Seigneur le Duc de Sully Pair, et grand voyer de France

Archives Mallard — (*Inédit*).

Mon Seigneur,

Nos auons receu celles dont il vos a pleu nous honorer en date du 4 de ce mois. La lecture qui en a esté faicte en l'assemblée de vos subiets en a esté suivye de plusieurs souspirs et larmes en ce que nos y avons recogneu les mauvaises impressions qui vos ont esté données contre nous à nostre ruyne et destruction totalle par ceux qui la dézirent et que nous pouvons tenir por nos ennemis mortels. Nous y avons veu nostre fidélité viollée et nostre innocence renversée, mal et desplaisir si grand por nous qu'il ne peult nos en advenir un plus triste et déplorable. Nous avons faict protestâons publiques touttes contraires à ces faulx et mallicieux rapports réitérés à Monsieur le Marquis vostre fils, nos les jurons à vostre Grandeur et implorons le jugement de Dieu sur nos, si jamais est entrée en notre âme chose si impie et détestable, nous serions extrêmement brutaulx si nous nous portions aussi furieusement à des actes qui nos eussent entassé ruyne sur ruyne et une finable desolâon.

Pour ce qui est de la garde de vostre chasteau d'où deppend aussi nostre garde et conservâon, nos n'avons jamais esté reffusant de contribuer, à cause de la nécessité urgente par tous debvoirs de bons subjets tant pour le service et affection que nos vous debvons que por le bien, seuretté et utilittée de tout le pays. — Nous vous suplyons donc très-humblement, Mon Seigneur, déposer touttes sinistres opinions que les malins esprits peuvent vos avoir représentées por rompre l'accord et harmonie que doibt être entre le seig^r et ses subjets et delà engendrer que misérable dissonance, discords et confusion. Nos serions les plus desloyaux du monde, si nous ne ressentions vos gratuités et gratifficâons desployées sur cette paouvre ville, nous ne refuzerons jamais vos debvoirs et ne contesterons ce que nos croirons vos estre deu; mais nos ferons tout jours paroistre notre fidellité et affection telle qu'elle peult estre désirée de bons et fidelles subjets, ce que nos vos suplyons très-humblement croire et aussy le vous tesmoignerons par effects comme nos le protestons de parolles en consacrant nos vyes et nos biens pour votre service, comme Mon Seigneur le Marquis de Rosny icy présent en est tesmoing oculaire. Vos suplyons en cette considerâon de nous descharger des incommoditez que nos ressentons du logement de la garnison qu'avez envoyée en ceste ville de laquelle nos nos sommes constitués tout iours et serons cy-après gardes très fidelles soubs l'honneur de votre obéissance; aultrement nos ne pouvons attendre qu'une ruyne généralle de vostre ville et de nous et de tout le plat païs et principalement, de vos terres et parroisses sur lesquelles les plus fréquentes courses et ravages se tournent. En attendant que descharge et soullagement de tous ces malheurs par vostre bénignité, nous prions Dieu,

Monseigneur,

Qu'il vous tienne en ses hautes grâces

De votre ville de St-Amand le 16 novembre 1612

Vos tres humbles et tres obéissants subjects et serviteurs pour jamais. Les habitants de la ville de St-Amand.

		BONNET	MERCIER
BRUNET	PERRONET	V. LABBE	E. BOUFFARD
NODOT	R. PASTUREAU	PÉRON	DEVENAS
LARRABY	BERGERON	BEAUGIER	L'ARCEVESQUE
J. DEBERNE	BERNADAT	J. JOSSET	E. LAURENSSON.

Les habitants de St-Amand du 16 novembre 1612.

N° 8. — CHAPITRE XVII

Noms de quatre-vingt-dix habitants de Saint-Amand qui ont signé une procuration de 1616 pour faire l'adveu de Bourgeoisie.

Archives Mallard — (*Inédit*).

G. Taborneau	Pierre Mayot
Daubigny	Jehan Roy
Gilbert Frebris	Beaugard
Claude Limosin	Gilb. Roy
Marc Frebris	Molin

Simon Chauma
Tristan Nicolas
Gilb. Bouffard
E. Pariset
Gilb. Aurou
Annet Bernardat
Ant. Pariset.
E. Gadon
A. Aurousseau
Isidore Gibault
Gabriel Mathé
Gilb. Daudran
Josset-Bouffard
Daniel Bouffard
Gilb. Billardet
Louis Masson
Maur. Parizet
Nicolas Araby
Franc Sallé
Franc Pezant
Denizot
Cadot Parizet
Ragot
Louis Barbarin
Gustin Léon
Martin Bonnot
Simon Mazot
J. Pommier
Louis Lambert
Pierre Journault
Franc Dubois
Jacques Guibert
Gilbert Girault
Franc Toillat
Masson-Courandon
Claude Palluau

Maryn Gibard
Mar. Arnoux
Jacques Roy
Maryn Bourdaloue
Annet Crot
H. Luduinier
Michel Rouzeau
Dulac
Dusauzet
Pierre Denis
Jacquin
André Maignaud
Paillaud
Pasquet
Litaut
Pastureau
Pierre Labbe
Fonguet
G. Masson
Pierre Ribaudat
Franc Monot
Gilbert
Defoulnay
Pierre Brisson
Franc Dubuy
Pierre Beaugard
Gilb. Toillat
Antoine Colas
Franc Frebris
Boussot
Lamail
Claude Martinat
Claude Pariset
Dufal
Robiet
Trufault

Gaudin
André Maynaud
Paillaud
Magot
Proudeau
Gibaut
Gamet
Paul Araby.
(Les autres noms sont illisibles.)

N° 9. — CHAPITRE XX

MÉMOIRE

ESCRIPT DE LA MAIN DE MONSEIGNEUR DE LA FONDATION PAR LUI FAICTE EN LA CHAPELLE DE SON CHASTEAU DE MONTROND.

Archives Mallard — (*Inédit*).

Diront les Carmes tous les jours la messe a l'heure de huit heures dans nostre chapelle.

Tous les dimanches de l'année feront leau beniste basse chanteront lasperges haut et diront la messe haute au plain chant et après lofertoire feront le Prosne et les jours de Pasques Penthescoste et au dimanche de la Dédicace a la mesme heure après le Prosne feront une petite exhorthation béniront le pain bénist qui leur sera présente de la maison.

Viendront a quatre heures du soir dire vespres complie et le salut tous les dits dimanches.

En tous les autres jours de l'année ne seront obliges qua dire une messe basse excepte es festes suiuantes.

Festes mobiles

Ascencion.

En janvier

Toutes messes basses hors les dimanches.

En feburier

La Chandeleur messe haute tout le reste bas hors les dimanches.

En mars

Le 24e jour de la dédicace lannunciation nostre dame et les dimanches haut le reste bas.

En auril saint Marc haut le reste bas hors les dimanches.

En may

Tous bas hors les dimanches.

Juin

Idem.

Juillet

Idem.

Aoust

Assumption (le lendemain saint Roc) saint Louis 25 haut le reste bas hors les dimanches.

Septembre Nativité le reste bas hors les dimanches.

Octobre

Tout bas hors les dimanches.

Novembre

Les Toussaints le jour des Morts haut le reste bas hors les dimanches.

Décembre le jour de Noël trois messes basses tout de suiste tout le mois bas hors les dimanches le jour et feste de sainte Térese sera feste et chante messe haute.

Nota qu'en toutes les festes ci-dessus ou jan marque messe haute sera aussi a quatre heures dit vespres complie et le salut.

Nota que le mercredi des Cendres ils seront tenus d'imposer

des cendres et en donner a ceus du chastheau et le jour des Rameaus de donner aussi du Bouis et le benistre et le jour de la Chandeleur benistre les chandelles que ceus du Chastheau leur presenteront.

Tous les premiers samedis du mois et festes de Nostre Dame viendront a quatre heures dire les litanies Nostre Dame et le salve.

(*Chapelle de Mouron. — Fondation*)

Nº 10. — CHAPITRE XXII

RELATION VÉRITABLE

CONTENANT LES ARTICLES ACCORDÉS A Mme LA PRINCESSE ET A M. LE DUC D'ANGUIEN

Sous le bon vouloir et plaisir du Roi, en conséquence de la paix de Bordeaux, publiée le 13 octobre 1650.

Avec amnistie au sieur de Chambois, comte de Bussy-Rabutin, de Montaterre, de Lignon, de Gamille et autres.

I

Que tous officiers, gentilshommes et autres étant a présent dans le château de Montrond et autres villes et châteaux, ayant pris parti au sujet desdits derniers mouvements, dans les provinces de Berry, Bourbonnais et autres lieux adjacents, jouiront de l'amnistie générale, en conséquence de ladite déclaration du premier de ce mois, et ce faisant, seront remis en leurs biens, charges, dignités, pensions, etc; même le sieur marquis de Persan en la fonction et jouissance de son régiment d'infanterie, comme aussi tous les officiers d'icelui, dans leurs charges, même ceux qui étaient à Bellegarde, en la même forme et manière qu'ils étaient avant le 18 janvier dernier.

II

Qu'à cet effet, Sa Majesté sera suppliée d'accorder lettres adressantes au général de l'armée et gouverneur de la province ou des places ou le corps dudit régiment sera pour leur rétablissement en leurs dites charges.

III

Sa Majesté sera pareillement suppliée d'accorder une route à tous officiers et soldats étant hors dudit régiment, pour aller joindre le corps.

IV

Que tous les châteaux occupés par lesdites troupes, de part et d'autre comme ceux de Baugy, Saint-Florent, Bommiers, Culan, Le Chatelet, Les Barres et autres dans les dites provinces, seront remis entre les mains de ceux qui en avaient la garde auparavant, et les garnisons retirées de part et d'autre.

V

Que tous les prisonniers, sans nul excepter, de part et d'autre seront mis en liberté.

VI

Quant à Montrond, l'article de la declaration de Bordeaux

sera exécuté selon sa forme et teneur, et Sa Majesté suppliée d'agréer que les 200 hommes de pied soient séparés en quatre compagnies.

VII

Que les fonds pour la subsistance desdits 200 hommes et officiers, ensemble de 50 chevaux, retenus audit Montrond par Madame la princesse, se montant à la somme de... par mois, seront laissés par chacun an sur les recettes générales de Berry et de Bourbonnais, et même sur l'électeur de Saint-Amand, par préférence à toute autre charge, et mis entre les mains du sieur d'Amour, commissaire et payeur de ladite garnison.

VIII

Que passeports seront expédiés à tous lesdits officiers gentilshommes et autres ayant pris part dans les dits mouvements, étant dans les dits châteaux, villes et provinces, même au sieur de Chambois, comte de Bussy-Rabutin, de Montaterre, de Lignon, de Gamille, et autres ayant assemblée de la cavalerie en Normandie, en Gatinois et aux environs de Paris, par M. de Saint-Aignan, premier gentilhomme de la chambre du Roi et commandant en sa province du Berry, lesquels tous jouiront de la dite amnistie, ayant fait le serment de fidélité qu'ils doivent à Sa Majesté.

IX

Pour M. le marquis de Persan, comme il n'a jamais eu aucun intérêt particulier, ni autre que celui de conserver le château de Montrond, à Mme la Princesse qui lui avait confié, aussi n'a-t-il voulu faire aucun traité pour son regard et a été seulement accordé qu'il sortira du dit château de Montrond.

X

Le dit sieur marquis de Persan sortira du dit château de Montrond, incontinent après l'arrivée de Mme la Princesse et de M. le duc d'Anguien, au dit lieu, en cas qu'ils y arrivent dans 15 ou 20 jours ; sinon madite dame enverra les ordres nécessaires au dit sieur de Persan, pour laisser la dite place à la garde de la garnison ci-dessus, de 200 hommes de pied et de 50 chevaux, auquels ledit sieur marquis de Persan satisfera sans aucune difficulté.

XI

Toute l'infanterie sera incessamment licenciée, à la réserve de 200 hommes ci-dessus, et toute la cavalerie, à la réserve du régiment de cavalerie du dit sieur de Persan, demeurera dans Saint-Amand, y vivant sans exaction et sans demander aucune subsistance aux peuples, jusqu'à nouvel ordre du Roi pour le licenciement d'icelui.

Fait à Montrond, le 26 octobre 1650.

Signé : J. de Saint-Aoust, d'Alvymare et Laisné.

N° 11. — CHAPITRE XXII

ARTICLES ACCORDÉS

ENTRE

M. LE COMTE DE PALLUAU

Maistre de camp,
Général de la cavalerie légère de France,
Commandant pour le service du Roi en sa province de Berry,
Lieutenant-général ès-armées de Sa Majesté,

ET M. LE MARQUIS DE PERSAN

Commandant dans le château de Montrond
Appartenant à M. le Prince.

I

Que si dans le dernier jour d'août, inclusivement il ne vient un secours si considérable qu'il ne batte l'armée de Mazarin et lui fasse lever le siège de devant le château de Montrond, M. de Persan ou autre commandant remettra ledit château entre les mains de M. de Palluau, ou autre commandant les troupes du Roi en sa place.

II

Que le lendemain, premier jour de septembre prochain à huit heures du matin, toute la garnison et bourgeois, sortiront armes et bagages, tambour battant, mèche allumée et autres formalités accoutumées aux gens de guerre.

III

Que cependant, seront fournis la dite garnison et bourgeois, les vivres nécessaires pour leur subsistance courante, en payant au taux de l'armée, jusques au jour susdits.

IV

Qu'en attendant le terme susdit, tous travaux d'attaques et défenses, pour le regard de la place, cesseront de part et d'autre, sans préjudice de ceux que l'armée de Mazarin pourrait faire contre le secours et, pour l'observation de cet article, seront envoyés tous les jours des gens de part et d'autre pour lesdits travaux.

V

Que s'il se présentait un secours, M. de Persan ou autre Commandant en ladite place s'oblige à demeurer neutre avec toute sa garnison, pendant le temps du combat, jusqu'à ce qu'il ait été décidé ; et, au cas que ladite armée se perdit et fût chassée de devant la place, les ôtages seront remis de bonne foi.

VI

Que tous les officiers, de quelque condition qu'ils soient, soldats et habitants de Saint-Amand et pays circonvoisins, auront la vie sauve avec liberté, et ne pourront être recherchés en aucune façon pour le fait de Montrond.

VII

Et pour le regard des sieurs Tallon, Lacoste, Ballet et Marcélly, M. de Palluau remet à Sa Majesté d'ordonner ce qu'il lui plaira sur leur absence de Dunkerque, et promet néanmoins de lui en écrire en leur faveur comme en celle des bourgeois de Saint-Amand, en ce qui concerne leurs offices, les comprenant, du reste, dans la capitulation à l'égard de Montrond, de même façon que tous les autres; c'est-à-dire qu'ils sortiront avec armes et bagages pour demeurer dans leurs maisons, sans qu'il leur soit permis de sortir aucunes munitions de guerre ou de bouche dudit Montrond.

VIII

Qu'il sera donné à la dite garnison une escorte suffisante pour la conduire en toute sureté, par le chemin le plus court, jusqu'à Montargis, ou il lui sera fourni une route du Roi pour aller en même sureté, et par le chemin le plus court, à Paris. Et quant aux officiers ou soldats qui se voudront retirer dans leurs maisons ou autres lieux ou il leur plaira, il leur sera donné des passeports de mondit sieur de Palluau, pour cet effet ; et pour la sureté de l'escorte susdite, les ôtages donnés pour l'observation du présent traité demeureront jusqu'à son retour.

IX

Que quatre jours auparavant la sortie de ladite garnison, il sera fait inventaire de bonne foi de toutes les munitions de guerre et de bouche, comme aussi des canon, mousquets et autres armes qui sont dans la dite place et pour en être ordonné par sa Majesté.

X

Qu'il sera fait un inventaire des meubles appartenant à Mgr le prince, dont partie sera voiturée à Châteauroux, pourquoi faire seront fournies les escortes et les charrettes nécessaires; même que le commandant de l'escorte rapportera un certificat de les avoir consignés au gouverneur dudit Châteauroux et que l'autre partie, qui ne pourra être voiturée, sera laissée au concierge de mondit seigneur, auquel il sera permis, sous le bon plaisir du Roi, de demeurer dans ladite place pour en avoir soin.

XI

Que le sieur de Hautefeuille jouira paisiblement de sa ferme, comme les autres fermiers que Mgr le prince a dans le Berry, jusqu'à nouvel ordre de Sa dite Majesté.

XII

Que tous les prisonniers qui sont dans Montrond seront remis en liberté, de bonne foi, le jour de la réduction de ladite place.

XIII

Que tout ce qui se trouvera avoir été pris dans les partis de guerre demeurera aux possesseurs à l'égard des habitants de Saint-Amand comme des autres.

XIV

Que tous les soldats qui ont quitté les troupes, tant d'un parti que de l'autre, ne pourront être recherchés pour ce sujet et jouiront de tout l'avantage contenu au présent traité, pour la sureté duquel les sieurs de Gastare et de Cusson demeureront jusques à l'entière exécution d'icelui.

Fait au camp, devant Montrond le 22 août 1652.

Signé : De Palluau et de Persan.

N° 12. — CHAPITRE XXII

LETTRE DE LOUIS XIV AUX HABITANTS

DE LA VILLE DE BOURGES

De par le Roi. — Chers et bien amés,

Nous ne sommes pas moins satisfaits du soing que vous avez pris d'arrester le personnage qu'on vous envoyait pour séduire vostre fidélité que de voir par la coppie des lettres et du billet qu'il portait l'artifice qu'on joint à la force, pour vous priver d'un succès que nous n'avons entrepris que pour vostre bien et pour l'avantage de nostre pays de Berry et des provinces voisines. Nous vous promettons qu'avant que cette lettre vous soit rendue, le château et fort de Mont-rond sera en nostre pouvoir et que malgré les efforts que le Prince de Condé a faits pour le conserver, nous mettrons cette place en estat de ne donner aucun déplaisir au pays qu'il tenait en sujettion, nous persévérons dans ce dessein et nous nous promettons que vous continuerez aussi à nous donner en ce rencontre et en tous autres des preuves de votre obéissance. Cependant nous commandons au sieur comte de Palluau de vous décharger du prisonnier que vous tenez et de le garder comme prisonnier de guerre jusqu'à ce que nous en ayons autrement ordonné, vous n'aurez qu'à le mettre au pouvoir de ceux qu'il vous envoyera pour l'ammener et à vous assurer que nous prendrons plaisir de vous donner en toutes occasions des marques de nostre bienveillance et du soing que nous aurons des intérêts de nostre ville de Bourges et des vôtres en général et en particulier.

Escrit à Compiègne le XXX° jour d'août 1652

Signé : Louis.
de Guénégaud.

N° 13. — CHAPITRE XXVII

Noms des députés aux États-Généraux du 1789, pour la Sénéchaussée de Moulins, et pour le Bailliage du Berry.

SÉNÉCHAUSSÉE DE MOULINS

CLERGÉ : MM. Amy, curé d'Hérisson ; Laurent, curé de Huilaux ; Tridon, curé de Rougères.

NOBLESSE : Le Baron de Coiffier ; Du-Buisson ; comte de Douzon ; comte Destut de Tracy ;

TIERS-ÉTAT : Goyard, avocat ; Le Brun ; de la Mothe-Vessé et Bellecour ; Lormot, avocat ; Michelon, procureur du Roi à Montmarault ; Vernin, Lieutenant criminel au siège de Montluçon ;

BAILLIAGE DU BERRY

CLERGÉ : Poupart, curé de Sancerre ; Chastenay de Puy-Ségur, Evêque de Bourges ; Villebanois, curé de Saint-Jean-le-Vieux ; Yvernot, curé de Saint-Ursin.

NOBLESSE : Bengy de Puy-Vallée ; le marquis de Bouthillier ; le comte de La Châtre, premier gentilhomme de la chambre de Monsieur, Frère du Roi ; Heurtaud, vicomte de la Merville.

TIERS-ÉTAT : Auclerc des Côtes, médecin ; Beaucheton, avocat à Issoudun ; Boëry, Président à l'Élection de Châteauroux ; Grangier, avocat au Parlement ; Legrand, avocat du Roi au bailliage d'Issoudun, Sallet de Choux, avocat du Roi à Bourges ; Thoret, médecin.

DÉPUTÉS DU CHER A L'ASSEMBLÉE LÉGISLATIVE :

Mgr Torné, Evêque de la Métropole du Centre ; MM. Sabathier, notaire à Léré, district de Sancerre ; Fouché, homme de loi, notaire à Aubigny, administrateur du département ; Cartier de Saint-René, propriétaire à Lury, district de Vierzon, administrateur du département.

N° 14. — CHAPITRE XXVII

CAHIER DES DOLÉANCES

DE LA VILLE DE SAINT-AMAND

Cahier de doléances, Plaintes et Remontrances données par le Tiers-État de la ville de St-Amand en Berry, en l'Assemblée générale tenue en l'hôtel commun, pardevant Messieurs les Officiers municipaux de la dite ville, les vendredy et samedy six et sept mars 1789. En exécution de la lettre de Sa Majesté du vingt-quatre janvier dernier, du réglement y annexé et de l'ordonnance de M. le lieutenant général de la Sénéchaussée de Bourbonnais à Moulins du 14 février suivant, dont les articles extraits des différents cahiers présentés par les Députés de tous les corps et corporations de ladite ville et communautés et des autres habitants ne formant aucun corps ni corporations, s'en suivent.

(*D'après l'original conservé aux archives de la famille Mallard*).

Article 1er.

Demande le Tiers-État de ladite ville que les droits de la nation soient d'abord reconnus, et qu'il ne soit consenty, dans les prochains États-Généraux, à l'établissement d'aucun impôt et emprunt quelconque demandés par le Roy, qu'il n'ait été statué préalablement sur les plaintes, doléances et remontrances qui seront présentées à Sa Majesté de la part des trois ordres de l'État.

Article 2.

Que la nation assemblée établisse comme loy fondamentale que le nombre des représentants du Tiers-État sera toujours au moins en nombre égal à celui des deux ordres réunis du Clergé et de la Noblesse.

Article 3.

Que les délibérations à prendre dans les États-Généraux soient votées par testes et non par ordre.

Article 4.

Que le Clergé et la Noblesse, payent leur part contributive de toutes les impositions auxquelles le Tiers-État sera assujetty, sans distinction de tous privilèges pécuniaires.

Article 5.

Qu'il sera fait entre le Roy et la nation une charte par laquelle il sera convenu que les États-Généraux s'assembleront tous les cinq ans et même plutôt s'y les besoins de l'État et le Roi l'exigent.

Article 6.

Qu'il ne sera mis aucun impôt n'y fait aucun emprunt par le Roy, sous quelques prétextes que ce soit, sans le consentement de la nation assemblée qui en fixera la qualité et la durée.

Article 7.

Qu'il sera étably dans chaque province des États provinciaux composés des trois ordres de l'Etat, dans la même proportion et sous le même régime que ceux rétablis dans la province du Dauphiné, avec le pouvoir de faire la répartition et le recouvrement de toutes les impositions auxquelles elles seraient assujetties.

Article 8.

Qu'il soit remis par le Gouvernement aux États-Généraux des états exacts 1° de touttes les dépenses nécessaires dans chaque département, 2° de touttes les dettes actuellement existantes à la charge de l'État, 3° de touttes les pensions et grâces accordées par Sa Majesté.

Article 9.

Que les dépenses de chaque département, soient définitivement réglées par les Etats-Généraux, que tous les créanciers de l'État soient tenus de représenter les titres de leurs créances, pour être réduites uniformément au taux de l'intérêt de l'ordonnance ; que tous les pensionnaires enfin soient tenus de représenter aux États-Généraux, les brevets de leurs pensions, avec un exposé des causes et motifs sur lesquels ils les auraient obtenus, pour être les dittes pensions, continuées, réduites ou suprimées, d'après l'arrêté pris à cet égard en connaissance de cause.

Article 10.

Qu'après les connaissances acquises, les impôts soyent invariablement fixés à une somme déterminée correspondante aux besoins réels de l'État, et à la dette de la nation qui sera consolidée par les États-Généraux, sans que, dans aucun cas, ces impôts puissent être augmentés sans le consentement desdits États ou continués au-delà du terme qui aura été par lui fixé.

Article 11

Que cette masse d'impôts ainsy connue nécessaire, la répartition en soit faite par les États-Généraux avec autant d'égalitée qu'il sera possible sur toutes les provinces du Royaume, à raison de leur étendue, fertilité, population, commerce et industrie ; de façon que chacunes d'elles puissent connaître quelle doit être la portion de sa contribution aux charges de l'État.

Article 12.

Que le régime actuel des Gabelles soit changé, de la manière qu'il n'existe plus de fausaunage, ni ce grand nombre d'employers qui absorbent une grande partie de cet impôt, et qui cause une guerre intestine dans l'intérieur du Royaume. Et que pour cet effet le sel soit rendu vénal.

Article 13.

Les aydes et droits réservés supprimés, ces droits étant très compliqués, vexatoires et très dispendieux dans leur perception. Y substituer un autre impôt plus simple et qui jette dans les coffres de Sa Majesté les mêmes revenus, sans que cette suppression puisse nuire aux intérêts des villes dont les revenus sont établis sur les octrois et particulièrement la ville de Saint-Amand qui n'a pas d'autres revenus.

Article 14.

Que le contrôle des actes soit réglé par un nouveau tarif, clair et précis, et non pas assujetti à une perception arbitraire telle qu'elle est perçue depuis longtems, surtout par rapport aux contrats de mariages.

Article 15

Que le Tiers-Etat suplie Sa Majesté de luy accorder la suppression du droit de franc fief, servitude trop onéreuse et qui réduit le propriétaire tous les vingt ans et à chaque mutation dans la plus grande détresse.

Article 16.

Que, pour la liberté du commerce, les traites établies dans l'intérieur du Royaume soient recullées sur les frontières.

Article 17.

Que, pour les mêmes causes, tous droits de péages soient aussi suprimés.

Article 18.

Que Sa Majesté soit supliée d'accorder la suppression des tabacs rapés, envoyés par les fermiers généraux, qui sont très-mauvais et nuisibles à la santé des citoyens ; et obliger ces fermiers à n'envoyer que du tabac en carotte, comme il se pratiquait cy devant.

Article 19.

Que Sa Majesté sera également supliée d'accorder la liberté individuelle des citoyens et de supprimer l'usage des lettres de cachet.

Article 20.

Que les ministres soient responsables de leur gestion envers la Nation, et qu'en cas de prévarication, ils puissent être traduits par les Etats-Généraux devant les grands tribunaux pour y être jugés.

Article 21.

Que sa Majesté est supliée de supprimer les droits de *commi-*

timus (1) comme un privilège injuste et onéreux à ses peuples, ainsi que les évocations au grand conseil, concédées en faveur des gens de main morte et à tous autres, ainsy que les droits de scolarité des universités et tous autres droits de cette espèce, en sorte que les citoyens ne puissent plaider en première instance que par devant leur Juge naturel.

Article 22.

Que la loy, qui a accordé aux huissiers priseurs, le droit exclusif de faire touttes les prisées et discussions, soit abrogée comme destructive des propriétées du pauvre et de l'orphelin, particulièrement pour ceux de la campagne.

Article 23.

De réformer les codes civil et criminel, simplifier la forme de la procédure, établir un nouveau tarif sur tous les droits des juges, avocats, notaires, procureurs, greffiers et huissiers.

Article 24.

Demander la supression des Justices seigneuriales avec établissement néanmoins d'un Bailliage Royal en la ville de Saint-Amand, à raison de son étendue et de sa popullation ; et auquel Bailliage toutes les Justices seigneuriales circonvoisinnes soient réunies ainsi que les tribunaux d'exception.

Article 24.

Demander que le même officier ne puisse pas être, en même temps, notaire et contrôleur des actes.

(1) *Committimus*. — Privilège que le roi accordait à certaines personnes, telles que les officiers de la maison du Roi, les Evêques, les avocats au parlement de Paris, etc. de faire juger leurs causes devant des juges particuliers. Ce privilège, ainsi appelé parce que c'était ce mot *committimus* qui commençait les lettres qui l'accordaient, fut aboli par la loi du 7 septembre 1793, art. 13 (Dalloz. Rép. Gén.).

Article 25.

Suplier sa Majesté d'accorder dans la province du Bourbonnais un conseil supérieur, à raison de l'éloignement de la dite province du parlement de Paris.

Article 27.

Que la loi rendue sous le dernier règne en l'année 1771, par laquelle les offices municipaux ont été aliénnés, soit à des particuliers, soit à différents seigneurs, avec le pouvoir d'y commettre, soit absolument abrogée, étant contre l'ordre public qu'une communautée puisse être administrée par des sujets qui ne seraient pas de son choix et qui, dans ce cas, ne peuvent jamais obtenir sa confiance.

Article 28.

Qu'il ne soit à l'avenir fait aucune distinction des citoyens dans l'ordre de la Noblesse d'avec ceux du Tiers-État, pour être pourvus des différentes dignitées, soit dans la magistrature, soit dans le militaire ; le mérite devant être le seul titre qui y conduise, et les distinctions faites jusqu'à présent ne pouvant qu'étouffer l'énergie des citoyens dans quelques conditions qu'ils soient nés.

Article 29.

Demander l'établissement des Ecolles nationalles, tant dans les villes que dans les paroisses de campagnes pour l'instruction de la jeunesse.

Article 30.

Que la corvée pour les grands chemins soit toujours payée en argent, et que la Noblesse et le Clergé y contribuent avec le Tiers-État à raison de leurs propriétés.

Article 31.

Observer que la liberté est le premier apannage du français; qu'il reste encore des vestiges d'une servitude humiliante ; en demander la suppression sous une indemnité envers les seigneurs propriétaires, particulièrement à Saint-Amand, la suppression des droits d'avoinages, guet et bourgeoisie due par chaque feu, consistant en trois boisseaux d'avoine qui, à la mesure de Paris, en font six, et quatre sols de guet et bourgeoisie ; droits qui en général frappent sur la classe la plus malheureuse des citoyens.

Article 32.

Demander la reconstruction du pont sur la rivière du Cher près Saint-Amand, dont la chûte intercepte la communication des Provinces du Berry, la Marche et le Limousin, d'avec le Bourbonnois et le Nivernois et gesne singulièrement le commerce dans ces différentes provinces.

Article 33.

Demander que les contrats portant aliénation d'immeubles réels ou fictifs, portés au bureau des hypothèques des bailliages et sénéchaussées, soient affichés dans les villes et paroisses de leur situation avant toute obtention de lettres de ratification.

Article 34.

Demander la libertée de la presse.

Article 35.

Déclarant le Tiers-Etat de la ville de Saint-Amand être prêt à faire les plus grands sacrifices pour l'amour de son Roy, le soutien de sa couronne et pour assurer la dette de l'Etat.

Bonnet de Sarzay, *Bailly* ; Regnault de Champdeuil ; Josset de Vougon, Président de l'Election ; Boityère de Sr GEORGES, *député de l'ordre des avocats* ; BONNET, *Président du grenier à sel* ; GEOFFRENET DE RODAIS, *doyen de l'élection* ; TABOUET ; FÉAUX ; VERRIÈRES ; ROBIN ; GUÉRINOT ; DUBOIS, *député du Corps des notaires* ; DURET, *député* ; ROCHETTE DE M. *député* ; THÉVENARD, *député des huissiers royaux* ; GERMAIN ; MAUGENEST, *chirurgien* ; ESTÈVE, *député des huissiers royaux* ; BONNICHON ; VALLIGNY ; HUARD de L'ETANG ; BERTHOMMIER, *tanneur* ; DAVID, *marchand épicier* ; DUSSUCHET ; DENIZOT, *procureur* ; VINCENT ; AURRY, *chirurgien, député* ; ROLLET, *droguiste, député* ; EMMONOT, *perruquier* ; DURET ; SADRIN ; DUMOULIN ; CHAROLAIS ; DUBOIS ; AUDEBRAND ; COLLIN, *député* ; MAGNIANT ; BOILEAUX ; CUZIN ; TESTÉ ; COLLAS ; BROSSARD, *cordonnier* ; DUPUY.

Le Présent cayier, coté et paraphé par première et dernière pages par nous, Officiers municipaux, *ne varietur*.

GOUMETAUD, *Maire*,
TÉPHÉNAT, secrétaire greffier ; PIAUD, BIGNON.

N° 15. — CHAPITRE XXIX

LETTRE DE LA SOCIÉTÉ POPULAIRE
AU DUC DE CHAROST

Archives de Meillant.

Citoyen, la Société a reçu ta lettre en date du 2 de ce mois, elle s'est empressée de se procurer ce que tu lui demandes ; en conséquence, elle t'envoie copie pour extrait du procès-verbal des séances tenues en cette commune par les délégués du citoyen Laplanche, représentant du peuple, et copie entière de la lettre que tu as écrite postérieurement au citoyen Delacodre, alors membre de l'organe révolutionnaire. Elle souhaite que ces pièces, qui annoncent de ta part du patriotisme et des vues sages, puissent t'être utiles, et que, d'après l'examen scrupuleux qui sera fait de ta conduite politique, tu sois trouvé digne de l'estime et de l'attachement qui sont dus à tout bon citoyen. *26 floréal an 2.*

« Deux d'entre nous se sont transportés en la commune de Meillant où le dit Béthune faisait sa résidence et deux autres à la commune de la Celle-Bruère où il a deux grandes propriétés.

« Nous avons tous pris des renseignements en cette commune de Libreval,et ceux envoyés à Meillant ont rapportéque le conseil général de la commune et tous les habitants leur ont déclaré qu'il est à leur connaissance que Béthune, dans tous les tems, a soulagé les infortunés ; que, longtems avant la Révolution, il a été établi dans leur commune un hospice de charité, qu'il a contribué, par des sommes considérables, à des constructions de routes qui faciliteront le commerce, et l'approvisionnement des forges, qu'il a donné des encouragements aux ouvriers employés à la fabrication des armes destinées à défendre la République, qu'il s'est empressé de faire dans ses forges de nouvelles constructions nécessaires pour cette fabrication, qu'il a fait des dons à plusieurs volontaires qui partaient pour la défense de la patrie et qu'il leur recommandait de la servir avec zèle, courage et fidélité ; que, pendant son séjour en la commune de Meillant, et surtout depuis deux ans jusqu'au moment de sa détention, il a donné l'exemple de la plus grande soumission aux lois et qu'il a fait des dons civiques considérables : qu'il s'est constamment livré à l'agriculture et qu'il s'est fait une jouissance de donner à tous les habitants de

grande connaissance dans cette partie intéressante ; que quand les gardes faisaient des procès-verbaux pour des délits commis dans les bois, il se contentait d'engager le délinquant à n'y pas retourner, et que même, lorsqu'il apprenait que ces délinquants étaient pauvres, il leur donnait des secours ; qu'il leur a été assuré que ces actes de générosité étaient aussi grands avant la Révolution que depuis ;

« Que les commissaires envoyés à la Celle-Bruère ont, de leur côté, rapporté que tous les habitants qu'ils ont vus dans cette commune leur ont dit qu'ils ont toujours regardé Béthune comme un bon citoyen, qu'il n'a jamais sû faire que le bien, qu'il s'est toujours montré l'ami de la République et le père des malheureux.

« Tous les membres de la commission, en demandant des renseignements dans la commune de Libreval, n'ont recueilli partout que des éloges de la conduite de Béthune ; ils n'ont rencontré personne qui ne leur en ait dit le plus grand bien et n'ait paru s'intéresser à son sort ; ils ont en outre appris comme chose certaine qu'en 1788, Béthune proposa aux ci-devant pairs de France de renoncer aux exemptions pécuniaires, ce qui fut suivi d'un arrêté ; qu'en 1789, il fit à l'assemblée de la ci-devant noblesse du Berry la même proposition qui fut adoptée ; qu'il s'est empressé de donner les ordres les plus stricts aux différents administrateurs de ses propriétés d'exécuter promptement et à mesure qu'elles paraitraient les lois relatives à la féodalité.

« Ce rapport, dit le procès-verbal de la séance, ayant donné au sentiment d'estime que la société a toujours eu pour Béthune un nouveau degré de force, elle a unanimement arrêté qu'il lui serait envoyé copie par extrait du procès-verbal de la dernière séance et de celle d'aujourd'hui, et qu'en répondant à sa lettre, le comité de correspondance lui ferait connaître combien la société s'intéresse à son sort, et combien, dans l'idée où elle est qu'il ne s'est rendu coupable d'aucun acte contre l'établissement de la République, elle désire qu'il soit rendu promptement à la liberté. »

N° 16. — CHAPITRE XXIX

LETTRE DE LA COMMISSION

DE LA CONVENTION AU DUC DE CHAROST

Archives de Meillant

16 fructidor

« Citoyen, la société, persuadée que tu n'as jamais pensé à « trahir la patrie, que ta conduite politique a été aussi franche « que ta générosité a été grande, n'a fait aucune difficulté de se « rendre aux vœux que tu lui as exprimés par ta lettre du 27 « thermidor dernier, elle a mis dans la circonstance toute la « prudence nécessaire ; elle n'a pas voulu s'en rapporter aux « sentiments que tu lui as toujours inspirés ; elle a voulu « consulter l'opinion générale, tu en verras le résultat dans le « second des deux procès-verbaux dont elle te fait passer copie ; « elle a éprouvé une jouissance bien grande en voyant que « cette opinion, établie sur des faits authentiques, était con- « forme à la sienne, et autant elle applaudirait à la vigueur de « la loi qui s'apesantirait sur toi si tu étais coupable, autant « elle éprouvera du plaisir lorsque, reconnu bon citoyen, » tu seras rendu à la liberté. Salut et fraternité.

N° 17. — CHAPITRE XXIX

DISCOURS DE M. FOUQUET,

MAIRE DE ST-AMAND A LA SOCIÉTÉ POPULAIRE

(*Registre des séances de la Société populaire*)

Citoyens,

Un bruit affligeant pour un républicain se répand dans ces murs. Si j'en crois ce qui se débite, un administrateur du Département du Cher, dans la séance publique du 19 de ce mois, disait à Bourges, à la face du peuple, que la commune de St-Amand avait un maire indigne d'elle, qu'il n'y protégeait que les scélérats et désertait son poste toutes les fois qu'il y avait un devoir à remplir. — Citoyens, il faut ou beaucoup de courage ou beaucoup de faiblesse pour ne pas sentir de pareils outrages. Si je protège le vice, je ne peux plus siéger avec les amis de la République, vous connaissez mes actions, voici mon âme toute entière : si, pour bien mériter des amis de la liberté, il faut un dévouement quelconque, mes biens, mon tems et ma vie ne sont plus à moi, mais à ma patrie, je te la consacre. S'il faut étouffer des sentiments dont je m'honore, s'il faut sans cesse avoir des poignards sur le cœur des hommes, citoyens, je ne mériterai jamais votre estime.

Je ne veux pas de grâces, des républicains n'en firent jamais, je vous demande Justice.

Je demande ou que vous me rayiez sur le champ de la liste

des membres qui composent la société, ou que vous reconnaissiez, par une délibération aussi publique que l'injure qui m'a étéfaite, que le maire de St-Amand,en remplissant ses fonctions avec autant de zèle que de courage, n'a cessé de se montrer l'ami du peuple et que ses actions se sont toujours accordées avec les sentiments de fraternité que je professe.

N° 18. — CHAPITRE XXXI

MAGISTRATS

QUI ONT PRÉSIDÉ LE TRIBUNAL CIVIL DE L'ARRONDISSEMENT DE SAINT-AMAND, DEPUIS LE 13 PRAIRIAL AN VIII, JUSQU'EN 1895

MM.

1. — 12 juin 1799. — Jacques DUMONT-VERVILLE.
2. — 22 septembre 1800. — Louis-Gabriel BÉGUIN (fils), appelé au Conseil des Cinq-Cents.
3. — 16 juin 1808. — Louis-Antoine FOUQUET.
4. — 14 août 1811. — Louis-Gabriel BEGUIN (reprend ses fonctions).
5. — 23 avril 1818. — Louis-Pierre-Nicolas BONNET DE SARZAY, chevalier de la Légion d'honneur.
6. — 21 mars 1834. — Adolphe DULIÈGE, chevalier de la Légion d'honneur.
7. — 9 juin 1843. — Luc-Benjamin CHÉNON, chevalier de la Légion d'honneur.
8. — 1 septembre 1855. — Pierre-Nicolas-Augustin THÉVENARD-GUÉRIN, chevalier de la Légion d'honneur.
9. — 25 février 1863. — Claude-Nicolas-Victor MALLARD, chevalier de la Légion d'honneur.
10. — 29 février 1872. — Charles MOMPÉLA.

11. — 17 décembre 1875. — Ludovic PERROY.
12. — 10 octobre 1883. — Auguste LEFILLEUL.

Après la Révolution, les provinces furent divisées en Préfectures, et les arrondissements en districts :

Les premiers juges du tribunal du district de Saint-Amand nommés pour six ans, par lettres patentes du 11 novembre 1790, furent MM. Pierre François Bujon, Président.

Jean-Gabriel Robin, Jean-Pierre Regnault de Champdeuil.

Jean-Baptiste-Gilbert Gaulmier, et Jean Bidon ; ils furent installés le 15 février 1791. M. Pierre Chevalier étant sous-commissaire.

Le Tribunal fut réinstallé le 5 décembre 1792 dans une des salles de l'ancien couvent des Carmes, il se composait alors de Messieurs Beguin, Bidon, Gaulmier, Bujon-des-Brosses et Avenier. Commissaire National : Chevalier ; Greffier : Thévenard Guérin.

Le 2 décembre 1792 Péaud de Villers, juge de paix sortant était réélu.

N° 19.

LISTE DES MAIRES

DE LA VILLE DE SAINT-AMAND-MONTROND DEPUIS 1621 JUSQU'EN 1872

MM.

1621. — Le premier maire de cette ville fut Antoine BONNET DE SARZAY.
1640. — Pierre BERNARDAT.
1762. — Louis-Antoine FOUQUET DES BABILLOTS, conseiller du roi, son Procureur au grenier à sel.
1763. — Pierre GEOFFRENET DES BEAUX-PLEINS, avocat au Parlement.
1765. — Le RASLE.
1766. — ROLLET.
1769. — PIAUD DE VILLERS.
1770. — Le RASLE.
1773. — JOSSET DES BRUÈRES.
1775. — JOSSET DE VOUGON, colonel de la milice-bourgeoise.
1781. — Nicolas-Jean-Baptiste BONNET DE SARZAY, conseiller du roi. Président au grenier à sel, ancien secrétaire d'ambassade en Russie. Dernier bailly de St-Amand.
1786. — GOUMETEAU, dernier maire nommé par le seigneur de Saint-Amand. La municipalité se composait alors d'un maire, d'un lieutenant de

maire, de deux échevins, de deux dresseurs, d'un Procureur du roi, et d'un secrétaire greffier.

1790. — 14 février. — Pierre-Paul le LARGE DE LA COUDRE, premier maire nommé, après 1789, par le suffrage du peuple ; la municipalité se composait de huit officiers municipaux, et de onze notables.

1790. — 16 décembre. — François BUJON DES BROSSES.

1791. — 13 octobre. — BUJON DES BROSSES, réélu.

1792. — 10 décembre. — FOUQUET DE PONT-CHARRAUD.

1793. — 8 octobre. — Jean-Gabriel ROBIN, membre du conseil des Anciens.

An III. — 12 frimaire. — François BUJON DES BROSSES, le maire prit à cette époque le titre de Président de l'administration municipale.

An IV. — 19 brumaire. — FOUQUET, Président. BUJON DES BROSSES, vice-président.

An V. — 25 vendémiaire. — François BUJON DES BROSSES, président.

An VIII. — 17 germinal. — JOSSET-VOUGON, nommé maire par le premier consul, 2 ventôse an XI, M. François MALLARD, adjoint.

1808. — 18 mars. — JOSSET-VOUGON, nommé par l'Empereur, adjoints : MM. François MALLARD et GRANGIER DE BOIDECHAMP, remplacé le 10 septembre 1814, par M. Bernard REY.

1816. — Charles de la COUR ; adjoints : MM. Bernard REY et DU ROZIER.

1828. — Bernard REY ; adjoints : MM. Gabriel BOITYÈRE et Hippolyte LUZLIER.

1830. — TIPHÉNAT ; adjoints : MM. LUYLIER et MATHIEU.

1831.— Florimond ROBERTET; adjoints : MM. DUBREUIL et MATHÉ.

1848. — DUBREUIL; adjoints : MM. VALLET et LOYER.

1863.— LOYER; adjoints : MM. ROBIN-MASSÉ et GANGNERON.

1868. — GANGNERON; adjoints : MM. F. BIDAUT et Armand BONNICHON.

M. GANGNERON donne sa démission le 27 avril 1872.

FIN

TABLE DES MATIÈRES

PREMIÈRE PARTIE

Histoire de la ville de Saint-Amand-le-Chastel.

SECONDE PARTIE

Histoire de la ville de Saint-Amand-sous-Montrond.

TROISIÈME PARTIE

Histoire des Châtellenies de Bruère, Orval, Epineuil et Meillant.

APPENDICE I.

APPENDICE II

Pièces justificatives et documents inédits.

TABLE DES PLANCHES

INDEX ALPHABÉTIQUE

Les chiffres indiquent les pages du volume où se trouvent les noms rapportés dans l'index).

A

B

C

D

H

N

32

U

V

W

X

Y

LISTE DES SOUSCRIPTEURS

A L'HISTOIRE DES DEUX VILLES DE SAINT-AMAND ET DU CHATEAU DE MONT-ROND

Sa Grandeur Mgr Boyer, Archevêque de Bourges.
Sa Grandeur Mgr Bardel, Évêque auxiliaire.
Bibliothèque de la Ville de Bourges.
Bibliothèque de la Ville de Saint-Amand.
Institution Saint-Joseph à Montluçon.
Pensionnat Saint-Joseph à Saint-Amand.

MM.

Aramon (Marquise d') Paris.
Arenberg (Prince d'), Député du Cher.
Aubineau, Conseiller Honoraire à la Cour d'appel de Bourges.
Auclerc, conducteur des Ponts et Chaussées, à Saint-Amand.
Auclair (Constant), à la Celle-Bruère.
Audebrand (Philibert), à Paris.
Aupart (Eugène), négociant à Saint-Amand.
Aupic (l'abbé), Archiprêtre à Saint-Amand.
Bailly (Ernest), à Saint-Amand.
Barbarin (Madame), à Saint-Amand.
Barrat, directeur de l'usine à gaz à Saint-Amand.
Bastide (l'abbé), professeur au Grand Séminaire de Bourges.
Bavre (Baronne de), Château des Billiers, par Bessais.
Beaufils, curé-doyen de La Guerche.

Beauvais (Henri de) Château d'Igny, commune de la Perche.

Belleville, vétérinaire à Saint-Amand.

Benay, Pharmacien à Saint-Amand.

Berchon (Allyre), à Saint-Amand.

Bergeron de Charon (Auguste), Château de Vitray, par Meaulne (Allier).

Bergeron de Charon (Maurice), receveur municipal à Saint-Amand.

Bernard (Jean), Procureur de la République à Saint-Amand.

Bernard (Just), libraire à Bourges.

Berry (Victor), à Feularde, par Saint-Martin-d'Auxigny.

Boissieu (L. de), Château de Besse, par Culan.

Bonnault (Baron Gabriel de), Paris.

Bonneval (Comte de), Château de Thaumiers.

Bonneval (Vicomte de), Issoudun (Indre).

Bouchage, à la Bourgeoisie, par Herry.

Bouille, notaire à Saint-Amand.

Bourbon-Brunet, négociant à Saint-Amand.

Bourbon-Lignières (Comte de), à Lignières.

Bouzique Ernest, à Clermont-Ferrand (Puy-de-Dôme).

Breton, avoué à Saint-Amand.

Brière René, Château de la Cour, par Vesdun.

Brisset, à Saint-Amand.

Buhot de Kersers, Président de la Société des Antiquaires du Centre, à Bourges.

Bureau Léon, négociant à Saint-Amand.

Bussière, frères, imprimeurs à Saint-Amand.

Cabat-Leblanc, imprimeur à Saint-Amand.

Calla, ancien député à Passy-Paris.

Candot Albert, Agent Général de la Cie L'Union, à Saint-Amand.

Celle (Comte de la), Château du Breuil, par Orsennes (Indre).

Chabrier, avoué à Saint-Amand.

Chabrillan (Comte Paul de), Montluçon (Allier).

Châlus (Comte de), Saint-Pierre-les-Bois (Cher).

Chambon, huissier à Châteauroux (Indre).

Chapelard Louis, ancien officier du Génie, à Saint-Amand.

Charlon, notaire honoraire à Mehun-sur Yèvre.

Charraud Louise (Madame), à Saint-Amand.

Chavaillon, pharmacien à Saint-Amand.

Chènon Emile, professeur à la faculté de droit, à Rennes, (Ille-et-Vilaine).

Chéramy Albert, à Lignières.

Chertier Ferdinand, à Châteauroux (Indre).

Clément (abbé), curé-doyen, de Charenton (Cher).

Clert (l'abbé), à la Commanderie de Farges-Allichamps.

Corbier (de), conservateur des Hypothèques à Vitry-le-François (Marne).

Corbière Paul, capitaine de gendarmerie à Saint-Amand.

Corbin de Mangoux, Château du Creuzet par Charenton, (Cher).

Coulhon (docteur), à Saint-Amand.

Coulogne (Vicomte de), à Orcenais, par Saint-Amand.

Courbier, avoué à Saint-Amand.

Courroux Jules, à Cosne-sur-l'Œil (Allier).

Coussat, administrateur de la Société des Tuileries de Charenton (Cher).

Descloux, banquier à Saint-Amand.

Dessois, (Docteur) à Salvard, par Saint-Verain-en-Puisaye (Nièvre).

Domin-Bonnelat, à Saint-Amand.

Dubois de la Sablonnière, avocat à Bourges.

Dumas-Primbault, Château de la Pierre, par Cérilly (Allier).

Dupré-Goudal, notaire à Saint-Amand.

Duval Ferdinand, ancien préfet de la Seine, à Paris.

Fix, ancien avoué à Saint-Amand.

Fontanges (Marquis de), à Urçay (Allier).

Frat, négociant à Saint-Amand.

Garban (Ernest), notaire à Saint-Amand.

Gardye de la Chapelle, Château de la Brosse, par Bruère.

Gauthier, au Breuil, par Saint-Amand.

Gonin (docteur), à Saint-Amand.

Gonnet (Henry), avoué à Bourges.

Gosset (Antonin), avocat au Conseil d'État et à la Cour de Cassation, à Paris.

Grossouvre (Henri de), à Bourges.

Guère (Marquis de la) Château de Deffens, par Dun-sur-Auron.

Haton de la Goupillière, Membre de l'Institut, à Paris.

Hervet Albert, banquier à Bourges.

Horoux (l'abbé), curé-doyen de Châteauneuf-sur-Cher.

Hortu (l'abbé), professeur au petit séminaire de Bourges.

Houlières (des), Château de l'Isle-sur-Arnon, par Lignières.

Jacquet Louis, à Saint-Amand.

Joly, conservateur des forêts à Bourges.

Jouanneau, artiste-peintre à Saint-Amand.

Jouffroy (comte de), Commanderie de Farges-Allichamps.

Judet (Madame), à Saint-Amand.

Jugand (docteur), à Issoudun (Indre).

Jupille (Madame de), a Saint-Amand.

Lacour (de), à Grammont, par Châteaumeillant.

Laguérenne (Alfred de), à Saint-Amand.

Laguérenne (Maurice de), percepteur des Contributions directes à Provins (Seine-et-Marne).

Lamoureux (l'abbé), Archiprêtre à la Châtre (Indre).

Lamy, Régisseur à Meillant.

Lapeyre, avoué à Saint-Amand.

Lasnier Louis, avocat à Gueret.

Laugardière (Vicomte Charles de), ancien conseiller à la Cour d'appel de Bourges.

Lavarenne (docteur de), à Paris.

Lebon (docteur Henri), à Paris.

Lebrun-Simon, à Croisy.

Legrand Ernest, maître de conférences à la Faculté des Lettres de Lyon (Rhône).

Lemoine Albert, à Saint-Amand.

Lemerle Louis, négociant à Saint-Amand.

Lepetit Arthur, à Saint-Amand.

Lepetit Osmin, ancien officier, à Saint-Amand.

Louan de Coursays (Henry de), Château de la Touratte, par Saint-Amand.

Magréaut Jules, à Brunoy (Seine-et-Oise).

Maisonneuve (Ernest), ancien contrôleur des Contributions Directes à Saint-Amand.

Maillé (Duchesse de), à Châteauneuf.

Mallard (Eugène), avoué à Saint-Amand.

Mallet (Joseph), fondé de pouvoirs de la Générale à Saint-Amand.

Maransange (Henry de), Château de Vieille-Forest, par le Châtelet.

Martin (Isidore), architecte à Saint-Amand.

Maussabré (comte de), Château de Puy-Barbeau, par Sainte-Sévère (Indre).

Mazerat (père), négociant à Saint-Amand.

Méloizes (des), à Bourges.

Mille (Emile), Juge de paix à Lignières.

Millet (Léon), à Paris.

Montagu (Madame de), Château des Bretagnes, par Saint-Amand.

Morand (Ludovic), avocat à Saint-Amand.

Moreau (Abel), employé des Postes et Télégraphes à Saint-Amand.

Mortemart (duchesse de), Château de Saint-Vrain (Seine-et-Oise).

Nicolay (Marquis de), Château de Blet.

Nouvion (Félix), avocat à Saint-Amand.

Périgois (Ernest), Limanges commune de Moutiers (Indre).

Perroy Georges, inspecteur de la Bâloise à Moulins (Allier).

Perroy (Ludovic), ancien président du Tribunal de Saint-Amand, à Lyon.

Personnat (Etienne), à Saint-Amand.

Peyroulx (comte du), Château des Mazières, par Saulzais-le-Potier.

Pinet (Henri), notaire à Bourges.

Pivoteau (Emile), libraire à Saint-Amand.

Planson (abbé), professeur à l'Institution Sainte-Marie à Bourges.

Pommeroux (Gustave), à La Grange, près la Châtre (Indre).

Popineau (Eugène), banquier à Saint-Amand.

Prial-Bussière, officier de Cavalerie à Lyon.

Quignon (Jules), avocat à Saint-Amand.

Raby (Pierre), à Bourges.

Ravaçon, huissier à Saint-Amand.

Regnault (Théogène), Château des Epourneaux, par Saint-Amand.

Rigolet (Charles), Château de Bois-Sire-Amé, par Levet.

Robin-Massé (Anatole), avocat à Saint-Amand.

Robin-Massé (Arthur), docteur en médecine à Béville-le-Comte (Eure-et-Loir).

Robinet (père), ancien percepteur à Saint-Amand.

Roger (Octave), ancien Magistrat à Bourges.

Roguet, Charles), Juge de paix à Saint-Amand.

Sadrin (Louis), à Saint-Amand.

Sautereau (l'abbé), curé de la paroisse de Saint-Roch à Saint-Amand.

Siboulet (Emile), avocat à Châteauroux.

Siboulet (Maurice), avocat à la Châtre.

Terminet (l'abbé), curé de Marçais, par Saint-Amand.

Thévenard-Guérin (Charles), Château de la Preugne, par Saulzais-le-Potier.

Thevenard-Guérin (Pierre), avocat à Saint-Amand.

Tiennet (l'abbé), curé de Loye.

Thomas (Madame), à Paris.

Toubeau de Maisonneuve, à Bourges.

Tour-Fondue (comte de la), à la Barre, commune de Morlac, par le Châtelet.

Troupillon (père), à Drevant, par Saint-Amand.

Vallanchon, ancien greffier de la Justice de paix à Saulzais-le-Poitier.

Valon (Ludovic de), à Saint-Amand.

Van de Velde (Ernest), directeur de la Lyre Saint-Amandoise.

Veilhaut (Edmond), greffier en chef à la Cour de Bourges.

Verneuil (docteur), Maire de la Ville de Saint-Amand.

Vigan (Baron de), Château de Cernières, par Montreuil l'Argillé (Eure).

Villefranche-Bigny (comte de), Château d'Ainay-le-Vieil, par Saint-Amand.

Villepelet (Antony), Maire de Marçais, par Saint-Amand.

Villepelet (Ferdinand), archiviste du département de la Dordogne, à Périgueux.

Villepelet (Georges), banquier à Saint-Amand.

Vogué (Marquis de), Paris.

ERRATA

Pages 57.	Au lieu de	Edde VI,	*lire* Ebbe IV.
» 79.	»	Planche II, 3.	» Planche III, 3.
» 80.	»	Planche II, 4,	» Planche III, 4.
» 98.	»	Cités élevées,	» coteaux élevés.
» 184.	»	oulero,	» où le roi.
» 197.	»	Note, 1. Nicolas du Plessis,	» Nicolle du Plessis.
» 259.	»	Louis XVII,	» Louis XVIII.
» 298.	»	Mérinnée,	» Mérimée.
» 454.	»	Ayant assemblée,	» ayant assemblé.
» 461.	»	Etats généraux du 1789,	» de 1789.
» 470.	»	Téphénat,	» Tiphénat.
» 473.	»	Vigueur de la loi,	» rigueur.
» 477.	»	Péaud de Villers,	» Piaud de Villers.
» 479.	»	Luzlier,	» Luylier.

ACHEVÉ D'IMPRIMER
LE VINGT-HUIT FÉVRIER MIL HUIT CENT QUATRE-VINGT-QUINZE
Sur les presses de
BUSSIÈRE FRÈRES
Saint-Amand (Cher)

www.ingramcontent.com/pod-product-compliance
Lightning Source LLC
Chambersburg PA
CBHW071416230426
43669CB00010B/1566

* 9 7 8 2 0 1 4 5 0 4 5 6 9 *